元華文創

科技領導、數位教學與
學習成效之理念與分析

Technology Leadership, Digital Teaching and Learning Outcomes

蔡金田 沈秋宏 ——— 著

校長要成為科技領導者，帶頭擁抱科技數位時代，
領銜教師數位教學能力的實踐，最終提升學生學習成效。

序

　　知天命的年紀，汲深綆短力有未逮，還能完成此書，要謝謝蔡教授金田博士的鼓勵與協助，在書寫過程循循善誘，博我以文，不厭其煩，忍受學生的無理請謁，從題目訂定開始到最後的完稿，總是鉅細靡遺的給予許多修正與寶貴建議，讓此書得以共同創作順利完成，在此謹向這位恩師，致上我最誠摯的敬意與謝意！還有這趟旅程重要的貴人許瑞芳校長，不僅提攜還指點迷津，在學術研究的精神與統計的素養，仰之彌高，鑽之彌堅，是吾輩之典範，既竭吾才，如有所立卓爾，雖欲從之，末由也已，佩服！佩服！

　　科技是人類生活經驗和智慧累積與傳承的工具，是社會變革的催化劑，科技的嵌入與交織，為人類未來帶來機遇與挑戰，面對未來教育的劇變，尋求創造教育的新常態，反映批判性科學和哲學反思的價值觀，是無可避免的重要任務。變革社會要有一位能預測未來和領導未來的領導者，面對數位科技時代，領導者必須以科技來領導學校，運用科技管理和創建組織，探求、預測未來教育情境的實踐，並對教育的未來作出承諾，實現組織願景。除此之外，校長科技領導一方面帶頭擁抱不可避免且不斷變化的數位時代，另一方面帶領教師數位教學和數位科技的實踐，促進數位科技在教學相關的創新，持續改造和精進教師數位教學能力，讓數位教學的發展成為教師教學的新趨勢，同時成為將學生學習成果從舊常態轉變為新常態的利器之一。

　　此外，學生學習是孩子與環境互動的過程，透過自身的經驗，獲得新的行為改變的過程，也是心理模式建構和改變的經歷。而有意義的教學，是在學習過程中知識和經驗不斷的累積，透過教學活動不斷的解構與建構，藉此改變認知、行為、情意與態度的歷程。

未來是反傳統枷鎖，強調自覺與開放的象徵，為了生存與適應環境，教育模式打破傳統教學樣態，教學場域從傳統到數位，新時代的學生要能與科技同時成長，學習與日俱增的科技知識與科技技巧。因此，未來領導者首要任務，運用科技領導幫助教師適應新的資訊科技社會，協助老師在教學過程中採用和注入數位科技的元素，並培養學生數位科技技能，激發孩子結構化的思考力與創造力，藉此增進學生學習成效。由此可知，國民小學校長科技領導、教師數位教學能力與學生學習成效三者之間的交錯因果關係，值得進一步的分析探討。

　　本書旨在探討國民小學教師知覺校長科技領導、教師數位教學能力與學生學習成效之關係，以 111 學年度臺灣地區不含離島之公立國民小學的教師為研究對象。抽取學校樣本數 101 所，教師1,141 人，共計回收有效問卷 1,062 份。資料蒐集後採用 SPSS 與AMOS 統計套裝軟體進行分析，以了解變項現況分布情形、差異情形以及各變項間的相關情形，最後則以結構方程模式（SEM）驗證各變項間之適配度情形。依據問卷之分析結果發現，國民小學教師知覺校長科技領導量表、教師數位教學能力量表與學生學習成效量表均屬於高程度，且這三個變項之相關分析，在整體變項及分層面均呈現有中程度且正向的相關，並具有高解釋力，更重要的是校長科技領導對學生學習成效不具直接效果，校長科技領導透過教師數位教學能力對學生學習成效有總效果與間接效果的影響效果，教師數位教學能力具完全中介效果。依據上述的研究結果與發現，提出對國民小學教師、校長、學校、教育行政機關與研究方式之建議，並提供未來後續研究之參考。

　　最後，從教書匠走上學術創作，要謝謝暨南大學教育政策與行政學系師長的指導，諸位師長的教導與啟發，讓我能感受學術殿堂的奧妙，擴展個人研究的視野與能力。同時感謝博士班同窗好友，學習過程中相互的激勵打氣，在此致上萬分感激。還要感謝我服務

學校臺中市東勢區東新國小的同仁們，各位在工作崗位上的無私、鼎力相助，讓我無後顧之憂的完成此著作。更要感謝這一路走來曾經幫助過我的「貴人」，尤其是我的家人，父母、太太、女兒的包容體諒，願與您們共同分享我的喜悅。

沈秋彥

寫於東勢東新國小　　2024.02.20

目 次

表目次

圖目次

第一章　緒論

　　科技是透過技術將生活經驗和智慧累積與傳承的工具，是塑造人類文化的媒介，同時也是社會變革的催化劑，科技的嵌入與交織，為人類未來帶來機遇與挑戰，面對未來歷史的劇變，必須尋求創造教育的新常態，反映批判性科學和哲學反思的價值觀（Means, 2019）。此外，未來是反傳統枷鎖，強調自覺與開放的象徵，為了生存與適應環境，新時代的學生要能與科技同時成長，學習與日俱增的科技知識與科技技巧，學會解決問題、實踐知識，成為生活與教育重要的部分（McCormick, 2004）。同樣地在學校場域中，教師在教學上的科技因素難以避免，這意味著在教學歷程中，要能藉用科技之技術來改變知識建構的方式，增強學生學習的成效，成為教學活動中發展智能、文化以及智慧經驗的主流（郭實渝，2000），也就是在教育中適當使用科技，可以支持學生的學習，提高教學和學生學習成效（Prinsloo et al., 2022；Sholekah et al., 2023；Suzana et al., 2020）。

　　變革社會要有一位能預測未來和領導未來的領導者，未來的領導者仰賴的不再是地位和威權，需經由科技、知識、智慧與能力，對教育的未來作出承諾，確保領導品質，共同實現組織願景（蔡金田，2021）。此外，Skantz-Åberg 等人（2022）也指出教師數位專業能力的概念，從個別教師的數位專業能力和基本實踐科技能力，開始轉向以學校領導為中心的集體責任和問責制。同時 2020 年 COVID-19 大流行後，數位教學的發展成為教師教學的新趨勢，發展教師數位教學能力，是將學生學習成果從舊常態轉變為新常態的利器之一（Anthonysamy et al., 2020；Clark-Wilson et al., 2020；Evans-Amalu & Claravall, 2021；Suroso et al., 2021；Xie et al., 2018,

2021）。因此，面對全球化和數位科技時代，領導者必須以科技來領導學校，要能運用科技管理和創建組織科技氛圍，鼓勵師生使用科技進行教學和學習，提高教師和員工的科技能力，讓他們能夠有效地使用科技（Apsorn et al., 2019）。因為在科技革命的年代，學校要能擺脫傳統教育枷鎖，運用資訊科技領銜教育趨勢，進而影響整體教育的變革（蔡金田，2021）。可見，新時代領導者運用科技領導，是一種探求、預測未來教育情境的實踐，同時引領組織成員具備數位科技能力，讓未來教育充滿想像空間，實踐翻轉創新的教育變革。

學習是個人與環境互動的過程，通過自己的經驗，獲得新的行為改變的過程（Manan et al., 2023）。學習也是人類心理模式建構和改變的經歷，而有意義的教學，是在學習過程中知識和經驗不斷的累積，透過教學活動加以建構與解決問題，藉此改變認知、行為與態度的歷程（邱秀香，2022；張春興，2007；潘慧玲等人，2014）。學生的學習成果是教育成功的基準之一（Djamarah, 2004；Supriyanto, 2019），因此，學生學習成效近年來廣泛地受到關注，有效能的校長與教師，對於學生在學習與認知上的成長，具有顯著的正向直接影響效果（蔡金田，2014）。其次，有效的教育領導在改善學生學習方面發揮著重要作用（Leithwood et al., 2004），加上教育的良莠、成敗取決於學生的學習成效，表現在學生心智、行為及學習態度的轉變，以及在知識、態度、技巧與能力上正向增進的效果（Adawiyah et al., 2023；Sholekah et al., 2023；Susanto et al., 2020；Yeung et al. 2021）。若能藉由校長的科技素養，發揮科技領導的作用，引領教師數位教學能力，開展智慧科技經驗的教學主流，進而增進學生學習成效，是當代教育工作的重要任務。

整體看來，全世界已經走向資訊科技的社會，資訊化社會藉由科技進步帶動社會的文明，也成為提升國家競爭力的重要指標之

一，科技浪潮的衝擊和影響，教育變革勢在必行。在教育現場，校長的科技領導與素養、教師的數位教學能力與策略以及學生學習的成果與績效，是每位教育工作者必須積極面對的挑戰，才能讓教育品質臻至真善美的境界。

　　本書旨在探討國民小學教師知覺校長科技領導、教師數位教學能力與學生學習成效之間的關係，研究方法為量化研究，資料蒐集採用問卷調查，再透過統計工具進行分析及討論，發現其現況並檢證其相關及影響效果，最後提出結論與建議。本章主要分為以下四節：第一節為研究背景與動機；第二節為研究目的與待答問題；第三節為名詞釋義；第四節為研究範圍及限制。

第一節　研究背景與動機

　　本章節在探討：壹、研究背景與貳、研究動機，以了解國民小學校長科技領導、教師數位教學能力與學生學習成效之背景與動機，據此說明，國民小學教師知覺校長科技領導、教師數位教學能力與學生學習成效之關係研究，付之闕如尚待開發，探討本書有其價值性。說明如下：

壹、研究背景

一、領導者新角色，重建科技領導力

　　後現代社會來臨，教育改革的腳步亦不曾停歇，目前教育現場中校長的領導不再擁有科層體制下絕對的法職權，學校的經營、教師的教學與學生的學習績效是需要學校成員共同合作與付出，況且在資訊流通快速、知識傳播無遠弗屆的時代，校長能否運用科技領導於學校辦學與校務經營之中，就顯得更為重要（張坤宏，2016）。

科技的快速發展以及科技在教育體系中的有效利用，揭示了一個國家科技領先的概念，學校管理者被視為科技領導者（KORKMAZ et al., 2022）。可見，未來領導者面臨的首要任務，需要了解新的科技和經濟秩序的性質，並幫助組織適應新的社會衝擊。領導者應扮演的角色，是科技領導者、數位關係的建構者以及科技文化的形塑者，藉此重建學校領導者科技領導力，透過科技的技術，將生活智慧與經驗傳承不斷的累積，促進學校組織的發展與實踐（Ghavifekr & Wong, 2022；Hernez-Broome & Hughes, 2004；Mark, 2022）。可見，新一代的校園領導者，重建科技領導力為當務之急。

二、校長科技領導，領銜教師數位教學

教育發展受到社會變遷與科技發達的影響，也撼動教育現場的變革，領導模式從「順從」、「衝突」到「抗拒」，教學模式從「傳統面對面」到「線上遠距教學」模式，這些都是教育改革的蛻變。教育要能擺脫傳統枷鎖，在急遽變遷的環境與科技革命的年代，資訊科技領銜教育趨勢，影響整體教育的變革（蔡金田，2021），而新一代的教師具備「科技素養」與「科技意識」，是不可或缺的專業能力，未來科技導向的教學和學習是極為重要的一環。

對領導者來說，要能確定科技應用策略，管理、支持和創建科技氛圍，鼓勵教師和學生使用科技進行教學和學習，制定科技發展計畫，提高教師和員工的科技技能，並讓他們能夠有效地使用科技（Apsorn et al., 2019）。且國家政策從 2002 年「數位學習國家型科技計畫」的推動，開始積極推展數位學習的浪潮（陳舜德等人，2014），加上 2019 年十二年國教課綱，將「資訊科技」列為國、高中必修科目，以及 2020 至 2023 年的「邁向數位平權」、「強化智慧學習暨教學計畫」、「5G 示範教室與學習載具計畫」以及

2022-2025 年全面推動「數位學習精進計畫」達成「班班有網路生生用平板」等計畫（教育部，2022），在在顯示教育領域，數位科技廣泛地使用於教材形式和教學方法，已經成為加速和優化學生學習過程的現代方式之一（Elmurzaevich, 2022）。

COVID-19 大流行後，停課不停學的政策下，數位教學成為顯學，甚至 2023 年新北市長侯友宜市長在全市公私立國小校長會議中宣示，新北市正式啟動教育數位轉型，因為數位力就是競爭力，教師及學校要教會學生選擇及正確使用數位科技（李定宇，2023）。可見，校長要成為科技領導者，一方面帶頭擁抱不可避免且不斷變化的數位時代，另一方面帶領教師數位教學和數位科技的實踐，促進數位科技在教學相關的創新，持續改造和精進教師數位教學能力。

三、教師數位教學能力與學生學習成效相輔相成

科技變革年代，科技領銜教育發展，影響整體教育的變革。Sánchez-Prieto 等人（2021）也指出教師必須不斷接受數位教學能力的培訓，提高教師的數位素質與實現教學品質，才能提高學生學習時進行批判性發展的能力，進而獲得永續性的教育。

COVID-19 疫情發生後，數位教學對教師而言是個新的教育里程，因為實體教室失去了中心地位，教師的數位教學與學生的數位學習，必須在傳統的教學以及固有型態上產生變革，透過「教」與「學」的互動性過程，重塑數位教學方式，擴大學生參與的可能性（陳舜德等人，2014；Ertmer & Ottenbreit-Leftwich, 2010）。研究發現 COVID-19 疫情流行之前，國際教育成就評估協會（The International Association for the valuation of Educational Achievement, IEA）對教師資訊素養之研究於 2018 年記錄了不到 50%的教師在教學中經常使用科技（Fraillon et al., 2019）。 2018 年世界經濟合作暨發展組織（Organisation for Economic

Cooperation and Development, OECD）在 Teaching and Learning International Survey（TALIS）的調查結果，也顯示只有 43%的教師準備在教學中使用科技（Thomson & Hillman, 2019）。但在 2020 年之後，COVID-19 大流行後的強制隔離與封鎖之下，加上停課不停學的政策，學校部門緊急實施線上教學帶來的變化，科技和數位工具不再是補充課程而已，而是成為課程交付和教學的核心（Turchi et al., 2020），也是每一位教師所必須面對的課題。

由此可見，教育和教學科技專家建議在教學中使用數位科技是毫無疑問的，尤其在 2020 年 COVID-19 大流行於席捲全球後，數位教學的發展已成為教師教學的一種趨勢，同時教師數位教學能力的實踐，是將學習成果從舊方式轉變為新方式的利器，同時與學生學習成效相輔相成（Anthonysamy et al., 2020；Clark-Wilson et al., 2020；Evans-Amalu & Claravall, 2021；Suroso et al., 2021；Xie et al., 2018, 2021）。可見，數位化教學成功的因素取決於教師必須具備數位教學的能力與作為，加上教學環境數位化有效的整合，教師與學生良性的互動之下，才能有利於教師進行數位教學的規劃，提升學生學習成效。

四、校長科技領導與學生學習成效影響關係

學生卓越的學業成績，等同於最高品質學生的整體形象，也是一種教育期望。因此，提高學生學業成績的因素，不外乎外控因素以及學生自我期望的信心，同時也是學術機構最重要的任務。個人因素、環境因素、心理問題和社會因素都會影響學生的學業成功，但不同的國家對學生的學業成功有不同程度的影響，學者研究指出教育環境、學生心理和社會經濟因素在提高學業成績方面發揮著至關重要的作用（Kaviyarasi & Balasubramanian, 2018），包括：學生的性格、學生的品格、教育環境等（Susilawati et al., 2022），這些對提高學生的學業有至關重要的影響。

　　但是眾所皆知學生學習成效或學生學習表現,「教師」各項之因素,在教學與學生學習具有一定程度的影響,尤其在「教學效能」部分有正向且直接的影響效果(吳國銘,2019;陳忠明,2022;蔡金田,2014)。然而,教師的教學要能擺脫傳統教學枷鎖與窘境,在急遽變遷的環境與科技革命的年代,有能力的領導者至關重要,可以帶領教師洞悉教育趨勢,影響整體教育的變革(蔡金田,2021),可見,校長的科技領導風格影響教師的工作思維與模式,彼此交互作用,久而久之形成學校授課結構中獨特的教學模式,加上校長、老師共同規劃組織數位科技課程,也能幫助學生提高學業成績(Hamzah et al, 2021)。因此,校長科技領導與學生學習成效影響關係,是值得探究的層面,校長的科技領導行為和教師教學行為,形成學校授課模式中影響教師教學行為的因素,可以幫助學生提高學業成績,並且促進學校組織的發展與學生學習成效的實踐(Hamzah et al, 2021;Hernez-Broome & Hughes, 2004;KORKMAZ et al., 2022;Mark, 2022)。可見,校長科技領導是不可或缺的專業能力,與教師教學行為彼此交互作用,對於學生學習成效的影響將是極為重要的一環。

五、校長科技領導、教師數位教學能力與學生學習成效關係研究之價值

　　科技已經改變人類的生活方式,尤其在工業 4.0 時代,人工智慧和網際網路等先進科技的出現,學校校長的領導作為、教師教學方式與學校創新經營也發生了變化。其次,科技的快速發展以及科技在教育體系中的有效利用,國外研究也認為學校管理者被視為科技領導者(KORKMAZ et al., 2022),領導者應扮演推動科技的角色、數位關係的建構者以及了解不同形式的科技文化,以促進組織的發展與實踐(Mark, 2022; Hernez-Broome & Hughes, 2004)。

　　當 COVID-19 席捲全球,教育系統面臨著最具挑戰性的任務,

就是使用數位教學為學生提供教育，疫情改變了教學樣態，教師在教學的本質及固有習性上產生變革，教師運用數位科技工具的教學態度與信念發生了質變，數位教學成為教學場域中的催化劑，教師必須以此重塑教學方式，擴大與學生合作的可能性。Vongkulluksn等人（2018）研究也指出，教師數位能力信念與價值，已被確定為教師在課堂上實踐數位科技教學時，有密切相關的因素，教師能夠成功地把數位科技融入課堂，將數位科技整合在教學策略以及師生互動模式的體現，如此教育才能真正的翻轉。

可見，學校領導者要能確定科技應用策略與管理，進而支持和營造科技氛圍，鼓勵教師和學生使用科技進行教學和學習，提高教師和員工的科技能力，並讓他們能夠有效地使用科技（Apsorn et al., 2019）。換句話說，校長的領導風格影響教師的工作思維與模式，校長的科技領導行為和教師數位教學行為之間彼此交互作用，久而久之形成學校授課結構中獨特的教學模式，加上校長、老師共同規劃組織數位科技課程，也幫助學生提高學業成績（Hamzah et al, 2021）。

在此背景之下，國民小學校長科技領導之技巧與素養，是否真為教師教學與學生學習之關鍵？教師開始使用數位科技於教學，其準備程度到什麼階段？對學生學習會產生什麼樣的程度影響？在校長科技領導與教師數位教學能力影響下，學生的學習成效又為何？一直是筆者想要深入探索的議題。

貳、研究動機

時代巨輪不停向前運轉，整體社會在資訊科技的洪流下，揚棄「傳統」邁向「科技」的趨勢，強調科技化、數位化和智慧化的變革年代，必須源源不斷的產生科技力和創造力，突破混沌的局面，將危機化為轉機，幫助組織變革成功。因此，國民小學校長面對教

師不同個人背景以及不同學校背景下，在資訊科技、多元創新的教育氛圍中，如何領導學校同仁，運用數位教學，提升學生學習成效，是學校永續發展實踐績效的重要一環。本書探究國民小學教師知覺校長科技領導、教師數位教學能力與學生學習成效相關之研究，特將研究動機歸納如下：

一、科技領導為校長必備的領導技巧與專業素養

科技來自於知識，知識形塑為經驗，經驗優化為智慧，智慧成就為科技，而科技的更新、實踐、擴展與應用，是根據這一代人的需要而精進（Ghavifekr & Wong, 2022）。科技是社會變革的催化劑，透過科技的嵌入與媒介，強化社會各個層面相互交織的作用，領導者若能涵養科技素養與科技意識，將為人類帶來不可預期的機遇與挑戰，也為人類帶來幸福和更美好的未來。因為，科技除了幫助學生發展二十一世紀高薪就業所需的知識、技能和批判性思維能力，還為教師提供了教學測試和學習測試的模組工具，使教師能夠評估學生的表現，並根據需要修改課程（Alenezi, 2023），更有利於幫助教師實施教學與學生學習，讓學習變得更有趣。

Heidegger 存有論的科技觀點指出科技的本質是解蔽，現代科技的本質是「框架」（Gestell, enframing）的解蔽，在教育上的意涵，包括：人與科技的互補與互動關係，以相互主體性的基礎以及存有論的觀點設計科技教育，讓教育活動克服蒙蔽，全面性的認知進而超越「框架」，重新尋回教育存在的意義（楊洲松，2011）。可見，將科技運用在教學實踐中，教學質量將得到有效提高以及增進學生認知的學習動機，同時幫助教師克服蒙蔽感、促進教師專業發展、提高教師科技之應用、增進教師科技意識以及教學技巧等效果（Hamidi et al., 2011）。

變革社會要有一位能預測需求和領導未來藝術的人（蔡金田，2021），全球化時代伴隨著科學、技術的進步，領導者必須能夠面

對當今的全球挑戰，對科技的各種變化持開放態度，根據全球時代和數位科技的需求來領導學校。西方諺語有云：「有怎樣的校長，就有怎樣的學校。」校長對學校經營的成敗有很大的影響，校長的領導角色對教育成敗負最終責任，而且校長領導實踐與學生成績的增長有關，學者研究證明校長領導實踐，提高學生學業成就方面的重要性（沈秋宏、沈芷嫣，2022；Bluestein & Goldschmidt, 2021；Shen et al., 2021）。因此，在面對新時代「數位原住民」的學生，校長面臨挑戰的關鍵因素，是成為一位有效的科技領導者，帶頭擁抱不可避免且不斷變化的數位時代，校長的新角色，是能夠培訓教師資訊科技能力，帶領教師運用新科技提升整體備課品質，有效地整合資訊通信技術的資源並注入新的領導能力（Flanagan & Jacobsen, 2003），同時關注科技在教學和學習的使用，引領教師實踐教育「框架」的解蔽，促進資訊科技在教學的創新，持續改造和發展教育組織（Geir, 2013；Raman et al., 2019），這些都是新一代領導者所必須面對的。

由此可知，校長的科技領導技巧與素養，影響學校運用科技的風氣，也影響教師運用科技提升教學的品質與學生的學習成效。因此，「校長科技領導」是值得研究與正視的議題，筆者也藉此了解臺灣各地區國民小學校長實施科技領導的現況，探討校長實施科技領導情形是否不同？為本書動機之一。

二、校長科技領導是引領教師數位教學的重要元素

數位是一種有意義和可持續的狀態，具有創新之價值，以及建構支持整個組織的基礎能力和結構體（Dörner & Edelman, 2015）。同時也會刺激改變大腦結構、影響思維方式，這些轉變會不斷修正、持續與反覆，亦即「重新佈線」，讓總體思路是正確的（Forde et al., 2023）。數位時代的來臨，讓人們對數位的價值觀，產生新的虛擬維度，改變了彼此溝通與傳播的方式，同時也強

化了對知識的延續、管理、儲存、散播與運用的模式。

　　2022 年世界經濟論壇（World Economic Forum, WEF）報告提到，教育 4.0 以學習者為中心，善用資訊科技與教學方法創新，幫助學生有更廣泛的技能，以因應第四次工業革命（黃敦晴，2022）。可見，教學數位化為教育帶來新的可能，也是時勢所趨，在教育場域科技被廣泛地使用於教材形式和教學方法，並且已被發現是加速和優化學習過程的現代化方式之一（Elmurzaevich, 2022）。在數位時代和第四次工業革命，學習具有適應性和個別化的需求，在此情形下，教師數位能力成為未來塑造教育的力量，也是教師能否有效發揮教育作用的力量（Ally, 2019）。尤其在COVID-19 大流行後，傳統面對面的教學轉變為線上模式，教師數位教學專業能力更顯得重要，因為藉由數位科技的輔助，教師實踐教學的「質」與「量」，讓學生發揮潛能，學習得以落實（吳清山，2020；Gao et al., 2022；Sánchez-Prieto et al., 2021）。因此，教師具備資訊與通信科技（Information and Communications Technology, ICT）的專業能力，更顯得其急迫性與重要性，也就是教師將數位專業能力應用於教學，藉此豐富學生的學習歷程（Huamán-Romaní et al., 2022）。

　　然而，校長是促進學校科技變革的領導者，也是科技領導力方面的專家（Januszewski & Molenda, 2013），校長的新角色，在於帶領教師運用新科技，提升教師整體備課的水平（Flanagan & Jacobsen, 2003），也就是校長將科技知識、策略與領導技巧的實踐、應用和結合，鼓勵教師於課程教學、學生學習和組織管理中使用資訊科技（Ghavifekr & Wong, 2022），研究發現也因為校長的領導實踐，提高學生學業成就（Shen et al., 2021）。在馬來西亞教育部的一項研究，發現校長主動帶頭發展學生運用數位科技的技能，所展現出校長數位科技領導力的水平和教師數位化教學的實踐均處於較高水平，結果也顯示校長規劃和組織數位科技課程的能

力，可以幫助提高學生的學業成績（Hamzah et al, 2021）。

由此可知，數位科技時代的來臨，國民小學校長科技領導以及教師數位教學能力，對學生學習成效影響甚鉅。領導者的科技領導技能與素養，能否引領教師持續增進數位教學的能力？或是校長科技領導與教師數位教學能力各自獨立？抑或是藉由其中一種變項引領另一種變項獲致提升？本書將探究校長科技領導能力與教師數位教學能力之間的關係，此為本書動機之二。

三、教師數位教學能力有助於成就學生學習成效

學習是個人與環境互動，所獲得新的行為改變過程（Manan et al., 2023），是人類心理模式建構和改變的經歷，藉此改變認知、行為與態度的歷程（張春興，2007；邱秀香，2022），也是學習者心理轉變的傾向，形成「思維習慣」與「認知形式」的解構與建構，過程中不斷的自我反思，和批判性的反思，是一種學習的轉化能力和傾向（Mezirow, 2018）。在學習的動態與線性改變的過程中，是透過後天的努力，展現出有效的行為改變，再經過評估（evaluation）與指導（coaching）的評鑑後，使得認知、行為與態度不斷的提升，顯現出有效、有意義的學習成果（張春興，2007）。

有效的教學，關注在學校層面和課堂層面的問責制，包括：課堂觀察、衡量教師的教學實踐以及教師對學生成績的貢獻增值程度，因為良好的教學是提高學生成績最重要的基本因素（Darling-Hammond, 2000；Goe, 2008）。除此之外，嚴謹設計的教育方案（范熾文，2007）、訓練有素的思維和紮實的學科概念體系（Molnár & Hermann, 2023），以及教師善加利用「教與學」的技巧，聚焦於學校文化與教學實務之改進（York-Barr & Duke, 2004），最終是以學生為核心的學習觀，運用教師專業能力與素養，改善學校績效與教育實務（潘慧玲、陳文彥，2018），上述種

種因素，均可以提升學生學習成效。因此，學習成果就像導航工具、指導工具，可以幫助老師和學生，知曉並遵循的教學路線，協助學生在學科的認知發展與行為表現，以及實踐教師教學的目標。

　　近年來，學生學習成效廣泛地受到關注，透過多元有效的教學策略，加上有效能的校長與教師，對於學生在學習與認知上的成長具有顯著的影響（蔡金田，2014）。同時，學生學習成效也是教師評估學生的學習狀況，調整課程與教材的準備，或者教師授課方式的重要依據（黃淑玲，2013；Fredricks et al., 2004；Qiao et al., 2023）。COVID-19 大流行後教學模式的改變，從傳統的面對面教學轉變為線上模式，數位教學正在以飛快的速度發展，課堂上需要更多教師數位教學的專業發展（Gao et al., 2022）。為了幫助學生適應數位學習的教學活動，具備數位教學能力的教師似乎更加重要（Abduraxmanova, 2022），因為科技和數位工具不再是補充課程而已，而是成為課程交付和教學的核心（Turchi et al., 2020），如何將教師的數位能力與素養，轉變為數位的教學能力，就成為當前教育領域的重要議題。因此，運用數位科技教學，支持教師安排不同類型的學習活動和建設性的互動學習模式，換句話說，教師如何使用數位科技來改善學生的學習（Abduraxmanova, 2022；Clark-Wilson et al., 2020），就成為數位科技時代教師的新挑戰。

　　由此可知，數位科技融入教學成為一個新興問題，也是近年來教育領域積極推動的教學法（Esteve-Mon et al., 2020），教師數位教學能力對學生學習成效影響為何？教師強化數位教學能力，能否增進學生學習成效？或是教師數位教學能力與學生學習成效各自獨立毫無關聯？抑或是彼此變項相互影響而獲致提升？本書將探究教師數位教學能力與學生學習成效之間的關係，此為本書動機之三。

四、校長科技領導促進學生學習成效的展現

　　雖然缺乏較多校長科技領導與學生學習成效研究之成果，但國

內有關學生學習成效之研究成果仍呈現相關，學生學習成效經常被學校領導者，用來對達成學校重要成果之依據，特別對於學校校務的改進和學生學習成果有顯著影響（潘慧玲等人，2014；Li, 2010）。因此，學校教育關注的事，主要在協助學生「現在可以做以前做不到的事情」，並經由學習經歷導致學生發生的變化（Maher, 2004）。由此可知，校長領導學校時，在學校整體科技發展中發揮了重要作用，尤其是在高績效的學校（Hamzah et al., 2014），學校的運作中開發、引導、管理和應用科技技術，可以提高科技領導力和組織的績效，並提供最好的科技設施和環境，鼓勵和支持教師將科技融入教學和學習中，推動學校的「教與學」朝著學生的成就前進，這是學校科技領導者的最終目標（Aldowah et al., 2017；Esplin, 2017；Raman & Thannimalai, 2019）。

但也有研究提出校長學習領導對學生學習成就預測功能偏弱（吳國銘，2019），若能藉助科技輔助，校長科技領導將科技策略與領導技巧的結合，領導者以其自身的科技素養及領導技巧，統整科技資源，打造科技教育環境，並帶領同仁實踐科技技術，引領教師教學績效、教學效能，最終提升學生學習成效，但仍值得後續研究進一步探討。因此，校長科技領導對學生學習成效影響為何？校長科技領導，能否增進學生學習成效？或是有其他變項中介影響學生學習成效？或各自獨立毫無關聯？本書將探究校長科技領導與學生學習成效之間的關係，此為本書動機之四。

五、校長科技領導、教師數位教學能力與學生學習成效關係之研究尚待開發

近年來，國內相關研究，經檢索近年來（2018-2022 年）臺灣博碩士論文知識加值系統（至 2023 年 5 月為止）發現，僅限於兩種變項之間關係的探討，尚未出現同時將三者關係進行研究之論文。可見，近年來國內研究生有關校長科技領導、教師數位教學能

力與學生學習成效關係之研究寥若星辰，三者相互之間的關係研究有其價值，且尚待開發。

　　然而，科技對現代人來說，是滿足生活需求與解決問題的重要元素，也是生活智慧與文明經驗的累積，況且 21 世紀的時代被視為科技時代，在當今社會，科技落後的經濟體永遠無法增長，而且在每個可能的領域都可以感受到科技的影響，其中一個領域就是教育。科技的快速發展以及科技在教育體系中的有效利用，揭示了一個國家科技領先的概念，學校管理者被視為科技領導者（KORKMAZ et al., 2022），領導者必須根據全球化的時代和數位科技的需求來領導學校。

　　然而在 COVID-19 流行後，教育模式打破傳統教學樣態，在停課不停學的政策下，教學場域從傳統到數位、從面對面轉換成線上，導致校長領導模式轉變，教師使用數位科技教學成為新常態（Abduraxmanova, 2022；Gao et al., 2022；Oliveira & de SOUZA, 2022；Turchi et al., 2020）。除此之外，科技還為教師提供了教學測試和學習測試的模組工具，使教師能夠評估學生的表現並根據需要修改課程（Alenezi, 2023）。因此，未來領導者面臨的首要任務，需要幫助教師適應新的社會衝擊，校長有責任讓老師在教學過程中採用和注入科技的元素，並提高他們在教學中使用科技的技能和熟練程度。因為研究結果也證明，校長規劃和組織數位科技課程的能力，可以幫助提高學生的學業成績（Hamzah et al, 2021）。校長成為科技領導者、數位關係的建構者以及科技文化的形塑者，帶領組織成員擁抱數位時代，同時關注教師教學和數位科技的使用，促進資訊科技在教學相關的創新，培養學生主動工作的技能，激發孩子結構化的思考力與創造力，讓學生學習更多自主和更少被動的學習過程，藉此持續改造學校組織、提升教師數位教學能力與學生學習成就的實踐（Geir, 2013；Mark, 2022；Raman et al., 2019；Shomirzayev, 2022）。

面對劇變後的教育現場，引發作者想探究教師實施數位教學對學生學習成效的影響？以及校長科技領導如何引領教師數位教學的實施？再進一步探討國民小學校長科技領導、教師數位教學能力與學生學習成效三者之間所存在的關係，與彼此之間的影響。綜上，我們發現國民小學校長科技領導、教師數位教學能力與學生學習成效之關係研究，付之闕如尚待開發，本書之探討有其價值性，亦能補足國內相關研究之不足，此為本書動機之五。

第二節　研究目的與待答問題

本章節基於上述的研究背景與動機，本節旨在探討研究目的與待答問題，以了解國民小學教師知覺校長科技領導、教師數位教學能力與學生學習成效之關係，讓研究能更聚焦及正確引導研究方向。據此，將研究目的及待答問題分述如下：

壹、研究目的

本書根據上述研究動機之闡述，期望能達到以下之研究目的：

一、了解國民小學教師知覺校長科技領導、教師數位教學能力與學生學習成效的現況。

二、分析在不同個人背景變項下，國民小學教師知覺校長科技領導、教師數位教學能力與學生學習成效的差異情形。

三、分析不同學校背景變項下，國民小學教師知覺校長科技領導、教師數位教學能力與學生學習成效的差異情形。

四、探究國民小學校長科技領導、教師數位教學能力與學生學習成效的關係。

五、探究國民小學校長科技領導、教師數位教學能力對學生學習成效之直接、間接與中介效果。

最終提出研究結論與建議，供學校、教育主管機關、國民小學校長、教師於教學現場之參考，以及後續研究者進一步研究的參考。

貳、待答問題

依據上述研究動機與研究目的之觀點，本書係探討國民小學教師知覺校長科技領導、教師數位教學能力與學生學習成效關係之研究，其待答問題如下：

一、探討國民小學教師知覺校長科技領導、教師數位教學能力與學生學習成效各變項與其內涵之現況為何？

二、探究不同個人背景變項，國民小學教師知覺校長科技領導、教師數位教學能力與學生學習成效各變項的表現是否有顯著差異？

三、探究不同學校背景下，國民小學教師知覺校長科技領導、教師數位教學能力與學生學習成效各變項的表現是否有顯著差異？

四、探討國民小學校長科技領導、教師數位教學能力與學生學習成效的關係為何？

五、探究國民小學校長科技領導、教師數位教學能力對學生學習成效之直接、間接與中介效果影響為何？

第三節　名詞釋義

為使研究主題易於了解，本節進一步界定研究之重要名詞，包括校長科技領導、教師數位教學能力與學生學習成效等概念界定與說明，將本書所探討的名詞解釋說明如下：

壹、校長科技領導

校長科技領導（principal's technology leadership）係指校長是科技領導者也是催化者的角色，校長掌握新興科技發展之趨勢與資源整合，以科技元素持續改造組織與環境，關注學校教學和學習科技的使用情形，帶領教師運用科技於教學歷程，進而使組織成員善用資訊科技，增進行政、教學和學習成效（蔡金田，2021；Flanagan & Jacobsen, 2003；Hamzah et al, 2021；Hernez-Broome & Hughes, 2004；KORKMAZ et al., 2022；Mark, 2022）。

本書所稱之校長科技領導，以「校長科技領導技巧與素養」、「提升教師教學成效」以及「營造數位科技情境」等三個層面為主，並參考李昆憲（2022）、張奕華和許丞芳（2009）、蔡金田（2006）、蔡明貴（2022）、謝傳崇等人（2016）與蕭文智（2019）等人之研究有關校長領導及科技領導的量表，自行編製而成。之後作為調查校長科技領導之量表，依據受試者在「校長科技領導」問卷上的得分情形，若教師在校長科技領導問卷上得分越高，即表示教師知覺校長的科技領導效能的感受越好，反之則效果越低。各層面之操作型定義說明如下：

一、校長的科技領導技巧與素養：校長必須綜觀教育趨勢與變革，扮演科技領導的角色，在前瞻和智慧的領導下，具備科技領導之技巧以及凝聚成員科技願景與意識，並且能夠運用科技作出前瞻性的判斷，進一步使用科技工具解決問題，促進教師的教學實踐與學校的校務發展。

二、提升教師教學成效：鼓勵組織成員學習科技、善用科技，使組織成員以及學生具備科技知識，將科技融入組織管理，教師將科技與課程教學相結合，完善教學任務與課程設計，並能評估和修正教學模式，最終激發學生學習科技的潛能，並給予正向的回饋。

三、營造數位科技情境：領導者必須承諾整合校、外科技相關

資源，結合數位科技軟硬體設施，將工作場域打造成科技情境，並強化科技接受度和科技實踐的領導行為，營造有利的科技氛圍，發展學校科技創新的教育新亮點。

貳、教師數位教學能力

數位教學（digital teaching）可以從學習者角度探討，也可以從教學者角度探究，二者密不可分實為一體之關連，主要是教師透過數位科技工具，與學習者進行教學互動且不受時空限制，使學生習得知識、技能和態度的學習型態與教學模式，最終達成教學目標的學習過程（邱純玉，2020；黃永舜，2020；潘玉龍，2021；謝玉英，2022；Antara & Dewantara, 2022；Esteve-Mon et al., 2020；Kundu & Bej, 2021；Meinokat & Wagner, 2021）。

本書所稱之教師數位教學能力，以「應用數位科技教學之能力」、「使用數位科技工具與媒體」以及「數位課程教材資源」等三個層面，作為調查教師數位教學能力之量表，並參酌美國國際教育科技學會（ISTE, 2023）針對教育工作者運用數位科技教學相關層面與指標，以及張瓊穗與翁婉慈（2008）、賴阿福（2014）、潘玉龍（2021）以及蘇俊豪（2023）等人之調查問卷後，筆者自行編製而成。之後依據受試者在「教師數位教學能力」問卷上的得分情形，若教師在數位教學問卷上得分越高，即表示教師的數位教學能力效果越好，反之則效果越低。各層面操作型定義說明如下：

一、應用數位科技教學之能力：教師能運用數位教學平臺與網際網路多媒體學習資源，並遵守網路倫理與保護個資與智慧財產，應用於整體教學策略、備課計畫、創新教學與診斷教學，並能應用數位科技設計班級網頁、管理網路日誌，藉此增進學生學習動機，提升教師教學績效與學生學習成效。

二、使用數位科技工具與媒體：教師在執行教學任務時，能夠

知道、使用數位科技，在面對可用的數位教學資源與工具，能夠擁有數位科技管理、規劃以及建置的能力，讓數位教學能夠充分發揮，並運用行動載具實踐「生生用平板」的政策，引起學生學習動機，並有效呈現教學內容。

三、數位課程教材資源：教師能夠合法取得教學所需的數位教材或資源，並能彙集官方及民間數位教學資源，具有數位多媒體課程教材編寫、開發、設計與運用的能力，且能鏈結科技資源、教學檔案以及學生學習歷程檔案，一方面提升教學品質，另一方面引導學生批判性思考能力，最終提升學生數位學習以及教師數位教學效能。

參、學生學習成效

學生學習成效（student learning outcomes）係指學生在學習行為和教學行為相互作用後，具備終身學習的關鍵核心能力，包括具體可評量之學業成就（認知）、學習動機（情意）、學習行為表現（態度）以及關鍵核心素養（價值），進而培育能夠行動自主、溝通互動、解決問題以及社會參與的國際人才（王如哲，2010；黃淑玲，2013；黃曙東，2006；曾俊傑，2019；潘慧玲等人，2014；蔡金田，2014；Fredricks et al., 2004；Li, 2010；Qiao et al., 2023；Sholekah et al., 2023；Susanto et al., 2020；Yeung et al. 2021）。

本書所稱之學生學習成效，以「學生學業評量成就」、「學生學習態度」以及「學生學習動機」等三個層面，再參酌林宏泰（2019）、陳忠明（2022）、張伯瑲（2021）、張凌凌（2022）、黃貴連（2023）、蔡金田（2014）與謝傳崇與王瓊滿（2011）等人之研究調查問卷，自行編製而成，之後作為調查學生學習成效變項之量表。受試者在「學生學習成效」問卷上的得分表現情形，如果在學生學習成效問卷上得分越高，即表示教師知覺學生學習成效的

感受越好，反之則效果越低。各層面操作型定義說明如下：

一、「學生學業評量成就」：學生參與相關學習活動後，能展現獨特的想法、做中學學中做、探索知識與解決問題的能力，在教學成效多元評量之觀念下，學業成績、作業表現、品格常規表現、明辨是非能力、激發多元想法與視角等各方面日益精進與顯著提升。

二、「學生學習態度」：係指學生學習熱忱與學習參與程度，其元素包括：實踐、積極、自主、行動、交流、正能量等，能夠以積極學習的概念出發，建立良好人際互動關係、自我期望、高度參與學校活動以及批判思考能力。

三、「學生學習動機」：係指學生對學習活動感受愉悅，激勵學生心理想法和內在驅動力，也就是啟發學生合作參與和投入學習的意願，並且學習時主動積極、樂於參與，強烈求知慾與企圖心，最終能夠滿足自我成就以及獲得自我成長。

第四節　研究範圍及限制

本書旨在探討國民小學教師知覺校長科技領導、教師數位教學能力與學生學習成效之關係，為了使研究之論述與架構更為嚴謹，本書之範圍有局限以及可能面臨的限制，說明如下：

壹、研究範圍

為達成上述研究目的，本書以量化實證研究為主，並採用問卷調查法進行資料之搜集與分析，本書的範圍依研究地區、研究對象以及研究內容分別說明如下：

一、研究地區

研究之抽樣地區，以臺灣本島之公立國民小學教師，劃分北臺灣、中臺灣、南臺灣、東臺灣為本書之研究區域。

北臺灣包括：臺北市、新北市、基隆市、桃園市、新竹市、新竹縣。

中臺灣包括：苗栗縣、臺中市、彰化縣、南投縣、雲林縣。

南臺灣包括：嘉義市、嘉義縣、臺南市、高雄市、屏東縣。

東臺灣包括：宜蘭縣、花蓮縣、臺東縣。

二、研究對象

本書係以臺灣本島之公立國民小學教師為隨機抽樣之對象，不包括離島學校、私立學校及實驗學校，以級任教師、科任教師、兼任行政職務之組長與主任為調查對象，不包含代理代課教師。

三、研究內容

本書旨在調查國民小學校長科技領導、教師數位教學能力與學生學習成效之現況，並將此三者關係進行分析研究，最終提出研究結論與建議。問卷調查內容分成四部分，第一部分為「個人基本資料」，第二部分為「校長科技領導問卷量表」，第三部分為「教師數位教學能力問卷量表」，第四部分為「學生學習成效問卷量表」，說明如下：

第一部分「個人基本資料」：

（一）教師背景變項：性別、年齡、最高學歷、服務教職年資、現任職務。

（二）學校背景變項：學校大小規模、學校所在地、學校區域。

第二部分「校長科技領導問卷量表」：

「校長科技領導」變項分成校長科技領導技巧與素養、提升教師教學成效以及營造數位科技情境等三個層面。

第三部分「教師數位教學能力問卷量表」：

「教師數位教學能力」變項分成應用數位科技教學之能力、使用數位科技工具與媒體以及數位課程教材資源等三個層面。

第四部分「學生學習成效問卷量表」：

「學生學習成效」變項分成學生學業評量成就、學生學習態度以及學生學習動機等三個層面。

貳、研究限制

本書以探討國民小學教師知覺校長科技領導、教師數位教學能力與學生學習成效之關係，過程中力求嚴謹周延，但受限於教育現場主、客觀不可抗拒之因素，在研究過程與結論上，仍須面臨「研究對象」、「研究變項」與「研究工具」等限制，茲分述如下：

一、研究對象的限制

本書抽樣方式採用先分層再立意抽樣，僅就臺灣本島北、中、南、東區域公立國民小學之學校進行分層抽樣，進行教師問卷調查，並未涵蓋私立學校、實驗學校、離島地區學校，難免會有抽樣誤差，因此在推論上與分析時，設定「信心水準」亦即信賴區間，而且僅適用於臺灣本島公立國民小學。

問卷發放對象為教師，有關於學生學習成效部分，是由教師的角度反映學生學習成效，一方面因學生有一至六年級，心智年齡差距太大，另一方面學生表達能力不足，於是本書問卷調查對象只能忽略學生部分，同時也不在本書的推論與探討。

二、研究變項的限制

本書係以學校教師個人背景變項及學校背景變項，做為問卷的前置變項，其他有可能影響的相關背景變項因素，例如：學校校齡、校長教職生涯服務年資、擔任校長年資長短、教師人格特質、

學校所在社區環境的生態背景、人文背景與社區文化特性等，都不
在本書的推論與探討。

三、研究工具的限制

　　本書以問卷調查法為主，採用「國民小學校長科技領導、教師
數位教學能力與學生學習成效之調查問卷」進行研究，問卷之發
放，採用先分層再立意抽樣，因問卷回收率難以估計，只能以抽樣
樣本估計值推論母群體，精確度不可能百分之百，有可能會造成抽
樣誤差，同時也無法做駐地深入觀察的質性研究，因此結果的推論
及資料的運用，也僅限於臺灣本島公立國民小學。

第二章　文獻探討

第一節　校長科技領導之內涵與研究

　　本章節說明：壹、科技的應用與科技領導的定義；貳、國內、外學者科技領導相關研究之內涵分析；參、科技領導相關研究層面之內涵分析及問卷題目編製；肆、校長科技領導之相關研究。旨在探討校長科技領導相關層面及其內涵之分析，作為本書校長科技領導問卷題目編製之依據，並說明校長科技領導之研究是值得探究、尚待發掘的議題。其說明如下：

壹、科技的應用與科技領導的定義

一、科技在教育上的應用

　　科技是透過科學技術，將生活智慧與經驗傳承不斷的累積。21世紀通常被視為科技時代，科技在我們的生活中扮演著非常重要的角色，科技的更新、科技的實踐、科技專業的擴展與應用，是根據這一代人的需要而變化（Ghavifekr & Wong, 2022），因此，科技使我們的工作更輕鬆、更省時，它被視為經濟增長的基礎，以及成為人類生活與健康所使用之設備和工具，同時科技也是一個過程和一種思維方式，需要對人工智慧倫理的批判性認識，並且需要跨學科和跨學科合作（Zhang & Aslan, 2021），透過科技的嵌入與媒介，強化社會各個層面的相互交織作用，為人類帶來不可預期的挑戰與機遇（Cloete, 2017）。

　　科技是多樣化的，科技素養具有「程序性」、「時間成分」（Rasa & Laherto, 2022），科技幫助學生發展 21 世紀高薪就業所

需的社會技能和批判性思維能力，除此之外，科技還為教師提供了教學測試和學習成效測試的模組工具，使教師能夠評估學生的表現並根據需要修改課程（Alenezi, 2023）。而且科技有利於幫助教師實施教學與學生學習，教師必須反應靈敏並能夠加以使用，讓學習變得更有趣。在教育上使用科技工具的強度，和學習動機與學習成果之間存在正相關且顯著的關係，這意味著使用科技工具的強度和學習動機共同影響學生的學習成果，也就是在教育中適當使用科技，可以提高教學、學習和支持學生等方面的有效性（Prinsloo et al., 2022；Sholekah et al., 2023；Suzana et al., 2020）。

因此，教學上科技影響的因素難以忽略，是每一個教師都必須面對且難以避免的，而且未來教師面臨的重大挑戰就是必須擁有科技能力，因為科技發展速度飛快，新興科技也在改變教學方式，教師需要在科技領域進行持續培訓，才能跟得上潮流，把最新的信息傳遞給學生（Bohari et al., 2021）。Schellinger 等人（2019）研究驗證了科技課程活動可有效改善學童對於科學知識本質的理解，包括以科學探究的正式與非正式混合課程活動，發現可以增強學生在科學的學習自信心，對其科學知識的信念與態度也有正面的幫助（Chen et al., 2014）。然而，教師在教育過程中使用科技的因素，有許多不同層面的影響，例如：教育系統、環境、學校設備、科技素養、科技教學能力等因素相互作用。雖然當前教育現場，教育科技的硬體和軟體的可用性很普遍，但這些科技工具在教學實踐中的使用率以及總體數位能力在教師之間仍然不平衡（Antonietti et al., 2022），值得進一步探究。

國際教育成就評估協會（IEA）對教師資訊素養之研究於 2018 年記錄了不到 50%的教師在教學中經常使用科技（Fraillon et al., 2019）。2018 年 OECD 在 TALIS 的調查結果顯示，雖然教師對科技相關技能培訓的需求很高，但只有 43%的教師準備在教學中使用科技（Thomson & Hillman, 2019）。然而這一切的現象在 COVID-

19 疫情發生後，產生劇烈的改變，疫情後的緊急情況，迫使學校教師採用越來越多的數位科技工具，研究發現疫情流行之後，來自世界各地 64 個不同國家的教師，在教學中使用科技的意願表現出異質性（Scherer et al., 2021）。可見，科技在教育中的運用開始蓬勃發展，同時因應時勢變化呈現出動態性的變革，更加確定了科技和教師彼此之間的相互交織關係，是密不可分的。

　　教育要擺脫傳統枷鎖，在急遽變遷的環境與科技革命的年代，資訊科技領銜教育趨勢，影響整體教育的變革（蔡金田，2021）。因此，新一代的教師具備「科技素養」與「科技意識」，是不可或缺的專業能力，未來科技導向的教學和學習是極為重要的一環。對組織而言，科技的應用潛力勝於人類腦力，科技的高效率取代耗時耗力的組織運作，充分掌握資訊科技的優勢，可以提升整體的組織績效（吳清山、林天佑，2010）。對領導者來說，要能確定科技應用策略，管理、支持和創建科技氛圍，鼓勵教師和學生使用科技進行教學和學習，制定科技發展計畫，提高教師和員工的科技技能，並讓他們能夠有效地使用科技（Apsorn et al., 2019）。

　　隨著人類文明的進步，層出不窮的新穎科技可以改變世界、可以激發孩子的好奇心、可以幫助人類做出更好地理解與概念。楊洲松（2011）在探討哲學家 Heidegger 存有論的科技觀點及其教育意義時，指出科技的本質是解蔽，現代科技的本質是「框架」（Gestell, enframing）的解蔽，回到科技的藝術特徵，透過對語言與詩的思考，重新發現教育上的意涵，包括：

　　（一）互補關係：人與科技的互補，強調師生之間的人與人的互動關係。

　　（二）互為主體：運用存有論觀點以及互為主體的基礎，進行教育科技設計。

　　（三）教育的真義：要找回教育存在的真義，以詩性活動超越「科技框架」。

（四）自我的定位：教育是解蔽的隱喻，可以幫助學生發掘自己存在的定位。

因此，拜科技文明之賜，提升人類生活與教育的品質，讓我們的生活更為舒適便利，也讓教學增加了互動性和趣味性。於是將科技運用在教學實踐中，教學品質將得到有效提高以及增進學生的學習動機，同時幫助教師克服教學的孤立，讓教師獲得更大的教學社群支持，以及促進教師與教師之間的相互依賴關係，促進教師專業發展、提高教師科技應用之使用率、增進教師科技意識以及教學技巧等效果（Hamidi et al., 2011）。

在教學歷程中接受科技的態度，是決定教師有意圖在教學實踐中使用數位工具的相關因素（Antonietti et al., 2022），在教育的過程中，將雲端科技廣泛地使用在教學形式和方法，已經被發現是加速和優化學習過程的現代方式之一（Elmurzaevich, 2022）。因此，實踐一位「科技」教師將成為主流，以科技作為教育的手段，在科技工具的幫助下，培養學生主動工作的技能，激發孩子結構化的思考力、創造力以及獲取、選擇和檢索信息的能力，讓學生熟悉信息處理並學習更多自主和更少被動的學習過程（Shomirzayev, 2022）。

教師使用現代科技進行備課、組織課程，主要的任務是將最高水準的科學技術帶入教育過程，而科技的嵌入改善了教學和學習，提高了教師對教學環境的創新，讓艱澀、枯燥的概念，同時可以讓學生進行思維訓練，讓課堂更具視覺化和趣味化（Olimov & Mamurova, 2022）。

由上述可知，藉由科技的輔助，科技在教育上的運用，已經從被動轉變為互動和進取，由枯燥乏味轉變為有趣和愉快，科技應用於教育，有延續與預知的概念，並且有創新、規劃與解決問題的意涵，是一種探求預測未來的實踐，對於將來教育情境變遷的適應與調整，可以在科技輔助下，探索、預測、解決及設計未來，讓學校

未來充滿想像的空間，成就一個跨越科技、翻轉創新的教育年代。

二、校長科技領導的定義

　　教育部重編國語辭典修訂本，「領導」一詞，是指統領引導；指領袖人物。因此領導可說是具有統治、管理、引導之意涵。以領導者的領導行為來說，領導者具有影響群體活動的能力，以及與成員共同建構組織具有方向和意義的目標，並能激勵成員意願，以達成組織目標（秦夢群，2019）。學校領導者面對教育改革浪潮以及學校變革的挑戰，可以藉由淵博的知識與領導作為，打造優質的教與學的情境，進而提升學生學習成效（Leithwood et al., 2004）。可見，領導者是組織中有相對權力和影響力的人，對組織成員展現權力和影響力，使組織成員自覺地與領導者一同去實踐組織目標。

　　21 世紀的時代通常被視為科技時代，在當今社會，科技落後的經濟體永遠無法增長，而且在每個可能的領域都可以感受到科技的影響，其中一個領域就是教育。科技的快速發展以及科技在教育體系中的有效利用，揭示了一個國家科技領先的概念，學校管理者被視為科技領導者（KORKMAZ et al., 2022），領導者必須根據全球化的時代和數位科技的需求來領導學校。因為，未來的社會要有一位能預測需求和領導未來藝術的人，不再仰賴地位和威權，可經由科技、知識、智慧與能力，運用權變整合組織，以誠意和部屬一起努力，對教育作出承諾共同實現組織願景（蔡金田，2021）。

　　可見，未來領導者面臨的首要任務，需要了解新的科技和經濟秩序的性質，並幫助組織適應新的社會衝擊。領導者應扮演的角色，是科技領導者、數位關係的建構者以及科技文化的形塑者，藉此促進組織的發展與實踐（Hernez-Broome & Hughes, 2004；Mark, 2022）。因此，前瞻和智慧的領導者必須依靠科技的運用與加持，優質的領導者需要意識到這一點，能夠為組織明天的需求做好準備，並努力提高他們使用現代科技工具進行溝通和領導的能力。

科技領導（technology leadership）一詞，首見 1988 年荷蘭湍特大學（University of Twente）Betty Collis 教授所撰述的《電腦、課程與全班教學》（Computers, Curriculum, & Whole-Class Instruction）書中。研究發現校長的新角色，在於帶領教師運用新科技，提升教師在整體備課過程中，有效地整合資訊與通信技術，並在科技整合中注入領導能力（Flanagan & Jacobsen, 2003）。校長成為科技領導者，一方面帶頭擁抱不可避免且不斷變化的數位時代，另一方面關注教師教學和數位科技的使用，促進資訊科技在教學相關的創新，持續改造和發展教育組織（Geir, 2013；Raman et al., 2019）。馬來西亞教育部，主動帶頭發展學生使用數位科技的技能和潛力，在雪蘭莪州 Hulu Langat 區約有 400 名教師參與了一項研究，發現校長所展現的數位科技領導力的水平和教師的數位化教學實踐均處於較高水平，研究結果也證明，校長規劃和組織數位科技課程的能力，可以幫助提高學生的學業成績（Hamzah et al, 2021）。

可見，校長既是促進學校科技變革的領導者，也是科技領導力的專家。校長的責任是讓老師在教學過程中採用和注入科技的元素，並提高他們在教學中使用科技的技能和熟練程度，以滿足數位教學和學生學習的需求。因此，優質校長的科技領導，需要適應和應用科技，進而發展科技素養與領導力，以滿足新校園、新科技、新秩序。以下整理近十年國內、外學者對於科技領導定義的相關文獻，如表 2-1：

表 2-1　國內、外學者科技領導的定義

研究者	年代	科技領導的定義
張奕華與吳怡佳	2011	校長融合新興科技與領導技巧，使其應用在學校課程教學上，並激勵學校教職員持續學習並善用資訊科技進而提升素養，以增進教學與行政效能。
王文霖	2013	校長激勵教育人員開始或持續學習科技、運用科技，並將科技整合課程與教學中，藉由評鑑提升教學或學習成效，達成學校教育品質的目標。
黃靖文與方翌	2014	學校領導者將本身具備之資訊素養能力，與科技資源加以整合利用，融入領導行為當中，並透過資訊科技改善教學品質與提升行政效率，以達成組織的目標與願景。
葉連祺	2017	科技領導依其運作觀點不同，定義有三： 一、「領導者→科技→被領導者」（藉助科技），領導者藉助科技，改善領導所處情境條件和與被領導者關係，並提升被領導者工作表現和組織績效。 二、「領導者→被領導者→科技」（學習科技），領導者藉由領導歷程以使被領導者了解或習得工作所需科技知能，增進工作績效，科技在此處作為領導產生結果。 三、置於學校脈絡，科技領導的目的可以聚焦於學生學習相關科技知能，而學生習得科技的情形、優劣，是判斷領導成效的依據。

表 2-1　國內、外學者科技領導的定義（續）

研究者	年代	科技領導的定義
張維修	2018	科技領導是指校長能夠推動校內資訊科技之使用，促使學校成員開始或持續學習科技、運用科技，形成互助的科技團隊，以實踐有效的發展策略，進而引發革新，達成學校教育願景。
張奕華與胡瓊之	2019	校長融合科技的素養與領導的技巧，建置與整合良好的科技教學設施及資源，鼓勵成員學習與應用資訊科技，以提升學校行政效率、教師教學效能與學生學習成效。
章淑芬	2020	校長科技領導意指校長本身具備科技素養，認同科技教育對學生學習的助益，積極導入軟硬體設備來支持教學。
蔡明貴	2022	校長科技領導係指校長透過領導策略的實施及科技資源的統整，帶領學校成員共同塑造科技發展願景，完善教學和行政之資源及環境，透過績效評核管控，以提升行政、教學及學習成效。
Chang	2012	校長有效的科技領導，會提升教師的科技能力；教師的科技能力提升，會影響學生的學習成效。
Roblyer 與 Doering	2014	校長必須充當科技領導者，教師充當促進者，為 21 世紀的教育提供技能和知識。

表 2-1 國內、外學者科技領導的定義（續）

研究者	年代	科技領導的定義
Speedy 與 Brown	2014	科技領導的一個主要組成部分是領導者如何激勵教師學習、使用科技並將其應用到他們的課程中。
Yorulmaz 與 Can	2016	科技領導係指領導者引領學校成員學習科技、整合科技、運用科技於學校環境中的歷程。
Raman、Thannimalai 與 Ismail	2019	科技領導者與成員制定共同科技願景，整合科技設施和環境，支持教師將科技融入教學和學習中，這是學校科技領導者的最終目標。
Zhang、Lee 與 Adams	2021	將科技領導定義為能夠有效使用和管理工作科技，並做出合理決策以指導科技發展，課堂上掌握資訊通訊科技的使用，組織層面利用資訊通信科技進行管理，運用科技技能實踐領導技能。
Ghavifekr 與 Wong	2022	科技領導是科技知識策略和一般領導技巧的結合、實踐、擴展和應用，鼓勵教師教學、學生學習和組織管理中使用資訊科技，以促進學生利用數位化科技學習理論知識。

　　由此可知，科技領導的觀點相當多元，科技在校園也是廣泛應用且發揮著重要作用，對於行政、管理、課程、教學、學生學習等各方面有著重大影響。本書綜合上述學者研究，將校長科技領導定

義如下：校長是科技領導者也是催化者的角色，校長掌握新興科技發展之趨勢與資源整合，以科技元素持續改造組織與環境，關注學校教學和學習科技的使用情形，帶領教師運用科技於教學歷程，進而使組織成員善用資訊科技，增進行政、教學和學習成效。歸納整理校長科技領導運作圖，如圖 2-1。

圖 2-1　校長科技領導運作圖
註：筆者自行整理繪製

貳、國內、外學者科技領導相關研究之內涵分析

一、國內學者研究科技領導的內涵分析與其層面彙整

　　校長科技領導的實踐，對教師的專業學習取向和學校學型組織的文化產生深遠的影響（Banoğlu et al., 2023）。近年來，資訊通

信技術（ICT）在各級學校中變得司空見慣，學校學生被要求必須準備好以有效、高效和合乎道德的方式理解、使用和應用科技（Flanagan & Jacobsen, 2003）。科技在教育上的運用是跨學科的，每位教師都應該學會使用科技，提高學生在每個科目中的學習能力，並且將其融入核心課程和教學計畫中（Government of Alberta, 2023）。在這種情況之下，21 世紀的學校領導者對科技整合責無旁貸，並能確保將科技融入教學和學習中，同時將科技素養轉化為有效的領導，避免組織數位鴻溝的擴大和產生，讓所有教師、學生都有機會充分獲得科技智能，涵養科技素養。

　　可見，在數位科技時代科技儼然成為校長的基本素養，校長科技領導更彰顯其重要性。國內專家學者相繼投入校長科技領導的相關研究，因研究對象與變項間的不同，所提觀點也有所殊異，以下就國內學者針對校長科技領導研究之內涵相關文獻，整理後列表如下（表 2-2）：

表 2-2　國內學者科技領導內涵彙整表

研究者	年代	科技領導的內涵
張奕華與許正妹	2009	校長在資訊科技時代的當下，必須針對其傳統的學校管理領導角色進行調整，使其成為科技領導者：在校內提升教師的資訊科技素養並賦予良好的教學環境，以及提供學生優質的學習環境，使所規劃的科技願景與計畫，能夠真正落實在教學和學習上，達到追求學校績效的目標。

表 2-2　國內學者科技領導內涵彙整表（續）

研究者	年代	科技領導的內涵
張奕華與蔡瑞倫	2009	校長科技領導係指領導者結合新穎的科學技術和必要的領導技巧，充實科技方面的軟硬體設施和人員的科技素養，塑造應用科技的有利環境和文化，且影響其組員，使組織和世界接軌，不和潮流脫節，保持旺盛的競爭力，能夠善用科技增進教學和行政的成效，致力於組織目標的達成。
秦夢群	2010	認為科技領導有別於傳統領導理論，特別強調行動領導，其發展必須基植於一個明確具體的願景，並涉及科技融入課程、數位學習、行政數位化與資訊教學等議題，領導人應訂定、指導、管理和應用不同的組織科技運作技術，進而提高經營績效。
謝文斌	2012	科技領導是以校長為主要運用領導策略的學校行政人員，導入、設計與執行新興科技，推動「用科技支持學習」，塑造應用科技的有利環境和文化，充實軟硬體設備和人員的科技素養，整合科技於學校教學及行政，其目的為促進學生學習成效並提升學校效能。
謝傳崇、蕭文智與官柳延	2016	校長科技領導內涵為：校長應具備資訊科技素養，運用資源和領導策略達成組織願景，並適切統整資源催化學校成員

表 2-2　國內學者科技領導內涵彙整表（續）

研究者	年代	科技領導的內涵
		應用科技於教學創新和行政事務上，構建資源共享數位學習平臺，以促使學校行政與教師教學效能提升，營造具挑戰性和趣味性，廣被學生認同、樂於學習之教學環境。
吳秋蓉	2017	學校校長能夠結合科技知識和科技技能，善用科技領導技巧，結合組織成員共同訂定科技發展相關願景與計畫，帶領組織成員將科技知能應用在行政、教學及學習上，進而營造有利的科技應用之環境，其目的在於提升組織成員的科技素養，引導組織成員促進學校目標之達成。
張維修	2018	科技領導是指校長對內形成互助的科技團隊，推動校內資訊科技的使用，督促組織成員開始或持續學習科技與運用科技，進而實踐有效的科技發展策略，同時引發組織革新，達成學校教育願景。
蕭文智	2019	校長應具備科技素養、整合資源的能力以計畫性的建立科技願景，並運用領導技巧，促使教師與學校行政人員接受訓練以提升相關資訊科技能力，並能適切應用科技於教學實踐和行政作為上，並能塑造一個共享、支持的學校情境，以促使學生學習表現、教學創新成效與行

表 2-2　國內學者科技領導內涵彙整表（續）

研究者	年代	科技領導的內涵
		政效能達到極致。
張奕華與胡瓊之	2019	校長融合科技的素養與領導的技巧，致力於建置與整合良好的科技教學設施及資源，鼓勵學校成員學習與應用資訊科技，以提升學校行政效率、教師教學效能與學生學習成效，並形塑有利推展資訊科技的環境與文化，以達成智慧校園的目標與願景。
章淑芬	2020	校長應具備明確科技理念，對外能夠積極爭取相關科技資源，尋求社區及家長的認同與協助，對內能夠帶領全校師生進行數位科技學習。意謂校長科技領導，乃指校長具備科技素養，認同科技教育對學生學習的助益，積極導入軟硬體設備來支持教學。
蔡明貴	2022	校長科技領導係指校長順應時代的變遷及需求，透過領導策略的實施及科技資源的統整，帶領學校成員共同塑造科技發展願景、訂定相關發展計畫，辦理科技發展活動，完善教學和行政之資源及環境，並且能透過合宜與適時的成效評核管控，以提升行政、教學及學習成效。

　　綜上所述，領導趨勢的變革和領導品質同等重要，學校領導者，統整科技資源，並帶領同仁善用科技，透過本身的科技素養及領導技巧，提升組織之效能。本書按照國內學者科技領導的內涵，將其歸納分類為以下層面：校長帶領同仁整合科技的知識性、開放性、移動性和有效性，並且善用領導技巧，與成員共塑科技願景與發展計畫，營造科技教育情境，鼓勵成員學習與應用科技，增進成員科技素養與科技意識，提升教師教學成效，以達成智慧學校之目標與願景。

　　本書依據表 2-2 國內學者科技領導內涵之彙整表，整理出以下五大層面：

（一）「科技領導的技巧與素養」

　　提出相關論點的研究者為：張奕華與許正妹（2009）、張奕華與蔡瑞倫（2009）、秦夢群（2010）、謝文斌（2012）、謝傳崇等人（2016）、吳秋蓉（2017）、蕭文智（2019）、張奕華與胡瓊之（2019）、章淑芬（2020）、蔡明貴（2022）等 10 筆。

（二）「共塑科技願景與計畫」

　　提出相關論點的研究者為：張奕華與許正妹（2009）、秦夢群（2010）、謝傳崇等人（2016）、吳秋蓉（2017）、張維修（2018）、蕭文智（2019）、蔡明貴（2022）等 7 筆。

（三）「鼓勵成員學習與應用科技」

　　提出相關論點的研究者為：張奕華與許正妹（2009）、張奕華與蔡瑞倫（2009）、謝文斌（2012）、吳秋蓉（2017）、張維修（2018）、蕭文智（2019）、張奕華、胡瓊之（2019）、章淑芬（2020）等 8 筆。

（四）「營造數位科技情境」

　　提出相關論點的研究者為：張奕華與許正妹（2009）、張奕華與蔡瑞倫（2009）、謝文斌（2012）、謝傳崇等人（2016）、吳秋

蓉（2017）、蕭文智（2019）、張奕華與胡瓊之（2019）、章淑芬（2020）、蔡明貴（2022）等 9 筆。

（五）「提升教師教學成效」

提出相關論點的研究者為：張奕華與許正妹（2009）、張奕華與蔡瑞倫（2009）、秦夢群（2010）、謝文斌（2012）、謝傳崇等人（2016）、吳秋蓉（2017）、蕭文智（2019）、張奕華與胡瓊之（2019）、章淑芬（2020）、蔡明貴（2022）等 10 筆。

上述國內學者「校長科技領導」變項之五大層面，未來將再結合「國外學者科技領導」之層面，加上「國內、外學者、機構科技領導相關層面」之層面，進行本書「校長科技領導」相關研究的綜合分析，探討出本書「校長科技領導」變項之層面，作為未來校長科技領導問卷編製之依據。

二、國外學者科技領導的內涵分析與其層面彙整

在國外過去的近十年中，領導者在學校的管理以及科技的使用方式，發生了明顯的變化，科技促進學校成為有效使用科技信息的組織和決策。同時 21 世紀的學習是以學生為中心的學習，21 世紀的領導者必須跟上新科技的步伐，獲取最新的科技知識，並利用科技來轉變、影響學習，針對學習者的需求制定共同願景，提供最好的科技設施和環境，鼓勵和支持教師將科技融入教學和學習中，並隨著數位媒體在課堂互動學習中的廣泛使用，推動學校的「教與學」朝著學生的成就前進，這是學校科技領導者的最終目標（Aldowah et al., 2017；Esplin, 2017；Raman & Thannimalai, 2019）。

國外研究發現，學校領導者在科技發展中發揮了重要作用，尤其是在高績效的學校中（Hamzah et al., 2014），同時也說明科技領導不是一個單獨的理論，而是領導理論的發展（Papa, 2011），因為科技領導理論不同於傳統的領導理論，不僅單純關注於領導者

的特徵或行為，而是強調領導者，在不同的組織運作中開發、引導、管理和應用技術，以提高科技領導力和組織的績效（Raman & Thannimalai, 2019）。以下就國外學者針對科技領導內涵研究之相關文獻，整理後列表如下表 2-3：

表 2-3　國外學者科技領導內涵彙整表

研究者	年代	科技領導的內涵
Wrigte 與 Lesisko	2007	認為領導者應能提供科技支持，協助教師善用科技，使得教師跟上科技潮流，並利用軟硬體的使用，有利於科技創新方法。
Afshari 等人	2008	科技領導是指領導者促使教育人員，經由使用資訊與通訊科技促進學校改變，同時在學習、教學及學校行政上能整合多元解決方案。
Levin 與 Schrum	2013	校長的科技領導指的是校長能對外爭取資源，提供校內科技設備與資源，提升老師的教學與學生學習效能。
Beytekin	2014	科技領導者，也就是校長，必須熟悉教育科技目標和標準。他們必須了解如何將科技融入教育的好處，並能夠為教師制定員工發展計畫。
Morehead 等人	2015	校長科技領導是指校長本身具備接受科技的態度，並有意願學習及貢獻他們的能力，使自己成為科技領導者，並帶動學校效能。

表 2-3　國外學者科技領導內涵彙整表（續）

研究者	年代	科技領導的內涵
Akcil et al.	2017	在數位化時代，教育管理者和領導者應該成為擁有數位公民和開放領導素質的管理者或領導者，並提高領導者的科技技能，將教育系統帶入數位化時代，將科技融入到管理過程，強化科技接受度和自我效能的領導行為。
Apsorn 等人	2019	學校領導者確定策略，鼓勵教師和學生使用科技進行教學和學習，並制定計畫以提高教師和員工的科技技能。此外，管理、支持和促進適當科技氛圍的創建，分配與 IT 相關的資源，將科技應用於與個人事務和專業方面相關的日常使用中，並充當榜樣。
Raman 等人	2019	科技領導者必須獲取最新的科技知識，制定共同科技願景，提供最好的科技設施和環境，鼓勵和支持教師將科技融入教學和學習中，並能廣泛使用科技，推動學校的「教與學」能朝著學生的成就前進，這是學校科技領導者的最終目標。
Zhang 等人	2021	將科技領導定義為能夠有效和充分地理解、訪問、使用和管理工作科技，並做出合理決策以指導科技發展，也就是科技和領導力之間的互動，即在課堂上掌握資訊通訊科技的使用，並在組織層面

表 2-3　國外學者科技領導內涵彙整表（續）

研究者	年代	科技領導的內涵
		利用資訊通信科技進行管理，這涉及到資訊通信科技的技能和實踐領導的技能。
Ghavifekr 與 Wong	2022	科技領導是知識策略和一般領導技巧的結合，特別是科技創新和實踐科技的擴展和應用，必須運用數位化轉型，使學習過程更有效，領導者盡其職責並成為榜樣，確保科技資源可供學生和教師安全使用，同時，鼓勵教師教學、學生學習和組織管理中使用資訊科技，以促進學生利用數位化科技學習理論知識。
Banoğlu 等人	2023	校長科技領導實踐是指校長有目的的領導行為，這些行為通過創建和維持學校科技願景、促進數位學習文化、支持教師專業發展、促進有關學校 ICT 使用的社會、道德和法律問題來激發學校變革性的力量。校長科技領導實踐目的，如下：1. 建立共享的科技願景，2. 支持與科技相關的專業學習環境，以及 3. 為整個學校社區提供 ICT 工具和科技支持。

　　綜觀國外學者對科技領導的研究，發現科技領導是科技策略與領導技巧的結合，科技趨勢的變革和領導品質同等重要，學校領導者以其自身的科技素養及領導技巧，統整科技資源，打造科技教育

環境，並帶領同仁實踐科技技術，提升學校行政績效、教學效能與學生學習成效。

依據表 2-3 國外學者科技領導內涵之彙整表，本書針對科技領導內涵整理出之六大層面，分別作出統計：

（一）「科技領導技巧與素養」

提出相關論點的研究者為：Afshari 等人（2008）、Beytekin（2014）、Morehead 等人（2015）、Akcil 等人（2017）、Apsorn 等人（2019）、Raman 等人（2019）、Zhang 等人（2021）、Ghavifekr 與 Wong（2022）、Banoğlu 等人（2023）等 9 筆。

（二）「擬定科技願景或發展計畫」

提出相關論點的研究者為：Apsorn 等人（2019）、Raman 等人（2019）、Banoğlu 等人（2023）等 3 筆。

（三）「鼓勵成員學習與應用科技」

提出相關論點的研究者為：Wrigte 與 Lesisko（2007）、Morehead 等人（2015）、Yorulmaz 與 Can（2016）、Akcil 等人（2017）、Apsorn 等人（2019）、Raman 等人（2019）、Zhang 等人（2021）、Ghavifekr 與 Wong（2022）、Banoğlu 等人（2023）等 9 筆。

（四）「營造數位科技情境」

提出相關論點的研究者為：Wrigte 與 Lesisko（2007）、Levin 與 Schrum（2013）、Apsorn 等人（2019）、Raman 等人（2019）、Ghavifekr 與 Wong（2022）、Banoğlu 等人（2023）等 6 筆。

（五）「提升教師教學成效」

提出相關論點的研究者為：Wrigte 與 Lesisko（2007）、

Afshari 等人（2008）、Levin 與 Schrum（2013）、Morehead 等人（2015）、Apsorn 等人（2019）、Raman 等人（2019）、Zhang 等人（2021）、Ghavifekr 與 Wong（2022）、Banoǧlu 等人（2023）等 9 筆。

（六）「打造科技團隊與支持系統」

提出相關論點的研究者為：Wrigte 與 Lesisko（2007）、Apsorn 等人（2019）等 2 筆。

上述國外學者「科技領導內涵」之六大層面，未來將再結合「國內學者科技領導內涵」之五大層面，加上「國內、外學者、機構科技領導相關研究」之層面，進行「校長科技領導」相關研究的綜合分析，探討出本書「校長科技領導」變項之層面內涵，後續作為校長科技領導問卷編製之依據。

參、科技領導相關研究層面之分析及問卷題目編製

本章節依據上述文獻探討，將國內、外學者科技領導內涵分析後之層面，加上國內、外學者、機構科技領導相關研究之層面，進行「校長科技領導」變項相關層面綜合分析，最終依據科技領導相關層面之內涵分析，編製本書問卷題目。

一、國內、外科技領導相關研究之層面

有關科技領導的層面分析探討，根據文獻所得，因國內外各研究者切入的觀點不同，所認知訂定的科技領導層面或指標也有所異同，本書整理國內、外科技領導學者、機構相關研究層面的研究結果及看法如下（見表 2-4）：

表 2-4　國內、外學者、機構科技領導層面相關研究之彙整表

研究者（年代）	科技領導相關層面
張奕華與吳怡佳（2011）	1.評鑑與研究；2.願景、計畫與管理；3.人際關係與溝通技巧；4.科技與基礎設施支持；5.成員發展與訓練
張奕華與許丞芳（2009）	1.科技領導之願景發展與實施；2.學校成員科技知能之訓練與發展；3.支援與管理科技設施；4.整合科技於課程與教學；5.善用人際關係與溝通技巧增進科技使用；6.科技領導之評鑑與研究；7.科技運用之法律與倫理
黃靖文與方翌（2014）	1.計畫與管理；2.成員發展訓練；3.科技設施支持；4.評鑑與研究；5.人際互動關係
羅聰欽（2015）	1.學習與教學效能；2.工作效率與專業實務效能；3.支持、管理與運作效能；4.評量與評鑑效能；5.社會、法律和倫理效能
張坤宏（2015）	1.計畫與管理；2.成員發展訓練；3.科技設施支持；4.評鑑與研究；5.人際互動關係
吳秋蓉（2017）	1.成員發展與訓練；2.科技與基本設施支持；3.科技議題與溝通；4.科技融入課程與教學；5.科技倫理與法律
張維修（2018）	1.建立願景彰顯方向；2.籌措財源確保計畫可行；3.安排訓練提高操作技巧；4.重視倫理保障公平正義；5.整合科技支援教學
蕭文智（2019）	1.願景、計畫與管理；2.成員發展與訓練；3.科技與基本設施支持；4.評鑑與研究；5.人際關係與溝通技巧
張奕華與胡瓊之（2019）	1.評鑑與研究；2.願景、計畫與管理；3.人際關係與溝通技巧；4.科技與基礎設施支持；5.成員發展與訓練
蔡明貴（2021）	1.願景規劃與賦權增能；2.資源創價與績效評估

表 2-4　國內、外學者、機構科技領導層面相關研究之彙整表（續）

研究者（年代）	科技領導相關層面
Hacıfazlıoğlu 等人（2010）	1.有遠見的領導力；2.數位時代的學習文化；3.卓越的專業實踐；4.系統發展；5.數位公民
Levin 與 Schrum（2013）	1.願景計畫與管理；2.成員發展訓練科技設施；3.支持評鑑與研究
Hsieh 等人（2014）	1.願景計畫與管理；2.成員發展訓練科技設施；3.支持評鑑與研究；4.人際溝通協調科技發展；5.科技整合
Mohd 等人（2016）	1.願景計畫與管理；2.成員發展訓練科技設施；3.支持評鑑與研究；4.科技整合
ISTE（國際科技教育協會，2018）	1.公平和公民意識的宣導者；2.願景的規劃者；3.賦權增能領導者；4.系統設計者；5.連接式學習者
Yahşi 與 Hopcan（2021）	1.有遠見的領導力；2.數位時代學習文化；3.卓越的專業實踐；4.系統性改善；5.數位公民

　　將國內、外科技領導學者、機構相關研究蒐集之層面，歸納如下，表 2-5：

表 2-5 科技領導研究層面彙整表

學者或機構	年代	願景計畫與管理	成員發展訓練	工作效率與效能	鼓勵學習與應用科技	營造數位科技情境	人際關係與溝通	評鑑與研究	數位科技資源整合	數位公民	提升教師教學成效	科技領導素養與技巧	法律倫理議題
張奕華與吳怡佳	2011	V	V			V	V	V					
黃靖文與方翌	2014		V			V	V	V					
羅聰欽	2015			V				V			V		V
張坤宏	2015		V			V	V	V					
吳秋蓉	2017		V			V	V				V		V
張維修	2018	V	V							V	V		V
張奕華與胡瓊之	2019	V	V			V	V	V					
蕭文智	2019	V	V			V	V	V					
蔡明貴	2022	V						V					
Hacıfazlıoğlu 等人	2010		V		V					V	V	V	
Levin 與 Schrum	2013	V	V					V					
Hsieh 等人	2014	V	V				V	V	V				

表 2-5 科技領導研究層面彙整表（續）

學者或機構	年代	願景計畫與管理	成員發展訓練	工作效率與效能	鼓勵學習與應用科技	營造數位科技情境	人際關係與溝通	評鑑與研究	數位科技資源整合	數位公民	提升教師教學成效	科技領導素養與技巧	法律倫理議題
Mohd 等人	2016	V	V				V	V	V				
ISTE	2018	V			V	V				V		V	
Yahşi 與 Hopcan	2021		V		V					V	V	V	
Thohri	2022	V		V						V		V	V
		9	12	2	3	7	8	10	3	3	5	3	3

註：筆者自行整理。

　　再根據本章節文獻探討之結果，將「1.國內研究者對科技領導內涵」之五大層面、「2.國外研究者科技領導內涵」的六大層面，以及「3.國內、外科技領導學者、機構相關研究層面」之層面，進行整合性歸納，如表 2-6。

表 2-6　科技領導相關層面分析結果統計

相關層面	相關研究分析結果	次數
科技領導技巧與素養	1.國內研究者共 10 筆 2.國外研究者共 9 筆 3.國內、外科技領導學者、機構相關研究的層面 3 筆	22
提升教師教學成效	1.國內研究者共 10 筆 2.國外研究者共 9 筆 3.國內、外科技領導學者、機構相關研究的層面 5 筆	24
整合數位科技資源	1.國內研究者共 9 筆 2.國外研究者共 6 筆 3.國內、外科技領導學者、機構相關研究的層面 3 筆	18
營造數位科技情境	1.國內研究者共 9 筆 2.國外研究者共 6 筆 3.國內、外科技領導學者、機構相關研究的層面 7 筆	22
鼓勵成員學習與應用科技知識	1.國內研究者共 8 筆 2.國外研究者共 9 筆 3.國內、外科技領導學者、機構相關研究的層面 3 筆	20
共塑科技願景與計畫	1.國內研究者共 7 筆 2.國外研究者共 3 筆 3.國內、外科技領導學者、機構相關研究的層面 9 筆	19

表 2-6 科技領導相關層面分析結果統計（續）

相關層面	相關研究分析結果	次數
形塑科技團隊、文化支持系統	1.國外研究者共 2 筆	2
評鑑與研究	1.國內、外科技領導學者、機構相關研究的層面 10 筆	10
人際關係與溝通	1.國內、外科技領導學者、機構相關研究的層面 8 筆	8
數位公民	1.國內、外科技領導學者、機構相關研究的層面 3 筆	3
法律與倫理議題	1.國內、外科技領導學者、機構相關研究的層面 3 筆	3

　　根據表 2-6 科技領導相關層面分析結果統計發現，次數最多者依序為：「提升教師教學成效」24 筆、「校長科技領導技巧與素養」22 筆、「營造數位科技情境」22 筆、「共塑科技願景與計畫」20 筆、「鼓勵成員學習與應用科技」20 筆。

　　上述五個層面符應本書科技領導之定義，也與教學現場所觀察到之現況互相呼應，但因「校長科技領導技巧與素養」與「共塑科技願景與計畫」都是在校長領導之下完成的，在未來研究將其共同列入「校長科技領導技巧與素養」層面即可。另外，「鼓勵成員學習與應用科技知識」、「成員發展訓練」，其結果也是應用於「提升教師教學成效」之上，因此將其併入「提升教師教學成效」之層面。

　　綜合以上，本書將以「校長科技領導技巧與素養」、「提升教師教學成效」、「營造數位科技情境」作為調查「校長科技領導」變項之層面。各層面說明如下：

（一）校長科技領導技巧與素養

在科技革命的年代，校長必須綜觀教育趨勢與變革，扮演科技領導的角色，在前瞻和智慧的領導下，具備科技領導之技巧以及凝聚成員科技願景，促進學校的校務發展與教學實踐。

（二）提升教師教學成效

科技領導的發展，鼓勵組織成員學習科技、善用科技，使組織成員以及學生具備科技知識，並將科技融入組織系統的知識管理，教師能夠將科技與課程教學相結合，完善教學任務與課程設計，最終強化學生學習成效與組織績效。

（三）營造數位科技情境

邁入數位科技教育時代，在高績效的學校中，領導者必須承諾整合科技相關資源，結合數位科技的軟硬體設施，將工作場域打造成科技情境，並強化科技接受度、科技知能與科技實踐的領導行為，營造有利的科技情境。

二、「校長科技領導」各層面之內涵分析

本書為了解國民小學校長科技領導、教師數位教學能力與學生學習成效之關係，以上述「校長科技領導」變項之層面「校長科技領導技巧與素養」、「提升教師教學成效」、「營造科技情境」探究其內涵。再參酌蔡金田（2006）國民中小學校長能力指標建構與實證分析之研究；張奕華和許丞芳（2009）國民中小學校長科技領導指標建構之研究；謝傳崇等人（2016）國民小學校長科技領導、教師教學創新與學生樂學態度關係之研究；蕭文智（2019）國民小學校長科技領導對學生樂學態度影響之研究——以學校 ICT 運用與教師教學創新為中介變項；李昆憲（2022）國民小學校長數位科技領導與學校效能關係之研究——以學校競爭優勢與教師組織承諾為中介變項；蔡明貴（2022）新北市國民小學校長科技領導、學習型

組織與學校效能關係之研究等人之調查問卷，統整歸納後進行相關量表之內涵分析，以利後續問卷調查題目之編製。

　　統整歸納後之校長科技領導相關層面之內涵基礎，將作為問卷量表題目編製之依據，此外，問卷題目也可以從過去文獻找尋合適且相關的題目或量表，用以測量該變項、層面的品質或數量，藉以比較不同時間或地區的作為，並透過實證研究來探討研究變項與其各層面之關聯性，以此學術研究結果反應當前教育思潮與政策，提供教育、學校行政價值判斷的參據（蔡金田，2006）。

（一）「校長科技領導技巧與素養」層面之內涵

　　21 世紀的科技時代，未來的領導者仰賴的不再是地位和威權，經由科技、知識、智慧與能力，以誠意和部屬一起努力，確保領導品質，共同實現組織願景（蔡金田，2021）。全球化時代伴隨著科學、技術的進步以及數位資源需求的變化，領導者必須針對科技的各種變化持開放態度，根據全球時代和數位科技的需求來領導學校。因此，領導者要能夠引領科技願景的執行，科技領導是知識策略和一般領導技巧的結合，校長善盡其職責並成為榜樣，特別是科技更新和實踐科技的擴展和應用（吳秋蓉，2017；Ghavifekr & Wong, 2022；Keengwe & Kyei-Blankson, 2009）。

　　學校領導者承擔科技領導的責任，將科技知識轉化為有效的領導，避免數位鴻溝的擴大和產生，讓所有學生都有機會充分獲得科技智能，校長應具備資訊科技素養，運用資源和領導策略達成組織願景（謝傳崇等人，2016），校長的新角色，帶領教師運用新科技，提升教師在整體備課過程中，有效地整合資訊通信技術，並在技術整合中注入領導能力（Flanagan & Jacobsen, 2003），能夠大力實踐資訊科技，促進資訊科技在教學相關的創新，持續改造和發展教育組織（Geir, 2013；Raman et al., 2019）。

　　綜合上述「校長科技領導」變項之文獻探討，與統整「校長科

技領導技巧與素養」層面之內涵，歸納後「校長科技領導技巧與素養」層面之內涵基礎，後續將作為「校長科技領導」問卷題目編製的依據，如下表 2-7：

表 2-7 「校長科技領導技巧與素養」層面之內涵

變項	層面	內涵
科技領導	校長科技領導技巧與素養	校長能具備科技領導的理念，因應科技趨勢，掌控科技發展持續改革學校。 【吳秋蓉，2017；蔡金田，2021；蔡明貴，2022；Akcil et al., 2017】 校長能落實科技領導技巧，帶領導學校成員凝聚科技共識與承諾。 【吳秋蓉，2017；李昆憲，2022；蔡金田，2021； Geir, 2013；Ghavifekr 與 Wong, 2022；Keengwe 與 Kyei-Blankson, 2009】 校長具備資訊科技素養，運用領導策略達成組織願景。 【李昆憲，2022；蔡明貴，2022；謝傳崇等人，2016；Apsorn 等人，2019；Ghavifekr 與 Wong, 2022】 校長能親自示範使用科技工具，使教師認同科技是有價值的教學輔助工具。 【張奕華與許丞芳，2009；蔡明貴，2022；Geir, 2013；Raman 等人，2019】 校長能利用科學數據在領導上作決定，善用網路或資訊科技工具蒐集相關資料，作為決策之參考。 【李昆憲，2022；張奕華與許丞芳，2009；Zhang 等人，2021】

表 2-7 「校長科技領導技巧與素養」層面之內涵（續）

變項	層面	內涵
		校長能夠運用科技作出前瞻性的判斷，並能使用科技工具解決問題的能力。
		【李昆憲，2022；蔡金田，2021；蔡明貴，2022；Mark, 2022；Zhang 等人，2021】

（二）「提升教師教學成效」層面之內涵

　　科技領導的發展，使得科技改變了教育現場，校長和教師面臨著重塑學校和教室的艱鉅任務（Flanagan & Jacobsen, 2003），將科技融入教學系統的知識管理，使教學與科技相結合，完善教學任務與課程設計，最終強化學生學習成效與組織績效。在教育環境中接受科技的態度，是決定教師有意圖在教學實踐中使用數位工具的相關因素（Antonietti et al., 2022），在教育的過程中，將資訊科技使用在教學形式和方法，是加速和優化學習過程的方式之一（Elmurzaevich, 2022）。因此，提供教師個別化培訓課程，讓個別教師持續連接到更大的教學社群，促進教師專業發展、提高教師科技之應用、增進教師科技意識以及教學技巧等效果（Hamidi et al., 2011）。所以實踐一位「科技」教師成為主流，在科技的幫助下，激發孩子結構化的思考力、創造力以及獲取、選擇和檢索信息的能力，讓學生熟悉信息處理並學習更多自主和更少被動的學習過程（Shomirzayev, 2022）。

　　研究發現，教師科技素養對學生學業成就具有正向的影響，學生的學業成就高低，明顯受到教師使用科技的影響（Reed, 2003）。校長的新角色，在於帶領教師運用新科技，讓教師在備課過程中，能夠有效地整合資訊通信科技（Flanagan & Jacobsen, 2003），並關注學校教學和學習科技的使用，大力實踐資訊科技於教學上，促進資訊科技

在教學相關的創新，持續改造和發展教育組織，讓孩子能夠成為「數位原住民」的學生（Geir, 2013；Raman et al., 2019），使得科技在教育上的運用是跨學科的，每位任課教師都應該學會使用科技來提高學生在每個科目中的學習能力（Alberta Learning, 2000）。同時，組織藉由科技的使用，訂定、指導、管理和應用不同的科技運作技術，強化組織科技性的知識管理，增進組織行政的成效，使組織和世界接軌，致力於組織目標的達成（吳秋蓉，2017；吳清山、林天祐，2010；張奕華、吳怡佳，2011；張奕華、胡瓊之，2019；張奕華、蔡瑞倫，2009；秦夢群，2010；葉連祺，2017；蕭文智，2019；謝傳崇等人，2016；蔡明貴，2022）。

綜合上述校長科技領導層面之文獻探討，與統整「提升教師教學成效」面向之內涵，歸納後形成的「提升教師教學成效」層面之內涵為基礎，後續將作為校長科技領導之問卷題目編製的依據，如下表 2-8：

表 2-8　「提升教師教學成效」層面之內涵

變項	層面	內涵
科技領導	提升教師教學成效	1.校長能鼓勵教師學習、運用科技，以科技創新的方式將融入於課程與教學中。 【李昆憲，2022；蔡明貴，2022；謝傳崇等人，2016；蕭文智，2019；Wrigte 與 Lesisko, 2007；Ghavifekr 與 Wong, 2022】 2.校長能如期舉行備課、觀課以及議課，提升教師科技融入教學之能力。 【王文霖，2013；張奕華與許丞芳，2009；黃靖文與方翌，2014；謝文斌，2012；蔡明貴，2022；Flanagan 與 Jacobsen；Geir, 2013；Raman 等人，2019】

表 2-8　「提升教師教學成效」層面之內涵（續）

變項	層面	內涵
科技領導	提升教師教學成效	3.校長能幫助老師使用科技，發展學校校訂課程與教學的能力，並評估和修正教學模式。 【李昆憲，2022；張奕華與許丞芳，2009；蔡明貴，2022；謝傳崇等人，2016；Apsorn、Sisan 與 Tungkunanan, 2019；Ghavifekr 與 Wong, 2022；Raman 與 Thannimalai, 2019；Yorulmaz 與 Can, 2016；Zhang 等人，2021】 4.校長定期舉辦各項科技教學活動，激發學生學習科技的潛能，並給予正向的回饋。 【張奕華與許丞芳，2009；謝傳崇等人，2016；Hamidi 等人，2011】 5.校長能運用科技性的知識管理，塑造學校成為科技型的學習型組織。 【李昆憲，2022；蔡金田，2021；蔡明貴，2022；Anderson 與 Dexter, 2000；Akcil 等人，2017；Zhang 等人，2021；Ghavifekr 與 Wong, 2022】 6.校長能因應科技變革趨勢，掌控科技技術持續改革學校，致力於組織目標的達成。 【吳秋蓉，2017；張奕華、吳怡佳，2011；張奕華與胡瓊之，2019；葉連祺，2017；秦夢群，2019；蔡金田，2021；蔡明貴，2022；蕭文智，2019】 7.校長能夠帶領同仁凝聚科技共識，一起形塑學校科技願景與計畫。 【吳秋蓉，2017；李昆憲，2022；張奕華、胡瓊之，2019；蔡明貴，2022；謝傳崇等人，2016；Beytekin, 2014；Raman 與 Thannimalai, 2019】

（三）「營造數位科技情境」層面之內涵

校長科技領導的新角色，在於帶領教師運用新科技，有效地整合資訊通信技術（Flanagan & Jacobsen, 2003），可以成功地為學生提供良好的學習機會，並且能夠建立信任環境、共享和透明的領導新模式，對於學校科技環境改善、教師教學和學生學習成果有顯著影響（Akcil et al., 2017；Li, 2010）。因此，領導者要能創建科技氛圍，鼓勵教師和學生使用科技進行教學和學習，在校內提升教師的資訊科技素養並賦予良好的教學環境，以及提供學生優質的學習環境，使其所規劃的科技願景與計畫，能夠落實在教育之上，達到追求學校績效的目標（張奕華、許正妹；2009；Apsorn et al., 2019）。

葉連祺（2017）科技領導之運作：「領導者→科技→被領導者」（藉助科技）領導者藉助科技，改善領導所處情境條件和與被領導者關係，提升被領導者工作表現和組織績效。可見，領導者結合科技知識和技能，營造有利於科技應用的教育環境，提升學校成員的科技素養，並能引導學校成員將科技知能運用在行政、教學及學習上，以達成智慧校園的目標與願景（吳秋蓉，2017；張奕華、胡瓊之，2019）。因此，校長必須整合校內外科技資源，積極爭取相關資助，導入科技軟硬體設備，完善教學和行政之科技資源及環境，並尋求社區及家長的認同與協助，透過合宜與適時的成效評核管控，鼓勵和支持教師將科技融入教學和學習中，廣泛使用科技推動「教與學」，最終提升老師的教學與學生學習效能（章淑芬，2020；蔡明貴，2022；Levin & Schrum, 2013；Raman & Thannimalai, 2019；Yorulmaz & Can, 2016）。

綜合上述「校長科技領導」變項之文獻探討，與統整「營造數位科技情境」層面之內涵，歸納後「營造數位科技情境」層面之內涵為基礎，後續將作為校長科技領導問卷題目編製的依據，如下表2-9：

表 2-9 「營造數位科技情境」層面之內涵

變項	層面	內涵
科技領導	營造數位科技情境	1.校長能整合校內科技人力與物力資源，支援學校教育發展。 【吳秋蓉，2017；章淑芬，2020；蔡金田，2021；蔡明貴，2022；Levin 與 Schrum, 2013；Yorulmaz 與 Can, 2016；Raman 與 Thannimalai, 2013】 2.校長能引進數位教學、雲端教學平臺或其他資訊科技教育發展之運用。 【吳秋蓉，2017；李昆憲，2022 張奕華與許正妹，2009；蔡金田，2021；蔡明貴，2022】 3.校長能夠結合學校外部科技資源，與社區、家庭進行科技合作，並建立良好的公共關係。 【李昆憲，2022；張奕華與胡瓊之，2019；蔡金田，2021；蔡明貴，2022；謝傳崇等人，2016； Levin 與 Schrum, 2013；Yorulmaz 與 Can, 2016】 4.校長能積極充實學校資訊科技軟硬體設施，有效統整及維護資訊科技軟硬體設備。 【吳秋蓉，2017；李昆憲，2022；蔡明貴，2022；蕭文智，2019；Levin 與 Schrum, 2013；Raman 與 Thannimalai, 2019】 5.校長能夠打造無障礙科技環境，營造科技氛圍，發展學校創新教育亮點。 【李昆憲，2022；蔡明貴，2022；謝傳崇等人，2016；蕭文智，2019；Akcil 等人，2017；Li, 2010；Apsorn、Sisan 與 Tungkunanan, 2019；Raman 與 Thannimalai, 2019】

表 2-9 「營造數位科技情境」層面之內涵（續）

變項	層面	內涵
科技領導	營造數位科技情境	6.校長能夠引進科技專家學者，協助同仁進修成長，並運用資訊與科技融入課程設計及教學。 【吳秋蓉，2017；張奕華與胡瓊之，2019；張維修，2018；蔡金田，2021】 7.校長能將學校組織打造成科技化團隊，應用於學校行政及校務方面，提升學校組織效能。 【吳清山與林天祐，2010；李昆憲，2022；張奕華與吳怡佳，2011；張奕華與蔡瑞倫，2009；秦夢群，2019；蔡明貴，2022； Morehead 等人，2015；Mark, 2022；Hernez-Broome 與 Hughes, 2004】

三、「校長科技領導」相關層面與問卷題目建構之方式

綜上所述，在「校長科技領導」變項下，發展出三個層面：（一）「提升教師教學成效」，在此層面建構出 6 個內涵；（二）「校長的領導技巧與素養」，在此層面建構出 7 個內涵；以及（三）「營造數位科技情境」，在此層面建構出 7 個內涵。後續將作為校長科技領導之問卷題目編製的依據，本書編製「校長科技領導」變項之問卷題目時，為使問卷題目意義能符合教學現場，思慮更加周延，因此，在建構「校長科技領導」變項的各個層面以及問卷題目時，有以下幾項作法：

（一）在建構校長科技領導各個層面時，專家學者依其研究方向各有喜好與取捨，並非所有層面均能符應校長科技領導之代表性，以領導者角度考量整體校務營運，以及科技領導價值鏈的運作，分析國內、外學者、機構之定義與內涵後，再依據統計出來的

層面，取其出現次數最多、最具代表性者，以及適合本書之研究方向，作為「校長科技領導」變項之層面。

（二）由於科技知識與科技技巧，能夠反映即時性、未來性與成長性之特性，勢必成為未來教育的趨勢，校長科技領導重要性與日俱增，對於教師教學以及學生學習成效之重要性與影響至深且鉅。本書以「提升教師教學成效」、「校長的領導技巧與素養」與「營造數位科技情境」等三個層面作為「校長科技領導」變項之探討，並藉此轉化為校長科技領導之問卷題目。

（三）為求得問卷題目之適當性與完整性，有些統計比例較高且受專家學者青睞的層面，本書採取融入內涵之補充方式併入問卷題目，如：「共塑科技願景與計畫」屬於校長校務之領導，在未來研究將其內涵融入「校長的領導技巧與願景」層面即可。另外，「鼓勵成員學習與應用科技知識」，其概念與運用也屬於教學之內涵，因此，將其內涵融入「提升教師教學成效」的層面，於題目建構時一併納入，其餘統計次數較少者捨棄不用。

（四）問卷題目的選取原則，理想不宜過高、題目不宜過長且兼具可操作之概念，概念化之後的題目，考量定性和定量相互結合，內部和外部相互兼顧與協調，以校長運用科技領導校務長遠發展的潛力為依歸。此外，參考政府相關教師資訊素養所公布之指標以及近年來專家學者之研究調查問卷、文獻內容進行探討，進而篩選出適合的問卷題目。

第二節　教師數位教學能力之內涵與研究

本章節在說明壹、數位教學的發展與定義；貳、國內、外學者數位教學相關研究之內涵分析；參、數位教學相關研究層面之分析及問卷題目編製；肆、教師數位教學之相關研究。旨在探討教師數

位教學能力相關層面之內涵分析，作為本書「教師數位教學能力」問卷題目編製之依據，並說明教師數位教學能力之研究是值得探究、尚待發掘的議題。其說明如下：

壹、數位教學的發展與定義

一、數位在教育上的應用

　　「數位」一詞為英語 digital 的翻譯，在教育部重編國語辭典修訂本上的解釋是：「電學上指不連續變化的數量表示法。」換句話說，將任何事物用明確的數字 1 或 0 的邏輯編碼方式顯示出來，轉換成電子產品可以清楚準確判讀的形式，再透過轉換器或網路傳輸出來，其中包括資訊、通訊和科技的總成。Dörner 與 Edelman（2015）認為數位是一種有意義和可持續的狀態，數位化不應被視為一種事物，而應被視為一種做事方式。因為數位化是不斷成長的，藉由數位化手段可以識別、創造和追求新的價值，數位科技融入真實的工作生活情境，影響人類生活的關鍵，數位研究與人文研究的結合，隱隱然成為蓄勢待發的學術範疇（項潔、翁稷安，2012）。再從歷史的脈絡來看，數位取代類比的紀錄或傳遞，改變了人與人之間溝通行為與社會生活模式，讓數位貫穿人類的生活場域。

　　人類的生活就像數位世代的寫照，藉由軟硬體不斷的進行更新獲得更好的功能，如同誕生於 1980 年代後的孩子，其年代是既存數位環境的人，他們熟悉數位科技，有著共同數位文化經驗，稱之為「數位原住民」（Prensky, 2005）。數位原住民的技能和大腦結構暴露在數位屏幕上，對預期或意外刺激的反應更快，各種刺激改變大腦的思維方式，根據接收到訊息，自行修改和組織自身的思路，亦即「重新佈線」，讓總體思路是先進的、正確的（Forde et al., 2023）。可見，在數位化的影響下，真實空間的感知產生了質

變與量變，這是一個新的互動和社會化的方式，數位空間轉變為一個共享信息與互動平臺的新常態，數位改變了生活場域，為「未來」帶來了不同的維度。

　　隨著數位科技的快速發展，以及 COVID-19 大流行後人與人、國與國之間的疏離，學校停課不停學的相關措施，使得教育發生重大變化，世界也變得越來越數位化，教育部門融入越來越多的數位遊戲、應用程式、網站和社交媒體（Decuypere et al., 2021）。導致傳統授課以教師為主的教育正在改變，2022 年世界經濟論壇（World Economic Forum, WEF）報告提到，教育 4.0 以學習者為中心，教師必須善用科技與教學方法創新，以因應第四次工業革命（黃敦晴，2022）。在教育領域，數位科技廣泛地使用於教材形式和教學方法，已經成為加速和優化學習過程的現代方式之一（Elmurzaevich, 2022），教學數位化為教育帶來新的可能，也是時勢所趨（游淑靜、范熾文，2020；蔡瑞君，2020），教師不再是最能使用數位科技或最了解科技的人，而是能夠利用數位科技的能力和發展，進行教育學生數位能力的人（Colás-Bravo et al., 2019）。

　　在教育現場數位時代和第四次工業革命的時代，學習將具有適應性和個別化，以滿足個別學習者的需求，教師數位能力成為未來塑造教育以及發揮教育作用的力量（Ally, 2019）。以往教育實踐的過程，領域學科的基礎知識占主導地位，但是在 COVID-19 大流行後，凸顯了教師數位科技教學專業能力的重要性。因此，具備資訊與通信科技（ICT）專業能力的教師與培訓，更顯得其急迫性，因為數位科技的進步，讓教學設計每天都在發生變化，學生的學習以及教師教學能力，必須根據教師數位專業和學習需求進行調整（Huamán-Romaní et al., 2022）。所以增進教師能動性，培訓教師數位專業能力，對學生和教師能夠產生積極正面的影響，教師應該是做好準備，而不是等待某些時機的到來，要化被動為主動的學

習。

　　近幾年來，數位教學越來越受到關注，部分原因在於其獨特的優勢，例如：可移動性、自主性、靈活性和不受限制，加上COVID-19 大流行後，傳統課程被倉促轉移到線上模式，數位教學正在以飛快的速度發展，造成線上學習人數持續在增長（Dhawan, 2020；Gao et al., 2022）。國際電腦和資訊素養研究（International Computer & Information Literacy Study, ICILS）報告顯示，2012 年72%的學生在學校定期使用電腦；2013 年 62%的教師經常使用電腦，2018 年近一半的教師，會在日常教學中使用數位科技，這些結果顯示數位科技正在向學校傳播，並成為教學實踐的一部分（Sailer et al., 2021）。但是從傳統的面對面教學轉變為線上模式，需要更多教師數位教學的專業能力，因為傳統教學經驗豐富的教師，也不能保證會順利成為成功的數位教師。Sánchez-Prieto 等人（2021）也指出教師必須不斷接受數位教學能力的培訓，提高教師的數位素質與實現教學品質，才能提高學生學習時進行批判性發展的能力，進而獲得永續性的教育。

　　一般來說，學生的數位科技的技能都不錯，但是數位內容的創建和發揮能力不足（Urakova et al., 2023）。可見，教師數位素養益顯其重要性，數位教學能力超越了教師個人的數位能力，教師必須著重在資訊、溝通、教學內容和解決問題方面，以負責任的方式培育學生應用數位科技進行學習（Colás-Bravo et al., 2019）。因此，教師擁有基本數位科技能力以及與科技相關的教學技能，比數位技術的資源更重要。換句話說，就是藉由教師數位教學能力的轉變和增強，將教學活動融入數位科技的實踐，藉此改變學生學習、實踐教育的目標。也就是教師數位教學正向的態度，有助於教師批判性的創新教學，數位科技應用於教學活動，對於教學績效有其正面意義。

　　綜上所述，數位概念的出現，學校教育產生了變革，教學活動

以數位學習為主，教師必須持續接受數位教學能力的培訓，提高數位素養與數位意識，將其運用在教學上，進而實現教學的品質，藉此增進每個學生的數位學習與創造力，落實素養導向的教學目標，以獲得永續性的數位教育。

二、教師數位教學的發展

　　數位教學的定義和特徵源自建構主義學習模型，前提是「知識是學生自行建構來的」，而不是從教師轉移到學生。建構主義強調知識是建構的，而不是被教導的，認為知識是學生單獨和獨立建構的，學生在獨立的時間發現知識時，會學得更好、步伐會更快，學生是自主學習者，也是主動學習者。而教師的角色也發生變化，從占據學生學習的中心舞臺，轉變到成為學習過程的創造性調解者和促進者。其次，建構主義下的協作模型，假設知識是通過共享和協作方式構建的，學生之間以及教師與學生之間的參與、互動和對話，被視為數位學習成功的關鍵因素（Eom & Ashill, 2016）。因為每個學習者都有不同偏好的學習方式、學習軌跡，因此當教學方法和課程設計與他們的學習方式相匹配時，他們會學得更好，這意味著課程的設計必須適應各種數位學習者的學習風格（Eom & Ashill, 2016）。

　　可見，數位教學是由三個實體，學生、教師和學習工具組成的開放系統，彼此之間不斷地相互交織，並與數位環境交互作用，其中包括數位課程建構與設計、教師教學策略、學生內外在動機、學生自我調節、教師與學生的對話過程，這些都是決定數位教學是否成功的關鍵因素。

（一）國內、外數位教學的發展

　　1960 年代人類開始把電腦科技應用在教育訓練上，加上 1995年資訊網路出現，網路進行教育訓練變成常態，在全球 E 化的熱潮下，美國專家 Cross 最新提出 e-Learning 這個名詞，掀起了企業界

和學校對 e-Learning 的熱情與關注（蔡緒浩，2015）。當電腦在
1970 年代首次出現在學校數學課時，開啟了如何改進學生學習的
重視，同時教學發生了微妙的轉變，正確的說，是如何使用資訊科
技來改善學生的學習（Clark-Wilson et al., 2020）。時至今日，這
時期網路世代的年輕學子，熟悉數位科技，有共同的數位文化，堪
稱「數位公民、數位原住民」，他們運用科技工具學習駕輕就熟。
數位科技的運用大大擴展，學校資訊科技的設備和使用效率也大大
增加，鑑於這些變化，教師要如何使用資訊科技幫助學生學習，更
顯其重要性。

　　歐美各國在推行數位教學的發展，會透過政策法令的制定以及落實
相關數位計畫的推動，並以此精進數位教學效能，促進數位教學的可能
性。以下列舉歐美各國在數位教學方案中的主要策略，如表 2-10：

表 2-10　國外機構或組織數位教學方案彙整表

國家或組織	年代	方案名稱或機構	方案內容
法國	2014-2022	數位教學計畫	1.2014 年 9 月編列 10 億歐元左右的經費用於數位教學計畫。 2.訂定目標於 2020 年讓 70%的法國中小學生擁有平板電腦，並且將超過 60%的預算用於數位教育資源。 3.於 2022 年前在 K-12 校園安裝高速承載量的網路設備。 4.2016 年達到 25%的學校參與此計畫。 5.2007 年選定中學推動教育資訊溝通科技政策。

表 2-10　國外機構或組織數位教學方案彙整表（續）

國家或組織	年代	方案名稱或機構	方案內容
			6.教育部於 2008 年發展產業合作，進行電子教科書的研發，並於中學進行試驗。 7. 2010 年加速發展數位學校數位工作環境，數位文本筆記的普及化，加強培育教師以及發展數位資源。 8. 2013 年學校教育改革之導向與課程規劃法第 2013-595 號法規，明定：教育公共服務的架構，組織教育數位服務與遠距教學，學校提供教學延伸的多樣性數位服務，並發展創新計畫與教學實驗。
美國	2014-2016	駐舊金山與駐洛杉磯辦事處教育組	1.付費給「喬治亞虛擬學校（Georgia Virtual School）」建立線上教育系統。 2.蒙塔納州（Montana）州政府資助建立蒙塔納數位學院（Montana Digital Academy），提供其轄區內 98%的中學校使用。 3.州政府建造虛擬課程，州內虛擬學校的教師便是直接來自州內的公立學校。虛擬學校也會額外給付教師薪水費用。 4.美國教低年級師，在 6 年內使用數位遊戲的教學，增加 1 倍的使用量。

表 2-10　國外機構或組織數位教學方案彙整表（續）

國家或組織	年代	方案名稱或機構	方案內容
			5.2015 年全美有 48%的中小學教師使用，K-5 的教師更多達三分之二的教師，使用以數位化遊戲為基礎的學習環境，並將數位化遊戲直接納入課程設計中。
瑞典	2016	瑞典全國教師聯盟	1.瑞典教育署花費教育教材經費，在義務教育學校，每位學童每學年的教學教材花費額占總個人費用 4%，平均每位學生的教材經費預算 3,700 瑞典克朗（約合臺幣 1 萬 5 仟元）。 2.2016 年前，近半數以上學童擁有個人電腦或平板。 3.數位教材經費上占瑞典教育教材經費的 1%。
德國聯邦教研部	2017	數位化教育策略	1.聯邦教研部提議各邦文教廳共同簽署「DigitalPakt#D」合作計畫。 2.預計在 5 年內，提供各邦共計 50 億歐元的計畫經費，資助全國約 4 萬所 K-12 學校進行數位化教學設備。 3.各邦文教廳必須提出計畫方案，落實教師在數位教學能力上的培養或進修。 4.德國設有全邦性的「綱要性教學綱領（Rahmenlehrplan）」改善與促進數位教學情況。

表 2-10　國外機構或組織數位教學方案彙整表（續）

國家或組織	年代	方案名稱或機構	方案內容
			5.全國於 2014 年 75%的家戶取得至少 50Mbps 的寬頻連網。 6.《ICT 2020》計畫是在德國漢諾威（Hannover）的電腦展 CeBIT 會議中所制定公布的。目的是為了與科學界和工業界合作，以加強發展德國在資訊與通信技術領域的科技地位。
南韓	2009-2013	未來企劃委員會	1.2009 年 9 月由南韓總統府所屬的知識、廣播通訊等委員會，聯合發佈國家級 ICT 產業整體性發展政策「IT Korea 未來戰略」。 2.南韓「IT Korea 未來戰略」是 2009~2013 年的 4 年計畫，內容包含推動 10 大 IT 融合重點產業，做為南韓整體 ICT 產業的發展方向。 3.2013 年完成超級網路匯流網（Ultra Broadband convergence Network, UBcN）的建構，設立世界最高水準的資通安全應變中心。 4.2011 年的 e-Learning 政策，期望鞏固韓國教師使用數位教學與數位教學效能之研究 e-Learning 的領導者地位。

表 2-10 國外機構或組織數位教學方案彙整表（續）

國家或組織	年代	方案名稱或機構	方案內容
			5.每所學校將使用數位教科書，所有科目的教科書最終均遷移到雲端系統中，通過數位化網路連接使用。
駐歐盟兼駐比利時代表處教育組	2018-2019	數位科技融入教學	1.協助 K-12 學校有效地運用新科技，建置網路自評平臺。 2.偏鄉地區學校建置高速寬頻網路。 3.在 2019 年前，規劃歐盟會員國及西巴爾幹國家 100 萬名 K-12 學校，教師及學生完成數位準備（digital readiness）。 4.建置數位資歷認證架構。

　　由上述表列，國外國家或機構組織呈現之數位教學方案的發展，在 2018 年之前，世界各國不斷發展數位前瞻基礎建設為重大政策，偏重於傳統數位硬體的公共建設思維，以「數位轉型」、「智慧國家」為前提，累積國家數位競爭力。但在 2020 年之後，COVID-19 大流行的強制隔離與封鎖政策之下，開始凸顯社會聯繫的重要性，加上學校緊急面對線上教學帶來的變化時，原本與教育相關的數位元素只是學生數位學習和生活的一部分而已，但自從疫情之後，科技和數位工具不再是補充課程而已，而是成為課程交付和教學的核心（Turchi et al., 2020）。

　　再看我國推動數位教學之措施，行政院從 2005 年開始提出「縮減數位落差計畫」；2008 至 2011 年的「創造數位機會」；

2012 至 2015 年的「深耕數位關懷」；2016 至 2019 年的「普及數位應用」；到目前 2020 至 2023 年的「邁向數位平權」等五期計畫（教育部，2021）。其目的大都是為了數位前瞻基礎建設為前提，建構全民網路學習系統，並縮短學校城鄉數位落差現象。

但是在 COVID-19 爆發後，校園實體授課停止，到 2020 年 5 月中旬，大約有 190 個國家關閉了學校，影響了全球 90% 的學生人口，即 15.7 億兒童和青年隨著面對面傳統學習的停止，開始從傳統教育轉向虛擬教育和數位教學（Giannini et al., 2020；Rogers & Sabarwal, 2020）。此後，數位教學對教師而言是個新的教育里程，因為實體教室失去了中心地位，教師的數位教學與學生的數位學習，必須在傳統的教學以及固有型態上產生變革，透過「教」與「學」的互動過程，重塑數位教學方式，擴大學生參與的可能性（陳舜德等人，2014；Ertmer & Ottenbreit-Leftwich, 2010）。

教育部為提升國中小教師利用資訊科技鏈結數位學習平臺資源的知能，並能落實教學時應用數位教學之能力，自 2020 年起補助全國 22 個縣市政府及公立中小學，辦理教師數位教學增能課程，提供教師數位教學專業進修管道。各縣市政府於 2022 年開始積極辦理教師數位學習增能工作坊，期望於 2022 年-2024 年完成所有教師參訓「數位學習工作坊課程」，先期以普及推廣為目標，預計 2023 年累計教師培訓數應達到學校教師總數的 80%以上，讓教師具備科技輔助自主學習的基礎知識，以及熟悉多元數位學習平臺資源及功能，讓教師熟稔數位資源應用於數位教學之上，以協助學生自主學習，提升學生學習成效（教育部，2022）。

同樣地教育數位化轉型是不斷持續的過程，運用數位科技設計有效的教學場景與情境非常重要，在 COVID-19 大流行後，強制的隔離凸顯了社會聯繫的重要性，緊急狀況之下，科技和數位工具不再只是課堂補充的工具，而是成為課程傳授和教師教學的核心（Turchi et al., 2020）。可見，數位科技工具在學校的發展，增加

了學生學習動機、活力、熱情和批判性思考的技能，而且數位化學習成功的因素，不單取決於數位設備的可用性，而是取決於教師的能力（數位技能、創造性思維和溝通能力），加上教師使用數位科技的頻率，不能保證學生的學習成功，反而是有效利用數位科技進行師生的互動過程，對於提高學生的知識和技能至關重要（Jannah et al., 2020；Lohr et al., 2021）。因此，教育和教學技術專家建議，在教學中使用數位科技是毫無疑問的（Anthonysamy et al., 2020；Suroso et al., 2021），同時也建議增能教師的數位能力，轉變為數位的教學能力。

綜觀上述，教師數位科技的能力以及在教學中使用數位科技是無庸置疑的，尤其在 2020 年 COVID-19 大流行於席捲全球後，數位教學的發展已成為教師教學的一種趨勢，同時認為發展教師數位教學能力，是將學習成果從舊方式轉變為新方式的利器（Anthonysamy et al., 2020；Clark-Wilson et al., 2020；Evans-Amalu & Claravall, 2021；Suroso et al., 2021；Xie et al., 2018, 2021）。可見，數位化學習成功的主要因素不單取決於學校數位設備的完整性，而是取決於教師必須具備數位教學的能力，加上教學環境數位化有效的整合，教師與學生良性的互動之下，才能有利於教師進行數位教學的規劃，提升學生學習成效。

（二）教師數位教學的態度與信念

在數位科技的時代，教師對外部環境的感知變化，影響教師數位資源整合模式及其對科技信念的細微變化，亦即教師在學校數位環境中，感受到強烈的數位科技願景以及對數位專業發展的承諾，會使他們對教育實踐的態度和信念一起發生了變化（Xie et al., 2021）。依據 Inside Higher Ed 與蓋洛普（Gallup）合作調查，2019年教師態度對數位科技使用調查顯示，實施線上課程的教師比例，在 2013 年為 30%，之後在 2018 年從 44% 增加至 2019 的 46%，顯

示這幾年來有越來越多的教師實施線上授課，但教師們對線上教學的品質，是否相當於面對面教學的學習成果，存在很大的分歧，這與教師數位教學的態度與信念有很大的相關（Lederman, 2019）。

　　早期 PISA 和 ICILS 在 2013 年到 2018 年的研究報告，所有涉及數位科技的教學活動雖然有所增加，但研究結果發現教師尚未成功地促進學生積極使用數位科技的學習活動（Fraillon et al., 2014；Sailer et al., 2021）。其原因進一步來看，教師數位教學的固有障礙，包括數位知識、技能和教師態度。就知識和技能來看，兩者具有相對一致性的邏輯形式組織，要克服不是難事，但是教師數位態度的障礙，與知識和技能相比，教師態度是由情緒驅動的，經過較長時間形成，根植於一個鬆散的界限系統，本質上是特殊的和非自願的，若教師的數位態度僵化，被認為要能成功實施數位教學是一個的重大挑戰（Ertmer & Ottenbreit-Leftwich, 2010；Xie et al., 2021）。

　　可是當 COVID-19 大流行於 2020 年席捲全球時，整個教育系統面臨著最具挑戰性的任務，就是使用數位教學為學生提供教育，因為疫情改變了教學樣態，教師在教學的本質及固有習性上，原本信以為真的概念產生變革，換言之，教師運用數位科技工具的教學態度與信念發生了質變，數位科技與多媒體成為教學場域中的主體與觸媒，教師必須以此重新檢視教學方式，加大與學生、家長合作的可能性。Vongkulluksn 等人（2018）研究也指出，能力信念和價值信念，已被確定為教師在課堂上實踐數位科技教學時，有密切相關的信念因素，能力信念是指教師對其當前能力的主觀判斷或對他們能夠成功地將數位科技融入課堂的期望；價值信念是評估教師自己的能力外，教師還主觀地判斷他們可能想要整合數位科技的原因（包括使用技術是否有趣、重要，是否對他們的教學有用？）。可見，信念是教師在教學時心智狀態的思想意識，也就是教師在數位教學時的信念，必須將能力信念和價值信念相輔相成的體現，如此

才能真正改變教師數位教學信念，將數位科技整合在教學策略以及師生互動模式，教學才能夠真正的翻轉。

　　綜合上述國內、外數位教學發展之過程來看，教師數位教學信念和態度，在教學過程中，呈現在數位科技使用的相關因素及變項，必須持有信以為真的觀點，因為當教師在學校環境中，個人心理傾向引導思考與行為，感知到強大的數位科技願景和數位專業發展承諾時，數位教學信念和態度，就會影響教師的數位知覺、教學評估、教學計畫與教學活動的進行，他們的個人教育實踐的態度和信念就會一起轉變，而有利於增進教師數位教學之能力與態度。

（三）數位教學環境的建置

　　蔡金田（2021）在其《未來教育‧教育未來》一書中提到，數位時代的教育趨勢，在數位科技的衝擊下，帶來翻轉教室與翻轉教學的軌跡，讓我們有機會去轉化教育系統，致力於學生學習，並藉由數位課程與教學確保學生的學習需求。而且數位化發展下的教育，從「能力取向」（capabilities approach）到「後素養導向」（post-competencies based），在以學習者為中心的前提下，進而發展新興數位世代的學習圖像（王俊斌，2021）。2030年OECD強調《教育和科技的未來》，對於課程和教學企圖找出以下的答案：

　　1. 當代的孩子在 2030 年，他們需要什麼樣的知識、技能、態度和價值觀？

　　2. 教學系統要如何有效地發展相關的知識、技能、態度和價值觀（OECD, 2020）？

　　也就是從能力取向合理建構出素養導向，要能符合 2030 未來教育課程內容規劃地圖（Curriculum Content Mapping, CCM），就必須掌握未來社會新興需求與關鍵能力，才能夠面對未來生活挑戰，具備全球化的數位能力、數位素養、協作能力、批判性思維、創造力和同理心（王俊斌，2021）。因此，以數位科技為管道的數

位學習和數位環境的建置性，更顯出其重要性。

　　疫情後教師以傳統教學與數位科技學習之混成模式，成為教室裡的新風貌，這種方式改變了教學結構與教學本質（李佳穎、鄭淵全，2013；徐東玲、蔡雅薰、林振興，2008；徐敏珠、楊建民，2006；賴虹霖，2021）。加上教育部 2012-2016 年數位學習白皮書提到「創新應用數位學習科技，發展教與學的新典範」，就是運用多元化的數位媒體學習資源，以及多元的資訊、通訊與傳播科技的建置，以支援教學之活動歷程（教育部，2012）。鑑於此，對數位科技的投資可能會提高學生學習成績的預期，於是世界各國政府為了成功在學校實施數位教學，對學校數位科技進行了大量投資與建置（Sailer et al., 2021）。

　　由此可知，數位教學環境的建置為當務之急，教育部前瞻基礎建設計畫──數位建設，提出數位建設校園，為了把教學現場的數位教學與智慧學習情境提升，規劃前瞻性的數位教學，藉此帶動校園數位資訊基礎環境的建置（教育部，2017）。對教師來說排除了數位環境的障礙，優化學校數位環境、數位工具的發展，如同外在驅動力導引內在驅動力的煥發和熱情，進而形成新的教學驅動力。當資訊網絡解決了教師收集教學資源的問題，雲端設備解決了儲存和資料的問題，數位化制度解決了整體數位教學的支持度和可用性，這些教育數位資源改變了學校定義「教科書」的方式，使「教」與「學」變得更加動態、互動和靈活（Xie et al., 2018）。

　　綜合上述觀點，數位教學涵蓋了教學場域、數位環境、學習個體、教師教學、教師信念與態度以及科技角色，是透過數位科技技術突破教學盲點，讓學生學習更自主、更有效率。也就是說當數位科技資源與數位環境整合後，排除教師數位教學之內、外障礙，教師在數位環境中感知到更強大的科技願景以及數位教學承諾與驅動力，教師的數位教學實踐和信念就會一起轉變，有利於學生之學習與教學目標之達成。

三、教師數位教學的定義

國內學者對於數位教學的定義諸多說法，廣義來說，學校建置數位科技環境，教師透過資訊網路科技之技術，結合課程之教材教法，運用多元數位科技管道，進行知識的傳播、訓練與學習，將知識傳授給學生的教學模式，最終達成教學目標的學習過程。其名稱諸如：Computer-based learning、Online Learning、Distant Learning、Web-based Learning、Web-based Instruction、Internet-based learning、Web-based Training、e-learning、Distributed Learning、Digital learning、Digital teaching、Blended learning、Mobile learning 等等（張簡明育，2014；賴虹霖，2021；Meinokat & Wagner, 2021）。

可見，數位教學在教育上的新構念，是指師生「教與學」互動溝通模式的轉型，從傳統面對面的教學情境，轉化為具科技技術的數位學習模組，傳遞並展現數位化學習的願景，諸如：提供學習者個人需求、自主學習能力、不受時空限制的課程內容與授課方式（黃永舜，2020）。國內、外專家學者相繼投入數位教學的相關研究，因研究對象與實驗變項的不同，所提觀點也有所不同，以下就近十年來，國內、外學者針對教師數位教學定義之相關文獻，整理後列表如下（表 2-11）：

表 2-11　國內、外學者針對教師數位教學定義彙整表

研究者	年代	教師數位教學的定義
藍玉昇	2013	數位教學是以學習者為中心，強調學習者「主動」學習並重視「如何學」大於「如何教」，以及更多元的學習路徑。
蔡緒浩	2015	透過 ICT 以及教學科技的設計，不受限傳統教學的方式，並針對「個人化」的特性，提供適性化的教學內容，提高學生的學習成效。

表 2-11　國內、外學者針對教師數位教學定義彙整表（續）

研究者	年代	教師數位教學的定義
高曼婷等人	2017	數位教學在於學習者利用電腦或網際網路等資訊設備，進行同步或非同步個人式或團體式學習，以學習者為中心，提供良好的互動性，幫助設授課者快速有效的整理教學資源，透過影音教材的刺激，誘發學生的學習動機與理解。
高震峰	2018	將數位科技融入各領域的教學環境，提供教師與學生數位教學的模式和策略，將傳統教學內容轉變為「數位內容」型態，教學情境以「高互動教室」取代，激發教師教學上的創造力，並能以身作則的在教學中激勵學生。
邱純玉	2020	教師的教學方式與學生的學習行為模式，從傳統實體課堂的講授，改變為以學生、數位環境為學習主體的教學模式，學生透過資訊工具與網路環境學習，突破時間與空間的限制，強調學生主動參與的學習精神，經由適性化與和諧化的學習環境，達到學習最佳化。
潘玉龍	2021	實現資源的遠程共享，並利用相應的設備完成內容的學習，促進教師和學習者之間的交流，達成系統化學習模式，突破空間與時間的限制，隨時展開雙向學習。
謝玉英	2022	是指以數位化方式，透過網際網路的學習活動，換言之，凡利用各種資訊科技技術，且透過網路來進行的教學及學習方式，均稱為數位學習。
Krumsvik	2014	教師的數字能力是教師個人在學校使用 ICT 並具

表 2-11　國內、外學者針對教師數位教學定義彙整表（續）

研究者	年代	教師數位教學的定義
		有良好的教學判斷力的熟練程度，以及教師對學習策略和學生數位化教育影響的認識，可以說是教師自我數位意識和教學實踐能力之交集。
Sanders 與 George	2017	數位教學就教師來說，數位能力意味著除了能夠自己使用科技之外，教師還需要後設反思與教學法相關的科技使用，以及它對學生在特定環境下的學習意味著什麼。
Claro 等人	2018	教室運用數位科技，使學生習得知識、技能和態度的教學活動，旨在培養學生在數位環境中解決資訊及通訊科技問題的能力。
Esteve-Mon 等人	2020	教育工作者掌握數位技術、教學選擇、支持學生在數位世界中學習，包括：處理數位科技的基本技能、數位教學能力和終身學習策略。
Kundu 與 Bej	2021	數位教學是遠程教育的一種形式，其特徵是學習者和老師，使用網際網路提供指導和教育內容，而能有效地提高學生的參與度和成就。
Meinokat 與 Wagner	2021	師生共同參與的共同場所（班級）中教學，結合使用數位工具支持的面對面教學或虛擬教室，以各種形式與學習者互動，使他們能夠理解、應用知識的概念和過程。
Antara 與 Dewantara	2022	數位學習媒體被定義為學生可以用來獲取新信息和知識，課堂中用以理解教師提供學習材料的數位科技工具，增加學生的學習興趣和動力，並提高學生的高階思維能力。

　　針對數位教學之定義，綜合國內、外學者研究之論述，歸納如下：教師數位教學可以從學習者角度探討，也可以從教學者角度探究，二者密不可分實為一體之關連，主要是教師透過數位科技工具，與學習者進行教學互動且不受時空限制，使學生習得知識、技能和態度的學習型態與教學模式，最終目的是要達成教學目標的學習過程。

四、小結

　　Clark 與 Mayer（2007）在其 *e-Learning and the Science of Instruction* 書中指出，數位學習是一種教學模式；吳美美（2004）指出數位教學是「數位」加上「學習」，可見數位學習是結合數位傳遞學習的過程（Clark & Mayer, 2002），是一種教學模式，也是一種學習模式。因此，數位學習與數位教學的概念相似，是透過數位科技進行課程教授，同時強調教師的「教」與學生的「學」。由此可知，學者對數位學習與數位教學之看法，泛指同一種概念。

　　數位學習於 90 年代中期，隨著資訊網路的發展而開始使用，主要是透過資訊和傳播科技經營一個社群，讓學生不受時空限制進行探究（Garrison, 2011）。「數位學習」即是指 e-Learning、線上學習、遠距教學以及數位教學，數位學習比較趨向於以學習者角度探討，是藉由數位科技所傳遞的教學模式，主要是結合了數位傳遞「e」，與學習事件「Learning」（Clark & Mayer, 2002）；而數位教學則以教學者角度探究，同時結合了數位傳遞「e」與教學實施「teaching」兩項要素，「數位教學」與「數位學習」在對知識轉移、傳遞的本質而言，可謂相同，其差異僅為教學主體與學生學習角度的不同而已。

　　由上述可見，「數位學習」與「數位教學」二者實為一體且關係緊密，進而考量本書問卷發放對象以國小教師為主體，因此，本書以「數位教學」一詞作為後續本書教師數位教學能力之探究與相關研究。

貳、國內、外學者教師數位教學能力研究之內涵

一、國內學者教師數位教學能力之內涵

針對國內學者教師數位教學能力研究之內涵，歸納如下（表 2-12）：

表 2-12　國內學者教師數位教學能力研究之內涵彙整表

研究者	年代	教師數位教學能力的內涵
教育部數位學習白皮書	2010	數位學習是透過多元的資訊、通訊與傳播等數位科技工具，運用多元化多媒體學習資源，來支援教與學的學習活動歷程。換句話說，希望以數位學習為工具，培育二十一世紀國民的知識與能力。
陳舜德等人	2014	校園無線網路環境的建置，學生藉由智慧型行動載具在教學進行中與教學者即時互動反饋，讓「教」與「學」雙方的互動更為積極密切，讓學生成為課堂學習的主體，藉此培養學生「主動學習」以及能與同儕「協同合作」的學習模式，培養學生主動探索新知的態度。
溫嘉榮與徐銘鴻	2016	教師數位化教學是透過科技網路進行教學，應用網路教材資源或電子教學資料，與師生進行合作式學習，讓學習者在課前、課中、課後均能隨時進行，回到教學現場，成為老師與學生、學生與學生間的互動場所，提升學生創新思考的能力，與主動學習的興趣和動機。
高曼婷等人	2017	運用電腦或網際網路等資訊科技，進行數位化教學，讓學習者能夠同步或非同步、個人式或團體式進行學習，是一種以學習者為中心的學習模式，提供良好的互動性，幫助教學者快速有效的整理教學資源，透過影音教材的刺激，誘發學生的學習理解與動機。

表 2-12　國內學者教師數位教學能力研究之內涵彙整表（續）

研究者	年代	教師數位教學能力的內涵
王鶴矑與 陳怡真	2019	數位科技技術應用於教學上，改變傳統時代老師與學生互動的方式，不是單調的使用教科書來授課，可以製作多媒體教材，讓教師在教學上成為主動積極的經營管理者。主要是強調教材的設計、編寫皆是藉由電腦軟體製作，再經由網路平臺呈現，也就是我們熟悉的網路教學、線上課程等名稱。
邱純玉	2020	教師的教學方式與學生的學習行為模式，從傳統實體課堂的講授，改變為以學生、數位環境為學習主體的教學模式，學生透過資訊工具與網路環境學習，突破時間與空間的限制，強調學生主動參與的學習精神，經由適性化與和諧化的學習環境，達到學習最佳化。
謝玉英	2022	是指以數位化方式，透過網際網路的學習活動，主要是利用電腦和網路來完成學習活動的所有過程，而教材的呈現是經由網際網路以及學習管理系統的傳遞和應用，使學習者在與教師分處不同地點的情況下，仍然可以順利進行教學及學習，換言之，凡利用教師數位教學專業素養與技術，且透過網路來進行的教學及學習方式，均稱為數位學習。
教育部	2022	透過教師數位能力以及運用資訊科技融入教學之相關知能素養，設計與製作之數位科技機會與場域空間，運用資訊科技為工具進行課程開發，並使用數位教材、測驗、線上學習討論與分享等為主的學習活動，培養與促進學生資訊科技應用能力。

綜上所述，數位教學是結合「數位」與「學習」，並由網際網路所傳遞的教學模式，「數位」涵蓋數位環境、器材、設備、教材；「教學」涵蓋學習個體、教師教學、教師信念與態度，是透過數位科技技術運用於教學與學生學習，其目的讓學生學習更自主、更有效率，以期建立有效的學習行為，將知識傳授給學生的教學模式，最終達成教學目標的學習過程。歸納上述學者對教師數位教學能力之內涵，分析其層面如下：

（一）教師數位教學專業素養（教育部，2022；謝玉英，2022），與本層面相關內涵之學者共 2 筆。

（二）使用數位科技工具與設備（教育部數位學習白皮書，2010；陳舜德等人，2014；溫嘉榮、徐銘鴻，2016；高曼婷等人，2017；王鶴巘、陳怡真，2019；邱純玉，2020；謝玉英，2022；教育部，2022），與本層面相關內涵之學者共 8 筆。

（三）應用數位科技教學之能力（陳舜德等人，2014；溫嘉榮、徐銘鴻，2016；高曼婷等人，2017；王鶴巘、陳怡真，2019；邱純玉，2020；謝玉英，2022；教育部，2022），與本層面相關內涵之學者共 7 筆。

（四）數位課程教材資源（教育部數位學習白皮書，2010；溫嘉榮、徐銘鴻，2016；高曼婷等人，2017；王鶴巘、陳怡真，2019；謝玉英，2022；教育部，2022），與本層面相關內涵之學者共 6 筆。

（五）數位多元化的教學評量（教育部數位學習白皮書，2010；教育部，2022），與本層面相關內涵之學者共 2 筆。

（六）數位教學科技之創新（溫嘉榮、徐銘鴻，2016），與本層面相關內涵之學者共 1 筆。

上述「國內學者教師數位教學能力內涵」之六大層面，未來將再結合「國外學者教師數位教學能力內涵」之層面，加上「國內、外學者、機構教師數位教學能力相關研究」之層面，進行教師數位

教學能力相關層面的綜合分析，探討出本書「教師數位教學能力」變項之層面，作為未來「教師數位教學能力」問卷編製之依據。

二、國外學者教師數位教學能力之內涵

　　為了協助歐洲社會融合及一體化，2018 年歐盟擘劃未來教育願景時，於 2025 年之前建立歐洲教育區（European Education Area）的政策目標，將教育及文化事務列為其優先議程之一。在此議程下，開始啟動數位教育行動計畫（Digital Education Action Plan），將創新及數位教學納入主流教育（駐歐盟兼駐比利時代表處教育組，2018）。儘管無法完全取代面對面的學校教育體驗，教師若能將面對面學習中使用的角色、教學技術和教學實踐，針對數位虛擬環境進行修改，虛擬學習教育系統可以讓學生以富有成效和有意義的方式參與進來，從而最大限度地減少學習損失，讓數位虛擬教育在 K-12 教育（幼稚園、小學和國高中學教育的統稱）的背景下越來越受歡迎，該領域也正吸引更多研究人員進行研究（Kundu & Bej, 2021；Rogers & Sabarwal, 2020）。

　　國外專家學者相繼投入數位教學的相關研究，因研究對象與實驗變項的不同，所提觀點也有所不同，以下就國外學者針對教師數位教學能力研究之內涵相關文獻，整理後列表如下（表 2-13）：

表 2-13　國外學者教師數位教學能力研究之內涵彙整表

研究者	年代	教師數位教學能力的內涵
Krumsvik	2014	教師的數字能力是教師個人在學校使用 ICT 並具有良好的教學判斷力的熟練程度，以及教師對學習策略和學生數位化教育影響的認識，可以說是教師自我數位意識和教學實踐能力之交集。

表 2-13　國外學者教師數位教學能力研究之內涵彙整表（續）

研究者	年代	教師數位教學能力的內涵
Hobbs 與 Coiro	2016	學校數位素養課程的要素包括：對學生、社區和教育者需求的理解；確定學習目標、標準和成果；所使用的資源（文本、視覺、聲音、工具和數字設備）；教學的學習方法與類型；確定學生開發的產品和用於衡量其品質的標準評估；學習的任務或活動以及使用的學習場景。其課程關鍵目標在於鼓勵學生在他們的社會背景下進行個人反思，使用數位工具促進認知和情感學習，最終，創造了一個學習圈，包括冒險、實驗、創造性實驗、快速創造和創新過程設計，目的是促進學生儘早參與數字媒體，使他們成為積極、有創造力、多產和創新的個體。
Macià 與 Garcia	2017	數位教學彰顯教師對應用資訊科技實踐教學活動的信念，參與數位專業社群，運用網際網路進行數位專業分享，並相互提供情感支持、開發教學實踐的新見解新理論、提供科技能力的培訓，增進後續使用意向以及合作創建教育作品。
Sanders 與 George	2017	數位教學就教師來說，數位能力意味著除了能夠自己使用科技之外，教師還需要後設反思與教學法相關的科技使用，以及它對學生在特定環境下的學習意味著什麼。
Claro 等人	2018	教室運用數位科技，於課堂上設計、組織、指導和評估課程，具有明確學習目標，使學生習得知識、技能和態度的教學活動，旨在培養學生在數位環境中解決資訊及通訊科技問題的能力。

表 2-13　國外學者教師數位教學能力研究之內涵彙整表（續）

研究者	年代	教師數位教學能力的內涵
Esteve-Mon 等人	2020	教育工作者掌握數位技術，還有教學選擇，支持學生在數位豐富的世界中學習、設計和轉變課堂實踐，並持續自己的專業發展所需的技能、態度和知識，包括：處理數位科技的基本技能、教學數位能力和終身學習策略。
Kundu 與 Bej	2021	數位教學是遠程教育的一種形式，其特徵之一是學習者和老師，使用網際網路提供指導和教育內容，而虛擬學校是使用基於網絡的方法或網際網路提供 K-12 課程的教育組織，可以保證以最低的成本獲得普及教育，即使不是免費的，也能有效地提高學生的參與度和成就。
Meinokat 與 Wagner	2021	數位教學、數位學習由多個術語描述，包括：數位學習、電子學習、混合學習和移動學習，在師生共同參與的共同場所（班級）中教學，結合使用數位工具支持的面對面教學或虛擬教室，以各種形式與學習者互動，使他們能夠理解、應用知識的概念和過程。
Sari 等人	2021	教師能夠運用當前的科技發展，提高數位教材形式與學習媒介之品質，應用於學習情境，包括同步和異步網絡學習，突破時間、地點和日程的限制，讓學生可以在獨立工作或教師與其他學生小組合作的正式場合中有效使用，實現以學生為中心的個體學習，並能結合當前的教學趨勢，獲得數位化學習的優勢，制定實用的教學策略，實現教學效果。
Suwarto 等人	2022	學校的 ICT 學習改變了學習方式，將指導主義教育理念轉變為建構主義教育理念，以教師為中心的學習轉變為以學生為中心，利用地方資源轉向全球資源，增加了

表 2-13　國外學者教師數位教學能力研究之內涵彙整表（續）

研究者	年代	教師數位教學能力的內涵
Antara 與 Dewantara	2022	學習任務的複雜性，同時鼓勵學生的學習，朝向積極的、探索性、研究性、協作任務、創造力、批判性思維、參與現實和虛擬世界以及科技和知識的傳播。 數位學習媒體被定義為學生可以用來獲取新信息和新知識，課堂中用以理解教師提供學生學習材料的工具，學習過程中的學習媒體具有向學生傳遞信息的中介功能，教師在課程中開發數位學習媒體，有趣的學習媒體增加學生的學習興趣和動力，並提高學生的高階思維能力。

　　隨著時間的推移和變化，數位教學能力的概念以及它在網絡、交流、共享、創造等層面的實踐非常重要，這些實踐影響了教育系統如何為 21 世紀的生活和學習做好準備的問題（Erstad et al., 2021）。歐洲議會和理事會和 OECD 組織也強調，教師專業數位能力的概念是積極參與數位化和民主社會所必需的，具有數位能力的公民概念，已在國家層面得到實施，並推動了各種教育改革，諸如修訂課程，使學校有責任為學生提供發展數位能力的機會（Erstad et al., 2021；Godhe, 2019）。

　　綜合上述學者對教師數位教學能力的內涵，整理其相關層面如下：

　　（一）使用數位科技工具與媒體（Krumsvik, 2014；Hobbs & Coiro, 2016；Macià & Garcia, 2017；Sanders & George, 2017；Claro et al., 2018；Kundu & Bej, 2021；Meinokat & Wagner, 2021；Sari et al., 2021；Suwarto、Setiawan & Machmiyah, 2022；Antara & Dewantara, 2022），與本層面相關內涵之學者共 10 筆。

　　（二）應用數位科技教學之能力（Krumsvik, 2014；Hobbs &

Coiro, 2016；Macià & Garcia, 2017；Sanders & George, 2017；Claro et al., 2018；Kundu & Bej, 2021；Meinokat & Wagner, 2021；Sari et al., 2021 ； Suwarto、Setiawan & Machmiyah, 2022 ； Antara & Dewantara, 2022），與本層面相關內涵之學者共 10 筆。

（三）數位課程教材資源（Hobbs & Coiro, 2016；Sari et al., 2021；Antara & Dewantara, 2022），與本層面相關內涵之學者共 3 筆。

（四）培養學生數位科技的能力（Hobbs & Coiro, 2016；Macià & Garcia, 2017；Claro et al., 2018；Meinokat & Wagner, 2021；Sari et al., 2021；Suwarto、Setiawan & Machmiyah, 2022；Antara & Dewantara, 2022），與本層面相關內涵之學者共 7 筆。

（五）數位教學科技之創新（Hobbs & Coiro, 2016；Suwarto、Setiawan & Machmiyah, 2022；Antara & Dewantara, 2022），與本層面相關內涵之學者共 3 筆。

（六）具備數位教學意識與信念（Krumsvik, 2014；Macià & Garcia, 2017），與本層面相關內涵之學者共 2 筆。

（七）參與數位教學專業社群（Macià & Garcia, 2017），與本層面相關內涵之學者共 1 筆。

上述「國外學者教師數位教學能力內涵」之七大層面，再結合「國內學者教師數位教學能力內涵」之六大層面，之後加上「國內、外學者、機構教師數位教學能力相關層面研究」之層面，進行教師數位教學能力相關層面的綜合分析，探討出本書「教師數位教學能力」變項之層面，作為未來「教師數位教學能力」問卷編製之依據。

參、教師數位教學能力相關層面之內涵分析及問卷題目編製

本章節依據上述文獻探討，將國內、外學者定義數位教學觀點之層面，加上國內、外學者、機構數位教學相關層面，進行數位教學研究相關層面的綜合分析，最終依教師數位教學能力相關層面之內涵分析結果，作為問卷題目編製之依據。

一、數位教學相關研究之層面

數位教學一詞長期以來在不同時期，或同一時代，所表達的內涵也都略有差異，但主要內容還是強調應用數位科技，進行教學資源的設計應用、編寫與製作，再透過網際網路、網路平臺、數位科技呈現，將許多新穎的數位軟體、數位教學媒體實際應用到課堂教學之中。就教育層面來看，運用科技媒體於教學，具有以下的功能（王鶴巘、陳怡真，2019）：

（一）教師在運用科技媒體於教學時，可以透過數位多媒體，吸引學生的注意力，並激發學生主動學習的興趣與動機。

（二）資訊科技時代，教師為了提升教學效益，必須善用數位資訊科技於教學，進行課程教材的設計、編寫與製作，並獲得學生的回饋。

（三）教師教學時，能以數位多媒體輔助教學，達成個別化自主學習的目標。

（四）教師能夠建置數位媒體教學平臺，增加師生資訊分享與互動的管道。

美國教育傳播與科技學會（Association for Educational Communications and Technology, AECT）就數位教學層面的敘述必須言簡意賅、強調數位觀念性，進而形成共識，且易於理解，必須建構在健全的數位教學知識結構、知識涵量、知識深度以及知識廣度。以下將數位教學科技重新定義，並規範出五個層面進行探討

（Demsey et al., 2008）：

（一）數位教學的設計。

（二）數位教學的發展。

（三）數位教學的運用。

（四）數位教學的管理。

（五）數位教學的評鑑等五個範疇。

張瓊穗與翁婉慈（2008）在其「國小教師資訊融入教學專業知能建構之研究」中提到，小學教師資訊融入教學專業知能培訓，不可以偏重於資訊技能的培訓，應該要全面性考量各個資訊面向的知能，將資訊融入教學，建構教師資訊專業知能與教學能力。其面向包括：「資訊科技概念知能」、「教學前置評估知能」、「教學活動規劃知能」、「教學資源發展或取得知能」、「教學活動帶領知能」、「教學評鑑知能」、「教學專業發展知能」，共 7 大面向。

徐式寬與關秉寅（2011）在國民中小學教師資訊融入教學素養評量表之建構與調查中，將資訊科技融入教學素養分為六個層面，包括：

（一）教師數位教學準備與教材蒐集之素養。

（二）教師數位科技硬體問題解決能力以及數位教材製作能力。

（三）教師運用數位教學之管理、分享與溝通的素養。

（四）教師進行數位教學時，自我規劃、教學與評量的素養。

（五）教師具備自我學習進修與數位專業成長的素養。

（六）強化數位倫理、健康與安全之素養。

李佳穎與鄭淵全（2013）的研究，在臺灣小學數位教學對教師教育之啟示中提到，數位教學已成為顯學，運用資訊科技與傳統教學混搭的模式，將成為小學教室裡的新風貌。該研究以臺灣小學為例，探究臺灣教師數位教學的運作模式與實施現況，並提出下列啟示，供教學現場之教師參考：

（一）學校及教育機構，必須在教學現場建置完善的數位教學環境。

（二）協助教師專業成長，成立教師數位專業社群，共塑教學願景與共識。

（三）學校教師數位科技運用之能力必須提升。

（四）規劃培用合一的「數位能力」與「教學能力」課程。

（五）協助老師推動相關數位教學研究，增進資訊科技運用於教學之能力。

黃郁文（2015）認為資訊素養是能發覺並知曉在日常生活中，對想用的、有用的、有幫助的資訊需求，能加以蒐集、應用、評估、整理及正確引用資訊的一項能力。將「資訊素養」的層面，歸納為「資訊需求」、「資訊尋找」、「資訊利用」、「資訊評估」、「資訊倫理」等五個層面，其內容如下：

（一）資訊需求：老師為有效達成教學目標，對整體教學活動的設計，過程中能主動蒐集與教學相關的內容。

（二）資訊尋找：教師有充足的備課的方法與技巧，才能減輕授課負擔，能夠充分利用公開的資訊平臺，查閱出與授課相關且有幫助的教學資源。

（三）資訊利用：教師具備對科技資訊軟硬體的操作能力，並且能夠鞏固操練網路教學資源，運用於教學與行政工作，提升工作效率與教學目標。

（四）資訊評估：協助學生在解決問題的過程中，教師能夠自我評估、分析、規劃整體課程計畫，利用資訊尋找與使用的過程，圍繞著「學生」為中心的角度去思考，設計符合學生程度，且具包容性、完整性、差異性、個別化與準確性。

（五）資訊倫理：在網際網路世界的資訊倫理，不同於法律規範，教師必須與學生分享資訊道德觀、自律能力、智慧財產權、隱私權與存取權等觀念，遵守國家法律規定，不做出違法犯紀的行為。

　　汪耀華與張基成（2018）之研究，以「現象學取向的 MOOCs 教學經驗隱含的意義」中發現，MOOCs 授課教師的教學經驗，具備五項意義：

　　（一）轉化專業實務經驗：為了讓學生感知學習價值以及學習興趣，教師的授課必須有異於傳統課程的型態與內容，授課時將實務經歷以及自我體驗注入教材之中。

　　（二）善用多媒體建構教材：為了讓學生預見未來與引導想像空間，老師在思考設計教學內容時，教材要讓學生易於理解，同時與學生生活經驗連結，諸如設計動畫內容、構思劇本架構、編導影片等多媒體教材。

　　（三）增加多元學習經驗：為了讓學生擴增知識及加大視野，同時引進多樣化的教學資源，在課程編寫與安排時，聘請課程實務專家參與整體課程設計。

　　（四）精進數位教學知能：MOOCs 教學的體驗，要摒除私人名與利，才能從教學中獲得數位的磨練、「教與學」的反思。

　　（五）做中學的精神：教師必須懷抱教學熱忱與理想，實踐創新思維、身體力行、創新行動，勇於嘗試設計教學、執行教學，達成知行合一的教育。

　　Esteve-Mon 等人（2020）所研究關於大學教師數位教學能力的系統性回顧研究中，指出大學教師必須有足夠的數位科技能力，迎接當今數位社會的新挑戰，這種科技和教學方面的數位能力，使教師能夠豐富他們的教學，培養學生的數位能力並繼續專業發展。關於教師的數位教學能力水平，大多數的教師似乎具有足夠的數位科技能力，然而，關於數位科技應用於教學使用的結果，是不同的，在數位科技應用於發展教學方面的水平是較低的。Esteve-Mon 等人（2020）確定了教師數位教學的共同領域：

　　（一）教師本身基本的數位科技技能。

　　（二）數位科技的教學應用能力。

（三）使用數位科技的能力。

（四）教師持續的專業發展。

（五）進一步提升學生數位能力的能力。

Starkey（2020）研究指出，隨著數位科技整合的結果，數位科技和網際網路在學校教育系統中的地位越來越重要，學校和教學不斷持續發展，教師教學準備工作也將發生變化，教師必須為數位時代做好教學準備，為教學計畫和實踐提供信息。研究結果發現，在學校、教師與學生更廣泛與一致性的數位察覺下，為了讓老師他們的教學環境做好準備，必須將數位科技在教育系統中引入、整合和融合在教學之上，前提是使老師和學生擁有通用數位科技能力與應用數位科技工具的技能，老師數位教學能力側重於整合教學環境，使教師能夠使用數位科技進行教學、批判性地評估授課情況，以及在課堂上學生能夠使用數位設備進行學習。對於教師數位能力的關注，提出以下構面：

（一）必須具備通用數位科技的能力。

（二）將數位科技融入教學實踐的能力（使用數位科技進行教學）。

（三）具備數位專業的新興概念。

（四）學習並從事教師的數位專業工作。

（五）運用數位科技進行批判性反思。

（六）具備數位教學管理與規劃工作。

Castañeda 等人（2021）之研究「關於數位時代教師整體教學能力模型的國際觀點」中提到，鑑於全球數位時代，教師數位能力是複雜而緊迫的，必須重新思考教師數位專業實踐概念化的需求，包括：教師的初始培訓和數位專業發展、數位專業認證、數位領導發展、數位教學品質指標、教學實踐的有效性和透明度等。雖然學者欠缺一致性的見解，但仍有助於對教師數位能力的共同討論，尤其在數位時代，所謂「經典好教師」必須具備的數位技能，可以透

過教師專業形象的演變和重新定義來獲得。其揭櫫教師數位能力的六大框架如下（如圖 2-3）：

（一）新興教育實踐的產生者和管理者：數位時代的教師，需要成為教育理論和實踐教學知識方面的專家，能夠提出與學生學習、課堂管理、學習過程和結果評量最合適的策略，並針對教育相關問題，做出決策並採取有效行動。

（二）數位教育內容的專家：在這一要素中，包括教師學科知識與教學內容知識之間的關係、學科知識與可用科技之間的關係（Technological Content Knowledge, TCK），以及教學知識和科技（Technological Pedagogical Knowledge, TPK）。此外，根據 Mishra 和 Koehler 的觀點，數位素養的能力包括：科技、教學和內容知識（Technological Pedagogical Content Knowledge, TPACK）之間的關係。

（三）擴展成為教學反思的實踐者：在行動教學的經典概念中，教師被視為具有實踐反思能力的專業人士或研究者，能夠在行動中反思，也能夠在反思中行動。也就是教師必須熟練掌握數位教學的研究方法，包括教師要能了解或理解如何使用數位工具，豐富教學系統化以及反思實踐，並請能夠發揮數位專業，參與每個教學階段的研究能力。

（四）增強組織或個人學習環境的專家：教師數位專業發展的主要源泉，在於和同事之間的科學行動中的學習能力。因為數位化改變了知識的生產、共享和傳播方式。能夠在這個新的數位時代學習成長，意味著教師有能力創造、管理、豐富、擴展和適應數位學習生態，並且以教師個人學習環境（Personal Learning Environment, PLE）以及集體知識的實踐，將教育環境轉變為一個處於永久學習狀態的學校，並發展成為一所組織結構發達的學習環境。

（五）從社會承諾的角度對科技使用的敏感度：數位時代教師是學生榜樣，學校應該培養批判性、反思性和忠誠的數位公民。這

個層面定義了教師以科技作為工具，進而理解社會承諾，作為最終教育目標的重要性。這種理解有兩種不同的方式運作：一方面將數位科技理解為媒體文化創造的基本工具，教師能夠在教學現場和教學情境中使用它們，並且能夠將科技工具理解為學生原有的文化背景和實際的社會環境，並考慮到這一現實對教師教學現場的影響。另一方面，教師必須意識到數位工具對社會變革的潛力、公民參與社會行動以及作為關鍵數位公民的潛力。

（六）能夠利用科技增進與學生家庭和環境的關係：科技作為影響學生教育條件的相關因素，例如教師在促進和協調學生的基本社會影響範圍（家庭、學校和社區／鄰里）之間的互動，發揮著重要的作用。數位科技術增加了這些領域之間交流的可能性，並使其發展多樣化，教師可以利用數位科技，有助於改善與學生家庭的溝通和協作的管道，並提高彼此認識的機會，縮小數位鴻溝的落差。

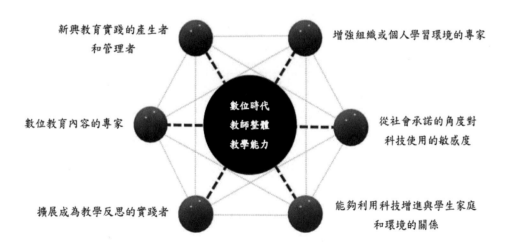

圖 2-2　教師的六個數位能力框架圖

註：取自 *International insights about a holistic model of teaching competence for a digital era: the digital teacher framework reviewed*. 1-20, by Castañeda, L., Esteve-Mon, F. M., Adell, J., & Prestridge, S., 2021, European Journal of Teacher Education.

　　Lohr 等人（2021）針對高等教育正在進行數位化轉型的概念下，認為教師運用數位科技的技術，進而設計有效教學場景的任務非常重要，其重點通常以教師為中心，並著重於課程組織的教學目的為主，因為教師使用數位科技的頻率並不能保證學生的學習成功。關注的點在於能否貼近學生的學習過程，尤其是學生的學習活動與學生學習成果的相關性強於課程組織的目的，也就是學生的學習成果作為高等教育中教師使用科技教學的主要目標，並且重點放在高等教育教師使用技術來教授學生的學習活動，以及學生在這些數位學習過程中如何認知參與活動。因此，課堂中教師和學生的互動，對於有效使用科技進行教學，以促進學生學習知識和技能，就變得非常重要。教師的基本數位技能，是他們在線上和線下環境中運用數位學習活動的必要先決條件，它們包括：

　　（一）運用數位科技的能力。

　　（二）使用數位科技搜索和處理信息。

　　（三）透過數位科技與他人交流和合作。

　　（四）應用數位科技製作和展示教學內容的能力。

　　（五）使用數位科技學習並制定學習策略。

　　（六）持續進修科技知識並加以應用。

　　Skantz-Åberg 等人（2022）在其研究關注教師數位專業能力，運用教育文獻資料庫的出版物進行檢索，搜尋大量教育術語、教育理論和教育方法論，以生態系統理論的觀點出發，分析在個別教師的微觀系統，以及教師在互動過程的中觀和宏觀系統，加上與所處的課堂環境和外在的社會系統的相互作用，進行分析與研究。其目的在於調查教師與科技教學相關的能力，審視教師專業數位能力的概念。發現教師數位專業能力的概念或相關概念在摘要、關鍵詞和全文中被頻繁提及，最終在教育文獻資料庫的出版物中，區分教師數位專業能力的七個面向：

　　（一）教師具備數位科技能力。

（二）教師具備數位科技內容知識。

（三）教師對數位科技使用的態度。

（四）教師數位科技教學能力。

（五）教師數位科技的文化意識。

（六）教師理解數位科技批判性方法。

（七）教師數位科技專業參與。

Skantz-Åberg 等人（2022）也指出教師數位專業能力受到 Bronfenbrenner 生態系統理論的啟發，教師數位專業能力經分析後，發現在個別教師的微觀系統內（個體活動和交往的直接環境）以及在互動教師的中間系統（mesosystem）（與微觀系統之間的聯繫或相互關係）和宏觀系統（多個系統中的文化、次文化和社會環境）內的運作，亦即教師與所處的課堂環境和更大的社會系統相互作用，其中以教師數位科技能力和教師數位科技教學能力最為重要。隨著時間的推移、社會歷史變遷和科技日新月異之下的相互作用，對教師數位專業能力的批判、科技和道德能力，需要與社會變化相互呼應，最終目的為學生準備未知的未來。

Oliveira 與 de SOUZA（2022）指出在資訊化時代，教育工作者、學生和教育機構正面臨著向新教育型態的加速過渡，COVID-19 大流行可以被視為，邁向教育 4.0 進行數位化轉型的轉折點，這種新常態強烈涉及使用各種數位科技，諸如：數據分析、大數據生成信息、知識學習以及個別化教學等等。尤其在面對 COVID-19 大流行後，整體數位化教學過程，需要創新的教學法、學生和教師的互動模式、人際關係和認知技能，以及新的組織模式。因此，在其教育數位化轉型的研究中提到，教學過程的數位化轉型是由科技、人力、組織和教學驅動因素的整體交互作用，並藉由數位化的轉型過程來指導和支持教學。

同時也說明教育 4.0 旨在讓學生具備認知、社交、人際關係、科技等技能，以應對第四次工業革命的需求和全球挑戰，教學實踐

者在以人為本的設計下，發揮兼具系統性與敏捷性的數位化經驗，藉此執行教學，並指導教學的目的和順序，以及在執行過程中發掘、構思和實施於教學階段，更以目標導向的學習（Project-Based Learning, PBL），鼓勵學生運用數位科技，以便發現問題、解決問題所需的知識和技能。

Oliveira 與 de SOUZA（2022）在其研究中提到教師數位教學能力包括：

（一）提供教師持續反饋：通過教學活動管理工具，教育工作者要能夠查看和檢查教學任務的狀態（待辦、正在做和準備），並就其執行情況提供持續反饋。並且能夠利用數位科技工具，為團隊提供即時反饋和建議，從而可以減輕團隊不執行任務的風險。

（二）教師能夠知道、使用數位科技：在工作執行期間，教育者科技管理以及科技因素駕馭的能力，在面對可用的教學資源對學生學習策略，能夠發揮有用性和充分性。

（三）使用數位創新的評估方法：通過數位程式的記事板、自我評估、同僚評審和學習產品繳交上傳等方法，用於評估學生學習狀況。

COVID-19 大流行可以被視為向教育 4.0 進行數位化轉型的轉折點。然而，教育工作者、學生和教育機構正面臨著向新教育範式的加速過渡，這種模式強烈涉及使用各種數位科技，例如數據分析，從大量數據（大數據）中生成訊息和知識，以個別、差異化教學。整體教學過程中，需要創新的教學法、學生和教師的社交能力、人際關係和認知技巧，以及新的組織模式和新的常態化。因此，教師在教學時必須具備的能力如下：（一）創新方法；（二）問題導向的學習；（三）目標導向的學習；（四）寓教於樂；（五）以行動為導向的學習；（六）混合式的學習（Oliveira & de SOUZA, 2022）。

筆者彙整近幾年來有關數位教學相關研究之博士論文以及近期

國內外期刊之研究，將國內、外學者數位教學相關研究蒐集之層面，整理後歸納如下表 2-14：

表 2-14　國內、外學者、機構教師數位教學研究層面彙整表

學者或機構	年代	使用數位科技工具與設備	應用數位科技教學之能力	培養學生數位科技的能力	數位課程教材資源	數位多元化的評量與教學	教師數位教學專業素養	數位教學科技之創新	參與數位教學專業社群	具備數位教學願景與意識	數位教學評鑑與批判反思	數位教學管理與規劃	數位倫理與法律
張瓊穗與翁婉慈	2008	V	V		V		V		V	V	V		
徐式寬與關秉寅	2011	V	V		V	V	V					V	V
李佳穎與鄭淵泉	2013	V	V				V		V	V	V		
黃郁文	2015	V	V		V		V						V
汪耀華與張基成	2018	V	V		V	V	V	V		V			
王鶴巘與陳怡真	2019	V	V	V	V								

表 2-14　國內、外學者、機構教師數位教學研究層面彙整表（續）

學者或機構	年代	使用數位科技工具與設備	應用數位科技教學之能力	培養學生數位科技的能力	數位課程教材資源	數位多元化的評量與教學	教師數位教學專業素養	數位教學科技之創新	參與數位教學專業社群	具備數位教學評鑑與批判反思	數位教學管理與規劃	數位（欄位不清）	數位倫理與法律
AECT	2008	V	V		V					V	V		
Esteve-Mon 等人	2020	V	V	V			V				V		
Starkey	2020	V	V	V			V			V	V		
Castañeda 等人	2021	V	V			V	V	V		V			
Lohr 等人	2021	V	V		V		V		V				
Skantz-Åberg 等人	2022	V	V				V		V	V	V		
Oliveira 與 de SOUZA	2022	V	V	V		V		V					V
總計		13	13	4	7	4	10	3	4	3	5	7	2

再根據本章節文獻探討之結果，將「1.國內研究者對數位教學研究之內涵」的六大層面、「2.國外研究者數位教學研究之內涵」的七大層面、「3.國內、外學者、機構數位教學研究」的層面，進行整合性歸納，如表 2-15。

表 2-15　教師數位教學能力相關層面分析結果統計

相關層面	相關研究分析結果	次數
使用數位科技工具與設備	1.國內研究者共 10 筆 2.國外研究者共 10 筆 3.國內、外學者、機構相關研究的層面 13 筆	33
應用數位科技教學之能力	1.國內研究者共 7 筆 2.國外研究者共 10 筆 3.國內、外學者、機構相關研究的層面 13 筆	30
培養學生數位科技的能力	1.國外研究者共 7 筆 2.國內、外學者、機構相關研究的層面 4 筆	11
數位課程教材資源	1.國內研究者共 6 筆 2.國外研究者共 3 筆 3.國內、外學者、機構相關研究的層面 7 筆	16
數位多元化的評量與教學	1.國內研究者共 2 筆 2.國內、外學者、機構相關研究的層面 5 筆	7
教師數位教學專業素養	1.國內研究者共 2 筆 2.國內、外學者、機構相關研究的層面 10 筆	12

表 2-15 教師數位教學能力相關層面分析結果統計（續）

相關層面	相關研究分析結果	次數
數位教學科技之創新	1.國內研究者共 1 筆 2.國外研究者共 3 筆 3.國內、外學者、機構相關研究的層面 3 筆	7
參與數位教學專業社群	1.國外研究者共 1 筆 2.國內、外學者、機構相關研究的層面 4 筆	5
具備數位教學願景與意識	1.國外研究者共 2 筆 2.國內、外學者、機構相關研究的層面 3 筆	5
數位教學評鑑與批判反思	1.國內、外學者、機構相關研究的層面 5 筆	5
數位教學管理與規劃	1.國內、外學者、機構相關研究的層面 7 筆	7
數位倫理與法律	1.國內、外學者、機構相關研究的層面 2 筆	2

綜合上述國內研究者內涵之層面、國外研究者內涵之層面，以及國內、外學者、機構相關數位教學研究的層面統計結果發現，最重要的七個層面為「使用數位科技工具與媒體」、「應用數位科技教學之能力」、「數位課程教材資源」、「教師數位教學專業素養」、「數位多元化的評量與教學」、「培養學生數位科技的能力」以及「數位教學科技之創新」。

上述七項層面符應本書數位教學之定義，也與教學現場所觀察

到之現況互相呼應，但依據蔡金田（2021）《未來教育・教育未來》書中提到數位科技的衝擊，帶來翻轉教室與翻轉教學的軌跡，讓我們著重於轉化教育系統，致力於學生學習、教師教學，藉由數位課程與教學確保學生學習需求。同時為了確保學生學習需求，教師必須調整教學步伐才能跟得上時代腳步，因此教師數位能力是在數位時代中增強全球化公民權的關鍵能力，也是在不同教育階段，教師教學和學生學習的關鍵要素（Marín & Castaneda, 2023）。加上本書著重於教師的「教」與學生的「學」，以教育現場數位學習「Learning」與數位教學「Teaching」之兩項要素為主，同時結合數位傳遞與學習之事實（吳美美，2004；Clark & Mayer, 2002, 2007；Garrison, 2011）。

因此，為求本書層面更加周延，將「教師數位教學專業素養」與「培養學生數位科技的能力」併入教師「應用數位科技教學之能力」與「使用數位科技工具與媒體」之層面；將「數位多元化的評量與教學」與「數位教學科技之創新」，併入「數位課程教材資源」之層面。最終本書以「應用數位科技教學之能力」、「使用數位科技工具與媒體」以及「數位課程教材之資源」等三個層面，作為本書調查「教師數位教學能力」變項之層面，以及後續問卷編製之依據。

上述三個層面，符合本書之研究目的，各層面說明如下：

（一）應用數位科技教學之能力

細數數位科技萌芽之際，就有教師使用數位科技教學，教師要能運用數位教學平臺與網際網路多媒體學習資源，應用於整體課程教學計畫與教學潛力，藉此增進學生學習動機，支持多元化的教學型態與教學策略，順道培養學生資訊科技的技能，同時也提升教師教學績效與學生學習成效。

（二）使用數位科技工具與媒體

　　學校教學場域從傳統進化到數位，教師應用數位工具教學並不是新的概念、新的形式，教師在執行教學任務時，能夠知道、使用數位科技，在面對可用的數位教學資源或者數位學習策略，能夠擁有數位科技管理以及數位科技駕馭的能力，讓數位教學能夠發揮有用性和充分性。

（三）數位課程教材資源

　　教師具有數位多媒體課程教材搜尋、蒐集、編寫、開發與運用的能力，為提升教學品質，利用數位情境探究、開發課程與教材，以數位課程教材引起學習動機，並能彙集官方及民間數位教學資源、諮詢服務，提供教師推動資訊教育、數位教學及學生數位學習參考使用。

二、「教師數位教學能力」各層面之內涵分析

　　本書將教師數位教學能力相關研究層面之內涵分析後之內容，作為問卷量表的編製與架構，而此架構是根據某一研究主題進行編纂，其目的在提供未來研究者、學校部門一種價值判斷的參考依據，並反應當前教育思潮與政策，其來源是根據大量文獻探討，或者學者所提的理論，彙整之後進行問卷編寫，問卷量表之題目也可以從過去專家學者的研究、文獻找尋合適且相關的題目或量表，用以測量該變項、層面的品質或數量，藉以比較不同時間或地區的作為，並透過實證研究來探討，每個研究層面與各個變項之間的關聯性，研究結果提供相關量化證據，能為研究議題與未來研究提供新的思考方向（蔡金田，2006）。

　　本書為了解國民小學校長科技領導、教師數位教學能力與學生學習成效之關係，以上述教師數位教學能力相關層面「應用數位科技教學之能力」、「使用數位科技工具與媒體」以及「數位課程教材教法之資源」等三個層面進行問卷量表的編製。之後參酌美國國

際教育科技學會（ISTE, 2023）針對教育工作者運用數位科技教學相關層面與指標，以及張瓊穗與翁婉慈（2008）研究「小學老師資訊融入教學專業知能內涵」之調查問卷；賴阿福（2014）「資訊科技融入創新教學之教學策略與模式」之調查問卷；潘玉龍（2021）「體育教育人員實施行動學習教學之調查研究」之調查問卷以及蘇俊豪（2023）「以科技接收模式探討繪本產業人員技能培訓的遠距教學」之調查問卷，統整歸納相關層面之內涵後，作為相關問卷題目編製之依據，以利後續的調查研究。

（一）教師「應用數位科技教學之能力」之內涵

細數數位科技萌芽之際，數位時代的學習儼然成為一種普世價值，當前的數位科技涵蓋了一個人生活的方方面面，包括教育、工作和休閒。資訊時代來臨，新的教學和學習工具的發展層出不窮，越來越多的學生通過連接到網際網路以及利用 AI 人工智慧獲取知識，導致學習過程和獲取知識的結構發生變化（Urakova et al., 2023）。可見，在 21 世紀網際網路和其他形式的數位科技已經深深植根於人們的日常生活中，面對新常態的教育現場，當可用的教學技術與工具的性質發生變化時，意味著教師要能夠有效使用ICT 於教學上，包括：掌握所有數位課程資源、提供給學生的足夠的資訊品質、持批判性質疑的態度，以及使用資訊安全操作方法（Urakova et al., 2023；Youssef et al., 2022）。

為了有效了解教師在教育中將數位科技融入教育的情況，以及衡量教師使用資訊和通信科技（ICT）進行學習和教學的準備情形，Viberg 等人（2020）從瑞典七所國民中小學的 157 名教師中收集研究，使用探索性因素分析進行分析，結果發現其影響因素如下：1.教師使用數位學習科技的能力；2.社會影響和支持度；3.教師使用數位科技的意向；4.數位科技的實用性和效率；5.教師自我限制的意識；6.數位教學的潛力；7.運用數位科技協助的意識。可

見，鼓勵和支持教師在教學中使用數位科技，並將數位學習科技融入教學，提高了教學品質，因為教師在教學中有效的準備以及使用數位科技，被認為是建構有用的實踐教學知識的關鍵要素，從而能夠改善學生的學習（Ramírez-Montoya et al., 2017；Viberg et al., 2020）。

　　因此，教師以自身的數位科技能力，應用數位科技工具融入於教學，且能夠廣泛應用數位資源，開發數位課程教材與教法，發揮整體課程教學計畫與教學潛力，藉此增進學生學習動機，發展多元化的教學型態與教學策略，提升教師教學績效與學生學習成效。

　　綜合上述「教師數位教學能力」變項之文獻探討分析，以及統整教師「應用數位科技教學之能力」層面之內涵分析，歸納後的教師「應用數位科技教學之能力」層面之內涵，後續將作為教師數位教學能力之問卷題目編製的依據，如下表 2-16：

表 2-16　教師「應用數位科技教學之能力」層面之內涵

變項	層面	內涵
教師數位教學能力	應用數位科技教學之能力	1.教師能夠主動將數位科技技巧融入教學，為了提高學生學習興趣、激發學習動機。 【張瓊穗與翁婉慈，2008；賴阿福，2014；潘玉龍，2021；蘇俊豪，2023；ISTE, 2023】 2.教師在備課過程中，會利用適合的數位科技技能與策略，蒐集、規劃、輔助、解決教學上的問題。 【張瓊穗與翁婉慈，2008；賴阿福，2014；潘玉龍，2021；蘇俊豪，2023；ISTE, 2023】 3.教師能將傳統教學資源，使用數位科技工具轉化、整理成創新數位教學檔案，並進行數位教學。

表 2-16　教師「應用數位科技教學之能力」層面之內涵（續）

變項	層面	內涵
		【張瓊穗與翁婉慈，2008；賴阿福，2014；潘玉龍，2021；蘇俊豪，2023；ISTE, 2023】
		4.教師能應用數位科技儲存教學檔案、設計班級網頁、並管理網路日誌（Blog）、或臉書（Facebook）、IG等。
		【蘇俊豪，2023；ISTE, 2023】
		5.教師能夠運用多元的數位科技評估教材、診斷教學適切性，以及做出批判性教學反思。
		【張瓊穗與翁婉慈，2008；賴阿福，2014；蘇俊豪，2023；ISTE, 2023】
		6. 教師使用數位科技教學時，能夠遵守網路倫理、安全守則，並尊重保護個資與智慧財產。
		【蘇俊豪，2023；ISTE, 2023】

（二）教師「使用數位科技工具與媒體」之內涵

　　聯合國 2030 年針對可持續發展議程中，有一個重要的目的，確保為所有人提供包容和公平的優質教育，數位科技已成為實現這一目標的重要工具，尤其在 COVID-19 大流行後，數位科技的使用，在教育中的應用形成了制度化（Haleem et al., 2022）。在臺灣數位科技在學校已經廣泛應用，行政院「數位國家創新經濟方案」也積極規劃，協助教師強化數位資訊運用能力，至西元 2022 年為止，各縣市政府預計辦理 797 場工作坊，提供教師多元數位增能機會，讓教師了解科技輔助自主學習的重要基礎知識外，也讓老師實際進行數位平臺操作，進一步認識多元數位學習平臺資源及相關功能特色，並熟稔如何將數位資源應用於課堂教學，落實差異化教學

與適性化學習，培養學生自主學習能力（教育部，2022）。

　　從教育的角度來看，數位科技術日漸受到關注，將數位科技工具納入教學和學習的組織程序中，被認為符合當前教育指南和程序的資源至關重要，其首要工作就是教學時要能使用數位科技工具（Alenezi, 2023）。研究也表明，老師使用自我評估工具，不足以改變學生的學習方式，教師需要充當學生學習行為改變的推動者，以便他們在學習過程中發揮更積極的作用，如果不這樣做，可能會導致學生缺乏未來數位資訊時代生活所必需的應對技能，因此鼓勵教師在教學實踐中使用數位科技，並提出利用數位科技進行教師培訓的建議（Cosi et al., 2020）。

　　有越來越多的學習者，在課堂上使用平板電腦，並被要求在線上完成家庭作業，在此同時造成數位學習模式在學校和課堂中的整合困擾逐漸擴大（Bjørgen et al., 2021；Moorhouse & Wong, 2022）。尤其 COVID-19 流行後，教育模式不斷延伸，打破傳統教學樣態與課室環境，孩子們的學習危機不斷浮現。重要的關鍵因素是教學品質差，結構化的課程不足以因應，教師必須接受在職數位課程培訓，才能有助於教師指導學生因應數位教學不斷變化的環境，以及教學上需要大量的使用數位科技工具的情形。讓教師能動性能夠自主激發，重新思考教學方法，適當解決獨特數位教學的需求，進而激勵學生學習以及應對數位教學受限的環境，讓教師更可能專心進修和教學之上（Gromova, 2021；Haleem et al., 2022）。

　　因此，新時代的教師在執行教學任務時，要能掌握、使用數位科技工具，在面對可用的數位教學資源或數位學習策略，能夠擁有數位科技工具管理以及駕馭的能力，讓數位教學能夠發揮有用性和有效性。

　　綜合上述「教師數位教學能力」文獻探討之分析，以及統整教師「使用數位科技工具與媒體」層面之內涵分析，歸納後的教師「使用數位科技工具與媒體」層面之內涵，後續將作為教師數位教

學能力之問卷題目編製的依據，如下表 2-17：

表 2-17 教師「使用數位科技工具與媒體」層面之內涵

變項	層面	內涵
教師數位教學能力	使用數位科技工具與媒體	1.教學前，教師能評估數位科技工具設備，選擇符合學生學習所需的數位科技工具。 【張瓊穗與翁婉慈，2008；賴阿福，2014；潘玉龍，2021；蘇俊豪，2023；ISTE, 2023】 2.教師能夠使用科技工具或媒體，引起學生學習動機，並有效呈現教學內容。 【張瓊穗與翁婉慈，2008；賴阿福，2014；潘玉龍，2021；蘇俊豪，2023；ISTE, 2023；Xie 等人，2018】 3.教師能夠運用數位網路、行動載具，發揮「生生用平板」的政策於教學。 【賴阿福，2014；潘玉龍，2021；蘇俊豪，2023；Bjørgen 等人，2021；Moorhouse 與 Wong, 2022】 4.能建置班級資訊環境設備，規劃班級數位科技環境與資源於教學之上。 【張瓊穗與翁婉慈，2008；蘇俊豪，2023；Bjørgen 等人，2021；Moorhouse 與 Wong, 2022】 5.教師會利用數位科技工具或網際網路搜尋引擎，檢索教學所需的資訊平臺或資料。 【張瓊穗與翁婉慈，2008；潘玉龍，2021；蘇俊豪，2023；ISTE, 2023；Xie 等人，2018；Bjørgen 等人，2021；Moorhouse 與 Wong, 2022】 6.教師能運用數位科技工具進行親師溝通，或者與學生在上課時間或課後進行師生互動。

表 2-17　教師「使用數位科技工具與媒體」層面之內涵（續）

變項	層面	內涵
		【張瓊穗與翁婉慈，2008；ISTE, 2023】
		7. 教師會下載、使用套裝應用軟體，輔助教學以及管理學生資料。
		【張瓊穗與翁婉慈，2008；賴阿福，2014；蘇俊豪，2023；ISTE, 2023；Bjørgen 等人，2021；Moorhouse 與 Wong, 2022】

（三）教師「數位課程教材資源」之內涵

　　運用數位科技技術進行處理與呈現的內容，一般我們稱之為「數位內容」，若有教學目的，並經由教師整理、編輯進一步來引導與輔助學生學習的數位內容，可以稱之為「數位教材」。「數位內容」和「數位教材」有其差異，「內容」泛指一般認知知識，而「教材」是闡述教學內容、教學大綱的具體化，必須經過教師有組織、有系統的設計，發揮教學目標「認知、技能、情意」之效用，也就是說，教材透過數位科技工具進行處理、編纂與傳遞使用就是「數位教材」（顏春煌，2008）。

　　傳統的教學在既有教科書框架下，節省老師備課時間，且教材完備兼具邏輯、系統性，教師容易掌控教材，只要發揮教學熱忱與專業，就可以直接調控授課內容與進度。然而面對數位科技時代的挑戰，傳統的教學也存在著教材形態單一、無法額外承載信息、擴展功能有限等問題，而數位教材是將傳統面對面的教育方式，轉型成為使用數位科技整合電腦、資訊通訊與科技（ICT）以及與多媒體技術，提供受教者操作便捷、大數據信息、互動性高以及不受時間和地點限制的優勢學習環境（楊玲惠等人，2015；Zhang & Fan, 2014）。

　　數位教材的使用，是基於確保其成為一門應用學科，讓整體教學過程更加透明，也是一種知識轉移的新典範，以及將傳統教學方法與創新教學相結合的願景，並且可以作為基礎教育設施的組成，甚至傳授給未來的教師運用（Aidarbekova et al., 2021）。而數位課程現代化，需要創建符合現代教育標準的課程和教科書，使用數位教學發現創新的教學內容與傳遞方法，提供一種靈活的方式來滿足數位教學資源的需求，無形中強化了教師數位教學經驗的「基礎」，並提供了可用的資訊來源、專業軟體環境、教學開發系統和自動化設計建構課程的機會（Bessarab et al., 2022）。也就是說數位教學能夠有效地應用新的數位科技手段，和無限的數位資訊資源，教學過程中可以不受限制地，全天候獲取所有知識，以及眾多數位資源平臺的服務，並能根據學生的興趣和能力，滿足學生個人具體需求，創造了一個無疆界的教育領域（Alenezi, 2023；Bessarab et al., 2022），整體數位教材涵蓋學生學習歷程紀錄機制之建置，並且能夠事後追蹤分析，以及詮釋學生學習之紀錄或資料，最終協助教師了解學生學習情況。

　　面對這種數位教學趨勢的變化，除了要求教師精熟數位教育環境、提高教師的數位能力之外，更重要的任務在於關注數位教材自學版與導學版的開發，以及在教育的過程中使用和應用數位環境及資源，敞開不同的心態和不同的世界觀，用更先進的方式與學生合作。因此，為提升教學品質，要能彙集官方及民間數位教學資源，並利用數位環境及資源進行探究與開發數位教材，以多樣化數位課程教材引起學生學習動機，並能提供學生學習質化或量化分析，供教師參考使用。

　　綜合上述「教師數位教學能力」變項之文獻探討分析，以及統整教師「數位課程教材資源」層面之內涵分析，歸納後的教師「數位課程教材資源」層面之內涵，後續將作為教師數位教學能力之問卷題目編製的依據，如下表 2-18：

表 2-18 教師「數位課程教材資源」層面之內涵

變項	層面	內涵
教師數位教學能力	數位課程教材之資源	1.教師能根據教學活動的需求，運用數位科技工具，適當蒐集、取得數位教材或資源。 【張瓊穗與翁婉慈，2008；賴阿福，2014；楊玲惠等人，2015；潘玉龍，2021；蘇俊豪，2023；Zhang 與 Fan, 2014；Hobbs 與 Coiro, 2016；Xie 等人，2018；Sari 等人，2021；Antara 與 Dewantara, 2022；Bessarab 等人，2022；ISTE, 2023】 2.教師能依據教學原則或理論，轉化、設計或發展數位教材或學習資源。 【張瓊穗與翁婉慈，2008；賴阿福，2014；潘玉龍，2021；蘇俊豪，2023；Hobbs 與 Coiro, 2016；Sari 等人，2021；Antara 與 Dewantara, 2022；ISTE, 2023】 3.教師能夠選擇、運用數位科技資源，設計或發展學生多元評量方式。 【張瓊穗與翁婉慈，2008；賴阿福，2014；潘玉龍，2021；Hobbs 與 Coiro, 2016；Sari 等人，2021；Antara 與 Dewantara, 2022；ISTE, 2023】 4.教師能合法、正當取得教學活動所需的數位教材或資源。 【張瓊穗與翁婉慈，2008；賴阿福，2014；楊玲惠等人，2015；蘇俊豪，2023；Zhang 與 Fan, 2014；Hobbs 與 Coiro, 2016；Sari 等人，2021；Antara 與 Dewantara, 2022；Antara 與 Dewantara, 2022；ISTE, 2023】 5.教師能將不同的數位科技工具，融入課程與教學間的對應關係。

表 2-18　教師「數位課程教材資源」層面之內涵（續）

變項	層面	內涵
		【張瓊穗與翁婉慈，2008；賴阿福，2014；潘玉龍，2021；蘇俊豪，2023；Xie 等人，2018；Zhang 與 Fan，2014；ISTE, 2023】
		6.教師能使用數位科技工具，鏈結科技資源、教師教學檔案以及學生學習歷程檔案。
		【潘玉龍，2021；蘇俊豪，2023；Hobbs 與 Coiro, 2016；Sari 等人，2021；Alenezi, 2023；ISTE, 2023】
		7.教師能設計數位媒體資源，讓學生對課程與教材做出高階的批判性思考。
		【王維聰與王建喬，2011；黃國禎與陳德懷，2018；Fu 等人，2009；Antara 與 Dewantara, 2022；ISTE, 2023】

三、「教師數位教學能力」相關層面與問卷題目建構之方式

　　綜上所述，在教師數位教學變項下的三個層面：（一）「應用數位科技教學之能力」，在此層面建構出 6 個問卷題目；（二）「使用數位科技工具與媒體」，在此層面建構出 7 個問卷題目；（三）「數位課程教材資源」，在此層面建構出 7 個問卷題目。本書編製教師數位教學變項之問卷架構時，為使題目意義能符合教學現場，思慮更加周延，因此在建構教師數位教學層面、問卷題目時，有以下幾項作法：

　　（一）在建構「教師數位教學能力」之層面時，專家學者依其研究方向各有喜好與取捨，並非所有層面均能符應教師數位教學之代表性，在蒐集、彙整、分析國內、外學者、機構之定義內涵後，再依據統計出來的層面，取其出現次數最多、最具代表性者，以及

適合本書未來之研究方向，為教師數位教學能力之層面。

（二）由於 COVID-19 大流行後，數位教學儼然成為顯學，對於教師數位教學能力以及學生數位學習成效之重要性與影響至深且鉅，本書以「應用數位科技教學之能力」、「使用數位科技工具與媒體」與「數位課程教材資源」等三個層面作為教師數位教學能力變項之探討，並藉此轉化為教師數位教學能力之問卷題目。

（三）為求得問卷題目建構之適當性與完整性，有些統計比例較高且受專家學者青睞的層面，本書採取融入、內涵補充之方式併入問卷題目，如：「教師數位教學專業素養」、「培養學生數位科技的能力」，將其概念納入「應用數位科技教學之能力」之中；「數位教學科技之創新」、「數位教學管理與規劃」，將其納入「使用數位科技工具與媒體」之中；「數位多元化的評量與教學」、「數位教學評鑑與批判反思」，將其納入「數位課程教材資源」之中，其餘統計次數較少者捨棄不用。

（四）問卷題目的編製、選取原則，理想不宜過高、題目不宜過長，且兼具可操作之概念，並參考政府部門公布教師相關資訊素養之指標以及近年來專家學者之研究問卷、文獻進行探討，進而篩選、編製出適合的問卷題目。

第三節　學生學習成效之內涵與研究

本章節在說明壹、學生學習成效之探討；貳、國內、外學者學生學習成效相關研究之內涵分析；參、學生學習成效相關研究層面之分析及問卷題目編製；肆、學生學習成效之相關研究。旨在探討學生學習成效相關層面之內涵分析，作為本書「學生學習成效」問卷題目編製之依據，並說明學生學習成效之研究是值得探究、尚待發掘的議題。其說明如下：

壹、學生學習成效之探討

一、學習與成效的關係

文明是擺脫困頓和災難的解方，是物種演進和進化的社會象徵，可以透過學校教育實踐文明的里程碑。就學校教育來說學生是接受教與學的主體，因此，學校是以學生為中心，教育是有組織、有邏輯、有目的的學習程序，教學是師生雙向互動的過程，學習是學生取得新知識和新技巧的結果（Robinson & Aronica, 2016）。當國家走入自由民主時代，國家教育權思維逐漸被國民的學習權意識所取代，教育現場必須重視學生的學習與學力，整體教育之良莠、成敗取決於學生學習績效，因此，積極促進實踐教育公平正義之體現，落實教師「教」與「學」，強化學生學習成效，是當前重要的教育議題。

學習在我們的生活中非常重要，因為學習是一個人在與環境互動的過程中，通過自己的經驗，在整體上獲得新的行為改變的過程（Manan et al., 2023）。學習也是人類心理模式建構和改變的經歷，過程中知識和經驗不斷的累積，藉此改變認知、行為與態度的歷程（邱秀香，2022；張春興，2007），而有意義的學習要藉助活動加以建構，且活動需具目的性、理智性，才能解決問題（潘慧玲等人，2014）。因此，在參酌文化心理學、社會互動主義和發展心理學的著作中發現或描述，學習的認知潛力包括：吸收、處理與記憶知識，不能簡單視為參與另一種行為來看待，還包括了孩子的先備經驗、環境以及社會文化和活動的影響與理解，過程中除了學習新的實踐能力，也重新思考習得的含義（Edwards, 2005）。可見，學習是學習者認知潛力與心理轉變的傾向，是一種思維習慣與變革性的學習實踐，藉由發展可預測的「認知形式」，以序列方式進行建構，過程中不斷地批判性自我反思，以及反思性的判斷歷程，將學習過程中的轉化能力，引入認知的領域（Mezirow, 2018）。

　　學習也呈現出一種線性改善的歷程，是知識產權的概念，藉由知識領域的活動加以吸收消化，使得認知、態度和行為得到積極的塑造。學者以 Kolb 的經驗學習理論說明四個學習週期：具體體驗、反思、概念化和實驗。認為學習任何主題的核心，都是線性動態認知的體驗過程，即元認知（思考再思考）、概念化的鷹架（建立在先前獲得知識的輔助）和反饋，其結果可以看出認知過程、學習和行為線性變化的證據（Fewster-Thuente & Batteson, 2018）。學習也是一種狀態的改變，從心理學的學習觀點來看是心智模式的改變，是一個深入的認知定義，藉由心智的信息處理模型，強調編碼、解碼、知識存儲和回憶，進而識別人類精神狀態的轉變，反映人類內部心靈的變化（Edwards, 2005）。可見，學習是一種心靈變化的過程，藉由改變行動模式，影響了社會結構與能動性，人類既被社會塑造，也塑造我們的社會，是一種將知識和情感聯繫起來，然後在個體中發揮作用，並據此採取行動，與社會環境產生適應性，以及自我內心隱喻的相容、互動和對話的關注過程（Edwards, 2005；Wertsch, 1993）。

　　因此，「學習」可說是動態的線性改變過程，是一種參與行為、一種心智狀態的改變，學生透過心智的信息處理模式，獲得認知與理解，過程中不斷學到知識與技能，進一步轉化、建構、反思與批判內心思維，使得認知、態度和行為也得到積極的塑造，進而產生對社會價值觀與世界觀改變的過程。

　　所謂成效，教育部《重編國語辭典修訂本》解釋：「事物已顯現的功效」。是在人類既有的基礎上，透過後天學習的努力，展現出有效的行為改變（邱秀香，2022；張春興，2007），也就是個體在從事某些事務或行為後，所獲得的預期好效果與績效。在進行成效與績效評估時，過程中有兩個重要的目的：

　　（一）評估（evaluation）：根據預定的標準，衡量組織成員過去的表現，做出具體的評價決定其可行性，評斷是否應給予適當

的獎酬與改進的參考。

（二）指導（coaching）：針對組織與成員未來的發展，提供適時的指示與引導，以及必要的協助與諮詢，讓成員獲得充分的發揮與其未來的生涯發展。

在這兩個評估目的的前提下，有成效的團隊對於重要的工作，能夠集中資源，知道安排工作的優先順序，成功的銜接到組織的策略與目標，一方面擴大組織格局，一方面獲得最終的成果（吳凱琳，2011）。

回到教學現場，評估教師有效的教學，其定義隨著時間的推移而發生變化，有越來越多研究關注學生學習的成效，且關注在學校層面和課堂層面的問責制，常用的方法包括課堂觀察、衡量教師的教學實踐以及衡量個別教師對學生成績的貢獻的增值程度，因為人們普遍認為良好的教學很重要，它可能是提高學生成績最重要的校本因素（Darling-Hammond, 2000；Goe, 2008）。同樣的評估學生學習成效的因素也不可忽略，例如學業成績、學生積極性、態度、解決問題的能力等，除此之外，學習過程和學習結果可能因許多因素而不同，例如學習主題、學習持續時間，甚至是各種環境條件等（Wahono et al., 2020），這些都是造成教學現場成效評估的重要因素。

以學生的角色來看，成效的評估核心在學習者的認知層次，經由接收、辨別、理解、批判的體驗，獲得新知識的過程，也因知識產生外顯行為和心理表徵，在整體的學習過程中統合成不同形式的思考和行為模式。因此，教師教學成效的評估主體，需要統合所有的教學活動，是知識與學習行為的總和，個體主動的、內發的改變其認知結構，從事象變化中發現其原理原則（邱秀香，2022；黃淑玲，2013）。其次，成效評估還需要融入課程規劃的層面，是一個學習進程的回饋，是一種為學習而評估（assessing for learning）的做法，過程中強調學生學習的主動性、思維力與解決問題的能力，

並考量學生先備經驗的教學，以及配合教材教法，將抽象化訊息進行概念化與合理推理，才能產生有效、有意義的學習（邱秀香，2022；張春興，2007；黃淑玲，2013）。

由此可見，「學習」與「成效」是個體改變的動態歷程，兩者需要相輔相成。學習成效簡言之，就是人類心智模式的建構，透過一系列後天努力與問責制的概念，過程中知識、經驗和情緒的累積，改變心理表徵和外顯行為，使得認知、行為與態度不斷的提升，顯現出有效、有意義的學習。

二、學生學習成效的概念

聯合國教科文組織在其出版的「品質保證與認證」基本詞彙中，首次對「學生學習成效」提出定義，是指學生學習成效是學習者歷經一段學習，且完成某一單位時數、課程或學程後，所被期待應該知道、了解、並能展現出來的智能與技術（陳忠明，2022；黃淑玲，2013）。學習成果就像導航工具、指導工具，可以幫助老師和學生知道遵循的路線，協助學生在學科的認知發展與認知表現，以及心智建構、態度價值觀的養成，更可以幫助學校領導者與教師，指導學生取得計畫課程的期望結果，讓學生意識到，課程結束時能夠實現的目標。近年來，學生學習成效更廣泛地受到關注，不管是學校、老師和家長都有期望，透過多元有效的教學策略，加上有效能的校長與教師，對於學生在學習與認知上的成長具有顯著的正向直接影響效果（蔡金田，2014）。

知識和學習是個人福祉、社會經濟發展和國際競爭力的關鍵因素，能夠充分利用學習和應用所學知識，獲得良好的學習理解、訓練有素的思維和紮實的學科概念體系，可以說是優質教育的先決條件（Molnár & Hermann, 2023）。而優質教育的展現就是教育績效責任的核心，學校的績效責任透過嚴謹設計的教育方案，投入改善學生學習，最終強調學生學習成果的展現（范熾文，2007）。此

外，教師善加運用教與學之專長，領導同儕聚焦於學校文化與教學實務之改進，可以提升學生之學習（York-Barr & Duke, 2004），也就是教師採取以學生為核心的學習觀，透過教師教學之專業知能與策略影響他人，進而改善學校績效與教育實務，以提升學生學習成果（潘慧玲、陳文彥，2018）。可見，優質教育與學校績效的展現，除了學校文化、教師專業、教學實務之外，莫不以學生學習成效為最終的評核。

教育的良莠、成敗取決於學生的學習成效，而學生學習成效是指學習者在教育歷程中，個人心智、行為及學習態度的轉變，並透過學習在知識、態度、技巧與能力上正向增進的效果，且反射在學生學習後的成果，是有具體證據可展現以及能被驗證的（Adawiyah et al., 2023）。學習過程如果僅僅由教師主導，導致學生的思維能力發展不足，唯有改變傳統單調、單向的學習模式，轉換為動態學習模式，讓學習更有意義，學生有更多機會產生批判性思維，才能取得更好的學習成果（Saihu, 2020）。因此，在學習過程中，學生需要積極主動、互動和諧、溝通順暢；在教學實踐中，教師要切實履行自己的本職和責任，以動態學習模式，增進學生正向批判性思維，才能達到預期的學習目標。

學生的學習成果是教育成功的基準之一，而學習或教育是一個持續的過程，過程中不僅僅局限於課堂上授課內容的傳遞，更重要的是如何讓課程內容為學生所接受，並在日常生活中得到應用和實踐。為了兒童才能的全面成長和發展，學習過程不能只停留在以認知為基礎的智力開發過程，而是要啟迪學生的學習過程，可以解釋為在教學進行的活動中獲得成果，換句話說，教學過程總是與學習活動相對應，也意味著學習成果是離不開學習活動，教師需要透過學習活動將自己的知識傳授給學生，使學生取得不同層次的學習成果，最終達到學生預期的學習成效（Djamarah, 2004；Supriyanto, 2019）。

學生學習成效（student learning performance、student learning achievement or student learning outcomes）為學生學習狀況與成果的評估，也經常被學校領導者，用來對達成學校重要成果之依據，特別對於學校校務的改進和學生學習成果有顯著影響（潘慧玲等人，2014；Li, 2010）。此外，學生學習成果與學生的學業成績也關係密切，學業成績的評估來自學生的學習狀況與學習參與，整體的學習概念具有三個結構：行為、情感和認知參與，學習成效的關注重點在認知參與度，是從學生的學習維度看待，其中認知參與是學生心理投入和學習努力的程度，也是教師評估學生的學習狀況，或是調整課程的方向或者授課方式的重要依據（黃淑玲，2013；Fredricks et al., 2004；Qiao et al., 2023）。由此可見，評估學生學習成效的重點在於認知參與度、行為與情感的表現，並且與學生學業成績有密切關係，學生學習成效也經常被學校領導者和教師用來評鑑校務和教學成果的依據。

綜合上述，學生學習成效之概念，包括：領導者評估校務、學生學業成績、學習活動、認知發展與表現、心智建構以及態度價值觀等，是一個動態和線性的參與過程，透過「教學」與「學習」的交互作用，讓學習者心智、行為及學習態度轉變，最終習得知識、態度、技能的正向增進效果，藉此改進校務、課程設計和教學品質，最終達成教學目標。

三、學生學習成效的評估

學生學習成效是無法直接衡量、觀察的表徵行為，且學生學習成效源於學習行為和教學行為之間的相互作用，從教師的角度來看，學習成效是學習的前端，以教師對學生的影響以及教師教學效能的觀點；從學生的角度來看，學習成效是學習結束或學習過程的高峰展現，主要以學生因學習後而發生的變化，包括：認知、情感和心理運作方面之學習成果的表現（Sholekah et al., 2023；Susanto et al., 2020；Yeung et al. 2021）。學者也認為學生學習成效可以透過科學化的程序、方法與工具來評估（曾俊傑，2019；黃曙東，2006），就是利用一套標準系統，衡量學生學習的價值和優缺點，藉此了解學習者在知識、技能及態度方面的改變，提供教師教學選擇、決定的可行性，或者提供教師教學改進的參考。

學習成效評估需要一定的時間才能完成，評估的主要目的是反思當下和面對未來，是教師了解學生學習的過程、改進教學方式、增進學生學習效果與提升學生學習品質，甚至也回應績效責任與教學透明度（黃淑玲、池俊吉，2010）。近年來國內學生學習成就之相關研究有增加之趨勢，學生學習成就不僅是政府施政的重要參考指標，在學術研究上亦逐漸受到重視，主要的研究方向有兩個部分（蔡金田，2014）：

（一）學生個人因素：以學校校務層面與學生學習成就之內涵探究為主，因素包括：家長社經背景、家長教育態度與學生學習成就之探究，之後進行比較研究深入探討。

（二）學生學科成績：以學生的學科成績表現為議題，進而探討學生學習成就的相關研究。

以 Kolb 的經驗學習理論四個學習週期：具體體驗、反思、概念化和實驗，發展出學生學習評估模式，主要的核心是以動態認知的體驗過程，評估認知過程、學習和行為變化的過程，因此演變出最廣泛的學習評估模式，說明如下（鍾佩君，2017；Fewster-Thuente & Batteson, 2018）：

（一）感應水平（Reactions）：主要是在教學過程中，學習者的感受和反應，取決於學生喜不喜歡本次的學習活動，以及教學後學習者對學習活動的反應。

（二）學習水平（Learning）：針對學習者的高低標準，也就是經由教師提出的學習活動或教學方案，檢視學習者在學習後認知、技能和情意的改變。

（三）行為水平（Behavior）：是一種行為表現與改變，也就是學習的遷移，透過學習後學習者如何將所學習到的知識、技能或態度，轉化成行動並展現出來。

（四）成果水平（Results）：透過整體教學方案的學習，學生產生了哪些影響或結果，也就是指學習的成效和成績。

由此可知，學習成效的評估方式，從學生的內部因素或外部因素都有可能會影響其學習成果，以學生個人內部因素，諸如：學生背景、學生特質、學習動機、學習反應、學習行為、學習投入、學習遷移等，甚至學生個人以外的因素也會影響學生學習，諸如：家庭社經背景、父母教養方式、家庭文化背景、家庭成員氛圍、親師生關係、同儕之間關係、教師學習方案與教學態度等。

學生學習成效包含成就、成果、成效，不管「成就、成果、成效」均指學生經過學習後所得到的廣義結果。透過最有效、最直接的評估，是以形成性、總結性評量的方式，看出學習成果的真實樣貌，同時相互檢視學生「實際的成效」與「預期的成果」是否相符；其次，多元化評估方式，內容涵蓋：學生實作、課程作品、專題論文、口頭發表與學習歷程檔案，均屬於公開檢視學生的真實能力，屬於真實可靠的評量方法；此外，透過體制外的評估或認證，諸如：學生作品比賽、學力認證、技能科能力檢定、語言檢定等，既可減輕老師負擔，又具有公信力，也被認為是有效的評量工具（符碧真，2017；Berheide, 2007；Rowles et al., 2004）。可見，學生學習成效透過總結性課程、多元化評量以及體制外認證，其結果可提供學校辦學績效、課程規劃妥適度、教學品質優劣以及教育目標是否達成的寶貴訊息，更可作為教育相關單位決策調整的依據（符碧真，2017；Berheide, 2007；Rowles et al., 2004；Sum & Light, 2010）。

在臺灣針對學生學習成就評估的內涵及評量方式相當多元而豐富，教育主管機關具體規定學習評量目的、內涵及實施方式。依據

國民教育法第十三條第一項規定，訂定《國民小學及國民中學學生成績評量準則》，其目標涵蓋學生學習基本學力、學生輔導、多元試探，協助學生五育均衡發展為目的，一方面調整課程總體計畫，另一方面讓教師調整教學與評量方式，最終讓學生了解自己的學習成果，家長了解學生的學習表現，之後再針對學生個別需求，安排適性學習輔導、激勵方案或學習扶助（教育部，2019）。

依據教育部國民中小學學生成績評量辦法，評量的範圍包括：領域學習課程、彈性學習課程、校訂課程、融入新興重大議題，實施主軸兼顧認知、情意、技能及參與實踐等層面。且重視學習歷程及結果之分析，評量的過程應依據學生身心發展、個別差異、文化差異及核心素養內涵，採取適當的多元評量方式，包括：紙筆測驗及表單、實作評量、檔案評量等多元方式進行。過程中掌握的原則，應符合教育目的、目標之正當性，兼顧學生個別化、適性化及及彈性化的原則，及時調整，評量時機盡量減少紙筆測驗，綜合平時及定期評量，以形成性及總結性功能相互並重，必要時兼顧診斷性及安置性評量功能（教育部，2019）。

可見，對於學生學習成效的評估，在客觀評估數據之下更應兼顧質性描述，以學生身心發展為前提，審慎評估學生個別差異，採取適當多元之評量方式，有鑑於此，本書在藉由國民小學校長科技領導與教師數位教學能力之研究，進而評估學生學習成效之表現，試圖從中確認學生學習成效趨勢與領導、教學之間的相互關係與影響效果，未來對學校領導者、教師、決策者提供具體的領導模式、教學方法及學習成效之建議或策略。

四、學生學習成效之定義

國內學者對於學生學習成效的定義諸多說法，其名稱諸如：學習表現（student learning performance）、學習成就（student learning achievement）、學習成效（student learning outcomes）

等。在教育的歷程中，普遍來說教育成敗的依據是學生的學習成效，學生學習成效是指學生在接受教育一段時間之後，所顯現出心智和行為直接與間接的改變，也是學習行為和教學行為相互作用的結果，並依照學生的表現，進行觀察、測量，藉此衡量學生在接受教育前與教育後之行為表現的變化，涵蓋認知、情意及技能之不同面向，才能完整掌握學生學習後所獲得之成效，提供學生未來學習方向，也給予學生適時的回饋（王如哲，2010；黃建翔、蔡明學，2016；Adawiyah et al., 2023）。以下彙整學者對學生學習成效之定義：

謝芳華（2018）學生學習成就係指學生在學習各種課程與活動後，展現出心智、態度、品格與行為上的改變，包含認知、情意與技能三方面的學習結果，且須讓學生具備自主學習的態度和解決問題的能力來建構其本身的知識架構內容。

林宏泰（2019）認為學生學習成效是衡量學習者學習成果的指標，學習成效乃指教學結束後，學習者在知識、技能與態度上的改變。

蘇奕娟與林新發（2020）認為學生學習成效意謂培養學生具備適切的能力、情意、態度、價值，以能適應現代生活，因應未來人工智慧的時代，包括學生的能力（學習成就）、學生的情意（學習動機）、學生的態度（學習態度）、學生的價值（行為表現）。

陳忠明（2022）學習成效一般指某種學習活動一段期間後，對參與學習者所進行某種型式的評量、學習活動所達成的效果，而學習成效當然包含學生學習成就以及教師教導學生學習歷程，主要目的是希冀學生學習能有收穫，而有收穫就是能看到學生的學習成效，使學生的學習活動成為有意義的學習。

Adam（2004）定義學習成效就是成功的學生／學習者在方案模組／課程單元結束後所能達到的、評定的程度。

Hartikainen 等人（2019）學生學習成效是專業認知（知識和理

解）、技能（實踐知識）、社會（社交溝通技巧）以及元能力（習得相關其他能力），最終能夠加深主動的學習，和客觀的自我評估的測量。

Wahono 等人（2020）學生學習成效是指教師在教學時，制定教學核心課程，側重於學生的學業成績、高階思維技能和動機，也包括學習方法、學習方向和教學持續時間的組合。

Adawiyah 等人（2023）指出學生學習成效是指學生在透過學習後，知識、態度、技巧與能力上正向增進的效果，以及心智、行為及學習態度的轉變，有具體證據可展現以及能被驗證的。

Hermawati 等人（2023）學習成效是一個人潛在技能或能力的實現或擴展，學生對教師所教授的教材中學習目標的掌握程度，根據評量指標的問題所獲得正確答案的分數。因此，學習成果是通過學習過程取得的結果，並以學習成果測試的分數來表示。

除了上述專家學者之定義外，OECD 在 2016 年以未來教育的思維，提出未來孩童學習的全球素養，其素養維度包括：認知、技能、態度與價值三個面向，並透過行動來整合學習。OECD 清楚的定義學生的素養維度，除了知識與技能之外，也要加上態度與價值觀，最重要的是在學習歷程中，必須實踐夢想與貢獻社會的行動能力。到了 2018 年 OECD 的報告，因為人口跨越國界的流動，以及社會融合、宗教緊張局勢和數位科技的世界，帶給年輕人新的挑戰，這些挑戰也帶來新的創意、體驗與更高的生活水平，這代表能夠應對新情況的靈活度和適應性，於是對學生提出跨文化概念的全球素養，將之分為四個維度，如圖 2-3：

（一）審查具有當地、全球和跨文化議題的能力：例如貧困、經濟相互依存、移民、不平等、環境風險、衝突、文化差異和陳規定型觀念。

（二）理解和欣賞他人的觀點和世界觀的能力：以理解的觀點出發，嘗試了解每個人如何看待他或她在項目中的角色以及對方的

觀點。

（三）與不同民族、種族、宗教、社會或文化背景或性別的人建立積極互動的能力：以公開、適當和有效地互動，解決誤解並清楚地傳達期望和感受。

（四）為可持續發展和集體福祉採取建設性行動的能力和意願：為集體福祉而行動，並能評估他們從彼此身上學到的東西，以改善課堂和學校的社會關係（OECD, 2018；Robertson, 2021）。

圖 2-3　2018 年 OECD 全球化素養的維度

註：2018 年 OECD 全球化素養的維度。取自 OECD（2018）. Handbook-PISA-2018-Global-Competence. OECD. https://www.oecd.org/pisa/Handbook-PISA-2018-Global-Competence.pdf

在實施 108 課綱之前，教育部在「教育部提升國民素養實施方

案」中提到「國民素養」的整體內涵，包括：語文、數學、科學、數位、教養／美感五個素養向度整合而成，亦即在完成十二年國民基本教育之後，我國青少年學生能夠掌握繼續升學基本的認知、技能與態度，以及具備迎接生活與職涯挑戰的能力，或是進入職場與人溝通合作的能力。也就是國民素養之定義，是以「學習、思考／問題解決、態度」取代過去「知識、技能和態度」，並強調終身學習與各種情境下解決問題的能力。因此，國民素養不僅僅是知識和技能，還涉及各種能力的統整，例如：有效的溝通語言、資訊探索能力、團體合作、綜合評斷最佳決定的判斷能力等，可見學生素養是跨越學科、跨能力的一種綜合應用的智慧，包含了認知、情意、技能、價值觀與行動等面向（國家教育研究院，2017）。

到了實施 108 課綱後，教育部十二年國民基本教育以「核心素養」做為課程發展之主軸，核心素養是指一個人為適應現在生活及面對未來挑戰，所應具備的知識、能力與態度。「核心素養」強調學習不宜以學科知識及技能為限，而應關注學習與生活的結合，透過實踐力行而彰顯學習者的全人發展。包括三大面向與九大項目，三大面向為：「自主行動」、「溝通互動」、「社會參與」，九大項目包括「身心素質與自我精進」、「系統思考與解決問題」、「規劃執行與創新應變」、「符號運用與溝通表達」、「科技資訊與媒體素養」、「藝術涵養與美感素養」、「道德實踐與公民意識」、「人際關係與團隊合作」、「多元文化與國際理解」。以上概念以「核心素養的滾動圓輪意象」來顯示，如圖 2-4（教育部，2014）：

（一）自主行動：強調學生是學習的主體，為使學生具備行動力與創造力，必須選擇適當的學習方式，進行系統思考以解決問題。

（二）溝通互動：為使學生具備藝術涵養與生活美感，且能與他人及環境有效且良好的互動，並能廣泛且妥善運用各種工具，諸

如物質工具，包括：人造物、科技及資訊等；社會文化工具，包括：語言、文字及符號等。

（三）社會參與：學生處在彼此緊密連結的地球村，需要學習處理社會的多元性，以參與行動與他人或群體建立適切的合作模式與人際關係。

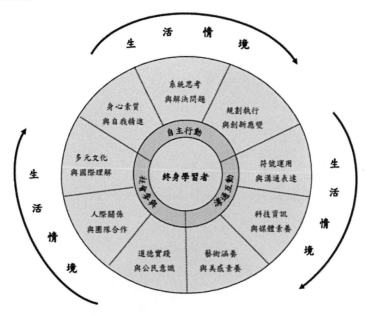

圖 2-4　核心素養的滾動圓輪意象

註：核心素養的滾動圓輪意象。取自教育部（2014）。十二年國民基本教育課程綱要—總綱。

https://www.naer.edu.tw/upload/1/16/doc/288/%E5%8D%81%E4%BA%8C%E5%B9%B4%E5%9C%8B%E6%95%99%E8%AA%B2%E7%A8%8B%E7%B6%B1%E8%A6%81%E7%B8%BD%E7%B6%B1.pdf

教育部為培育未來國際社會之人才，於 2020 年 5 月公布中小學國際教育白皮書 2.0，其中國際教育 2.0 之理念、願景及目標，提到必須具備全球化及國際化所需的知識、技能、態度及素養，日

後才能順利學習勝任未來全球競合力，適應國際化環境下的工作與挑戰。特別強調以下列四個意涵（如圖 2-5）：

（一）彰顯國家價值：為了建立屬於自己國家文化的脈絡、自信與尊嚴，從而理解國家的特色、國際的貢獻、國際競爭力與國際的評比，進而彰顯國家的價值與尊嚴。

（二）尊重多元文化與國際理解：以世界和平的理念出發，為多元文化付諸行動，進而促進國際理解，體認國際文化的多樣性，了解、尊重到欣賞世界的不同。

（三）強化國際移動力：為了終身學習付諸實際行動，養成孩子國際能力、數位科技能力、外語能力、協作探究能力、批判思考能力以及跨文化溝通能力。

（四）善盡全球公民責任：能夠在日常生活中，體會弱勢者的處境，體認道德責任與尊重基本人權，理解地球永續發展的理念（教育部，2020）。

圖 2-5　教育部培育全球公民之意涵

註：教育部培育全球公民之意涵。取自教育部（2020）。中小學國際教育白皮書 2.0　。　https://ws.moe.edu.tw/001/Upload/3/relfile/6315/77269/363645da-b0a9-403d-b9bb-7487a3da8e33.pdf

綜合上述，2018 年 OECD 全球化國民素養的四個維度、教育部的十二年課綱學生核心素養的滾動圓輪意象、2020 教育部培育全球公民之四個意涵以及國、內學者學生學習成效之定義，本書認為學生學習成效之定義，係指學生在教師教學後，學習行為和教學行為相互作用，使其具備終身學習的關鍵核心能力，包括具體可評量之學業成就（認知）、學習動機（情意）、學習行為表現（態度）以及關鍵核心素養（價值），進而培育能夠自主學習、互動溝通、解決問題、批判思考以及參與社會的國際人才。

貳、國內、外學者學生學習成效之內涵分析

一、國內學者學生學習成效之內涵分析

面對 21 世紀日益激烈的競爭世界，社會越來越複雜和先進的發展過程，老師在管理與規劃課堂學習活動時，可以安排更多樣且更有趣的學習策略，激勵學生努力積極的學習，並鼓勵每個孩子發揮創造力和思考力，以進一步發展自我潛能，提高應變能力增進學習成效。國內專家學者相繼投入學生學習成效相關研究，但因研究對象與實驗變項的不同，所提的觀點也有所不同，以下就國內學者針對學生學習成效之內涵相關文獻，整理後列表如下（表 2-19）：

表 2-19　國內學者學生學習成效之內涵彙整表

研究者	年代	學生學習成效的內涵
賴宛靖	2015	學習成效分為三個部分，第一部分：評量的學業成就。第二部分：學生情意表現，如學生的投入、情緒感受、學習意願、覺知、動機、會談與態度的改變。第三部分：高層次思考，如理解、創造力、問題假設、問題解決、批判式思考和社會適應能力。

表 2-19　國內學者學生學習成效之內涵彙整表（續）

研究者	年代	學生學習成效的內涵
黃建翔與蔡明學	2016	學生學習成就：學習者在學校教學場域中，經過長時間的學習歷程，透過教學階段，使學習者吸收、了解、轉化及應用，之後在各個學科領域，進行學業評量，所獲得之測驗成績，以及學生在日常生活中，所表現出的學習態度與行為表現，當中包涵了認知、情意與技能三方面的學習成果，而所增進之學習成果應是有具體證據可展現以及可被驗證的。
謝芳華	2018	所謂學生學習成就（student learning achievement）是指學習者在學校教育活動與各種課程學習中，經過長時間的學習歷程後，展現出心智、品格、態度與行為上的改變，當中包括：認知、情意與技能三方面的學習結果，讓學習者具備解決問題的能力與自主學習的態度，最終建構學習者的知識架構內容。
吳國銘	2019	學生學習成就：「學習者經一定時間的教學與學習互動後，教學者依據教學目標，並透過多元評量方式與工具，進一步了解學生對教學目標習得程度，這種習得程度即為學生學習成就」。
曾俊傑	2019	學生學習成效是指教師在教學過程中，以科學方法和工具，評估學生在學習過程中達成教學目標的程度，進而了解學生在知識、技能及態度方面的改變，之後作為教師改進教學品質與課程設計之參考。
陳建志	2019	學生學習成效：教師依照學生學習起點行為與預定目標，學生經由一定時間內的教學與學習歷程，進而了解學生學習策略、學習態度、學習成就以及行為表現，反映學生在教學後習得程度與學習動能。

表 2-19　國內學者學生學習成效之內涵彙整表（續）

研究者	年代	學生學習成效的內涵
蘇奕娟與 林新發	2020	「學生學習成效」意即培養學生具備適切的能力、情意、態度、價值，以因應未來人工智能的時代，進而適應現代生活，內涵包括：學生能力「學習成就」、學生情意「學習動機」、學生態度「學習態度」以及學生價值「行為表現」等。
張伯瑨	2021	學生學習成效：經教師教學與學生學習行為互動的歷程後，再透過多元評量方法與工具，按照其設定的教學目標，進行評量，包括：學生學習成就、學習行為、學習態度的程度，為學生的學習成效表現。
陳忠明	2022	「學生學習成效」：指某種學習活動一段期間之後，對所有參與學習者，進行的各種評量、學習活動所達成的效果，其成效包含學生學習成就與教師教導學生學習成效，其中主要目的是希望學生學習能有收穫，而所謂的收穫，就是能看到學生的學習成效，最終使學生的學習活動成為有意義的學習。
張凌凌	2022	「學生學習成效」係指，培養學生具有終身學習的關鍵核心能力，內涵包括：1.具體可評量之學業成就「知識」。2.自發主動之學習動機「情意」。3.具備溝通互動之行為表現「能力」。4.跨領域學習之核心素養「價值」。

　　由此可知，在學校場域中，結合「教」與「學」的互動歷程，教學者依據教學目標以及教師信念與態度，訂定課程與學習內容，透過吸收、了解、轉化及應用後，建構其本身的知識架構內容，再以科學方法、多元化評量方式與工具評估後所獲得的成績，評定學

習者對教學目標習得程度與學習成果，當中包涵了認知、情意與技能等三方面的學習成果，所增進之學習成果應是有具體證據、可展現的、可被驗證的跨域核心素養，同時期望學生具備自主學習的態度，以及解決問題的能力。其內在的內涵包括學生的認知能力、情意表達、學習態度、學生的價值觀，而外顯行為內涵包括：學生的學力成績、學習動能、學習行為、溝通互動行為等。

綜合上述國內學者對學生學習成效的內涵，整理其相關層面如下：

（一）學生學習動機（賴宛靖，2015；謝芳華，2018；陳建志，2019；蘇奕娟、林新發，2020；張凌凌，2022），與本層面相關之內涵共 5 筆。

（二）學生學習興趣（賴宛靖，2015；陳忠明，2022），與本層面相關之內涵共 2 筆。

（三）學生學習態度（謝傳崇與王瓊滿，2011；賴宛靖，2015；黃建翔、蔡明學，2016；謝芳華，2018；曾俊傑，2019；陳建志，2019；蘇奕娟、林新發，2020；張伯瑲，2021），與本層面相關之內涵共 8 筆。

（四）學生學業評量成就（謝傳崇、王瓊滿，2011；賴宛靖，2015；黃建翔、蔡明學，2016；吳國銘，2019；曾俊傑，2019；張伯瑲，2021；陳忠明，2022；張凌凌，2022），與本層面相關之內涵共 8 筆。

（五）學生智慧創客表現（賴宛靖，2015），與本層面相關之內涵共 1 筆。

（六）學生溝通互動之行為（賴宛靖，2015；張凌凌，2022），與本層面相關之內涵共 2 筆。

（七）學生跨領域之核心素養（賴宛靖，2015；黃建翔、蔡明學，2016；張凌凌，2022），與本層面相關之內涵共 3 筆。

上述「國內學者學生學習成效之內涵」分析後之七大層面，未

來將再結合「國外學者學生學習成效內涵」分析之層面，加上「國內、外學者、機構學生學習成效相關層面」之層面，進行「學生學習成效」相關層面的彙整，探討出本書「學生學習成效」之層面，作為未來「學生學習成效」問卷編製之依據。

二、國外學者學生學習成效之內涵分析

早在 20 世紀的美國，開創了一種基於目標導向的根據國外教育測試服務（Educational Testing Services, ETS）的研究，學生的學習成果並不僅僅由教師控制，其中也包括學生的努力和參與，教師可以實踐實作的教學，透過動手體驗活動、小組合作學習，提出更高層次的問題和小組討論來增加學生的努力和參與，尤其當學生能夠對自己的學習負責、承擔時，學生有可能在學業上取得成功，積極地發揮學生學習的成效（ETS, 2013；Paolini, 2015）。因此，學校教育關注的事，主要在協助學生「現在可以做以前做不到的事情」，並經由學習經歷導致學生發生的變化（Maher, 2004）。國外專家學者有關學生學習成效之研究，但因研究對象與實驗變項的不同，所提的觀點也有所不同，以下就國外學者針對學生學習成效內涵之相關文獻，整理後列表如下（表 2-20）：

表 2-20 國外學者學生學習成效之內涵彙整表

研究者	年代	學生學習成效的內涵
Adam	2006	學習成果是成功學生或者學習者的模組，也就是在課程單元或學業結束時，預期能夠做到展示或陳述，共同的關鍵在於精確地指出學習者在成功完成一段時間的學習後，在知識、技能、態度、理解和能力方面究竟獲得了什麼，其成就是可以具體衡量的。

表 2-20　國外學者學生學習成效之內涵彙整表（續）

研究者	年代	學生學習成效的內涵
European Union	2015	歐洲學分互認體系（European Credit Transfer and Accumulation System, ECTS）提出學習成效是指學習者知道、理解的和／或能夠在一個學習歷程完成後所能展現、評估的行為和態度。
Byers 等人	2018	對於學生有效教學和學習提出看法，認為 21 世紀的學生學習，必須具備創造力、批判性思維、溝通、協作和解決問題的能力，提出混合、開放和最近的創新學習環境的課堂模式，才是有效的學習。
Hartikainen 等人	2019	學生學習成果是專業認知、技能、社交和溝通技巧以及元能力。認知能力涵蓋知識和理解，技能能力包括實踐知識，社會能力包括與行為和態度相關的能力，元能力與習得相關其他能力，學習關注學生學習活動、習得課程內容與情感學習的成果，最終能夠加深主動的學習，和客觀的自我評估的測量。
Namoun 與 Alshanqiti	2020	學生學習成果是衡量學生在特定學習過程結束時獲得預期能力，特別是知識、技能、價值觀以及學業成績，學生程度能夠達到預期的目標，其中學習成果代表學生學業成功的關鍵因素，同時可以使用學生學習成果作為評估教育項目、預測課程和校務計畫優劣品質的基石。
Eli Yuliansih 與 Wahidy	2021	學生學習成果是將學生的能力和素質，在學生所經歷的學習過程後顯示出來的影響，包含並反映

表 2-20　國外學者學生學習成效之內涵彙整表（續）

研究者	年代	學生學習成效的內涵
		學生在學習中成功使用內容、信息、想法和工具的能力以及行動和表現，因此，學習成果為學生在學習期後所具備的能力和技能，並且通過經驗修改或強化的行為。也是教師、課程內容或主題以及學生，這三者之間的相互作用，包括學校設施和基礎設施、學習方法、教學媒體、學習模型和構建學習環境，以便它們能夠支持學生學習過程的實現。
Isroani 等人	2022	學生學習成果是指在完成教師教授的一系列課程後，個別學生的變化，可以使用測量、評估以及教學活動過程中彼此的關聯，了解學習成果，過程中教師在教學活動中能夠運用教材教法和掌握適當的、正確的學習方法，以達到學習和教育目標。
Adawiyah 等人	2023	學生學習成效是指學習者在教育歷程中，透過學習在知識、態度、技巧與能力上的正向增進效果，增進的效果是有具體證據可展現及能被驗證的。
Hermawati 等人	2023	學習成果是一個人潛在技能或能力的實現或擴展，學生對教師所教授的材料中，對學習目標的掌握程度，也就是通過學習過程取得的結果，並可以用測試的分數表示。為了提高學習品質，透過學習刺激、數位多媒體教材，使學生對參與學習活動感興趣，提高學生的學習品質。

　　學生學習成效在教育的歷程中，是學習的明確識別和衡量測驗，也就是對學生學習成果產生可觀察和可衡量結果的必要性，之後針對「學習成果」的教學進行了完善的評估過程，同時涵蓋到所有學科領域，包括學生學業、動機、態度與素養的綜合表現。

　　綜合上述國外學者對學生學習成效之內涵，整理其相關層面如下：

　　（一）學生學習動機（Adam, 2006；European Union, 2015；Byers et al., 2018；Hartikainen et al., 2019；Namoun & Alshanqiti, 2020；Wahono et al., 2020；Eli Yuliansih & Wahidy, 2021；Adawiyah et al., 2023；Hermawati et al., 2023），與本層面相關之內涵共 9 筆。

　　（二）學生學習興趣（Adam, 2006；Byers et al., 2018；Eli Yuliansih & Wahidy, 2021；Hermawati et al., 2023），與本層面相關之內涵共 4 筆。

　　（三）學生學習態度（Adam, 2006；European Union, 2015；Eli Yuliansih & Wahidy, 2021；Adawiyah et al., 2023），與本層面相關之內涵共 4 筆。

　　（四）學生學業評量成就（Adam, 2006；European Union, 2015；Hartikainen et al., 2019；Namoun & Alshanqiti, 2020；Isroani et al., 2022；Adawiyah et al., 2023；Hermawati et al., 2023），與本層面相關之內涵共 7 筆。

　　（五）學生智慧創客表現（Byers et al., 2018；Eli Yuliansih & Wahidy, 2021），與本層面相關之內涵共 2 筆。

　　（六）學生溝通互動之行為（Byers et al., 2018；Hartikainen et al., 2019；Adawiyah et al., 2023），與本層面相關之學者內涵共 3 筆。

　　（七）學生跨領域之核心素養（Hartikainen et al., 2019；Eli Yuliansih & Wahidy, 2021；Isroani et al., 2022），與本層面相關之

內涵共 3 筆。

　　上述「國外學者學生學習成效之內涵」分析後之七大層面，再結合「國內學者學生學習成效內涵」之七大層面，之後加上「國內、外學者、機構學生學習成效相關層面」之層面，進行「學生學習成效」相關層面的彙整，探討出本書「學生學習成效」之層面，作為未來「學生學習成效」問卷編製之依據。

參、學生學習成效相關層面之內涵分析與問卷題目之編製

　　在孩子的學習過程中，教師需要意識到他們的角色不僅是知識的傳授，而且還是學習的促進者和激勵者，教師肩負著組織、指導和營造能夠實現教育目標的學習活動氛圍。此外，教師更要掌握最佳的學習策略，選擇正確的學習模式，學生才會在學習活動中積極發揮，最終獲得最佳的學習成果。本章節依據上述文獻探討，將國內、外學者研究學生學習成效內涵之層面，加上國內、外學者、機構研究學生學習成效相關層面，進行學生學習成效相關層面的綜合分析，最終整理歸納學生學習成效相關層面的分析結果，進而成編寫學生學習成效相關問卷題目。

一、學生學習成效相關研究之層面

　　學生學習成效的層面，會因不同學者、不同研究產生不同的主張，形成探討的層面而有所差異，過去的研究和文獻，大多強調在認知、技能和情意方面，在認知的層面以學習成就為主體，情意的層面，關注的是學習動機、學習態度，而在技能層面，大多指的是學生的學習成效，以及學科內容習得後，可實際運用的生活技能。然而，自從 OECD 提出全球化國民素養的維度、教育部的十二年課綱學生核心素養的意象以及 2020 培育全球公民之四大意涵公布實施後，學生學習成效的層面與發展又有一番新的氣象。

謝傳崇與王瓊滿（2011）將學生學習表現分為三大層面：

（一）學生學習態度：包括學生的學習態度、學習動機、學習課業以及學習活動表現。

（二）學生行為表現：諸如包括：學生學校生活的適應狀況、日常生活作息、出缺席情形、生活常規與秩序、校園暴力、校園霸凌事件的出現頻率等。

（三）學生課業表現：針對學習內容，學生在主要科目的表現，包括：國語和數學領域上的學習表現。

王秀鶯（2014）在研究不同概念構圖的專題學習模式，探討學生在學習成效、學習態度、群體的自我效能、5C 能力的影響，以及彼此之間是否具有交互作用。研究結果證明，引導式概念構圖之專題式學習，可對學生帶來顯著性成效，因此建議可推廣於相關課程。以下就學生學習成效提出層面如下：

（一）學習成就；（二）學習態度；（三）學習風格；（四）學習任務；（五）群體的自我效能 5C 能力（溝通協調能力、協同合作能力、批判思考能力、複雜問題解決能力以及創造力）。

國家教育研究院（2015）指出學生學習成果又稱為學生學習表現，涵蓋了學生學習態度、學習成就和高階思維技能，而學生學習成果指標的內涵如下：

（一）學生學習進展：包括學生能展現：實驗技能或成就、概念內容知識、性向學習成果表現、科學過程技能等學習進展情形。

（二）學生高層思考技能：包括學生能展現：決斷能力、解決問題能力、批判思考能力、探討技能等學習進展情形的指標。

（三）學生學習態度指標：包括學生能展現：科學的態度、對科學的態度和對學習科學的態度等，三個層次的學習進展情形。

（四）其他學習策略指標：包括學生能展現：創造力、學習風格、認知風格、信念、學習策略等學習進展情形。

林宏泰（2019）在其研究校長正向領導、教師教學效能、與學

生學習成效關係之研究，提出學生學習成效四個構面：學習興趣、學習態度、作業表現，以及學習績效等四個層面來衡量。

（一）「學習興趣」：學生喜歡參加校內外競賽活動，對於學校各項學習活動及社團活動都樂於參與，並且在教師授課時努力學習主動積極、踴躍發言，平時會和同學互相討論課程內容，課後會針對課業問題向教師請教。

（二）「學習態度」：是指孩子能遵守校規，作息正常準時，與老師及同學生活適應良好並且相處融洽。

（三）「作業表現」：孩子能運用課堂上學到的知能，強化閱讀理解能力，並且能夠運用口語能力，適當表達自己的想法，在課堂上表現出創造力與獨特的想法，並學會解決問題的能力。

（四）「學習績效」：孩子學業成績日益精進，在評量有多元優秀的表現，並能參加校內外競賽為校爭光，在健康適能、常規訓練、生活習慣、品格教育有顯著的進步，同時強化學生情緒管理與人際關係的提升。

蘇奕娟與林新發（2020）在其研究，將學生學習成效分為四大層面：

（一）學業成就：係指學生學習的一種表現，可以由學生在測驗中以及在課堂上表現出來；

（二）行為表現：指學生經過一段時間的學習歷程之後，在日常生活當中所展現出來的行為表現，其中包含了認知、情意與技能三方面的學習結果。

（三）學習動機：在學習的過程中，會影響未來決定的方向與重點，是指學生參與和投入學習科目的意願，且任何程度的努力都可視為一項學習活動。

（四）學習態度：係指學生面對自我、對他人、對環境、對個人生涯發展及多元社會文化的看法和態度。

賴協志與顏慶祥（2020）在校長正向領導、教師專業學習社群

與學生學習成效關係之研究,將學生學習成效分為三大層面:

(一)學生學業成就:學生能有效善用課堂習得知識,完成作業、深入理解、整合應用與統整歸納所學知識。

(二)學生行為表現:學生能遵守學校與班級規範,尊重他人、投入學習、互助合作、包容異己、樂於助人與具備服務熱忱。

(三)學生能力展現:培養學生能夠精進與省思自己的學習能力,進而養成從多元視角度,探究與批判事物,最終能獨立思考、展現創意與想像力。

張凌凌(2022)在其研究小學校長正念領導、教師專業素養與學生學習成效關係之研究,指出因應十二年國教之總綱和課程綱要之趨勢,以及對學生國民素養、全球素養以及學生核心素養之要求,經分析後提出「學生學習成效」三個層面,茲說明其內涵如下:

(一)學生學業成就:孩子在老師教學後,經測驗評量後,所展現出的課堂作業、學業成績等學生學業成就。

(二)學生學習表現:孩子在學習後,展現出的學習表現,例如:能夠具體的道德實踐、同儕之間的互動與溝通、適時地自我表達等,在學習態度方面,能夠具備主動學習態度,以及願意設定學習目標,期許自我實現。

(三)學生核心素養:孩子能夠具備跨領域的核心素養,包括:能夠運用科技媒體、創新美感作品以及多元文化的理解。

黃貴連(2023)根據校長空間領導與學生學習成效關係之研究,發現學生學習成效的相關理論與學習績效、學習態度、學習滿意度與作業表現等四個層面有較高的共識。其層面內涵說明如下:

(一)學習態度:學生能夠積極參與公益活動,充滿學習熱忱和學習興趣,並且高度參與學校活動做到團隊合作。

(二)學習滿意度:學生在整體學習過程中,能夠感受到愉悅的氛圍,對於自我成就和需求得到滿足,最終能自我實現。

（三）作業表現：學生能夠運用資訊科技從事相關的學習活動，過程中能展現自我想法，激發創造力，解決日常生活所遇到的問題。

（四）學習績效：學生多元學習之後，學習內容和學習表現經評量後長足進步，包括：藝術、展演、品格、常規、體適能、人際關係與健康習慣等。

Eom 與 Ashill（2016）指出從過去到現階段，全球線上教育的實施量一直在穩定的成長，最近的調查顯示，教育正在進入數位學習的黃金時代，2014-2016 年數位學習可能處於「臨界點」，之後美國人對數位學習品質的信任度也有所提高，約有37%的美國人同意或強烈同意線上學習提供高品質的教育，這種信任在過去兩年中增長了 20% 以上。在兩位學者基於建構主義學習理論的模型下，對於「大學線上教育學生感知學習成果和滿意度決定因素」的研究，提出教學策略（課程設計）、資訊科技、心理學習過程和學習成果之間的關係，以下是學者所提出學生學習成效的層面：

（一）學習認知過程：當教師在進行教學輸入時，學生的學習動機、學生的參與感和學生努力程度，成為先決條件；過程中學生的學習感知、注意力、認知負荷、訊息編碼、資料檢索以及學習的轉移和後設的認知，都是影響學生認知學習的因素。

（二）學生自律：學生能否自主、自動的學習，內在和外在動機就很重要，教師的課程設計、溝通方式以及教學行為，和學生學習之後的反饋是息息相關，整體的學習策略包括：老師學生的時間管理、後設認知、資訊科技的運用、批判性思維的能力、時間的排程、反覆的練習、精心和有系統的學習。

（三）教學對話：提升資訊、系統的品質，是透過學生彼此對話與師生對話，產生社會相互依賴、信任感和彼此的滿意度程度。

世界經濟合作暨發展組織（OECD, 2018；Robertson, 2021）年度報告，在全球化、人口跨國界流動、社會快速融合和數位科技的

世界下，年輕人不斷接受新的挑戰，除了知識、情意與技能之外，學生必須必須具備全球化素養，其層面如下：

（一）理解和欣賞他人的觀點。

（二）全球化和跨文化議題的能力。

（三）世界觀的價值能力。

（四）建立積極互動的能力。

（五）溝通互動、解決誤解以及傳達期望和感受。

（六）可持續發展團體的福祉。

（七）採取建設性行動的能力和意願。

Bowden 等人（2021）指出創造促進學生參與、成功和保留的條件，是教育部門的一個長期問題，需要一個更廣泛、更全面和本體論的學生體驗視角，考慮到學生未來正在成為什麼樣的人。於是開發了一種衡量學生參與度的整體方法，衡量學生參與的四個維度，即情感、社會、認知和行為參與，這當中也還蓋學生福祉、變革性學習、自我效能和自尊。研究結果表明，學生的期望和參與，在學生學習成果參與中具有重要的指標作用。其中情感參與是學校聲譽、幸福感和變革性學習的最重要決定因素，行為參與決定了自我效能和自尊，認知和社會參與是學生成功的必要條件，但不是充分條件。提出以下層面：

（一）學生的幸福感：除了學校聲譽等傳統成功因素外，教育經歷還可以通過增強幸福感來增強學生的生活知能，讓學生能夠發揮他們的潛力，富有成效的學習和創造性的工作，實現他們個人和社會的目標，並在社會中獲得使命感時，幸福感就會得到增強。幸福是學生參與的理想結果，因為它可以減輕壓力、焦慮和憂鬱，並且提高學生自我價值和學習效能。

（二）變革性的學習：變革性學習匯總了學生在學期間的社會和學術經歷，是學生學習參與的過程中一個高度反思的結果，以人性化為前提，並創造一種成熟、獨立和接納自己和他人的感覺，並

為學生提供了廣闊的生活視角，更具包容性、滲透性和與融合他人的觀點。

（三）自我效能感：自我效能被定義為「相信一個人有能力調整動機、認知資源和滿足特定情境需求所需的行動方案」，因為敬業的學生更有可能在學業挑戰中堅持不懈，從而獲得更高的自信心。評估學生的自我效能是基於：學生個人信仰（想法）、實際表現、與他人的互動、生理反應、環境條件等。促進學生體驗參與以及環境的支持，加上新的思維方式以及社會聯繫和互動的機會，增強了學生學習自我效能，並有助於增進學生積極的自信。

（四）自尊：自尊被定義為「一種整體的個人價值判斷，在成長發展的過程中，相對較早地形成，並隨著時間的推移保持相當穩定，並且能夠抵抗社會的變遷」。包括：自豪、控制、成功、功效、社會尊重和接受、老師認可，以及對他們在教育學習期間和完成學位後，實現明確目標的能力和信心。

Pratiwi 與 Sumarna（2023）指出 COVID-19 大流行後，印度尼西亞從基礎教育機構到大學幾乎所有學校都使用數位教學、視訊會議、WhatsApp 群組、zoom 會議或 google meet 等學習應用程式實施數位學習，是為了人力和科技之間的協調，以尋找解決現有教育問題，創造更美好的生活領域。一方面要求教育工作者通過教學和學習活動的過程，研究科技並向學生提供知識，另一方面，學生必須了解科技並積極參與教學活動。這項研究目的是要了解學生情緒商數、資訊科技的可用性、數位學習的應用、學校班級規模和適應社會行為的能力，探討這些層面對學生的數位學習成果是否有影響。其層面如下：

（一）學生情緒商數：情緒智商與行為主義理論有關，而行為主義理論是一種強調行為改變的學習理論，學生所擁有的情商將極大地影響數位學習結果，也就是情緒商數是一個人了解自己、控制自己、不急於求成、激勵自己、在失敗時努力克服壓力、控制內心

的慾望，不至於把問題誇大到逆境的能力。衡量一個人的情商有四個指標，即：自我意識、自我激勵、情緒管理、有學習目標。這種情商在激勵自己克服壓力、控制慾望、不誇大逆境方面發揮作用，因此有助於學習者可以獲得學生學習成果的水平。

（二）資訊科技的可用性：資訊科技的作用，可以透過增加學生參與、實踐成就的作用，並整合學習任務以提高學生學習成果。隨著資訊科技的發展，為學生的學習方式提供了潛力和革命（Junjunan et al., 2021）。其中有 3 個指標，分別是資訊網絡、網絡利用率、資訊科技硬體的利用率。它也是一種控制論理論，就是利用科技的學習理論，強調學習過程能夠快速準確地獲取資訊訊息。因此，資訊科技的可用性提高教育品質和學生的表現，影響學生數位學習的成果。

（三）應用數位科技進行學習：數位學習很重要的基準是學生享受線上學習過程的滿意度。數位教學旨在提高學生的學業成績，降低成本和時間，同時方便學生遵循學習過程，進行不同領域的學習，同時，數位學習能促進老師與其他學生的互動，以及學生與學生之間的互動，並可輕鬆獲取隨時複習的教材。它有四項指標，即：數位學習媒體、資料可自行更新、學生積極自主、學習活動可隨地進行，這些都將對學生的數位學習成效產生重大影響。

（四）班級學生人數的規模：教育者應引導學生營造安全、舒適、愉快的課堂氛圍，良好的課堂氛圍只有在課堂上與所有良好的元素配合才能實現。良好的課堂氛圍可以激發學生的學習積極性，提高他們的思維集中度和學生的學習成果。然而，如果一個班級的學生人數超過太多，就會讓學生感到不舒服，並使學生在學習中變得被動，這個變量指標即是：一個班級學生人數的大小。

（五）適應社會行為的能力：意指 Machiavelli（馬基雅維利）的行為，這種行為極具誤導性，可能對個人和群體造成不利影響，是一種學術作弊以獲得某些利益，這種不誠實的行為，是學生為了

獲得好成績而被迫實施的。也就是學生在自我和操縱的低意識形態下，加上環境給予的壓力、機會和合理化，產生了詐欺和造假的機會，尤其在 COVID-19 大流行期間，所進行的線上學習，讓學生的學習產生負面的影響。

Li 與 Xue（2023）在研究學生參與程度促進高等教育背景下的學生學習成果，文獻中提出了幾個影響學生參與的關鍵因素，包括：

（一）學生的學習情緒：學生參與學習活動影響最大的因素是個體積極情緒，而與學生情緒相關的因素很多，包括學生對課程的滿意程度、教師的認可度、班級和年級的歸屬感以及其他積極情緒。

（二）學生的思維能力：學生的思維能力代表學生在學習過程中的基本能力，學生不僅要「學會學習」，還要「學會思考」。因為知識接受度高、反應快、樂於思考、思維能力強的學生，參與課堂學習的積極性更高，更有可能表現出積極的學習行為，例如：積極回答問題、合作、認真傾聽和按時完成作業。

（三）師生關係：師生關係是影響學生參與課堂學習的關鍵因素。良好的師生關係有利於學生營造輕鬆愉快的學習狀態，教師積極的引導、激勵、及時反饋等支持行為，都有助於促進學生的學習參與。

（四）教師行為：積極的教師行為是影響學生參與課堂學習的關鍵因素，可見，教學因素會影響學生的學習參與，例如清晰的教學、有利的學習環境，以及教學計畫和課程安排是否符合適當的水準。

（五）個人性格特徵：學生的人格特質包括學生的學習能力和思維能力，它代表學生在學習過程中的基本能力，可見，學生的性格特徵與學生參與度有關，性格開朗的學生，更願意積極參與課堂學習活動。

　　（六）提供學習資源的支持：教師提供學習資源，例如：學習材料的可接受性和可讀性以及課堂教學技術的先進性和直觀性，這些都有助於支持學生的學習活動和課堂參與。

　　（七）環境支持：影響學生學習的外部因素，包括社會教育環境、家庭教育環境、學校教育環境三個方面。也就是所謂的環境支持，例如：課程和家庭作業要求，會給學生帶來過大的壓力、負面情緒和抵抗力，這對孩子來說是一種學習參與度的阻礙因素。

　　以下筆者彙整近幾年來有關學生學習成效相關研究之博士論文以及近期國內、外期刊之研究，將國內、外學者學生學習成效相關研究蒐集之層面，整理後歸納如下表 2-21：

表 2-21　國內、外學者學生學習成效相關研究之層面

國內、外學者	年代	學生學習成效相關研究之層面
賴慶三與王錦銘	2010	對自然科課程的學習成效：1.學習態度；2.學習動機；3.學習策略；4.教師的態度
謝傳崇與王瓊滿	2011	1.學生學習態度；2.學生行為表現；3.學生課業表現
王秀鶯	2014	1.學習成就；2.學習態度；3.群體的自我效能 5C 能力（溝通協調能力、協同合作能力、批判思考能力、複雜問題解決能力以及創造力）
蔡金田	2014	1.學習興趣；2.學習態度；3.作業表現；4.學習績效
國家教育研究院	2015	1.學生學習成就的進展；2.學生高層思考技能；3.學習態度；4.其他學習策略指標
吳堂鐘	2016	1.學習的態度；2.學習的滿意度；3.學習的策略

表 2-21　國內、外學者學生學習成效相關研究之層面（續）

國內、外學者	年代	學生學習成效相關研究之層面
蔡智孝	2016	1.學生表現；2.學習情感；3.學習態度；4.師生互動；5.學習技巧
林宏泰	2019	1.作業表現；2.學習績效；3.學習興趣；4.學習態度
蘇奕娟	2019	1.學習成就；2.學習動機；3.學習態度；4.行為表現
陳建志	2019	1.學生學習成就；2.學生行為態度；3.學生行為表現；4.學生學習策略
賴協志與顏慶祥	2020	1.學生學業成就；2.學生行為表現；3.學生能力展現
蘇奕娟與林新發	2020	1.學習成就；2.學習動機；3.學習態度；4.行為表現
張伯瑲	2021	1.學生學習成就；2.學生學習態度；3.學生行為表現
張凌凌	2022	1.學生學業成就；2.學生學習表現；3.學生核心素養
Eom 與 Ashill	2016	1.學習認知過程；2.學生自律；3.能否自主、自動的學習；4.學生內在和外在的動機；5.學習策略；6.師生教學對話。
OECD 與 Robertson	2018；2021	1.理解和欣賞他人的觀點；2.全球化和跨文化議題的能力；3.世界觀的價值能力；4.建立積極互動的能力；5.溝通互動、解決誤解以及傳達期望和感受；6.可持續發展團體的福祉；7.採取建設性行動的能力和意願。

表 2-21　國內、外學者學生學習成效相關研究之層面（續）

國內、外學者	年代	學生學習成效相關研究之層面
Bowden 等人	2021	1.學生的幸福感；2.變革性的學習；3.自我效能感；4.自尊。
Pratiwi 與 Sumarna	2023	1.學生情緒商數；2.資訊科技的可用性；3.應用數位科技進行學習；4.班級學生人數的規模；5.適應社會行為的能力。
Li 與 Xue	2023	1.學生的學習情緒；2.學生的思維能力；3.師生關係；4.教師行為；5.個人性格特徵；6.提供學習資源的支持；7.環境支持。

綜合上述國內、外學者對學生學習成效研究的層面，整理其相關層面如下：

（一）學生學習動機（賴慶三、王錦銘，2010；蘇奕娟，2019；蘇奕娟、林新發，2020；Li & Xue, 2023；Eom & Ashill, 2016；OECD、Robertson, 2018；2021；Pratiwi & Sumarna, 2023），與本層面相關之學者共 7 筆。

（二）學生學習態度（賴慶三、王錦銘，2010；謝傳崇、王瓊滿，2011；王秀鶯，2014；蔡金田，2014；國家教育研究院，2015；吳堂鐘，2016；蔡智孝，2016；林宏泰，2019；蘇奕娟，2019；陳建志，2019；蘇奕娟、林新發，2020；張伯瑲，2021；Li & Xue, 2023；OECD、Robertson, 2018；2021；Pratiwi & Sumarna, 2023），與本層面相關之學者共 15 筆。

（三）學生學習行為表現（謝傳崇、王瓊滿，2011；王秀鶯，2014；蔡智孝，2016；蘇奕娟，2019；陳建志，2019；蘇奕娟、林新發，2020；張伯瑲，2021；Eom & Ashill, 2016；OECD、Robertson, 2018；2021；Pratiwi & Sumarna, 2023），與本層面相關

之學者共 10 筆。

（四）學生學業評量成就（謝傳崇、王瓊滿，2011；王秀鶯，2014；蔡金田，2014；國家教育研究院，2015；林宏泰，2019；蘇奕娟，2019；陳建志，2019；賴協志、顏慶祥，2020；蘇奕娟、林新發，2020；張伯瑲，2021；張凌凌，2022；Bowden et al., 2021；Eom & Ashill, 2016），與本層面相關之學者共 13 筆。

（五）學生學習策略（賴慶三、王錦銘，2010；國家教育研究院，2015；吳堂鐘，2016；陳建志，2019；Eom & Ashill, 2016），與本層面相關之學者共 5 筆。

（六）學生核心素養（王秀鶯，2014；國家教育研究院，2015；張凌凌，2022；OECD、Robertson, 2018；2021；Pratiwi & Sumarna, 2023），與本層面相關之學者共 5 筆。

（七）學生學習情緒（蔡智孝，2016；Bowden et al., 2021；Eom & Ashill, 2016；Li & Xue, 2023；OECD、Robertson, 2018；2021；Pratiwi & Sumarna, 2023），與本層面相關之學者共 6 筆。

（八）學生學習興趣（蔡金田，2014；國家教育研究院，2015；吳堂鐘，2016；蔡智孝，2016；林宏泰，2019；Bowden et al., 2021；OECD、Robertson, 2018；2021），與本層面相關之學者共 7 筆。

（九）教師態度行為（賴慶三、王錦銘，2010；蔡智孝，2016；Eom & Ashill, 2016；Li & Xue, 2023），與本層面相關之學者共 4 筆。

（十）學生溝通互動行為（蔡智孝，2016；Eom & Ashill, 2016；OECD、Robertson, 2018；2021），與本層面相關之學者共 3 筆。

（十一）學生數位科技能力（王秀鶯，2014；Li & Xue, 2023；OECD、Robertson, 2018；2021；Pratiwi & Sumarna, 2023），與本層面相關之學者共 4 筆。

（十二）學生創意思考能力（王秀鶯，2014；國家教育研究院，2015；Bowdenet al., 2021；OECD、Robertson, 2018；2021；Pratiwi & Sumarna, 2023），與本層面相關之學者共 5 筆。

再根據本章節文獻探討之結果，將「國內研究者對學生學習成就研究」的七大層面、「國外研究者學生學習成效研究」的七大層面與「國內、外學者、機構數位教學研究」的十二個層面，三部分進行整合性歸納，分析出「學生學習成效」之相關層面，作為之後問卷題目編製之層面依據，如表 2-22。

表 2-22　學生學習成效相關層面分析結果統計

相關層面	相關研究分析結果	次數
學生學習態度	1.國內研究者之內涵共 8 筆 2.國外研究者之內涵共 4 筆 3.國內、外學者、機構相關研究的層面15筆	27
學生學業評量成就	1.國內研究者之內涵共 8 筆 2.國外研究者之內涵共 7 筆 3.國內、外學者、機構相關研究的層面13筆	28
學生學習行為表現	1.國內研究者之內涵共 0 筆 2.國外研究者之內涵共 0 筆 3.國內、外學者、機構相關研究的層面10筆	10
學生學習動機	1.國內研究者之內涵共 10 筆 2.國外研究者之內涵共 9 筆 3.國內、外學者、機構相關研究的層面 7 筆	26
學生學習興趣	1.國內研究者之內涵共 0 筆 2.國外研究者之內涵共 4 筆 3.國內、外學者、機構相關研究的層面 7 筆	11

表 2-22　學生學習成效相關層面分析結果統計（續）

相關層面	相關研究分析結果	次數
學生學習情緒	1.國內研究者之內涵共 0 筆 2.國外研究者之內涵共 0 筆 3.國內、外學者、機構相關研究的層面 6 筆	6
學生學習策略	1.國內研究者之內涵共 0 筆 2.國外研究者之內涵共 0 筆 3.國內、外學者、機構相關研究的層面 5 筆	5
學生核心素養	1.國內研究者之內涵共 3 筆 2.國外研究者之內涵共 3 筆 3.國內、外學者、機構相關研究的層面 5 筆	11
學生數位科技能力	1.國內研究者之內涵共 0 筆 2.國外研究者之內涵共 0 筆 3.國內、外學者、機構相關研究的層面 4 筆	4
學生創意思考能力	1.國內研究者之內涵共 1 筆 2.國外研究者之內涵共 2 筆 3.國內、外學者、機構相關研究的層面 5 筆	8
教師態度行為	1.國內研究者之內涵共 0 筆 2.國外研究者之內涵共 0 筆 3.國內、外學者、機構相關研究的層面 4 筆	4
學生溝通互動行為	1.國內研究者之內涵共 2 筆 2.國外研究者之內涵共 3 筆 3.國內、外學者、機構相關研究的層面 3 筆	8

　　綜合上述國內、外學者、機構相關學生學習成效研究層面的統計結果發現，本書採用最重要的三個層面，分別為「學生學業評量

成就」、「學生學習態度」、「學生學習動機」，作為調查學生學習成效之問卷題目層面。

　　一般來說，學習成就涵蓋學生基本的認知、技能的表現，所以學生行為表現、數位科技、創意能力和核心素養，與學生學習成就息息相關，因此將「學生學習行為表現」、「學生核心素養」、「學生創意思考能力」、「學生數位科技能力」併入「學生學業評量成就」層面一起討論；另外，態度是指對特定事物的評價，包括：情感、行為等要素，因此將「學生學習情緒」、「學生溝通互動行為」，併入與「學生學習態度」層面一起討論；其次，動機涉及學生喜好與行為的開端，激勵啟發人的心理、想法和內在驅動力，所以學生的學習興趣、內心想法和策略，與學生學習動機相互影響，因此將「學生學習興趣」、「學生學習策略」，併入與「學生學習動機」層面一起討論。將「教師態度行為」層面剔除，一方面該層面累積次數最少，另一方面因為本書著重在學生學習成就，以學生為探討重點，因此將老師行為捨棄不列入討論層面。

　　本書以「學生學業評量成就」、「學生學習態度」以及「學生學習動機」等三個層面，作為調查「學生學習成效」變項之用。各層面說明如下：

　　（一）「學生學業評量成就」：學生參與相關學習活動後，能展現獨特的想法、創造力與解決問題的能力，在教學目標內的多元評量之下，展現學業成績、作業表現、品格常規表現、人際關係以及體適能與健康習慣、藝術知能與展演表現等各方面日益精進與顯著提升。

　　（二）「學生學習態度」：係指學生學習熱忱與學習參與程度，其元素包括：實踐、積極、自主、行動、正能量等，能夠以社會多元文化的概念出發，參與公益活動、生活適應良好、高度參與學校活動以及團隊合作。

　　（三）「學生學習動機」係指學生對學習活動感受愉悅，激勵

學生心理想法和內在驅動力，也就是啟發學生參與和投入學習科目的意願，並且學習時主動積極、樂於參與，最終能夠滿足自我成就以及獲得自我實現。

二、學生學習成效相關層面之內涵分析

　　本書藉由學生學習成效相關層面之內涵分析探究，之後再以依據學生學習成效之內涵編製問卷題目，而問卷量表的編製，能透過實證研究來探討問卷題目與各變項間之關聯性，讓研究的結果提供量化的證據，提供未來研究者價值判斷的參考依據。而且一般研究者使用問卷調查進行量化研究，有以下之優點：1.期待盡速完成論文。2.論文內容有實證數據加以佐證。3.運用數據說服讀者。4.建構論證符合學術倫理（張芳全，2008）。換言之，問卷量表之指標是一種指示量數，可以從過去專家學者的研究、期刊文獻找尋合適且相關的量表，用以實測該研究之變項，並進一步探討指標各變項間之關聯性，研究結果提供相關量化證據，能為研究議題與未來研究提供新的思考方向（蔡金田，2006）。

　　本書為了解國民小學教師知覺校長科技領導、教師數位教學能力與學生學習成效之關係，在「學生學習成效」之變項以「學生學業評量成就」、「學生學習態度」以及「學生學習動機」等三個層面，進行問卷量表的編製。之後參酌謝傳崇與王瓊滿（2011）國民小學校長分布式領導、教師組織公民行為對學生學習表現影響之研究；蔡金田（2014）之研究「國民小學校長效能與教師效能對學生學習成就之影響」；林宏泰（2019）之研究「國民中學校長正向領導、教師教學效能、與學生學習成效關係之研究」；張伯瑲（2021）之研究「國民小學學校學習領導，學校進步力與學生學習成效關係之研究」；陳忠明（2022）之研究「新北市國民中學校長教學領導、教師教學效能與學生學習成效關係之研究」；張凌凌（2022）之研究「國民小學校長正念領導、教師專業素養與學生學

習成效關係之研究」；黃貴連（2023）之研究「國中校長空間領導與學生學習成效關係之研究——以教師幸福感為中介變項」。綜合上述學者研究之調查問卷，統整歸納後「學生學習成效」層面之內涵，作為後續本書相關量表之編寫，以利後續調查研究。

（一）「學生學業評量成就」之內涵

學生是學校最大的資產，沒有學生，教育機構將毫無價值（Susilawati et al., 2022）。國家社會的經濟發展，很大的程度取決於學生的學業成績和教育機構的整體效能，而學業評量成績是學生學習成效的重要指標（王秀鶯，2014；林宏泰，2019；張凌凌，2022；陳建志，2019；蔡金田，2014；賴協志、顏慶祥，2020；蘇奕娟，2019；蘇奕娟、林新發，2020；謝傳崇、王瓊滿，2011；Eom、Ashill, 2016），學業成績的優劣，相對於家長和社區給予學校的整體形象，同時也是一種教育期望，而教育期望是對教育的期待與目標（張芳全，2022），教育期望涵蓋了教師、家長、社區、同儕、重要他人以及自我期望等。這些重要他人以及學生自我教育期望與學生學業學習成就有密切且正向關係，研究發現，自我教育期望越高的學生，會影響其未來的教育成就，說明了教育期望穩定性的重要（Trinidad, 2019）。因此，給予孩子明確、適切、合理的教育期望，提升學生學業成績評量之優劣，同時也決定學校的辦學績效，可見學生學業成績評量表現，對於辦學績效來說是很重要的指標。

國際評估結果表明，日本學生的學業評估得分通常高於國際平均水平，在其研究發現，日本小學生的學科信念與成績之間有顯著的正相關，研究確定了學生自信心和學業成績之間的重要關係，將學業成績的成功歸因於可控因素以及自我期望的概念，例如：自我期望的評價、取得成就的動力、成就期望（以優異成績畢業的期望）、寄予厚望的父母、努力工作和學習等，這一類學生學業成就

表現突出，代表學業上的成功是通過努力取得的，可見學生整體學業能力與學生自信心之間有顯著的相關（House, 2006）。

　　學生卓越的學業成績，等同於培養最高品質的畢業生，因此，提高學生學業成績，一直以來是教師、學校機構最重要的任務。個人因素、環境因素、心理問題和社會因素都會影響學生的學業成功。但是，不同的國家的差異，在對學生的學業成功有不同程度的影響，學者研究指出教育環境、學生心理和社會經濟因素在提高學業成績方面發揮著至關重要的作用（Kaviyarasi & Balasubramanian, 2018）。除此之外，Susilawati 等人（2022）也提到學生的學業成績必須提高才能達到高水準的專業成就，包括：學生的性格、學生的品格、教育環境等對提高他們的學業有至關重要的影響成就。

　　綜合上述「學生學習成效」變項之文獻探討，以及統整「學生學業評量成就」層面之內涵，歸納後的「學生學業評量成就」層面之內涵分析結果，後續將作為「學生學習成效」之問卷題目編製的依據，如下表 2-23：

表 2-23　「學生學業評量成就」層面之內涵

變項	層面	內涵
學生學習成效	學生學業評量成就	1.透過數位科技載具，學生能了解教師授課內容，提升學生課業學習表現。 2.進行數位教學時，學生能專心聆聽教師教學，並且積極投入課堂教學活動。 3.學生能依據教師指導，認真完成課堂學習單與回家作業。 4.學生能夠遵守校規與班規，具備明辨是非的能力，品格表現有明顯進步。

表 2-23 「學生學業評量成就」層面之內涵（續）

變項	層面	內涵
		5.學生學習符合教師期望，並能運用課堂所學獲得解決問題的經驗與能力。
		6.學生能夠做中學、學中做，直接動手操作學習，獲得數位科技的相關技能。
		7.學生能夠藉由數位科技探索知識，透過數位教學激發多元想法與視角。
		【王秀鶯，2014；蔡金田，2014；蘇奕娟，2019；陳建志，2019；賴協志、顏慶祥，2020；蘇奕娟、林新發，2020；張凌凌，2022；House, 2006；Eom 和 Ashill, 2016；Kaviyarasi 與 Balasubramanian, 2018；Susilawati 等人，2022】

（二）「學生學習態度」之內涵

　　態度是指一個人持久性的行為傾向，無論肯定或否定，也是一個人內心反應的狀態，秦夢群（1992）所謂學習態度，是指學生受到外在環境影響下的學習狀態，包括正向或負向的評價，或是贊成與反對的行動傾向。詹秀雯與張芳全（2014）也指出，學習態度包括：學生的用功程度、努力態度、課堂學習、課後複習等，換句話說，學習態度是學生對課業投入的意願、態度與傾向，這些都會影響學生的學習成效。可見，學習態度包括：學習過程、實踐、方法、行為、習慣、正負評價等，學習態度是影響學業表現的重要因素，學習態度有助於提高學生的學習成效（王秀鶯，2014；吳堂鐘，2016；林宏泰，2019；秦夢群，1992；陳建志，2019；張伯瑲，2021；蔡金田，2014；賴慶三、王錦銘，2010；詹秀雯、張芳全，2014；謝傳崇、王瓊滿，2011；蔡智孝，2016；蘇奕娟，

2019；蘇奕娟、林新發，2020；國家教育研究院，2015；Li & Xue, 2023；OECD & Robertson, 2018；2021；Pratiwi & Sumarna, 2023）。

每位老師、父母的期望，都是望子成龍、望女成鳳，希望每位孩子上學後都能愛上學習，但常常事與願違，孩子經常是課堂學習的逃兵，雖然嬰兒時期擁有好奇心的天性，但隨著學習困難度的加深或陷入瓶頸，紛紛產生放棄的念頭。如何改變孩子的學習態度，青少年潛能開發機構，提出三種建議與方法（資優生品格培育系統，2023）：

1.讓孩子知道是為誰而學：引導學生將生活知能和學習內容連結，也就是知識和日常生活結合，引起學生學習的興趣，讓孩子知道學習對他的日常生活是有所幫助的。

2.啟發式教育引發孩子探索興趣：藉由課堂學習到的知識，啟發孩子在生活上運用，屏棄傳統的填鴨教育，改採啟發式教育，著重在孩子的興趣與學習意願，改變孩子的學習態度，引導他們思考，進而培養獨立思考、探索知識與創新的樂趣。

3.父母親以身作則，培養孩子的學習態度：「有怎樣的校長，就有怎樣的學校」，同樣的「父母的行為習慣，決定孩子的學習態度」，現代的父母親管教態度，應該以「引導取代權威」，父母親要成為孩子一同探索知識的朋友，以引導與陪伴的方式，讓孩子願意聽從，也比較不會有反抗意識。過程中以「鼓勵代替碎念」，讓孩子獲得成就感與滿足感，提升孩子的學習意願。最終父母親「以身作則成為榜樣」，培養好的學習習慣、塑造好的學習榜樣，提升孩子的學習態度。

學者研究也表明，學生學習成效的影響因素，包括：社會環境影響、學科領域課程、課堂學習過程以及學生態度等，尤其在學習過程，學生將自己與他人進行比較，會影響對學習成效成功與否的期望，也就是學生的學習態度與他們的學習成效、學業成績有顯著

相關，學生自我概念和成就預期（例如：自我評價、學術能力、自我期許以及自我預期），對於學生後續成就來說，是很重要的預測指標（Rao et al., 2000；Reyes & Stanic, 1988）。Gao 等人（2022）在一項從小學到大學學生學業負擔調查研究中提到，學習態度在主客觀學業負擔之間起中介作用，主觀上學生學業負擔的測量，應同時關注隨時間變化下，學生的消極和積極的情緒體驗，尤其在學齡過渡期的學生（國小升國中、國中升高中），學生的學業負擔和學業成績，與學生相關情緒以及學習態度的波動性較大，建議在過渡期對學生進行心理調適的引導。由此可見，學生學習態度和學生學習成效有顯著的相關，也就是當學生積極面對客觀學業負擔時，他們的投入程度的多寡（例如：認真、好學和勤奮），會導致他們主觀學業負擔以及學習態度的改變，同時影響學生學習成效的優劣（Gao et al., 2022）。

綜合上述「學生學習成效」變項之文獻探討，以及統整「學生學習態度」層面之內涵，歸納後的「學生學習態度」層面之內涵分析結果，後續將作為「學生學習成效」之問卷題目編製的依據，如下表 2-24：

表 2-24 「學生學習態度」層面之內涵

變項	層面	內涵
學生學習成效	學生學習態度	1.對於數位科技的學習，在教師引導下，學生願意自動自發完成課堂的學習。 2.學生能夠與同儕互動交流，適切表達自己的想法，並且包容不同的想法。 3.學生能運用數位科技學習，樂於參加各種學習活動，達成數位學習價值。 4.學生對於整體的學習表現，有很高的自我期望和信心。

表 2-24　「學生學習態度」層面之內涵（續）

變項	層面	內涵
		5.學生在學習的過程中，能夠積極和其他同學互相討論與溝通，學會解決問題的能力。 6.學生能夠理解課程與教學重點，表現出創造力，並具有批判思考的能力。 7.學生能夠做好情緒管理，並建立良好的人際互動關係。 8.學生能夠連結先備經驗，運用數位科技有系統地整合，優化智慧學習的態度與行為。 【賴慶三與王錦銘，2010；謝傳崇與王瓊滿，2011；王秀鶯，2014；詹秀雯與張芳全，2014；蔡金田，2014；國家教育研究院，2015；吳堂鐘，2016；蔡智孝，2016；蘇奕娟，2019；陳建志，2019；蘇奕娟、林新發，2020；資優生品格培育系統，2023； Rao 等人，2000；Eom 與 Ashill, 2016；OECD 與 Robertson, 2018；2021；Gao et al., 2022；Pratiwi 與 Sumarna, 2023；Li 與 Xue, 2023】

（三）「學生學習動機」之內涵

　　心理學上認為動機是涉及行為的開端，後續行動的方向、強度和持續性。就行動來說，動機就是激勵行為，主要在激發人類的心理過程，是一種內在自我驅動力，讓人能朝著期望的目標前進。根據自我決定論，發展出動機序列模式：社會因素→心理中介→動機型態→正向行為結果。動機序列模式也運用在青少年為主的研究，探討青少年在課堂中的表現，發現學生學習過程，心理需求的滿足程度，確實會受到社會因素的影響，也能夠預測學生的動機並預測

其運動的意圖及行為結果（Ntoumanis, 2005；Vallerand, 2001）。

　　學習動機相關理論基礎，分別為認知主義、行為主義、社會學習取向，以及人本主義的學習動機論，主要在闡明學習動機是在學習的歷程中，維持學習者的原動力，進而引發或維持學習者的行為持續力，最終達成內在心理思考歷程或學習目標（葉炳煜，2013）。學生學習動機正向地影響學習滿意度，當學習者內在知覺的滿意度提升，重要的來源為個人學習興趣（陳志洪等人，2020），這些結果對學生學習成效有正向的影響。其次，學者研究在英語學習成就、自然學習成就、數學學習成就以及經濟學的表現來看，學生學習動機對上述領域之學習成就，具有最大的提升效果（張芳全，2019，2021，2022；郭祐誠，2022）。

　　可見，學習動機的激勵下，學生學習過程的行為實踐、滿意度、持續力、學習興趣等，影響學生學習表現的重要因素，因此，學習動機有助於提高學生的學習成效（吳堂鐘，2016；林宏泰，2019；陳志洪等人，2020；張芳全，2019，2021，2022；葉炳煜，2013；賴慶三、王錦銘，2010；蔡金田，2014；國家教育研究院，2015；蔡智孝，2016；蘇奕娟，2019；蘇奕娟、林新發，2020；Eom & Ashill, 2016；OECD、Robertson, 2018；2021；Bowden et al., 2021；Pratiwi & Sumarna, 2023；Li & Xue, 2023）。

　　綜合上述「學生學習成效」變項之文獻探討，以及統整「學生學習動機」層面之內涵，歸納後的「學生學習動機」層面之內涵分析結果，後續將作為「學生學習成效」之問卷題目編製的依據，如下表 2-25：

表 2-25　「學生學習動機」層面之內涵

變項	層面	內涵
學生學習成效	學生學習動機	1.學生對於與數位科技連結的課程內容，展現高度的學習動機。 2.學生對於學習成果有高度期許，能夠積極參與各項學習活動，追求進步與自我成長。 3.學生有高度願意與同學互助合作，共同完成課堂任務或學校活動目標。 4.學生遇到問題時，能積極面對問題，設法解決問題。 5.學生能理解並達到老師的期望，在學習上總是全力以赴，以達成學習目標。 6.學生能培養學習興趣，能在學習情境中，了解教材的內涵，自主探索、組織與整合。 7.學生對於數位學習，具有強烈企圖心與求知慾望提升學習動力。 【賴慶三與王錦銘，2010；葉炳煙，2013；蔡金田，2014；吳堂鐘，2016；蔡智孝，2016；陳志洪等人，2020；蘇奕娟、林新發，2020；張芳全，2019，2021，2022；Eom 與 Ashill, 2016；OECD、Robertson, 2018；2021；Bowden 等人，2021；Pratiwi 與 Sumarna, 2023；Li 與 Xue, 2023】

第四節　校長科技領導、教師數位教學能力與學生學習成效之相關研究

壹、校長科技領導與教師數位教學能力之相關研究

　　本書整理近年來校長科技領導之相關研究發展及成果，資料庫運用學位論文線上服務之臺灣博碩士論文知識加值系統加以檢索，檢索策略：論文名稱：科技領導；學位：博士；學門：教育學門，檢索結果共 13 筆資料，取得國內相關校長科技領導為主題之相關論述，擷取研究對象為國民小學教師以及學位博士論文共 8 篇，做為探討標的。另外，檢索策略：論文名稱：科技領導以及教師數位教學；學位：博士；學門：教育學門，檢索結果科技領導與數位教學之相關研究（2023/07/11 為止），並未發現相關研究論文。

　　針對校長科技領導與教師數位教學能力之主題比較相關之研究，以研究者、研究方法及對象與研究分析結果，進行比較分析後歸納整理如表 2-26：

表 2-26　科技領導之相關研究結果彙整表

研究者／年代／題目	研究法／對象	研究分析結果
蔡明貴／2022／新北市國民小學校長科技領導、學習型組織與學校效能關係之研究	問卷調查法／國民小學教師 1,014 位教師做為樣本	1.國民小學教師知覺校長科技領導之整體現況達到高程度，各層面表現中以願景規劃與賦權增能最高，而資源創價與績效評估最低。 2.國民小學教師因不同學校規模、校長性別與校長在校服務年資，知覺校長科技領導整體或部分層面有顯著差異。

表 2-26　科技領導之相關研究結果彙整表（續）

研究者／年代／題目	研究法／對象	研究分析結果
		3.國民小學校長科技領導、學習型組織、學校效能三者間具有顯著之高度正相關，校長科技領導結合學習型組織之發展，對學校效能提升有相當大的助益。 4.國民小學校長科技領導、學習型組織對學校效能具有顯著之預測力。 5.國民小學校長科技領導、學習型組織與學校效能之徑路關係模式具有良好之適配性，檢定獲得支持且能解釋主要變項間的關係。
李昆憲／2022／國民小學校長數位科技領導與學校效能關係之研究──以學校競爭優勢與教師組織承諾為中介變項	結構式問卷調查法／以高雄市 242 所公立國民小學 400 位國小教師為樣本	1.國民小學教師知覺校長數位科技領導、教師組織承諾、學校競爭優勢、學校效能都具顯著相關。 2.整個結構方程模型適配度良好，校長科技領導透過教師組織承諾、學校競爭優勢的中介效果，促進學校效能有顯著正向的影響。
蕭文智／2019／國民小學校長科技領導對學生樂學態度影響之研究──以學校 ICT 運用與教師教學創新為中介變項	文獻分析與問卷調查法／臺灣地區國民小學教育人員	1.教師對於校長科技領導現況中「成員發展與訓練」中高度知覺。 2.國民小學校長科技領導、學校 ICT 運用、教師教學創新對學生樂學態度具有相互影響的關係。 3.學校 ICT 運用與教師教學創新是校長科技領導與學生樂學態度的中介因素。

表 2-26　科技領導之相關研究結果彙整表（續）

研究者／年代／題目	研究法／對象	研究分析結果
張奕財／2018／智慧學校校長科技領導、教師專業發展與創新經營效能關係之研究	問卷調查／國內智慧學校教師	1.智慧學校校長科技領導整體構面表現為高度知覺程度，以「科技設施支持」最高，而「教育評鑑研究」最低。 2.教師知覺智慧學校校長科技領導的程度，在不同年齡、現任職務、每週使用智慧教室的次數、學校規模與建置智慧教室的規模等背景變項，具有顯著差異。 3.智慧學校校長科技領導、教師專業發展與創新經營效能三者之間具有正向關聯。 4.智慧學校校長科技領導與教師專業發展對創新經營效能具有正向預測力，其中「人際關係溝通」是主要的預測變項。 5.智慧學校校長科技領導可透過教師專業發展的中介效果，影響創新經營效能。
吳秋蓉／2017／南部四縣市國民小學校長科技領導與學校效能關係之研究——以教師知識管理、組織文化為中介變項	問卷調查／國民小學教師	1.國民小學教師知覺校長科技領導為中上程度，其中以「科技倫理與法律」最高，「科技議題與溝通」最低。 2.擔任主任職務、24 班以下學校規模之國民小學教師對校長科技領導具有較高的知覺。

表 2-26　科技領導之相關研究結果彙整表（續）

研究者／年代／題目	研究法／對象	研究分析結果
		3.國民小學教師知覺校長科技領導、教師知識管理、組織文化的程度越高，則學校效能表現越佳。 4.國民小學教師知覺校長科技領導、教師知識管理、組織文化與學校效能整體結構方程模式具有可接受的適配度。 5.校長科技領導先透過組織文化再經過教師知識管理的中介過程對學校效能的整體效果更佳。
張坤宏／2015／國民小學校長科技領導、學校公共關係、組織創新經營與學校效能關係之研究	問卷調查法／國民小學教師	1.校長科技領導對學校效能、學校公共關係、組織創新經營有正向且顯著的影響。 2.組織創新經營在校長科技領導與學校效能之間的關係扮演部分中介角色。
蔡政道／2009／國民小學校長科技領導、組織文化與學校創新經營效能關係之研究	問卷調查法／臺灣地區之公私立國民小學教師	1.國民小學校長科技領導整體及各層面為中度表現，其中以「整合科技」層面最佳，而「評鑑研究」層面得分最低。 2.不同校長性別對校長科技領導、組織文化、學校創新經營效能的影響均無顯著差異。 3.校長科技領導、組織文化、學校創新經營效能因不同年齡校長具有顯著差異。

表 2-26　科技領導之相關研究結果彙整表（續）

研究者／年代／題目	研究法／對象	研究分析結果
		4.不同校長在校年資對校長科技領導具有顯著差異，在組織文化與學校創新經營效能則無顯著差異。
		5.校長科技領導、組織文化、學校創新經營效能因不同校長總年資具有顯著差異。
		6.校長科技領導、組織文化與學校創新經營效能因不同學校規模、不同學校歷史、不同學校地區具有顯著差異。
		7.校長科技領導、組織文化與學校創新經營效能三者具有密切的正相關。
		8.國民小學校長科技領導、組織文化及學校創新經營效能的結構方程模式之適配性檢定獲得支持，能解釋主要變項間的關係。
吳春助／2009／國民小學校長知識領導、科技領導與創新經營關係之研究	實地訪談、問卷調查／校長、教師	1.校長知識領導、科技領導與創新經營的現況良好，以「充實科技發展設施」得分最高。
		2.不同性別、最高學歷之受試者對校長知識領導、科技領導與創新經營的影響無顯著差異。
		3.不同服務年資、現任職務、學校區域受試者對校長知識領導、科技領導與創新經營的影響達顯著差異。
		4.校長知識領導、科技領導與創新經營

表 2-26　科技領導之相關研究結果彙整表（續）

研究者／年代／題目	研究法／對象	研究分析結果
		之相關達到高度正相關程度。以「建立有意義學校願景」與「校長科技領導」之相關程度最高。 5.校長知識領導、科技領導對創新經營之預測情形良好，校長科技領導對校長創新經營整體及各向度的具有正向的預測作用，其中以「充實科技發展設施」預測力最高，其次是「發展科技計畫方案」。 6.國民小學校長知識領導、科技領導對校長創新經營的結構方程模式檢定獲得支持，能解釋主要變項間的關係。

　　就上述科技領導與教師數位教學能力的相關研究而言，發現近年來以校長科技領導為研究主題，其變項主題多聚焦於學習型組織、知識領導、教師專業發展、學校公共關係、組織文化、創新經營與學校效能關係之研究，均有顯著差異且具有正向關聯，然而對於科技領導與教師數位教學能力的相關研究並未發現。可見，早期科技領導主題偏重在組織效能的展現，站在整合領導與管理的觀點，探討組織的實際表現、成員的需求、內外環境的調適以及組織目標的成效，現階段對於教師教學與學生學習成效相關研究付之闕如。

　　然而，在 2020 年 COVID-19（嚴重特殊傳染性肺炎）疫情大爆發後，幾乎所有實體課程都變成線上遠距教學以及混成教學模式，至今仍未停歇，遠距教學與學生學習成效的現實問題，值得深入檢

視。顯示本書校長科技領導概念下與教師數位教學能力，值得實證研究並分析探討。

一、校長科技領導與教師數位教學能力相關研究變項、方法之探討

依據上述研究文獻探討得知，校長科技領導與教師數位教學能力相關研究之研究法主要以量化研究為主，研究工具 8 篇均以問卷調查為主，其中 1 篇輔以實地訪問。研究變項部分，多數以「學習型組織」、「學校效能」、「組織承諾」、「組織文化」、「組織創新經營」、「知識管理」等（李昆憲，2022；吳秋蓉，2017；吳春助，2009；張坤宏，2015；蔡明貴，2022；蔡政道，2009），少數探討有關「教師專業發展」和「教學創新」（張奕財，2018；蕭文智，2019）。

在根據學者科技領導相關研究發現，校長科技領導層面之探討，著重在「成員發展與訓練」、「科技設施支持」、「科技倫理與法律」、「整合科技」、「建立有意義學校願景」、「校長科技領導」與「願景規劃與賦權增能」等層面。在近幾年研究以「願景規劃與賦權增能」、「科技倫理與法律」得分最高，且教師呈現高度知覺，有別於早期研究集中在「整合科技」、「充實科技發展設施」得分最高且表現最佳。顯示在校長科技領導之下，早期階段以資源整備為主要方向，後期則著重在教育場域願景、成員訓練、倫理與法律、組織績效方面的運作效果。

綜合上述，校長科技領導偏重於學校組織層面的變項探討，主要以環境整備、組織經營以及組織效能為主，關於教師、學生層面的探討比較缺乏，本書探討校長科技領導、教師數位教學能力、學生學習成效之關係有其價值，尤其在後疫情時代，是值得探究與尚待發掘的議題。

二、校長科技領導實證研究之背景變項

在資訊化時代、後疫情時代，科技教育已經從被動轉變為互動和進取，科技的應用對教學有延續與預知的概念下，科技工具將成為教學利器，現代教育也必須與時代一同前進，在校長科技領導之下，整合相關科技資源，營造優質科技情境，提升教學之成效，是為當務之急。研究發現，教師個人背景部分，以「年齡」、「現任職務」對校長科技領導的影響達顯著差異（吳秋蓉，2017；吳春助，2009；張奕財，2018；蔡明貴，2022；蔡政道，2009），其餘變項並沒有一致的結果。在學校背景變項部分，以「校長性別」、「學校規模」、「校長在校年資」有顯著差異（吳秋蓉，2017；吳春助，2009；張奕財，2018；蔡明貴，2022；蔡政道，2009），其餘則無一致性結果，這個研究結果，可能和學者研究題目以及變項之不同，可以再進行後續進一步的研究和探討。

傳統學校模式以及「科技」之新興概念，加上師專時代與近年師資培育方式迥然不同，雖然教師背景在「年齡」、「現任職務」對校長科技領導的影響達顯著差異，但性別、學歷、服務年資也值得探究，因此本書以：性別、年齡、最高學歷、服務教職年資、現任職務等，作為教師個人背景變項。在學校背景部分，雖然「校長性別」、「學校規模」、「校長在校年資」有顯著差異，但縣市合併之後，城鄉差距更加明顯，因此，本書學校背景變項，以學校大小規模、學校所在地、學校區域為研究之變項。

三、校長科技領導與教師數位教學能力相關研究成果之探討

有關上述校長科技領導之研究成果，我們發現以「科技整合」、「充實科技發展與設施」、「科技設施支持」、「科技倫理與法律」、「成員發展與訓練」等層面表現最佳、得分為高（吳秋蓉，2017；吳春助，2009；張奕財，2018；蔡政道，2009；蕭文

智，2019），而在「評鑑研究」、「科技議題溝通」等層面表現最不佳、得分最低（吳秋蓉，2017；張奕財，2018；蔡政道，2009）。我們可以發現，早期校長科技領導著重科技資源的整合，以及科技環境的建置與支持，反而忽略了科技議題的溝通，與學校教學成效的評估。

針對數位教學研究之層面來看，國內研究內容以數位課程的認證以及課程品質得到保證、數位學習角色之評估、數位閱讀素養、數位學習行為互動與滿意度為主（盧明慧，2018；許美觀，2019；郭福祥，2019；施令慈，2020；李可風，2020；謝玉英，2021；陳進冬，2021）。研究變項著重於教學設計著手，進而探討教學策略與模式，以及課程品質的保證，整體來說表達了學校導入數位學習可以影響學校數位教學需求和學生學習效率。

因此本書以「校長的科技領導技巧與素養」、「提升教師教學成效」與「營造數位科技情境」等變項進行探討，主要著重於整體科技資源環境整合後，校長科技領導技巧與教師數位教學能力的變項，是值得研究的方向與議題。

四、小結

綜合上述，校長科技領導早期的發展，受到「科技」的特性與「校長」個別因素的影響，在科技設施與發展尚未成熟的階段，偏重於學校組織層面的變項探討，主要以資源充實、環境整備、經營績效以及學校效能為主，關於教師、學生層面的探討比較欠缺。在COVID-19 大流行後，每個教育階段幾乎都使用數位教學、遠距教學，數位學習成為新常態，本書探討校長科技領導、教師數位教學能力之關係有其價值性與必要性，能符應未來校長科技領導與教師數位教學能力的趨勢，因為這是一個跨越科技、翻轉創新的教育新契機，尤其在後疫情時代，更是值得探究、尚待發掘的議題。

貳、教師數位教學能力與學生學習成效之相關研究

一、國內外教師數位教學能力與學生學習成效相關研究彙整

本書整理近年來教師數位教學相關研究之發展及成果，資料庫運用學位論文線上服務之「臺灣博碩士論文知識加值系統」加以檢索，檢索策略與條件如下：論文名稱：數位教學／數位學習（精準）；學位：博士；年代：2018-2023 年，檢索結果共 9 筆資料。結果發現依據國內近幾年內博士生研究，國民小學階段以「數位教學／數位教學」關鍵字為論文主題之研究付之闕如，且研究對象均集中於高中職以上的學校，對於國小校園之研究尚待發掘（資料搜尋至 2023/02/18 為止）。

再以進階搜尋，檢索策略與條件如下：論文名稱：數位教學／數位學習（精準）以及學生學習成效；學位：博士；年代：2018-2023 年，檢索結果之研究付之闕如（資料搜尋至 2023/07/11 為止）。

詳閱研究內容與結果後，取得與數位教學／數位學習以及學生學習成效為主題之相關論述，然後剔除與本書較無相關之論文，採用博士論文為主共 7 篇，做為探討標的。另外，整理國外近幾年來教師數位教學之相關研究，資料庫運用 Google Scholar、Web of Science、Scopus 等資料庫，將國外數位教學相關研究結果與本書目的較為相近之研究 7 篇，研究對象以國民小學教師為主，以補足國內研究之不足。針對研究者、研究方法及對象與本書主題相關之研究，進行比較分析後，歸納整理如表 2-27。

表 2-27　教師數位教學相關研究結果彙整表

研究者／年代／題目	研究法／對象	研究分析結果
盧明慧／2018／建構我國高級中等學校數位學習課程認證機制之研究	高級中等學校	一、建構我國數位學習課程認證機制。 二、數位學習課程認證機制，重視「行政運作管理層面」和「課程品質管理層面」。 三、數位課程認證機制，應以數位學習趨勢為主，綜合政策與課務發展。 四、「學習者與教材互動」為課程品質管理規範之評估重點。
郭福祥／2019／高級中學經營效率之四篇實證研究：評估方法及數位學習之附加角色	臺灣高級中學與職業學校	一、學校規模、平版電腦數量、科技教師比例、平板電腦相關的設備總支出、學校屬性（公立與私立）及學校屬性（高中與高職）等會影響學校管理的效率。 二、增加學校的規模、平板電腦的數量和技術教師的人數，可以提高學生學習的效率及提升學校的經營管理效率。 三、學校導入數位行動學習，可以提高學校管理效率。 四、引入行動數位學習的一般高中學校經營效率比高職學校經營效率較好。 五、公立高中經營效率比私立高中更有能力實施數位行動學習之效果。

表 2-27　教師數位教學相關研究結果彙整表（續）

研究者／年代／題目	研究法／對象	研究分析結果
許美觀／2019／實體與數位學習對學生閱讀素養之影響	2018, PISA 閱讀評量問卷調查結果	一、運用數位學習環境，學校數位網路對閱讀素養有統計上顯著正影響。 二、學生閱讀素養在數位學習行為中，研究發現網路搜尋「為學習特定主題」與「實用資訊」的網路搜尋資訊之行為，對學生閱讀素養有統計上顯著正影響。
施令慈／2020／海外數位華語教學平臺之系統建構──以紐西蘭鳳興書院數位學習中心為例	紐西蘭鳳興書院	一、該書院以遠距數位教學知名，教學上強調「有心就有法」。 二、鳳興書院的遠距數位教學，是一種「虛實合一」的教學模式。 三、發展數位筆（E-Pen）Online 的教學，獨步全球。 四、設計線上教學的教師、學生、家長及行政管理的教學平臺，滿足教師在課前準備、課中教學與課後追蹤的教學需求。 五、建構鳳興遠距數位華語教學平臺系統。
李可風／2020／人工智慧技術應用於車輛偵測與數位學習預測及分析技術	大學生	一、以數位學習場景，以開發有關識別和預測的深度學習過程。 二、數位化學習環境下，通過人工智慧技術，學生學習效果平均可以超過 70 分，學習效果相當顯著。 三、透過人工智慧科技結合數位教學，提高學生的學習效果。

表 2-27　教師數位教學相關研究結果彙整表（續）

研究者／年代／題目	研究法／對象	研究分析結果
謝玉英／2021／可信賴數位學習系統之研究	大學生	一、數位教學從教學設計著手，課前設計有趣、豐富、多元、創新的教學內容。 二、數位學習系統之上課點名制度無形融入教學與評量歷程。 三、數位教學過程中，兼顧學生個別差異，可以增進學生自主學習效果、提升學生學習動機與學生學習成效。
陳進冬／2021／數位學習課程運用網路教學策略對於學習行為、群組互動與學習滿意度關係之研究	131 名研究生	一、使用數位教學策略於數位教學課程，對於學習行為、群組互動與學習滿意度，皆有顯著與正向之影響。 二、學生年齡背景變項對學習行為、群組互動與學習滿意度皆具不同影響。
Jannah et al., (2020)/Elementary school teachers' perceptions of digital technology based learning in the 21st century: promoting digital technology as the proponent learning tools.	採訪印度尼西亞日惹特區的 10 名教師	研究旨在確定小學教師對 21 世紀數位化學習的看法。結果如下： 一、教師認為小學融入數位化教學，會在教學過程和學生學習成果方面帶來積極的變化。 二、學生的反應增加活動力、熱情和批判性思維的技能。 三、結果證實數位學習成功的主要因素並不取決於數位設備的可用性，而是取決於教師的能力（數位技能、創造性思維和溝通技巧）。

表 2-27　教師數位教學相關研究結果彙整表（續）

研究者／年代／題目	研究法／對象	研究分析結果
		四、擁有數位科技基礎設施的學校，教師在實施數位化學習方面表現更好，可以掌握學生特點以及緊跟時代的趨勢。
Qiu et al., (2022) /Pre-service teachers' perceptions of technological pedagogical content knowledge in mainland China: A survey of teachers of Chinese as a second language.	286 名職前教師	一、教師對他們的整體科技教學內容知識略微滿意，但對他們的科技知識（TK）最不自信。 二、提醒教育工作者和政策制定者，需要修改當前的教師培訓計畫。 三、協助實習教師職前探索，有助於將科技技術整合到課程設計中。
Meirovitz et al., (2022)/ English as a foreign language teachers' perceptions regarding their pedagogical-technological knowledge and its implementation in distance learning during COVID-19.	129 名英語教師	一、教師知道如何將他們的知識融入到他們的教學實踐中。 二、教師利用數位科技控制他們的教學管理，並且學生的參與度和積極性更高。 三、對數位科技工具的了解程度低以及使用水平低的教師，影響其數位教學的技術，並產生困難。 四、需要提高教師對新的數位科技教學與學習方法的認識，以獲取數位教學的能力和機會。

表 2-27　教師數位教學相關研究結果彙整表（續）

研究者／年代／題目	研究法／對象	研究分析結果
Maru et al., (2022) Teachers' perception toward the impact of platform used in online learning communication in the eastern Indonesia.	印度尼西亞東部北蘇拉威西的港口和發展城市比通的英語教師	一、在 COVID-19 期間，教師使用 Google Classroom 和 WhatsApp 作為數位教學時管理、學習、實踐和交流的方式和線上平臺。 二、線上教學被認為是師生保持聯繫、進行教學的有效方法。 三、線上平臺的實施數位教學，被認為適合幫助學生在家學習。
Rachmadtullah et al., (2023)/Elementary school teachers' perceptions of the potential of metaverse technology as a transformation of interactive learning media in Indonesia.	印度尼西亞二十名具有良好科技技能的小學教師	一、小學教師對使用數位科技的學習資源——數位虛擬科技（Metaverse technology），作為學習媒介很感興趣。 二、對於教師而言，將數位科技用作一種工具或一種新的學習和教學方式，可以提高學生學習的成績。 三、數位虛擬科技的學習資源使用，並不意味著教師必須改變傳統的教學方法，而是幫助教師有效地向學生傳達課程教材。
Gouseti et al.,(2023)/ Exploring teachers' perceptions of critical digital literacies and how these are manifested in their	芬蘭、意大利、西班牙和英國的中小學教師焦點小組訪談收集的實證資料	一、批判性數位素養的不同維度，在每個國家群體中非常普遍，強調了批判性數位素養，在學術研究中的定義和教學現場的認知之間的脫節。 二、批判性數位素養為政策議程的導向和數位課程，為教師提供了教學實踐的

表 2-27　教師數位教學相關研究結果彙整表（續）

研究者／年代／題目	研究法／對象	研究分析結果
teaching practices.		信息。 三、教師對關鍵數位素養的理解出現差距。 四、未來政策制定、研究和實踐，必須支持教師發展關鍵數位素養的挑戰和數位教學的原創見解。

二、教師數位教學能力與學生學習成效相關研究變項、方法之探討

　　數位科技系統的運用已成為當代學校營運的核心，教師必須具備運用了一系列數位科技工具的能力，來進行面對面的教學和學習，以及進行遠程、線上和混成教學，同樣地數位科技工具是支持學生學習的利器，也是支持他們如何與同儕之間的互動的核心工具，這些教學上的數位實踐與教師自身的批判性數位素養以及培養學生批判性數位素養，都有著具體的關注重點與實際經驗實踐的現實（Gouseti et al., 2023）。

（一）教師數位教學能力與學生學習成效相關研究層面、方法之探討

　　針對數位教學研究之層面來看，國內研究內容以數位課程的認證以及課程品質得到保證、數位學習角色之評估、數位閱讀素養、數位學習行為互動與滿意度為主（盧明慧，2018；許美觀，2019；郭福祥，2019；施令慈，2020；李可風，2020；謝玉英，2021；陳進冬，2021）。研究變項著重於教學設計著手，進而探討教學策略與模式，以及課程品質的保證，整體來說表達了學校導入數位學習

可以影響學校數位教學需求和學生學習效率。對於數位教學的實踐，可以提高學生學習效率、提升學生學習動機、自主學習、學習滿意度，對於整體學習成效有其正面意義。

　　教師數位教學能力與學生學習成效研究之層面來看，集中討論教學融入數位化教學，以數位科技軟、硬體設施的學校，實施數位教學時會有更好的表現，並且能立即掌握學生個別差異，緊跟資訊科技的趨勢，在教學上是有意義的，可以為教師教學成果與學生學習成效帶來積極的變化（Jannah et al., 2020；Meirovitz et al., 2022；Qiu et al., 2022；Rachmadtullah et al., 2023）。對學生來說，數位科技的使用可以激發孩子學習的熱情、興趣和動機（Jannah et al., 2020；Meirovitz et al., 2022；Rachmadtullah et al., 2023）。整體來說，數位教學成功的因素，取決於教師的數位科技能力、將數位科技能力融入教學、創造性思維和溝通技巧（Gouseti et al., 2023；Jannah et al., 2020；Maru et al., 2022；Qiu et al., 2022）。同時也發現，教師運用、開發數位課程教材與數位多媒體資源，可以輔助教師教學，幫助學生學習知識的理解、學習態度的改善以及技能的開發與實踐（Jannah et al., 2020；Rachmadtullah et al., 2023）。

　　綜上研究發現，有關教師數位教學能力與學生學習成效之研究層面，集中在數位教學實施之初的教師、學生行為為主，以課程教材設計、教學策略和學習模式為討論之標的，結果在於提高學生學習效率、提升學生學習動機、自主學習、學習滿意度與學生學習成效。整體看來，教師數位教學能力與學生學習成效之研究，偏重於教師、學生層面的變項探討，因此本書探討教師數位教學能力、學生學習成效之關係有其價值，是值得探究的議題。

（二）教師數位教學能力實證研究之背景變項

　　有關數位教學之研究發現，國內博士生研究對象集中在大學

生、研究生與高中職學生為主，可能是早期數位資訊課程在國小階段停留在基礎認知，大部分研究著重在高中職以上學生的資訊科技學習狀況，對於小學階段之研究付之闕如。然而在 108 課綱實施之後，在核心素養自主學習、溝通互動與宏觀視野的前提下，參與強調科技資訊與媒體素養，數位教學的發展已成為教師教學的一種趨勢，學校、教師在教學中使用數位科技是毫無疑問的（Anthonysamy et al., 2020；Suroso et al., 2021）。因此，學校與教師在實施數位教學之背景變項至關重要，本書將對國民小學教師之個人背景變項：性別、年齡、最高學歷、服務教職年資、現任職務等變項，以及國民小學學校背景變項：學校大小規模、學校所在地、學校區域等變項，進行後續進一步的研究和探討。

（三）教師數位教學能力與學生學習成效研究成果之探討

依據結果發現，依據國內近五年博士生研究，有關數位教學主題之研究，著重於「行政運作管理層面」、「課程品質管理層面」、「建置數位教學平臺系統」和「行動數位學習方法與角色」等層面。研究內容以教學設計、教學策略、學習評量、教學模式、行政與教學管理、建置數位學習平臺、數位課程的認證等等，結果在強調強化數位行政運作、課程品質、數位教材設計、多元創新教學內容、學生學習效率、學生學習動機、自主學習、學習滿意度與整體學習成效，且具有其正面意義。

而有關教師數位教學能力與學生學習成效研究之層面來看，集中討論數位科技軟、硬體設施之優劣，對於實施數位教學時會有更好的表現，並且能立即掌握學生個別差異，激發孩子學習的熱情、興趣和動機，整體來看在教學上是有意義的，可以為教師教學成果與學生學習成效帶來積極的變化（Jannah et al., 2020；Meirovitz et al., 2022；Qiu et al., 2022；Rachmadtullah et al., 2023）。換句話說，教師的數位科技能力是數位教學成功的因素，教師運用數位課

程教材，可以幫助學生知識的學習與理解、改善學習態度以及開發與實踐學生學習成效。

上述研究發現，教師數位教學能力與學生學習成效之研究，以國外研究為主，國內數位教學研究與教學現場之認知與需求脫節，仍著重在數位環境建置與行政管理，尤其在疫情之後全面實施的遠距數位教學後，教師欠缺數位教學素養之維度，現階段應跳脫數位政策與議題的導向，補足教師對數位教學關鍵素養的差距。也就是藉由教師從學習者的角度，實踐數位教學的行動力，最終關注於學生學習成效。因此，本書教師數位教學能力之三個層面，「應用數位科技教學之能力」、「使用數位科技工具與媒體」、「數位課程教材資源」與學生學習成效有其研究之價值與該時代之意義。

參、校長科技領導與學生學習成效之相關研究

本書整理近年來學生學習成效相關研究之發展及成果，資料庫運用學位論文線上服務之「臺灣博碩士論文知識加值系統」加以檢索，檢索策略與條件如下：論文名稱：學生學習成效／學生學習成就（精準）；學位：博士；畢業年代：2019-2022 年，檢索結果共 15 筆資料。再以進階搜尋，檢索策略與條件如下：論文名稱：科技領導（精準）以及學生學習成效；學位：博士；年代：2018-2023 年，檢索結果之研究付之闕如（資料搜尋至 2023/07/11 為止）。

詳閱上述研究內容與結果後，取得與學生學習成效相關之論述，然後剔除與本書較無相關之論文，採用博士論文 7 篇為主，再加上蔡金田（2014）之研究做為探討標的。國外有關學生學習成效之研究，透過 Google Scholar 搜尋，以學生學習成效為搜尋關鍵詞，針對 2017-2023 年之文章隨機搜尋，找尋研究者、研究方法及對象與本書主題相關之研究，進行比較分析後，歸納整理如表 2-28。

表 2-28　學生學習成效相關研究結果彙整表

研究者／年代／題目	研究法／對象	研究分析結果
蔡金田／2014／國民小學校長效能與教師效能對學生學習成就之影響	以問卷調查法，全國 400 所公立國民小學 1,221 位教師	一、小學「校長效能」與「教師效能」對於「學生學習成就」具有顯著的正向直接影響效果。 二、小學「校長效能」、教師效能、學生學習成就有顯著相關存在。 三、國小「校長效能」與「教師效能」對於「學生學習成就」有 77%解釋量。
陳建志／2019／國民小學校長學習領導與學生學習成效關係之研究——以個性化學習為中介變項	以問卷調查法，臺灣地區 1,020 位公立國民小學教師為對象	一、國小「學生學習成效」甚佳，其中以「學生行為表現」層面最為突出。 二、教師背景變項不同的情形下，對「學生學習成效」的知覺產生顯著差異。 三、校長「學習領導」、「教師個性化學習」與「學生學習成效」三者之間，呈現中度正相關。 四、國小校長「學習領導」及教師「個性化學習」對「學生學習成效」具有預測力。 五、國小校長「學習領導」、教師「個性化學習」與「學生學習成效」的結構方程模式適配度良好。 六、國小校長「學習領導」透過教師「個性化學習」提升「學生學習成效」，教師運用個性化學習具有中介效果。

表 2-28　學生學習成效相關研究結果彙整表（續）

研究者／年代／題目	研究法／對象	研究分析結果
林宏泰／2019／國民中學校長正向領導、教師教學效能、與學生學習成效關係之研究研究生	以問卷調查法，公立國中的教師為研究對象。學校數 86 所，教師 1,052 人	一、不同學歷、不同年齡、不同職務、不同教學年資以及不同位置學校之國中教師，在整體學生學習成效上達顯著差異。 二、不同性別、不同學校區域以及不同學校規模之國中教師，在「學生學習成效」上沒有顯著差異。 三、校長「正向領導」對「教師教學效能」、「學生學習成效」有顯著正向影響效果。 四、小學教師「教學效能」對「學生學習成效」有顯著正向影響效果。 五、小學校長正向領導、教師教學效能對「學生學習成效」有直接及間接的影響效果。
吳國銘／2019／國民小學校長學習領導與教師教學效能及學生學習成就之關係研究	以問卷調查法，新北市國民小學五年級級任教師為研究對象，抽取 391 名受試者進行	一、不同性別之國小教師，在「學生學習成就」具有顯著差異。 二、小學教師的年齡、教學年資及教育程度皆無顯著差異。 三、不同地區學校、學校位置、學校校齡及學校規模，在「學生學習成就」有顯著差異。 四、小學校長學習領導對「學生學習成就」預測功能偏弱。 五、小學教師「教學效能」對「學生學

表 2-28　學生學習成效相關研究結果彙整表（續）

研究者／年代／題目	研究法／對象	研究分析結果
		習成就」具有預測作用。
		六、國小校長「學習領導」是透過教師「教學效能」影響「學生學習成就」，顯示小學教師「教學效能」，在此模式中具有完全中介效果。
黃庭鈺／2020／高級中等學校校長空間領導、學校組織健康與學生學習成就關係之研究	以問卷調查法，臺灣本島普通型公立高級中等學校之現任正式教師為研究對象，抽取 84 所學校，發出 1,011 份問卷	一、公立高中教師對「學生學習成就」的知覺現況屬中上程度，其中以「技能學習表現」的感受最佳。 二、公立普通高中教師對「學生學習成就」的知覺程度會因「性別」和「學校規模」之不同而有顯著差異。 三、以「男性教師」和「大型學校（49（含）班以上）」之知覺程度顯著較高。 四、高中校長「空間領導」、「學校組織健康」與「學生學習成就」結構方程模型適配度佳。 五、高中校長空間領導會透過「學校組織健康」間接影響「學生學習成就」，其中「學校組織健康」具有完全中介效果。
張伯瑝／2021／國民小學學校學習領導、學校進步力與學生學習成效關係之研究	以問卷調查法，臺北市、新北市與桃園市公立國民小	一、國小學生「學習成效」表現達「中高」程度，以「學生行為表現」得分最高。 二、不同背景變項下，國民小學學生學

表 2-28　學生學習成效相關研究結果彙整表（續）

研究者／年代／題目	研究法／對象	研究分析結果
	學之校長與教師為對象，共發出 1,071 份問卷	習成效在「職務」、「年齡」、「校齡」有差異。 三、學校「學習領導」與「進步力」、學校「學習領導」與「學生學習成效」、「進步力」與「學生學習成效」與各分層面之差異程度均達顯著差異水準。 四、學校「學習領導」與「進步力」、學校「學習領導」與「學生學習成效」和「進步力」與學生學習成效整體與各分層面具有顯著正相關、也具有顯著預測力。 五、學校進步力是學校「學習領導」對「學生學習成效」重要的中介變項；學校學習領導可透過學校進步力發揮對學生學習成效的中介效果。
陳忠明／2022／新北市國民中學校長教學領導、教師教學效能與學生學習成效關係之研究	以問卷調查法，研究對象新北市 20 所國中教師抽樣 762 份	一、國中教師知覺「學生學習成效」屬中高程度，其中以「學生創客表現」程度最高，「學生學習動機」程度最低。 二、不同年齡、職務、年資、學校規模、最高學歷與學校所在地區等背景變項之教師，在「學生學習成效」部分有顯著差異；不同任教階段、性別等背景變項之教師，知覺「學生學習成效」則無顯著差異。

表 2-28　學生學習成效相關研究結果彙整表（續）

研究者／年代／題目	研究法／對象	研究分析結果
		三、校長任職本校年資長，就女性校長來說，知覺「學生學習成效」程度較高。
		四、校長「教學領導」與「學生學習成效」具有中度正相關。
		五、「教師教學效能」與「學生學習成效」具有高度正相關。
		六、校長教學領導、教師教學效能對學生學習成效具有中度的預測力。
		七、教師教學效能具有部分中介效果。
		八、教師教學效能對學生學習成效均有正向直接之影響效果。
		九、校長教學領導、教師教學效能與學生學習成效之關係模型達適配程度。
張凌凌／2022／國民小學校長正念領導、教師專業素養與學生學習成效關係之研究	問卷調查法，以臺北市與新北市公立國民小學教師為調查對象，共計抽取施測人數1,032人	一、國小校長正念領導、教師專業素養與學生學習成效現況，為中高以上程度之表現。
		二、不同服務年資、學校規模、學校地區之國小教師，知覺學生學習成效有顯著差異。
		三、校長正念領導、教師專業素養與學生學習成效之間具有中高程度正相關。
		四、校長正念領導對「學生學習成效」具有正向中度預測力，其中以「覺察當下」具有最高之預測力。

表 2-28　學生學習成效相關研究結果彙整表（續）

研究者／年代／題目	研究法／對象	研究分析結果
		五、教師專業素養對「學生學習成效」具有正向高度預測力，其中以「專業態度」層面具有最高之預測力。 六、校長正念領導、教師專業素養與「學生學習成效」模式檢定，獲驗證支持具良好之適配性。 七、教師專業素養於校長正念領導下，影響「學生學習成效」具有部分中介效果。
黃貴連／2023／國中校長空間領導與學生學習成效關係之研究——以教師幸福感為中介變項	問卷調查法，以臺灣本島地區公立國民中學的教師為研究對象。樣本抽取學校數 89 所，教師 1,170 人	一、國中教師知覺「學生學習成效」達中高程度。 二、國中教師對「學生學習成效」的知覺程度會因 「年齡」、「服務年資」、「學校區域」、「學校規模」而有顯著差異。 三、校長空間領導、教師幸福感與學生學習成效之間有顯著正相關。 四、校長空間領導、教師幸福感與學生學習成效之結構方程模型適配度良好。 五、校長空間領導對教師幸福感與學生學習成效有顯著正向影響效果。 六、教師幸福感對學生學習成效有顯著正向影響效果。 七、校長空間領導透過教師幸福感間接影響學生學習成效，教師幸福感具有部

表 2-28　學生學習成效相關研究結果彙整表（續）

研究者／年代／題目	研究法／對象	研究分析結果
		分中介效果。
Lin & Chen /2017/ A study of the effects of digital learning on learning motivation and learning outcome.	採用類實驗研究。選取 4 個班級共 116 名學生作為教學研究的研究對象	一、數位學習對學習動機的積極影響優於傳統教學。 二、數位學習對學習成果的積極影響優於傳統教學。 三、學習動機對學習效果的積極影響顯著。 四、學習動機在學習結果中對學習增益有顯著的積極影響。 五、數位科技的學習工具，為數位化學習設計教學活動，運用靈活的科技工具，是當前資訊科技融合教育的關鍵問題。 六、結合當前的教學趨勢，利用數位化學習的優勢，制定切實可行的教學策略，提高教學效果。
Hapsari & Hanif, / 2019/ Motion graphic animation videos to improve the learning outcomes of elementary school students.	採用實驗研究法，對照組學生 27 人，實驗組學生 27 人。針對 2 所不同學校的小學五年級學生進行的研究	一、動畫影片多媒體在小學自然科學科目中發展式有效性的。 二、實驗組與對照組的學習成績結果存在顯著差異。 三、圖形動畫影片多媒體，實驗組在提高學生成績方面是有效的。 四、互動式動態圖形多媒體可有效地用於提高學生對五年級學生科學學科的知識。

表 2-28　學生學習成效相關研究結果彙整表（續）

研究者／年代／題目	研究法／對象	研究分析結果
Sri /2021 /Problem Based Technology and Science Development to Improve Science Learning Outcomes in Elementary Schools.	以質、量並重，Karangtengah Demak 區 Dukun 州立小學對四年級的 50 名學生進行測試	一、發現開發數位教材用於問題導向的學習（PBL）是有效的。 二、在小學四年級基於 PBL 使用的教材，有望提高學生在情感、認知和心理運動方面的學習成果。 三、學生學習成果取決於教材、教師和學生的變項。 四、有必要開發能夠促進學生掌握知識和提高技能的教材。 五、教師應探索 PBL 作為教材的一部分，其優點可以有效的獲得更好的學習效果。 六、一個好的 PBL 模式，可以引起學生的興趣，提高他們在教學過程中的參與度，激發他們的批判性思考，這些將導致學習成果的成功和學生更好的成績或學習成效。
Fatchurahman et al., /2022 /Development of Animation Learning Media Based on Local Wisdom to Improve Student Learning Outcomes in	Muhammadiyah Palangkaraya 小學、Panarung 小學和 Negeri Pahandut 小學的 123 名學生	一、教師線上教學發揮積極、創造性和創新的作用，使學生的學習成果得到最大的效果。 二、線上學習的學習多媒體，令學生對周圍事物感到興趣。 三、四所小學的學習效能測試顯示，平均成績為後測（81.02）和前測（54.82）。

表 2-28　學生學習成效相關研究結果彙整表（續）

研究者／年代／題目	研究法／對象	研究分析結果
Elementary Schools.		四、因此可以說教學設計的多媒體教材，在提高學習成果方面是有效的。
Sholekah et al., / 2023/ Influences of gadgets on students' learning achievement for elementary school.	採用事後研究設計的量化研究，4 年級小學生採用隨機抽樣 859 名學生	一、使用機械性小工具對學生學習成果的結果具有很強的相關性值。 二、機械性小工具會對孩子的學習成績產生積極和消極的影響。 三、使用機械性小工具的積極影響包括：1.想像力的發展，2.訓練智力，3.增強自信，以及 4.培養閱讀、數學和解決問題的技能。 四、適當使用科技，教師可以提高學生的學習積極性。 五、數位時代的挑戰和機遇，數位學習設備使用越頻繁，學生的學習成果就越好。 六、機械性小工具的交叉使用，與學生學習成果之間有顯著影響。 七、學生的學習動機和機械性小工具的使用，對學生學習成果的影響是強大而重要的。

　　學生的學習成效是教育成功的基準之一（Supriyanto, 2019），同時也是領導者確定科技應用策略與管理，鼓勵教師和學生使用科技進行教學和學習，讓老師能夠有效地使用科技教師評估教授之課程內容，是否為學生所接受，進而評估教學活動與教學成果，是否

能達到預期學習目標的指標之一（Apsorn et al., 2019；Djamarah, 2004；Supriyanto, 2019），此外，也經常被學校領導者，用來評估對達成學校重要成果、學校校務的改進以及學生學習成效是否有顯著影響的重要依據（潘慧玲等人，2014；Li, 2010）。

綜合上述研究，歸納相關研究結果，進行探討：

一、校長科技領導與學生學習成效相關研究變項、方法之探討

關於學生學習成效之研究，針對研究方法來看，國內研究法以量化、問卷調查研究為主流，國外則以量化、實驗研究為主。對於學生學習成效之實證研究變項層面不盡相同，依變項部分包含：校長效能、校長學習領導校長正向（念）領導、校長學習領導、校長空間領導、校長教學領導等，變項主題幾乎以校長領導為主；中介變項部分涵蓋：教師教學效能、學校組織健康、個性化學習、學校進步力、教師專業素養、教師幸福感等，中介變項部分範圍較廣，但仍以教師教學效能為主（吳國銘，2019；林宏泰，2019；陳忠明，2022；陳建志，2019；黃庭鈺，2020；張伯瑲，2021；張凌凌，2022；黃貴連，2023；蔡金田，2014）。

國外有關學生學習成效研究，則集中在數位學習、數位多媒體教材、數位科技工具的使用。綜上有關學生學習成效之研究對象，分布較廣，遍及國小、國中、高中到大學等，可見學生學習成效之研究，在各個學習階段都是值得探究的普遍性議題，而有關學生學習成效相關研究之變項，國內研究偏重於校長領導、教師教學效能與素養，國外研究近年來之變項，偏重於數位教學相關議題。本書以校長科技領導、教師數位教學能力與學生學習成效為研究變項，有其時代意義與價值，是值得發掘之議題。

二、學生學習成效實證研究之背景變項

有關學生學習成效之研究發現，大部分背景變項以教師為主，

少部分以校長到校服務年資為研究背景（陳建志，2019），平均班級人數為研究背景（蔡金田，2014）。教師背景變項包括：性別、年齡、職務、服務年資、教育程度、學校校齡、學校規模、學校所在地等，其中發現在教師個人背景：「性別」、「年齡」、「職務」、「服務年資」、「教育程度」；學校背景：「學校校齡」、「學校規模」、「學校所在地」等變項，無論在「教師背景」及「學校背景」，兩種背景變項並沒有一致性的結果，或許和研究題目之變項不同、學習階段的不同有關，值得本書再進行後續的研究和探討。

三、校長科技領導與學生學習成效研究成果之探討

　　雖然缺乏校長科技領導與學生學習成效研究之成果，但有關上述學生學習成效之研究成果，我們發現國內探討校長領導效能與學生學習成效仍有相關，諸如：校長正向領導、空間領導、教學領導與學生學習成效均有顯著差異與正相關。尤其在「學生行為表現」、「技能學習表現」、「學生創客表現」、「覺察當下」之表現得分最高、最為突出。但在教學領導部分呈現不同的結果，吳國銘（2019）之研究指出校長學習領導對學生學習成就預測功能偏弱，張伯瑲（2021）之研究指出學校學習領導與學校進步力、學生學習成效，整體與各分層面具有顯著正相關、也具有顯著預測力，此一結果或許因中介變項不同，而產生不同結果，但仍值得後續研究進一步探討。

　　在中介變項部分，就教師教學效能、教師專業素養、教師幸福感、教師個性化學習，均具有顯著差異及正向高度預測力，顯見「教師」各項之因素，在教學與學生學習具有一定程度的影響，尤其在「教學效能」部分有正向且直接的影響效果（吳國銘，2019；陳忠明，2022；蔡金田，2014），可見，再運用校長領導行為對教師增加影響力，制定可行的教學策略與正向的教學態度，可以進一

步影響學生的學習成效。

由此可知，校長的領導風格影響教師的工作思維與模式，校長的科技領導行為和教師數位教學行為之間彼此交互作用，久而久之形成學校授課結構中獨特的教學模式，加上校長、老師共同規劃組織數位科技課程，也幫助學生提高學業成績（Hamzah et al, 2021）。

四、小結

綜合上述，關於學生學習成效之研究，變項主題幾乎以校長領導為主，中介變項以教師為主，且大部分方向以教師教學效能為探討層面，相對於研究對象，分布較廣，遍及各個學習階段，顯見學生學習成效受到教育實務者的重視。然而，在 COVID-19 大流行後，從基礎教育到高等教育，幾乎所有學校都使用數位教學、視訊會議等應用程式（Pratiwi & Sumarna, 2023）。在工業 4.0 時代，科技已經改變人類的生活方式，學校管理者被視為科技領導者，領導者應扮演推動科技的角色，學校校長的領導作為、教師教學方式與學校創新經營也發生了變化，校長的科技領導行為和教師教學行為交互作用，形成學校授課結構中獨特的教學模式，幫助學生提高學業成績，其最終目的還是在促進組織的發展與學生學習成效的實踐（Hamzah et al, 2021；Hernez-Broome & Hughes, 2004；KORKMAZ et al., 2022；Mark, 2022）。

因此，若能錯綜群言，集古今之大成，將「科技、數位」、「領導、教學」與「學生學習成效」之相互關係，疏理成學術之脈絡，也就是本書欲探討「國民小學校長科技領導、教師數位教學能力與學生學習成效之相關研究」，期望能藉由本書之發現與結果，提供教育行政機關、學校組織人員、家長團體及後續研究者等建議與參考，以期發揮校長科技領導、教師數位教學能力之效能，以其促進學生學習成效，提升學校教育品質與績效之目標。

肆、校長科技領導、教師數位教學能力與學生學習成效之相關研究

　　校長科技領導、教師數位教學能力與學生學習成效之相關研究在國內、外文獻篇數不多，筆者搜尋近十年內臺灣全國博碩士論文及國內外相關文獻，尚未發現有研究者或研究論文同時以國民小學校長科技領導、教師數位教學能力與學生學習成效為研究主題的實證研究。

　　然而，近年來教育模式打破傳統教學樣態，教學場域從傳統到數位，教師使用數位科技教學成為新常態，也導致校長領導模式轉變（Abduraxmanova, 2022；Gao et al., 2022；Oliveira & de SOUZA, 2022；Turchi et al., 2020）。因此，未來領導者首要任務與領導模式，需要幫助教師適應新的資訊科技社會，有責任協助老師在教學過程中採用和注入科技的元素，提高教師使用科技的技能和熟練程度。因為研究結果也證明，校長規劃和組織數位科技課程的能力，可以幫助提高學生的學業成績（Hamzah et al, 2021）。而且Vygotsky 指出人類與環境互動之際所產生的活動是一種動態且集體的形式，藉由教師發揮能動性的中介力量，在集體活動中產生新的概念，也就是教育活動之關鍵在於學生參與者的動機與意圖，且受到學校組織文化的影響，運用嶄新的概念以及文化工具，最終透過中介活動（mediated action）調節學習活動，讓學生學習產生（Engeström & Sannino, 2010；Vygotsky, 1978）。所以校長善用科技領導，將組織數位關係加以建構，帶領教師擁抱數位科技，同時引領教師教學時應用數位科技，促進資訊科技在教學相關的創新，進而培養學生數位科技技能，激發孩子結構化的思考力與創造力，增進學生學習成效，同時藉此持續改造學校組織與教育的實踐（Geir, 2013；Mark, 2022；Raman et al., 2019；Shomirzayev, 2022）。由此可知，國民小學校長科技領導、教師數位教學能力與

學生學習成效三者之間彼此有相關，但三者之間的關係或兩兩變項相互的關係，必須進一步的探究，藉此發現彼此之間的影響效果與中介關係。

在許多實證研究的發現校長科技領導和學校組織效能、競爭優勢有正相關（李昆憲，2022；蔡明貴，2022），在校長科技領導帶領下形成競爭力強又有效能的學校組織，校長帶領教師規劃和組織數位科技課程的能力，可以幫助提高學生的學業成績（Hamzah et al, 2021），而且在校長科技領導下，教師教學創新具有顯著正相關（謝傳崇、蕭文智與官柳延，2016）。因為教師課前設計有趣、豐富、多元、創新的教學內容，可以從數位教學、數位學習著手，將課堂知識融入到他們的教學實踐（謝玉英，2021；Meirovitz et al., 2022），而且在數位教學過程中能夠兼顧學生個別差異，增進學生自主學習能力，就能提升學生學習動機與學生學習成效（謝玉英，2021；Maru et al., 2022；Rachmadtullah et al., 2023）。可見，校長有效能的科技領導能間接有效引領學生樂學態度（謝傳崇等人，2016），也就是校長科技領導能間接地或整體地影響學生樂學態度（張奕華、胡瓊之，2019；張奕華、許正妹，2009；張奕華、蔡瑞倫，2009；謝傳崇、蕭文智與官柳延，2016）；由此可知，校長科技領導和教師數位教學有正相關，而良好的教師數位教學能力能促使學生提升學習成效，因此，校長科技領導與教師數位教學能力對學生學習成效具有間接或整體影響效果，也就是校長科技領導可以透過教師數位教學能力對學生學習成效產生影響效果。

可見，國民小學教師知覺校長科技領導、教師數位教學能力與學生學習成效這三者之間似乎存在著關聯性，此三者之間彼此交互作用，形成的交錯因果關係如圖 2-6 所示，藉此結構模型圖，了解變數與變數之間潛在的意義，並建立估計及檢定假設關係，進而評估理論假設模型與資料的配適程度，從資料的共變異數矩陣中，分析觀察變數之間的相互關係。究竟國民小學教師知覺校長科技領

導、教師數位教學能力與學生學習成效在教育現場之現況為何？以及相關性為何？影響效果為何？則有待本書後續實證研究加以分析探討。

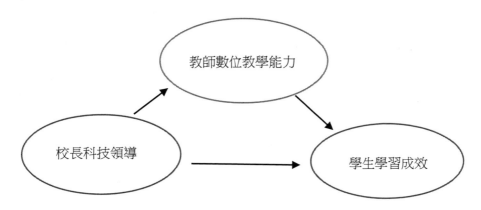

圖 2-6　國民小學教師知覺校長科技領導、教師數位教學能力與學生
學習成效結構模型圖

第三章　研究設計與實施

　　本章節在探討國民小學校長科技領導、教師數位教學能力與學生學習成效關係之研究，研究設計係依據研究背景、動機與目的，並參考相關文獻發展而成。以問卷調查蒐集實徵性資料，再透過量化統計方法，進行調查問卷之信、效度檢驗，最後彙整成正式問卷進行後續研究及分析。全章共分為五節，第一節為研究步驟與流程，第二節為研究架構，第三節為研究對象與抽樣，第四節為研究工具，第五節為資料處理與分析。

第一節　研究步驟與流程

壹、研究步驟

　　本書為達成上述之研究目的與待答問題，與指導教授進行討論本書之操作方法與可行性，之後採用問卷調查法蒐集研究資料，再經整理、歸納與分析，以獲得結論和建議。其研究步驟如下：

一、研究主題擬定與發展階段

　　透過圖書館實體、線上資料庫以及臺灣碩博碩論文加值系統等資料搜尋、檢索途徑，參考國內外相關研究、書目與期刊，進行閱讀與統整文獻，之後與指導教授討論以構思研究架構，擬定「科技領導、數位教學與學習成效之理念與分析」之研究主題。

二、蒐集文獻資料、整理分析形成理論基礎

　　繼續閱讀、蒐集、擷取及分析整理相關文獻，作為本書之理論依據，並從國內外文獻中，分析歸納國民小學校長科技領導、教師

數位教學能力與學生學習成效之相關層面，以形成本書理論基礎與架構。

三、編纂調查問卷

參酌文獻探討「國民小學教師知覺校長科技領導、教師數位教學能力與學生學習成效關係」各變項與分層面所歸納之內涵，編製本書之初步調查問卷。

四、本書計畫發表與修正

完成本書計畫發表後，將依照計畫審查委員與指導教授所提出之寶貴意見，據以修正本書內容。並將初步問卷實施專家審題，修正後發出預試問卷調查，將回收的問卷透過整理、統計與分析，檢定問卷調查表各層面的信度與效度，將預試結果修訂完成正式問卷。

五、正式問卷調查實測

將正式問卷採 Google 網路問卷方式進行，Google 網路問卷以相關 Line 群組及 E-mail 方式寄送，並採用先分層再立意抽樣，將研究問卷發放到各校教育人員，進行填答問卷並回收整理。

六、收回資料整理分析

問卷調查回收後所獲得的資料，篩選出無效問卷，再進行編碼、登錄，進行統計分析，研究結果與國內外相關研究文獻比較探討。

七、論文結果整理與撰寫

將統計分析的資料進行整理，分析的結果做成結論與建議，撰寫後提交本書。

貳、研究流程

　　本書旨在探討國民小學教師知覺校長科技領導、教師數位教學能力與學生學習成效之間的關係，首先，研究主題發展階段，藉由國內外相關文獻整理分析，歸納出國民小學校長科技領導、教師數位教學能力與學生學習成效之理論基礎。其次，實證研究與調查分析階段，藉由理論基礎編纂調查問卷，經修訂後進行正式問卷調查蒐集相關資料。最終，論文完成階段，將蒐集之資料進行統計分析，並做出結論與建議。研究流程如圖 3-1：

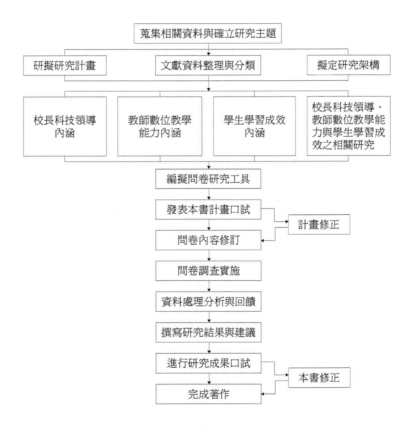

圖 3-1　研究流程圖

第二節　研究架構

　　本書目的在了解國民小學教師知覺校長科技領導、教師數位教學能力與學生學習成效之現況，研究設計以國民小學教師的個人背景變項以及學校背景變項為潛在自變項，以校長科技領導、教師數位教學能力與學生學習成效為潛在依變項，探討自變項在依變項反應差異情形，並探究國民小學教師知覺校長科技領導、教師數位教學與學生學習成效之間的關係，以及校長科技領導、教師數位教學對學生學習成效影響的情形。綜合以上本書架構如圖 3-2：

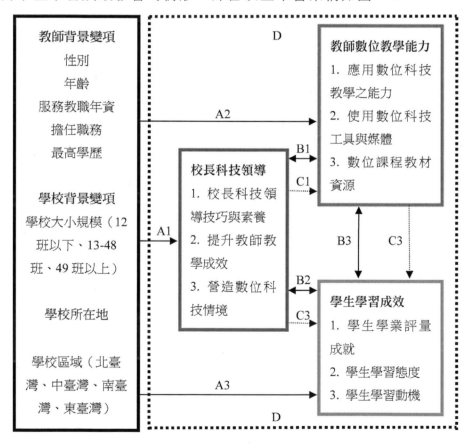

圖 3-2　研究架構圖

茲將研究架構圖中 A 至 D 的意義與關係說明如下：

一、A 路徑（實線單箭頭）：在探討不同教師背景與學校背景變項在校長科技領導、教師數位教學能力與學生學習成效的差異情形，以 t 考驗（t-text）、單因子變異數分析（one-way ANOVA）了解各變項間的差異情形。

二、B 路徑（實線雙箭頭）：探討校長科技領導、教師數位教學能力與學生學習成效的關係。以皮爾森積差相關（Pearson's product-moment correlation analysis）分析變項之間兩兩關係，探討兩連續變數之間的線性相關，若兩變數之間的相關係數絕對值較大，則表示校長科技領導、教師數位教學能力與學生學習成效彼此相關的程度較大。

三、C 路徑（虛線單箭頭）：探討校長科技領導、教師數位教學能力與學生學習成效的解釋力。亦即通過對兩個或兩個以上的自變項與一個變項的預測分析，建立預測模型進行預測，找出變項（實驗設計中的自變項）和反應變項（實驗設計中的依變項）間之變化，了解每一個路徑中潛在自變項對潛在依變項的解釋力。

四、D 路徑（外框虛線部分）：檢定校長科技領導、教師數位教學能力對學生學習成效的結構方程模式（structural equation model, SEM）進行因素分析和路徑分析的多元統計，計算出觀察變數與結構變數（潛在變項）各變項之間的參數，藉由參數值的大小找出關鍵因素、影響效果與中介效果，驗證理論模式與實證資料適配度之情形。

第三節　研究對象與抽樣

本書國民小學教師知覺校長科技領導、教師數位教學能力與學生學習成效關係之研究，以臺灣本島地區之公立國民小學為範圍

（不含私立、離島與實驗學校），問卷調查對象是 111 學年度公立國民小學編制內教師，茲就調查對象與研究樣本抽樣說明如下：

壹、研究對象

問卷發放對象本書以 111 學年度，臺灣本島（不含私立、離島與實驗學校）之公立國民小學之現任教師兼主任、教師兼組長、級任教師、科任教師為研究對象。依據教育部 2023 年統計處所彙整 111 學年度國民小學校別資料之統計表，全國各縣市轄內之公立國民小學 2,673 所，男老師 27,638 位、女老師 72,539 位，扣除離島、私立及實驗學校，學校數計有 2,508 所，男老師 26,542 位、女老師 69,314 位，據此，為本書之母群體，再依學校所在地分成分臺灣地區之北、中、南、東四大區域，統計此四區內公立國民小學編制內教師人數總計 95,856 人（教育部，2023）。

貳、研究樣本與抽樣

一、預試問卷調查樣本

預試問卷調查抽取樣本方式，採用先分層再立意抽樣的方式進行調查，以臺中市之公立國民小學的校數為母群體，學校數 232 所，因臺中市區域涵蓋山線、都會區以及海線，較能充分代表臺灣全區母體樣態的子群體。再依學校規模校數佔全區學校總校數的比率，進行樣本之抽樣，根據學者研究，問卷調查的預試對象，其數量應以問卷「分量表」中，最多題數之 3-5 倍為原則（吳明隆、涂金堂，2016），本書預計抽取教師共 241 人，超過分量表最多之題數（22 題）之 5 倍數量，作為預試問卷對象，符合學者之建議。

本書預試問卷調查抽取樣本如下，按照學校大小規模數，分為小型學校、中型學校、大型學校之比率，其學校數比例約為 5：4：1，抽取 20 所學校為問卷預試之學校。之後再按照學校規模樣本的

類型，區分為小型學校（12 班以下）取樣 11 校，中型學校（13-48 班）7 校、大型學校（49 班以上）2 校。最後，依據學校規模之學校教師總數，斟酌每校抽樣人數，其取樣原則如下：小型學校（12 班以下），每校抽取 9 人；中型學校（13-48 班），每校抽取 14 人；大型學校（49 班以上），每校則抽取 22 人，總計抽取教師共 241 人，為本書預試問卷對象，預試樣本抽樣分配如表 3-1。

表 3-1 問卷預試樣本抽樣分配表

學校規模	學校比率	抽取校數	每校人數	問卷總數
12 班以下	5	11	9	99
13-48 班	4	7	14	98
49 班以上	1	2	22	44
總計		20		241

二、正式問卷調查樣本

本書的研究對象為臺灣本島（不含私立、離島與實驗學校）地區公立國民小學正式教師，依據教育部 111 學年度統計全臺灣共計 2,508 所公立國民小學，教師人數總計 95,856 人。在統計學中，所謂的人口被抽樣，通常是透過研究母群體中有限數量的個體，進一步推論該母群體的訊息，並假設樣本的特徵代表總體。本書依 2023 年樣本量計算器（Sample Size Calculator—Find Out The Sample Size）之計算程式（https://www.calculator.net/sample-size-calculator.html），在 95%信心水準下，抽樣誤差為 3%，母群體為 95,856 人，找出樣本量，該計算器計算滿足所需統計約束的最少必要樣本數，結果合理的抽樣人數需要 1,056 人。

樣本數之抽樣人數，代表著需要進行 1,056 次或更多次測量／

調查，才能使真實值在測量／調查值的±3%範圍內的信心度達到
95%。另依吳明隆與涂金堂（2016）建議一般以地區性為對象的調
查研究，平均樣本人數約在 500 人至 1,000 人之間較為適合。為使
研究樣本具代表性，正式問卷發放時採「多階段抽樣」（multi-
leve sampling）方式進行，依區域涵蓋之縣市分層，將學校區域分
為：北臺灣、中臺灣、南臺灣、東臺灣等四區，再按照各區學校校
數與樣本總校數之比例，以 27%、32%、30%、11%計算各區校
數，之後各區再依照學校大小規模，分為小型學校、中型學校、大
型學校，其學校數比例約為 5：4：1，計算出各區抽樣之總樣本數
（如表 3-2）。

　　正式問卷發放時，其方式就抽樣學校，以電話商請學校校長或
主任，抽取校內正式老師 8-20 名，其中 12 班以下（小型學校）每
校抽取 8 名，共 51 所，教師人數共 408 位；13-48 班（中型學校）
每校抽取 13 人，共 41 所，教師人數共 533 位；49 班以上（大型學
校）每校抽取 20 人，共 10 所，教師人數共 200 位。經統計總計發
放 101 所學校，抽取樣本教師人數 1,141 人，為本書正式問卷發放
樣本數（如表 3-2）。

表 3-2　問卷正式樣本抽樣分配表

學校區域	區域涵蓋縣市	區域學校總校數	校數所占比例	學校型態學校樣本數	教師人數總樣本數
北臺灣	基隆市、臺北市	689	27％	小型：14	小型：112
	新北市、桃園市			中型：11	中型：143
	新竹市、新竹縣			大型：3	大型：60
中臺灣	臺中市、苗栗縣	808	32%	小型：16	小型：128
	南投縣、雲林縣			中型：13	中型：169
	彰化縣			大型：3	大型：60

表 3-2　問卷正式樣本抽樣分配表（續）

學校區域	區域涵蓋縣市	區域學校總校數	校數所占比例	學校型態學校樣本數	教師人數總樣本數
南臺灣	嘉義市、嘉義縣臺南市、高雄市、屏東縣	750	30%	小型：15 中型：12 大型：3	小型：120 中型：156 大型：60
東臺灣	宜蘭縣、花蓮縣、臺東縣	261	11%	小型：6 中型：4 大型：1	小型：48 中型：52 大型：20
總計		2,508	100%	小型：51 中型：40 大型：10 總計：101	小型：408 中型：533 大型：200 總計：1,141

　　問卷調查蒐集期間介於 112 年 7 月 15 日至 8 月 20 日之間，總計回收問卷調查份數 1,062 份，問卷回收率為 93.07%。因本書採線上問卷，填答者必須依序填答，才能進行下一個步驟，因此，每份問卷填答，皆為有效問卷。為了預防重複填答，利用 Google 表單製作問卷時，在設定中填答者需要登入 Google 帳號才能填寫，且設定每位教師只能回答 1 次，以有效預防不斷重複填寫問卷的情況，同時，為了避免無效問卷，每個步驟必須完成，才能接續下個動作，之後依此有效問卷進行統計分析工作。有關本書國民小學校長科技領導、教師數位教學能力與學生學習成效關係研究之問卷教師研究樣本分配與回收情形，如下表 3-3 所示。

表 3-3 教師問卷調查研究樣本分配與回收情形

校別	取樣校數	取樣人數	回收情形	
			人數	比率
小型學校	51	408	407	99.75%
中型學校	40	533	461	86.49%
大型學校	10	200	194	97.00%
總計	101	1,141	1,062	93.07%

三、國民小學問卷調查教師樣本基本資料分析

正式問卷回收後經剔除無效問卷後共得教師有效問卷 1,062 份，利用統計軟體 SPSS 敘述性統計分析，國民小學校長科技領導、教師數位教學能力與學生學習成效關係研究之教師樣本基本資料分析如表 3-4。

表 3-4 國民小學問卷調查教師樣本基本資料分析

項目	類別	人數	百分比
性別	男	465	43.8%
	女	597	56.2%
教師年齡	20- 30 歲	215	20.2%
	31- 40 歲	212	20.0%
	41- 50 歲	327	30.8%
	51 歲以上	308	29.0%
最高學歷	師專、師院或教育大學	333	31.4%
	一般大學	185	17.4%
	碩士以上（含 40 學分班）	544	51.2%

表 3-4　國民小學問卷調查教師樣本基本資料分析（續）

項目	類別	人數	百分比
服務教職年資	未滿 10 年	299	28.2%
	11-20 年	214	20.1%
	21-30 年	365	34.4%
	31 年以上	184	17.3%
擔任職務	科任教師	177	16.7%
	級任導師	465	43.8%
	教師兼行政工作	420	39.5%
學校所在地	都市區	446	42.0%
	一般鄉鎮	332	31.3%
	偏遠（含山區）	284	26.7%
學校大小規模	12 班以下	407	38.2%
	13-48 班	461	43.5%
	49 班以上	194	18.3%
學校區域	北臺灣	285	26.9%
	中臺灣	353	33.2%
	南臺灣	309	29.1%
	東臺灣	115	10.8%

n＝1,062

第四節　研究工具

　　本書之工具採用調查問卷為主要方式，針對國民小學校長科技領導、教師數位教學能力與學生學習成效關係研究之調查，以蒐集的相關文獻資料，彙整後與指導教授共同討論，編製成為本書預試

問卷內容，共有 62 個題項（如附錄一），未來作為本書資料蒐集之工具。以下就編製預試問卷內容與預試問卷考驗分析方式，內容說明如下：

壹、編製預試問卷之內容

一、教師背景變項

（一）性別：分為「男」、「女」。

（二）年齡：分為「20-30 歲」、「31-40 歲」、「41-50 歲」及「51 歲以上」等四組。

（三）最高學歷：分為「師專、師院或教育大學」、「一般大學」、「碩士以上（含 40 學分班）」等三組。

（四）服務教職年資：分為「未滿 10 年」、「11-20 年」、「21-30 年」及「31 年以上」等四組。

（五）擔任職務：分為「級任導師」、「科任教師」及「教師兼任行政工作」等三組。

二、學校環境變項

（一）學校所在地：分「都市區」（含院、省、縣轄市）、「一般鄉鎮」及「偏遠（含山區）」等三組。

（二）學校大小規模：分「12 班以下」、「13-48 班」及「49 班以上」等三組。

（三）學校區域：

北臺灣：基隆市、臺北市、新北市、桃園市、新竹市、新竹縣。

中臺灣：苗栗縣、臺中市、彰化縣、南投縣、雲林縣。

南臺灣：嘉義市、嘉義縣、臺南市、高雄市、屏東縣。

東臺灣：宜蘭縣、花蓮縣、臺東縣。

三、校長科技領導問卷量表

校長科技領導問卷量表分成「校長科技領導技巧與素養」、「提升學校教學成效」以及「營造數位科技情境」等三個層面。

本量表之產生由筆者自行編製，依據校長科技領導變項之文獻探討，統整「國內、外學者、機構之校長科技領導的定義及相關層面」，整理出「校長科技領導」之相關層面，並將該層面歸納出「校長科技領導之內涵」加以分析後，作為「校長科技領導」問卷題目編製的依據，再參考蔡金田（2006）、張奕華和許丞芳（2009）、謝傳崇等人（2016）、蕭文智（2019）、李昆憲（2022）與蔡明貴（2022）等人之研究有關校長領導及科技領導的量表，最終編製成本書「校長科技領導問卷量表」。

四、教師數位教學能力問卷量表

教師數位教學能力問卷量表分成「應用數位科技教學之能力」、「使用數位科技工具與媒體」以及「數位課程教材資源」等三個層面。

本量表之產生由筆者自行編製，依據教師數位教學能力變項之文獻探討，統整「國內、外學者、機構之教師數位教學能力的定義及相關層面」，整理出「教師數位教學能力」之相關層面，並將該層面歸納出「教師數位教學能力之內涵」加以分析後，作為「教師數位教學能力」問卷題目編製的依據，再參考美國國際教育科技學會（ISTE, 2023）針對教育工作者運用數位科技教學相關層面與指標，以及張瓊穗與翁婉慈（2008）、賴阿福（2014）、潘玉龍（2021）與蘇俊豪（2023）等人之研究有關資訊、數位科技的量表，最終編製成本書「教師數位教學能力問卷量表」。

五、學生學習成效問卷量表

學生學習成效問卷量表分成「學生學業評量成就」、「學生學習態度」以及「學生學習動機」等三個層面。

本量表之產生由筆者自行編製，依據學生學習成效變項之文獻探討，統整「國內、外學者、機構之學生學習成效的定義及相關層面」，整理出「學生學習成效」之相關層面，並將該層面歸納出「學生學習成效之內涵」加以分析後，作為「學生學習成效」問卷題目編製的依據，再參考謝傳崇與王瓊滿（2011）、蔡金田（2014）、林宏泰（2019）、張伯瑲（2021）、陳忠明（2022）、張凌凌（2022）、黃貴連（2023）等人之研究有關學生學習成效的量表，最終編製成本書「學生學習成效問卷量表」。

六、問卷填答、計分方式

本書之「國民小學校長科技領導、教師數位教學能力與學生學習成效關係之研究調查問卷」採用李克特（Likert scale）五點量表，屬於評分加總式量表，其作法是根據受試者對每個題目的陳述程度來計分，陳述之認同程度分別為「非常同意」、「同意」、「普通」、「不同意」、「非常不同意」五種回答，依序給予 5 分、4 分、3 分、2 分、1 分，每一道題回答分數的加總，即為每個受試者的態度總分，也代表受試者的態度強弱，亦即該題得分越高，代表受試者在該題目的認同度越高。本量表依據總分多寡，將受測者劃分為，高程度：分數超過 4 分以上；中上程度：分數在 3~4 分之間；平均值：分數為 3 分；中下程度：分數在 2~3 分；低程度：分數在 2 分以下（吳明隆、涂金堂，2016）。

七、問卷內容效度之審查

本書調查問卷之專家效度鑑定，邀請大學及教育現場具備專業知識及技能之專業人士，包括：大專院校相關領域學者 3 人，小型、中型、大型學校校長各 1 人，教學實務經驗主任、教師 1 人，共七位學者專家（如表 3-5），進行本書調查問卷內容效度審查。

審查內容包括：教師、學校背景變項，問卷各分量表之題目、架構，以及語意措辭之修飾，提供相關修正建議。每個問卷題目以

「適用」、「修正」與「刪除」三種封閉式反應之選項，再以開放式填寫之空白欄位，置於問題下方，供專家學者修正題目或填寫意見。資料蒐集後再依專家學者審查意見及建議，與指導教授多次討論，修正後發展成預試問卷題目之內容（如附錄二）。

表 3-5　專家效度之學者專家及教學現場工作者名冊一覽表

姓名	服務單位	學歷	專長領域
吳○章	師範大學	教育博士	教育、統計
林○婕	臺中市國小	博士候選人	國小主任、教師
林○猛	臺中市國小	博士候選人	中型學校校長
張○娟	臺中市國小	博士生	大型學校校長
張○煌	臺中市國小	碩士	小型學校校長
許○芳	私立大學	教育博士	教育系、師培
譚○晳	教育大學	語教博士	語文教育系

註：依姓氏筆畫排列。

貳、預試問卷考驗與分析結果

本書預試問卷採 Google 網路問卷方式進行，預計邀請 241 位老師填答問卷，結果回收 229 份問卷，經統計回收率 95%，且均為有效問卷。為使本書問卷題目具備更嚴謹之建構效度及信度，之後將依照預試問卷所蒐集得到之資料，逐一進行項目分析、因素分析以及信度分析，依分析結果刪除不合適的題目，進而統整編輯正式問卷。

本書之預試問卷共分為「校長科技領導量表」、「教師數位教學能力量表」與「學生學習成效量表」等三部分，茲將考驗結果分析如下：

一、校長科技領導量表

（一）項目分析

1.極端組檢驗法——臨界比（critical ration）

運用極端組檢驗法——臨界比分析，吳明隆與涂金堂（2016）認為此方法主要利用 t 檢定來找出題目間的鑑別度，將問卷題目之樣本，以前、後各 27% 的樣本來做比對差異，然後在每一題中找出極端的兩組，依照受試者回答的平均數高低差異，找出該題次是否具有鑑別度，CR 絕對值小於 3，該題目予以刪除。

由表 3-6 得知，校長科技領導量表差異性檢定的結果，所有題目均達顯著水準，表示校長科技領導題目之鑑別力很好，所有預試題目（20 題）全數保留，如表 3-6 所示。

表 3-6　校長科技領導量表獨立樣本檢定

	變異數相等的 Levene 檢定		平均數相等的 t 檢定		
	F 檢定	顯著性	t	自由度	顯著性（雙尾）
A1	48.682	.000	13.178	78.738	.000
A2	115.093	.000	15.287	71.913	.000
A3	60.474	.000	13.015	81.642	.000
A4	7.966	.006	16.380	98.938	.000
A5	35.718	.000	14.980	97.513	.000
A6	59.477	.000	16.532	78.614	.000
A7	19.266	.000	11.261	76.312	.000
A8	123.253	.000	15.912	67.835	.000
A9	86.937	.000	15.791	75.711	.000

表 3-6　校長科技領導量表獨立樣本檢定（續）

| | 變異數相等的 Levene 檢定 | | 平均數相等的 t 檢定 | | |
	F 檢定	顯著性	t	自由度	顯著性（雙尾）
A10	88.610	.000	15.378	75.071	.000
A11	80.379	.000	15.924	73.722	.000
A12	101.342	.000	17.395	67.858	.000
A13	120.653	.000	17.308	64.000	.000
A14	74.658	.000	13.980	75.901	.000
A15	88.785	.000	13.404	67.858	.000
A16	72.747	.000	15.062	84.703	.000
A17	74.907	.000	13.544	68.247	.000
A18	68.493	.000	15.532	87.776	.000
A19	114.823	.000	16.683	74.411	.000
A20	109.970	.000	16.777	72.115	.000

2.同質性考驗法

　　同一題本的試題彼此間應該要有高相關，因為他們屬於同一種屬性，每一道題與研究量表總分也要有高相關，該相關必須達到.30 以上，並且要達到顯著水準，再依結果決定問卷預試題目是否保留（吳明隆、涂金堂，2016）。本量表題目與總量表相關均達到.30 以上，顯著水準達.001 以上，總體而言各題項與總分的相關達高度的相關，題項間所要測量態度行為特質同質性高，故所有預試題目（20 題）全數保留，如下表 3-7 校長科技領導量表題項與總分的積差相關矩陣所示。

表 3-7　校長科技領導量表題項與總分的積差相關矩陣

總分			總分		
A1	Pearson 相關	.810***	A11	Pearson 相關	.892***
A2	Pearson 相關	.868***	A12	Pearson 相關	.862***
A3	Pearson 相關	.841***	A13	Pearson 相關	.828***
A4	Pearson 相關	.825***	A14	Pearson 相關	.829***
A5	Pearson 相關	.835***	A15	Pearson 相關	.791***
A6	Pearson 相關	.850***	A16	Pearson 相關	.790***
A7	Pearson 相關	.733***	A17	Pearson 相關	.799***
A8	Pearson 相關	.843***	A18	Pearson 相關	.815***
A9	Pearson 相關	.860***	A19	Pearson 相關	.835***
A10	Pearson 相關	.830***	A20	Pearson 相關	.799***

*** $p < .001$

3.一致性考驗法

　　一致性考驗方法時，求出的 α 係數值越高，代表問卷題項和總體問卷的內部一致性越佳，因此校正項目總分的相關係數（corrected item-total correlation），可以代表一個題項與其他題項總分的相關係數，進而得知此題項與其他題項的一致性，得分越高表示問卷題目的組成測量結果可靠性越好（吳明隆、涂金堂，2016）。

表 3-8　校長科技領導量表項目整體統計量

	項目刪除時的 尺度平均數	項目刪除時的 尺度變異數	更正後項目總 數相關	項目刪除時的 Cronbach 的 Alpha
A1	80.65	149.003	.789	.975
A2	80.71	147.377	.853	.975
A3	80.78	147.520	.822	.975
A4	81.00	145.273	.801	.975
A5	80.85	147.194	.815	.975
A6	80.86	146.380	.831	.975
A7	80.51	151.696	.708	.976
A8	80.77	147.272	.824	.975
A9	80.77	147.190	.844	.975
A10	80.79	147.169	.809	.975
A11	80.84	145.482	.814	.975
A12	80.80	145.598	.867	.974
A13	80.73	145.970	.849	.975
A14	80.66	148.561	.809	.975
A15	80.65	149.004	.798	.975
A16	80.78	148.915	.787	.976
A17	80.60	149.881	.768	.976
A18	80.74	149.320	.777	.975
A19	80.73	148.972	.836	.975
A20	80.77	147.357	.847	.975

總量表 Cronbach's α 係數＝.976

如表 3-8 所示，校長科技領導量表 20 題總量的 Cronbach's α 值等於.976，如果刪除某一題後，α 係數值改變大都變小，代表每個題項與總量表的一致性頗高。但第 A7、A16、A17 題的題項刪除後，Cronbach 的 Alpha 係數值並沒有改變，因此上述三個題項是否刪除，將依因素分析後而定。

4.校長科技領導量表項目分析結果

茲將上述校長科技領導量表之項目分析結果整理如下表 3-9。

表 3-9　校長科技領導量表項目分析結果

題項	極端組比較	同質性檢驗			
	決斷值（CR 值）	題目與總分相關	校正題項題目與總分相關	刪除後的 α 係數	備註
A1	13.178***	.810***	.789	.975	保留
A2	15.287***	.868***	.853	.975	保留
A3	13.015***	.841***	.822	.975	保留
A4	16.38***	.825***	.801	.975	保留
A5	14.98***	.835***	.815	.975	保留
A6	16.532***	.850***	.831	.975	保留
A7	11.261***	.733***	.708	.976	保留
A8	15.912***	.843***	.824	.975	保留
A9	15.791***	.860***	.844	.975	保留
A10	15.378***	.830***	.809	.975	保留
A11	15.924***	.839***	.814	.975	保留
A12	17.395***	.892***	.867	.974	保留
A13	17.308***	.889***	.849	.975	保留

表 3-9　校長科技領導量表項目分析結果（續）

| 題項 | 極端組比較 | 同質性檢驗 | | | |
	決斷值 （CR 值）	題目與總 分相關	校正題項題目 與總分相關	刪除後的 α 係數	備註
A14	13.98***	.829***	.809	.975	保留
A15	13.404***	.821***	.798	.975	保留
A16	15.062***	.813***	.787	.976	保留
A17	13.544***	.799***	.768	.976	保留
A18	15.532***	.815***	.777	.975	保留
A19	16.683***	.860***	.836	.975	保留
A20	16.777***	.875***	.847	.975	保留

總量表的 α 係數＝.976

*** $p < .001$

　　校長科技領導量表項目分析結果如表 3-9 所列，極端組比較結果，20 題的 CR 值在 11.261 至 17.395 之間，結果 20 個題項均達統計上的顯著水準（$p = .000 < .001$）。同質性檢驗中 20 個題項與總量表的相關在 .733 至 .892 間，呈現高度相關（$p = .000 < .001$），20個校正題項題目與總分相關之該量表，α 係數與刪除後總量表的 α 係數相差不大，沒有突增的題項，因此 20 個題項均可保留採用。

（二）因素分析

　　KMO 值（Kaiser-Meyer-Olkin）是取樣適當性衡量之量數，用來判別變項是否適合進行因素分析，當 KMO 值越大，代表變數間的相關性越強，共同因素就越多，因素分析的效果就越好。為了判斷變項是否適合進行因素分析，本書將以 KMO 值取樣適當性檢

定，以及 Bartlett 球面性檢定進行判別。吳明隆與涂金堂（2016）指出 KMO 值可以判別各個題項之間是否適合進行因素分析，若呈現「非常不適合」時，KMO 值小於.500；呈現「尚可」時，KMO 值大於.700；呈現「極適合」時，KMO 值大於.900。

本書校長科技領導量表檢定結果，KMO 值為.955 是屬於「極適合」，表示變項間有共同因素存在，此外，考驗母群體的相關矩陣間是否有共同因素存在，以 Bartlett's T 球形考驗達顯著水準.000，代表此變項適合進行因素分析。

考驗「校長科技領導」預試問卷的因素分析，是為了檢定校長科技領導的預試問卷初稿，經由統計方法後是否會有相同的因素，進而探討問卷中各因素的因素解釋量，以及各題之因素負荷量大小，以作為選題之參考及了解其建構效度是否良好，原則上常見的標準為低於 0.4 以下即刪除該題項，且因素負荷量數值基本上越大越好（吳明隆、涂金堂，2016）。其次，本書採用主成分分析（Principal Component Analysis）因素，將校長科技領導量表相關變量的觀測值進行線性轉換，採特徵值（eigenvalue 值）大於 1 者為入選因素參考標準（吳明隆與涂金堂，2016）。本書共抽取三個因素，與校長科技領導相關內涵之分析與及專家審查問卷後的結果相符，總共解釋變異量為 80.459%，各因素解釋量如表 3-10、3-11所述：

表 3-10　校長科技領導量表解說總變異數

元件	起始特徵值			擷取平方和載入			循環平方和載入		
	總計	變異的%	累加%	總計	變異的%	累加%	總計	變異的%	累加%
1	10.249	68.329	68.329	10.249	68.329	68.329	4.893	32.618	32.618
2	1.119	7.457	75.786	1.119	7.457	75.786	3.978	26.522	59.140
3	1.001	4.673	80.459	1.001	4.673	80.459	3.198	21.319	80.459
4	.743	2.953	83.412						
5	.401	2.675	86.087						
6	.331	2.210	88.297						
7	.265	1.767	90.064						
8	.256	1.704	91.768						
9	.228	1.517	93.285						
10	.207	1.379	94.664						
11	.200	1.331	95.995						
12	.187	1.250	97.245						
13	.164	1.091	98.336						
14	.139	.925	99.261						
15	.111	.739	100.000						

擷取方法：主體元件分析。

表 3-11　校長科技領導量表轉軸後成分矩陣

	因素		
	1	2	3
A18	.807		
A17	.800		
A19	.795		
A15	.774		
A16	.752		
A14	.742		
A4		.817	
A6		.816	
A5		.816	
A3		.738	
A7			.837
A10			.673
A9			.622
A8			.618
A13			.565

擷取方法：主體元件分析。轉軸方法：具有 Kaiser 正規化的最大變異法。

　　1.因素一：包括第 14、15、16、17、18、19 題共計 6 題，因素負荷量從 .742~.807，分析題目內容命名為「營造數位科技情境」，其 eigenvalue 值為 4.893，可解釋國民小學校長科技領導之「營造數位科技情境」達 32.618%。

　　2.因素二：包括第 3、4、5、6 題，共計 4 題，因素負荷量從 .738~.817，分析題目內容命名為「校長科技領導技巧與素養」，其 eigenvalue 值為 3.978，可解釋國民小學校長科技領導

之「校長科技領導技巧與素養」達 26.522%。

　　3.因素三：包括第 7、8、9、10、13 題，共計 5 題，因素負荷量從.565~.837，分析題目內容命名為「提升教師教學成效」，其 eigenvalue 值為 3.198，可解釋國民小學校長科技領導之「提升教師教學成效」達 21.319%。

　　本書國民小學校長科技領導預試量表經過項目描述統計分析、因素分析，總計刪除 5 題，剩餘題目共 15 題，刪題後題目內容如表 3-12。

表 3-12　校長科技領導量表分析後題目內容

層面	刪除題目	保留題目
校長科技領導技巧與素養	1、2	3、4、5、6
提升教師教學成效	11、12	7、8、9、10、13
營造數位科技情境	20	14、15、16、17、18、19

（三）信度分析

　　將定稿之 15 題正式問卷，依校長科技領導各層面之分量表與總量表進行 Cronbach's α 信度考驗，統計各分量表及總量表之信度考驗，若總量表的信度係數在.800 以上，可以認定為信度係數較佳的問卷；若各層面之分量表信度係數在.700 以上，代表量表的信度越高、穩定性越高（吳明隆、涂金堂，2016）。

　　如表 3-13 顯示，本書校長科技領導之量表信度採內部一致性來加以考驗，各分量表之 Cronbach's α 係數介於.926~.946 之間，總量表之 Cronbach's α 值為.966，顯示校長科技領導量表之信度良好。

表 3-13　校長科技領導量表信度分析摘要表

分量表	題目個數	Cronbach's α 值
校長科技領導技巧與素養	4	.938
提升教師教學成效	5	.926
營造數位科技情境	6	.946
校長科技領導總量表	15	.966

二、教師數位教學能力量表

（一）項目分析

1.極端組檢驗法──臨界比（critical ration）

運用極端組檢驗法──臨界比分析，吳明隆與涂金堂（2016）認為此方法主要利用 t 檢定來找出題目間的鑑別度，將問卷題目之樣本，以前、後各 27%的樣本來做比對差異，然後在每一題中找出極端的兩組，依照受試者回答的平均數高低差異，找出該題次是否具有鑑別度，CR 絕對值小於 3，表示未具有顯著差異，該題目予以刪除。

由表 3-14 得知，教師數位教學能力量表差異性檢定的結果，所有題目均達顯著水準，表示教師數位教學能力問卷題目之鑑別力很好，所有預試題目（20 題）全數保留，如表 3-14 所示。

表 3-14 教師數位教學能力量表獨立樣本檢定

| | 變異數相等的 Levene 檢定 | | 平均數相等的 t 檢定 | | |
	F 檢定	顯著性	t	自由度	顯著性（雙尾）
B1	20.166	.000	19.095	98.056	.000
B2	26.597	.000	18.902	97.229	.000
B3	27.726	.000	17.127	122.809	.000
B4	38.038	.000	16.797	140.129	.000
B5	20.245	.000	15.194	147.380	.000
B6	2.436	.121	12.310	149	.000
B7	0.398	.529	17.300	149	.000
B8	9.945	.002	17.771	110.300	.000
B9	33.627	.000	16.303	117.159	.000
B10	38.994	.000	16.578	129.345	.000
B11	12.6	.001	17.542	122.161	.000
B12	11.318	.001	17.983	148.209	.000
B13	6.064	.015	13.432	142.756	.000
B14	37.783	.000	29.78	85.000	.000
B15	79.655	.000	20.481	131.770	.000
B16	79.733	.000	19.14	116.054	.000
B17	46.113	.000	21.088	85.000	.000
B18	45.705	.000	17.755	137.647	.000
B19	55.175	.000	17.181	123.801	.000
B20	28.589	.000	15.091	148.744	.000

2.同質性考驗法

同一題本的試題彼此間應該要有高相關，因為他們屬於同一種屬性，每一道題與研究量表總分也要有高相關，該相關必須達到.30 以上，並且要達到顯著水準，再依結果決定問卷預試題目是否保留（吳明隆、涂金堂，2016）。本量表題目與總量表相關均達到.30 以上，顯著水準達.001 以上，總體而言各題項與總分的相關達中、高度的相關，題項間所要測量態度行為特質同質性高，故所有預試題目（20 題）全數保留，如下表 3-15 教師數位教學能力量表題項與總分的積差相關矩陣所示。

表 3-15　教師數位教學能力量表題項與總分的積差相關矩陣

總分			總分		
B1	Pearson 相關	.772***	B11	Pearson 相關	.736***
B2	Pearson 相關	.768***	B12	Pearson 相關	.754***
B3	Pearson 相關	.765***	B13	Pearson 相關	.738***
B4	Pearson 相關	.751***	B14	Pearson 相關	.826***
B5	Pearson 相關	.783***	B15	Pearson 相關	.827***
B6	Pearson 相關	.684***	B16	Pearson 相關	.822***
B7	Pearson 相關	.746***	B17	Pearson 相關	.735***
B8	Pearson 相關	.760***	B18	Pearson 相關	.800***
B9	Pearson 相關	.766***	B19	Pearson 相關	.796***
B10	Pearson 相關	.800***	B20	Pearson 相關	.746***

*** $p < .001$

3.一致性考驗法

一致性考驗方法時，求出的 α 係數值越高，代表問卷題項和總體問卷的內部一致性越佳，因此校正項目總分的相關係數（corrected item-total correlation），可以代表一個題項與其他題項總分的相關係數，進而得知此題項與其他題項的一致性，得分越高表示問卷題目的組成測量結果可靠性越好（吳明隆、涂金堂，2016）。

表 3-16　教師數位教學能力量表項目整體統計量

	尺度平均數（如果項目已刪除）	尺度變異數（如果項目已刪除）	更正後項目總數相關	Cronbach 的 Alpha（如果項目已刪除）
B1	81.30	92.334	.745	.961
B2	81.30	92.290	.740	.961
B3	81.45	91.887	.736	.961
B4	81.49	91.097	.716	.962
B5	81.51	91.132	.754	.961
B6	81.26	93.558	.649	.962
B7	81.38	93.461	.719	.962
B8	81.26	92.820	.732	.961
B9	81.41	91.521	.735	.961
B10	81.45	90.962	.773	.961
B11	81.26	93.100	.707	.962
B12	81.33	92.750	.726	.961
B13	81.43	91.921	.705	.962

表 3-16　教師數位教學能力量表項目整體統計量（續）

	尺度平均數（如果項目已刪除）	尺度變異數（如果項目已刪除）	更正後項目總數相關	Cronbach 的 Alpha（如果項目已刪除）
B14	81.32	92.509	.807	.961
B15	81.49	91.564	.805	.960
B16	81.43	91.100	.798	.960
B17	81.32	92.677	.704	.962
B18	81.48	91.440	.774	.961
B19	81.49	91.044	.769	.961
B20	81.64	90.988	.710	.962

總量表 Cronbach's α 係數＝.963

　　如表 3-16 所示，教師數位教學能力量表 20 題總量的 Cronbach's α 值等於.963，如果刪除某一題後，α 係數值改變大都變小，代表每個題項與總量表的一致性頗高，因此，所有預試題目（20 題）全數保留。

　　4.教師數位教學能力量表項目分析結果

　　茲將上述教師數位教學能力量表之項目分析結果整理如下表 3-17。

表 3-17　教師數位教學能力量表項目分析結果

| 題項 | 極端組比較 | 同質性檢驗 | | | 備註 |
	決斷值（CR 值）	題目與總分相關	校正題項題目與總分相關	刪除後的 α 係數	
B1	19.095***	.772***	.745	.961	保留
B2	18.902***	.768***	.740	.961	保留
B3	17.127***	.765***	.736	.961	保留
B4	16.797***	.751***	.716	.962	保留
B5	15.194***	.783***	.754	.961	保留
B6	12.310***	.684***	.649	.962	保留
B7	17.300***	.746***	.719	.962	保留
B8	17.771***	.760***	.732	.961	保留
B9	16.303***	.766***	.735	.961	保留
B10	16.578***	.800***	.773	.961	保留
B11	17.542***	.736***	.707	.962	保留
B12	17.983***	.754***	.726	.961	保留
B13	13.432***	.738***	.705	.962	保留
B14	29.78***	.826***	.807	.961	保留
B15	20.481***	.827***	.805	.960	保留
B16	19.14***	.822***	.798	.960	保留
B17	21.088***	.735***	.704	.962	保留
B18	17.755***	.800***	.774	.961	保留
B19	17.181***	.796***	.769	.961	保留
B20	15.091***	.746***	.710	.962	保留

總量表的 α 係數＝.963

*** $p < .001$

　　教師數位教學能力量表項目分析結果如表 3-17 所列，極端組比較結果，20 題的 CR 值在 12.310 至 29.78 之間，結果 20 個題項均達統計上的顯著水準（$p = .000 < .001$）。同質性檢驗中 20 個題項與總量表的相關在 .684 至 .827 間，呈現中、高度相關（$p = .000 < .001$），20 個校正題項題目與總分相關之該量表 α 係數與刪除後總量表的 α 係數相差不大，沒有突增的題項，因此 20 個題項均可保留採用。

（二）因素分析

　　KMO 值（Kaiser-Meyer-Olkin）是取樣適當性衡量之量數，用來判別變項是否適合進行因素分析，當 KMO 值越大，代表變數間的相關性越強，共同因素就越多，因素分析的效果就越好。為了判斷變項是否適合進行因素分析，本書將以 KMO 值取樣適當性檢定，以及 Bartlett 球面性檢定進行判別。吳明隆與涂金堂（2016）指出 KMO 值可以判別各個題項之間是否適合進行因素分析，若呈現「非常不適合」時，KMO 值小於 .500；呈現「尚可」時，KMO 值大於 .700；呈現「極適合」時，KMO 值大於 .900。

　　本書教師數位教學能力量表檢定結果，KMO 值為 .939 是屬於「極適合」，表示變項間有共同因素存在，此外，考驗母群體的相關矩陣間是否有共同因素存在，以 Bartlett's T 球形考驗達顯著水準 .000，代表此變項適合進行因素分析。

　　考驗「教師數位教學能力預試問卷」的因素分析，是為了檢定教師數位教學能力的預試問卷初稿，經由統計方法後是否會有相同的因素，進而探討問卷中各因素的因素解釋量，以及各題之因素負荷量大小，以作為選題之參考及了解其建構效度是否良好，原則上常見的標準為低於 0.4 以下即刪除該題項，且因素負荷量數值基本上越大越好。其次，本書採用主成分分析（Principal Component Analysis）因素，將教師數位教學能力量表相關變量的觀測值進行

線性轉換，採特徵值（eigenvalue 值）大於 1 者為入選因素參考標準（吳明隆與涂金堂，2016）。本書共抽取三個因素，與教師數位教學能力之內涵分析以及專家審查問卷後的結果相符，總共解釋變異量為 74.174 %，各因素解釋量如表 3-18、3-19 所述：

表 3-18　教師數位教學能力量表解說總變異

說明的變異數總計									
元件	起始特徵值			擷取平方和載入			循環平方和載入		
	總計	變異的%	累加%	總計	變異的%	累加%	總計	變異的%	累加%
1	8.330	59.500	59.500	8.330	59.500	59.500	4.980	35.573	35.573
2	1.332	9.515	69.015	1.332	9.515	69.015	2.707	19.337	54.910
3	1.122	5.159	74.174	1.122	5.159	74.174	2.697	19.264	74.174
4	.638	4.561	78.734						
5	.481	3.434	82.168						
6	.395	2.824	84.992						
7	.366	2.617	87.609						
8	.334	2.383	89.992						
9	.310	2.216	92.208						
10	.274	1.954	94.162						
11	.236	1.686	95.848						
12	.217	1.549	97.397						
13	.213	1.523	98.921						
14	.151	1.079	100.000						

擷取方法：主體元件分析。

表 3-19　教師數位教學能力量表轉軸後成分矩陣

	因素		
	1	2	3
B18	.795		
B20	.789		
B19	.784		
B15	.778		
B16	.760		
B12		.702	
B13		.697	
B11		.560	
B8		.551	
B6			.778
B1			.774
B4			.772
B3			.762
B5			.729

擷取方法：主體元件分析。轉軸方法：具有 Kaiser 正規化的最大變異法。

　　1.因素一：包括第 15、16、18、19、20 題共計 5 題，因素負荷量從 .760~.795，分析題目內容命名為「數位課程教材資源」，其 eigenvalue 值為 4.980 可解釋教師數位教學能力之「數位課程教材資源」達 35.573%。

　　2.因素二：包括第 8、11、12、13 題，共計 4 題，因素負荷量從 .551~.702，分析題目內容命名為「使用數位科技工具與媒

體」，其 eigenvalue 值為 2.707，可解釋教師數位教學能力之「使用數位科技工具與媒體」達 19.337%。

　　3.因素三：包括第 1、3、4、5、6 題，共計 5 題，因素負荷量從 .729~.778，分析題目內容命名為「應用數位科技教學之能力」，其 eigenvalue 值為 2.697，可解釋教師數位教學能力之「應用數位科技教學之能力」達 19.264%。

　　本書教師數位教學能力預試量表經過項目描述統計分析、因素分析，總計刪除 6 題，剩餘題目共 14 題，刪題後題目內容如表 3-20。

表 3-20　教師數位教學能力量表分析後題目內容

層面	刪除題目	保留題目
應用數位科技教學之能力	2	1、3、4、5、6
使用數位科技工具與媒體	7、9、10	8、11、12、13
數位課程教材資源	14、17	15、16、18、19、20

（三）信度分析

　　將定稿之 14 題正式問卷，依教師數位教學能力各層面之分量表與總量表進行 Cronbach's α 信度考驗，統計各分量表及總量表之信度考驗，若總量表的信度係數在 .800 以上，可以認定為信度係數較佳的問卷；若分量表的信度係數在 .700 以上，代表量表的信度越高、穩定性越高（吳明隆、涂金堂，2016）。

　　如表 3-21 顯示，本書教師數位教學能力之量表信度採內部一致性來加以考驗，各分量之 Cronbach's α 值介於 .836~.925 之間，總量表之 Cronbach's α 值為 .947，顯示教師數位教學能力量表之信度良好。

表 3-21　教師數位教學能力量表信度分析摘要表

分量表	題目個數	Cronbach's α 值
應用數位科技教學之能力	5	.895
使用數位科技工具與媒體	4	.836
數位課程教材資源	5	.925
教師數位教學能力總量表	14	.947

三、學生學習成效量表

(一)項目分析

1.極端組檢驗法 —— 臨界比（critical ration）

運用極端組檢驗法 —— 臨界比分析，吳明隆與涂金堂（2016）認為此方法主要利用 t 檢定來找出題目間的鑑別度，將問卷題目之樣本，以前、後各 27%的樣本來做比對差異，然後在每一題中找出極端的兩組，依照受試者回答的平均數高低差異，找出該題次是否具有鑑別度，CR 絕對值小於 3，表示未具有顯著差異，該題目予以刪除。

由表 3-22 得知，學生學習成效量表差異性檢定的結果，所有題目均達顯著水準，表示學生學習成效題目之鑑別力很好，所有預試題目（22 題）全數保留，如表 3-22 所示。

表 3-22　學生學習成效量表獨立樣本檢定

	變異數相等的 Levene 檢定		平均數相等的 t 檢定		
	F 檢定	顯著性	t	自由度	顯著性（雙尾）
C1	6.964	.009	10.116	103.279	.000
C2	39.202	.000	13.212	99.066	.000

表 3-22 學生學習成效量表獨立樣本檢定（續）

	變異數相等的 Levene 檢定		平均數相等的 t 檢定		
	F 檢定	顯著性	t	自由度	顯著性（雙尾）
C3	25.081	.000	14.465	96.210	.000
C4	1.868	.174	14.187	120.000	.000
C5	18.995	.000	13.452	112.077	.000
C6	37.998	.000	13.407	92.923	.000
C7	48.843	.000	15.04	93.399	.000
C8	49.486	.000	15.782	103.967	.000
C9	58.586	.000	16.203	101.067	.000
C10	76.414	.000	17.131	100.910	.000
C11	18.092	.000	18.005	113.963	.000
C12	30.576	.000	14.656	110.452	.000
C13	4.236	.042	15.031	119.197	.000
C14	2.402	.124	13.311	120.000	.000
C15	25.587	.000	15.413	114.806	.000
C16	1.61	.207	10.556	120.000	.000
C17	31.91	.000	15.01	109.321	.000
C18	44.05	.000	14.541	99.305	.000
C19	12.071	.001	14.954	118.879	.000
C20	8.328	.005	14.113	118.571	.000
C21	5.577	.020	15.676	112.923	.000
C22	23.167	.000	12.066	105.413	.000

2.同質性考驗法

　　同一題本的試題彼此間應該要有高相關，因為他們屬於同一種屬性，每一道題與研究量表總分也要有高相關，該相關必須達到.30 以上，並且要達到顯著水準，再依結果決定問卷預試題目是否保留（吳明隆、涂金堂，2016）。本書學生學習成效量表題目與總量表相關均達到.30 以上，顯著水準達.001 以上，總體而言各題項與總分的相關達中、高度的相關，題項間所要測量態度行為特質同質性高，故所有預試題目（22 題）全數保留，如下表 3-23 學生學習成效量表題項與總分的積差相關矩陣所示。

表 3-23　學生學習成效量表題項與總分的積差相關矩陣

總分			總分		
C1	Pearson 相關	.688***	C12	Pearson 相關	.809***
C2	Pearson 相關	.702***	C13	Pearson 相關	.815***
C3	Pearson 相關	.747***	C14	Pearson 相關	.749***
C4	Pearson 相關	.769***	C15	Pearson 相關	.807***
C5	Pearson 相關	.785***	C16	Pearson 相關	.654***
C6	Pearson 相關	.760***	C17	Pearson 相關	.753***
C7	Pearson 相關	.782***	C18	Pearson 相關	.758***
C8	Pearson 相關	.817***	C19	Pearson 相關	.790***
C9	Pearson 相關	.815***	C20	Pearson 相關	.786***
C10	Pearson 相關	.794***	C21	Pearson 相關	.812***
C11	Pearson 相關	.843***	C22	Pearson 相關	.727***

*** $p < .001$

3.一致性考驗法

　　一致性考驗方法時，求出的 α 係數值越高，代表本書學生學習成效問卷題項和總體問卷的內部一致性越佳，因此校正項目總分的相關係數（corrected item-total correlation），可以代表一個題項與其他題項總分的相關係數，進而得知此題項與其他題項的一致性，得分越高表示問卷題目的組成測量結果可靠性越好（吳明隆、涂金堂，2016）。

表 3-24　學生學習成效量表項目整體統計量

	尺度平均數（如果項目已刪除）	尺度變異數（如果項目已刪除）	更正後項目總數相關	Cronbach 的 Alpha（如果項目已刪除）
C1	86.53	119.440	.657	.967
C2	86.54	118.143	.669	.967
C3	86.68	116.605	.716	.966
C4	86.80	116.972	.742	.966
C5	86.68	117.427	.762	.966
C6	86.52	118.110	.735	.966
C7	86.55	117.896	.759	.966
C8	86.63	116.736	.796	.966
C9	86.60	116.788	.793	.966
C10	86.61	117.102	.771	.966
C11	86.72	116.141	.825	.965
C12	86.63	117.045	.787	.966
C13	86.76	116.331	.793	.966

表 3-24　學生學習成效量表項目整體統計量（續）

	尺度平均數（如果項目已刪除）	尺度變異數（如果項目已刪除）	更正後項目總數相關	Cronbach 的 Alpha（如果項目已刪除）
C14	86.83	117.288	.720	.966
C15	86.74	116.853	.785	.966
C16	86.34	120.147	.622	.967
C17	86.52	117.995	.727	.966
C18	86.53	117.801	.731	.966
C19	86.68	116.904	.766	.966
C20	86.73	117.060	.762	.966
C21	86.74	116.071	.789	.966
C22	86.57	118.351	.698	.966

總量表 Cronbach's α 係數＝.967

　　如表 3-24 所示，學生學習成效量表 22 題總量的 Cronbach's α 值等於.967，將第 C1、C2、C16 題的題項刪除後，Cronbach 的 Alpha 係數值並沒有改變，此外刪除某一題後，α 係數值的改變幾乎都變小，代表學生學習成效量表每個題項與總量表的一致性頗高。因此，上述三個題項是否刪除，將依因素分析後而定。

　　4.學生學習成效量表項目分析結果

　　茲將上述學生學習成效量表之項目分析結果整理如下表 3-25。

表 3-25　學生學習成效量表項目分析結果

題項	極端組比較 決斷值 （CR 值）	同質性檢驗 題目與 總分相關	校正題項題目 與總分相關	刪除後的 α 係數	備註
C1	10.116***	.688***	.657	.967	保留
C2	13.212***	.702***	.669	.967	保留
C3	14.465***	.747***	.716	.966	保留
C4	14.187***	.769***	.742	.966	保留
C5	13.452***	.785***	.762	.966	保留
C6	13.407***	.760***	.735	.966	保留
C7	15.04***	.782***	.759	.966	保留
C8	15.782***	.817***	.796	.966	保留
C9	16.203***	.815***	.793	.966	保留
C10	17.131***	.794***	.771	.966	保留
C11	18.005***	.843***	.825	.965	保留
C12	14.656***	.809***	.787	.966	保留
C13	15.031***	.815***	.793	.966	保留
C14	13.311***	.749***	.720	.966	保留
C15	15.413***	.807***	.785	.966	保留
C16	10.556***	.654***	.622	.967	保留
C17	15.01***	.753***	.727	.966	保留
C18	14.541***	.758***	.731	.966	保留
C19	14.954***	.790***	.766	.966	保留
C20	14.113***	.786***	.762	.966	保留

表 3-25　學生學習成效量表項目分析結果（續）

題項	極端組比較	同質性檢驗			
	決斷值 （CR 值）	題目與 總分相關	校正題項題目 與總分相關	刪除後的 α 係數	備註
C21	15.676***	.812***	.789	.966	保留
C22	12.066***	.727***	.698	.966	保留

總量表的 α 係數＝.967

*** $p < .001$

　　學生學習成效量表項目分析結果如表 3-25 所列，極端組比較結果，22 題的 CR 值（決斷值）在 10.116 至 18.005 之間，發現 22 個題項均達統計上的顯著水準（$p = .000 < .001$）。此外，同質性檢驗中 22 個題項與總量表的相關在.654 至.843 間，呈現高度相關（$p = .000 < .001$），其次將 22 個校正題項題目與總分相關之該量表 α 係數與刪除後，總量表的 α 係數相差不大，沒有突增的題項，因此 22 個題項均可保留採用。

（二）因素分析

　　KMO 值（Kaiser-Meyer-Olkin）是取樣適當性衡量之量數，用來判別變項是否適合進行因素分析，當 KMO 值越大，代表變數間的相關性越強，共同因素就越多，因素分析的效果就越好。為了判斷變項是否適合進行因素分析，本書將以 KMO 值取樣適當性檢定，以及 Bartlett 球面性檢定進行判別。KMO 值用來判別各個題項之間是否適合進行因素分析，若呈現「非常不適合」時，KMO 值小於.500；呈現「尚可」時，KMO 值大於.700；呈現「極適合」時，KMO 值大於.900（吳明隆、涂金堂，2016）。

　　本書學生學習成效量表檢定結果，KMO 值為.940 是屬於「極

適合」，表示變項間有共同因素存在，此外，考驗母群體的相關矩陣間是否有共同因素存在，以 Bartlett's T 球形考驗達顯著水準.000，代表此變項適合進行因素分析。

　　考驗「學生學習成效預試問卷」的因素分析，是為了檢定學生學習成效的預試問卷初稿，經由統計方法後是否會有相同的因素，進而探討問卷中各因素的因素解釋量，以及各題之因素負荷量大小，以作為選題之參考及了解其建構效度是否良好，原則上常見的標準為低於 0.4 以下即刪除該題項，且因素負荷量數值基本上越大越好。其次，本書採用主成分分析（Principal Component Analysis）因素，將學生學習成效量表相關變量的觀測值進行線性轉換，採特徵值（eigenvalue 值）大於 1 者為入選因素參考標準（吳明隆與涂金堂，2016）。本書共抽取三個因素，與本書學生學習成效之內涵分析以及專家審查問卷後的結果相符，總共解釋變異量為 73.157%，各因素解釋量如表 3-26、3-27 所述：

表 3-26　學生學習成效量表解說總變異

說明的變異數總計									
元件	起始特徵值			擷取平方和載入			循環平方和載入		
	總計	變異的%	累加%	總計	變異的%	累加%	總計	變異的%	累加%
1	8.164	58.314	58.314	8.164	58.314	58.314	3.588	25.630	25.630
2	1.233	8.805	67.120	1.233	8.805	67.120	3.362	24.013	49.643
3	1.145	6.037	73.157	1.145	6.037	73.157	3.292	23.514	73.157
4	.632	4.517	77.674						
5	.530	3.784	81.458						
6	.449	3.206	84.664						

表 3-26　學生學習成效量表解說總變異（續）

元件	起始特徵值			擷取平方和載入			循環平方和載入		
	總計	變異的%	累加%	總計	變異的%	累加%	總計	變異的%	累加%
7	.388	2.774	87.438						
8	.342	2.445	89.883						
9	.291	2.076	91.959						
10	.275	1.963	93.922						
11	.246	1.761	95.682						
12	.234	1.673	97.355						
13	.200	1.431	98.786						
14	.170	1.214	100.000						

擷取方法：主體元件分析。

表 3-27　學生學習成效量表轉軸後成分矩陣

	因素		
	1	2	3
C7	.794		
C2	.764		
C1	.750		
C6	.747		
C3	.689		
C18		.768	

表 3-27　學生學習成效量表轉軸後成分矩陣（續）

	因素		
	1	2	3
C16		.760	
C17		.754	
C22		.665	
C19		.650	
C13			.776
C15			.765
C14			.764
C11			.666

擷取方法：主體元件分析。轉軸方法：具有 Kaiser 正規化的最大變異法。

　　1.因素一：包括第 1、2、3、6、7 題共計 5 題，因素負荷量從 .689~.794，分析題目內容命名為「學生學業評量成就」，其 eigenvalue 值為 3.588，可解釋學生學習成效量表之「學生學業評量成就」達 25.630%。

　　2.因素二：包括第 16、17、18、19、22 題，共計 5 題，因素負荷量從 .650~.768，分析題目內容命名為「學生學習動機」，其 eigenvalue 值為 3.362，可解釋學生學習成效量表之「學生學習動機」達 24.013%。

　　3.因素三：包括第 11、13、14、15 題，共計 4 題，因素負荷量從 .666~.776 題目內容命名為「學生學習態度」，其 eigenvalue 值為 3.292，可解釋學生學習成效量表之「學生學習態度」達 23.514%。

　　本書學生學習成效量表經過項目描述統計分析、因素分析，總

計刪除 8 題，剩餘題目共 14 題，刪題後題目內容如表 3-28。

表 3-28　學生學習成效量表分析後題目內容

層面	刪除題目	保留題目
學生學業評量成就	4、5	1、2、3、6、7
學生學習態度	8、9、10、12	11、13、14、15
學生學習動機	20、21	16、17、18、19、22

（三）信度分析

　　將定稿之 14 題正式問卷，依學生學習成效各層面之分量表與總量表進行 Cronbach's α 信度考驗，統計各分量表及總量表之信度考驗，若總量表的信度係數在.800 以上，可以認定為信度係數較佳的問卷；若分量表的信度係數在.700 以上，代表量表的信度越高、穩定性越高（吳明隆、涂金堂，2016）。

　　如表 3-29 顯示，本書學生學習成效之量表信度採內部一致性來加以考驗，各分量之 Cronbach's α 係數介於.890~.907 之間，總量表之 Cronbach's α 值為.944，顯示學生學習成效量表之信度良好。

表 3-29　學生學習成效量表信度分析摘要表

分量表	題目個數	Cronbach's α 值
學生學業評量成就	5	.890
學生學習態度	4	.907
學生學習動機	5	.893
學生學習成效總量表	14	.944

四、小結

本書預試問卷「校長科技領導量表」、「教師數位教學能力量表」與「學生學習成效量表」等三部分，進行項目分析考驗結果分析，發現在極端組檢驗法——臨界比的考驗，三個變項均具有具有鑑別度，且具有顯著差異；在同質性考驗法結果，同一題本的試題彼此間有高相關，屬性相同，同時每一道題與量表總分也有高相關；在一致性考驗時，發現問卷題項和總體問卷的內部一致性頗高，代表問卷題目的組成測量結果可靠性良好。

之後進行因素分析，考驗「校長科技領導量表」、「教師數位教學能力量表」與「學生學習成效量表」三個量表，是為了檢定預試問卷初稿，是否會有相同的因素，進而探討問卷中各因素的因素解釋量。選題之因素負荷量大小，原則上低於 0.4 以下即刪除該題項，且因素負荷量數值基本上越大越好，並採用主成分分析因素，採特徵值（eigenvalue 值）大於 1 者為入選因素參考標準（吳明隆、涂金堂，2016）。

發現其結果「校長科技領導」預試量表經過項目描述統計分析、因素分析，總計刪除 5 題，剩餘題目共 15 題；「教師數位教學能力」預試量表，總計刪除 6 題，剩餘題目共 14 題；「學生學習成效」量表，總計刪除 8 題，剩餘題目共 14 題，整體量表共計43 題，其結果如表 3-30，正式問卷題目如附錄三。

表 3-30　預試問卷分析後題目內容

變項	刪除題目	正式問卷題目
校長科技領導量表	1、2、11、12、20	3、4、5、6、7、8、9、10、13、14、15、16、17、18、19（15題）

表 3-30　預試問卷分析後題目內容（續）

變項	刪除題目	正式問卷題目
教師數位教學能力量表	2、7、9、10、14、17	1、3、4、5、6、8、11、12、13、15、16、18、19、20（14題）
學生學習成效量表	4、5、8、9、10、12、20、21	1、2、3、6、7、11、13、14、15、16、17、18、19、22（14題）

參、正式問卷驗證性因素分析

　　本書依研究潛在變項之內涵分析與教學現場實務工作經驗設計預試問卷（觀察變數），於預試問卷施測完成後，先進行探索性因素分析，之後編製成正式問卷，待正式問卷回收後，再進行驗證性因素分析，為了刪除項目並確認問卷題目之信、效度，用以檢驗特定題目是否都歸到本書變項內涵分析（理論預期）的各層面底下，亦即決定一組觀察變數，是否真正屬於該特定潛在變項之層面，因此，進行一階及二階驗證性因素分析，針對本書模型設定、評估以及對結果信心水準提供足夠的訊息。

　　在進行驗證性因素分析前，就驗證性因素分析模式之配適度檢核指標進行說明。就研究變項之理論模式與實際資料是否契合，必須同時考慮到基本配適度指標（perliminary fit criteria）、整體模式配適度指標（overall model fit）及模式內在結構配適度指標（fit of internal structural model）等三方面（Bagozzi & Yi, 1998）。整體模式配適度指標：其目的是模式外在品質的考驗，用於檢核整個模式與觀察資料的配適程度；模式內在結構配適度指標：屬於模式的內在品質，用於檢核模式內估計參數的顯著程度，以及各指標及

潛在變項的信度等。

　　接著彙整驗證性因素分析模式配適度各項檢核指標，作為未來評估時的依據；之後為了了解本書所有觀察變數直接和潛在變數層面之連結，讓每個層面的項目得以確立，將針對每個層面進行一階驗證性因素分析；其次，就每個層面執行二階驗證性因素分析，以確保每個層面解構成各該觀察變數是合理且必須的，最終作為整體模型路徑分析之依據。以下將驗證性因素分析模式配適度檢核指標彙整（張偉豪，2013），如下表 3-31 所示。

表 3-31　驗證性因素分析模式配適度檢核指標彙整表

	檢核項目	建議值
基本配適度指標	誤差變異	沒有負值
	誤差變異	達顯著水準
	因素負荷量	介於.5~ .95 之間
整體模式配適度指標	χ^2/df 值比率	≦3
	配適度指標（GFI）	≧ .9
	調整之配適度指標（AGFI）	≧ .9
	均方根殘差值（RMR）	≦ .05（越小越好）
	標準化均方根殘差值（SRMR）	≦ .05
	近似均方根誤差（RMSEA）	≦ .08
	比較性配適度指標（CFI）	≧ .95
模式內在結構配適度指標	個別項目信度（SMC）	≧ .5
	組合信度（CR）	≧ .7
	平均變異數萃取量（AVE）	≧ .5

註：修改自《SEM 論文寫作不求人》（111-112 頁），張偉豪，2013，三星統計

服務有限公司。

一、「校長科技領導」變項之驗證性因素分析

　　「校長科技領導」變項包括「校長科技領導技巧與素養」、「提升教師教學成效」與「營造數位科技情境」三個層面，以下就本變項之三個層面進行驗證性因素分析，其結果如下：

（一）「校長科技領導技巧與素養」層面之驗證性因素分析

　　「校長科技領導技巧與素養」層面共有四個項目，自由度（df）為 4×5/2＝10，共估計 4 個殘差加上 1 個變異數及 3 個因素負荷量，自由度大於估計參數，模型維持在過度辨識，符合理論上模型正定的要求，代表模式是可以檢驗的。執行 CFA 後，「校長科技領導技巧與素養」層面一階驗證性因素修正前分析如圖 3-3 所示。由圖 3-3 可知，雖然 GFI（＝.984）>.9、AGFI（＝.921）>.9、CFI（＝.917）>.9，但 chi-square/df（＝27.018）>3、RMSEA（＝.122）>.08，未達標準值，必須進行刪題修正。

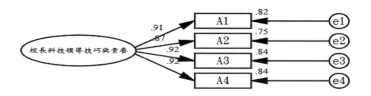

图 3-3　校長科技領導技巧與素養層面一階驗證性因素修正前分析圖

　　依據修正指標（MI），刪除 MI 值較高之題項，刪除「校長科技領導技巧與素養」層面之 A2 題後，剩下 A1、A3、A4 三題，

如圖 3-4 校長科技領導技巧與素養層面一階驗證性修正後分析，根據研究指出，二階 CFA 模型正定的條件為研究變項之下的每個層面至少要有三個觀察變數（Kline, 2011）。因此，本書修正刪題後該層面有三個觀察變數（題目），恰好符合辨識原則。

chi-square=.000 df=0
chi-square /df=\cmindf
GFI=1.000 AGFI=\agfi
CFI=\cfi RMSEA=\rmsea

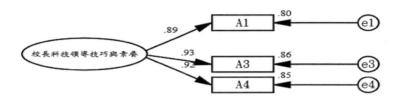

圖 3-4　校長科技領導技巧與素養層面一階驗證性修正後分析圖

「校長科技領導技巧與素養」層面驗證性因素分析如表 3-32 所示。由表 3-32 校長科技領導技巧與素養層面之驗證性因素分析得知，模型參數估計值，其參數達顯著水準，且殘差均為正數，標準化因素負荷量.892~.927 之間，介於.5~.95 之間，顯見無違犯估計。

表 3-32 　校長科技領導技巧與素養層面驗證性因素分析表

層面	題目	參數顯著性估計				因素負荷量	題目信度	標準化殘差	組成信度	收斂效度
		Unstd.	S.E.	*t*-value	*p*	std.	SMC	1-SMC	CR	AVE
校長科技領導技巧與素養	A1	1.000				.892	.796	.204	.938	.834
	A3	1.045	.018	59.406	***	.927	.859	.141		
	A4	1.027	.017	58.684	***	.920	.846	.154		

*** *p* ＜ .001

　　「校長科技領導技巧與素養」層面驗證性因素分析之模式內在結構配適度指標，其個別項目信度（多元相關平方，SMC）A1、A3、 A4 介於 .796~.859，超過 .5 的標準；組合信度（CR）為 .938，超過 .7 的標準；平均變異數萃取量（AVE）為 .834，超過 .5 的標準，達收斂效度的標準，其配適度均在可接受的範圍。將刪除後校長科技領導技巧與素養層面的三個題目予以保留作為後續分析。「校長科技領導技巧與素養」層面驗證性因素分析後題目內容如表 3-33。

表 3-33 　校長科技領導技巧與素養層面驗證性因素分析後題目內容

層面	新題號	題目內容
校長科技領導技巧與素養	A1	校長具備資訊科技素養，運用領導策略達成組織願景。
	A2	校長能利用科學數據在領導上作決定，善用網路或資訊科技工具蒐集相關資料，作為決策之參考。
	A3	校長能夠運用科技作出前瞻性的判斷，並能使用科技工具解決問題的能力。

（二）「提升教師教學成效」層面之驗證性因素分析

　　「提升教師教學成效」層面共有五個項目，自由度為 5×6/2＝15df，共估計 5 個殘差加上 1 個變異數及 4 個因素負荷量，自由度大於估計參數，模型屬於過度辨識，符合理論上模型正定的要求，代表模式是可以檢驗的。執行 CFA 後，「提升教師教學成效」層面一階驗證性因素修正前分析圖如圖 3-5 所示。由圖 3-5 得知「提升教師教學成效」層面一階驗證性因素分析整體模式配適度指標結果 ， GFI （ ＝ .999 ） >.9 、 CFI （ ＝ 1.000 ） >.9 、 AGFI（ ＝ .997 ）.>9、chi-square/df（ ＝ .740 ）<3、RMSEA（ ＝ .000）<.08，發現本層面之整體配適度頗為理想。而「提升教師教學成效層面」的基本配適度指標，沒有負值且誤差變異均達顯著水準，標準化因素負荷量為.89~.92 之間，各題項均超過.5 以上，且未超過.95 以上，配適度也在可接受的範圍，各項指標符合標準，無須進行刪題保留作為後續分析。

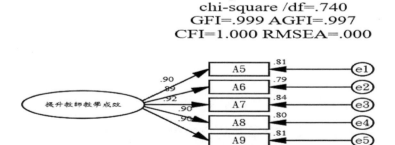

chi-square=3.701 df=5
chi-square /df=.740
GFI=.999 AGFI=.997
CFI=1.000 RMSEA=.000

圖 3-5　提升教師教學成效層面一階驗證性因素分析圖

　　「提升教師教學成效」層面之驗證性因素分析如表 3-34，由表 3-34「提升教師教學成效」層面之驗證性因素分析結果，得知該層面基本配適度指標五個題目之誤差變異參數均為正數且達顯著水準，顯見無違犯估計。模式內在結構配適度之個別項目信度 A5、

A6、A7、A8、A9，介於.790~.841 之間，其值均 ≧ .5；組合信度
（CR）為.956，超過.7 的標準；平均變異數萃取量（AVE）
為.812，符合建議值 ≧ .5，均達收斂標準，配適度均在標準的範
圍，於是將該層面的五個題項予以保留至下一階段的分析。因此，
「提升教師教學成效」層面驗證性因素分析後題目內容如表 3-35。

表 3-34　提升教師教學成效層面驗證性因素分析表

層面	題目	參數顯著性估計				因素負荷量	題目信度	標準化殘差	組成信度	收斂效度
		Unstd.	S.E.	*t*-value	*p*	std.	SMC	1-SMC	CR	AVE
校長科技領導技巧與素養	A5	1.000				.901	.812	.188	.956	.812
	A6	.945	.016	57.385	***	.889	.790	.210		
	A7	.989	.016	62.076	***	.917	.841	.159		
	A8	.945	.016	58.464	***	.896	.803	.197		
	A9	1.001	.017	59.247	***	.901	.812	.188		

*** *p* < .001

表 3-35　提升教師教學成效層面驗證性因素分析後題目內容

層面	新題號	題目內容
提升教師教學成效	A4	校長能鼓勵教師學習、運用科技，以科技創新的方式將融入於課程與教學中。
	A5	校長能如期舉行備課、觀課以及議課，提升教師科技融入教學之能力。

表 3-35　提升教師教學成效層面驗證性因素分析後題目內容（續）

層面	新題號	題目內容
提升教師教學成效	A6	校長能幫助老師使用科技，發展學校校訂課程與教學的能力，並評估和修正教學模式。
	A7	校長能定期舉辦各項科技教學活動，激發學生學習科技的潛能，並給予正向的回饋。
	A8	校長能夠帶領同仁凝聚科技共識，一起形塑學校科技願景與計畫。

（三）營造數位科技情境層面一階驗證性因素分析

　　「營造數位科技情境」層面共有六個項目，自由度為 6×7/2＝21df，共估計 6 個殘差加上 1 個變異數及 5 個因素負荷量，自由度大於估計參數，模型屬於過度辨識，符合理論上模型正定的要求。執行 CFA 後，「營造數位科技情境」層面一階驗證性因素修正前分析圖如圖 3-6 所示。由圖 3-6「營造數位科技情境」層面一階驗證性因素修正前分析可知，整體模式配適度指標 GFI（＝.974）>.9、CFI（＝.991）>.9、AGFI（＝.940）>.9，但 chi-square/df（＝15.497）>3、RMSEA（＝.091）>.08，未達檢核標準值，因此，本書「營造數位科技情境」層面之題項必須進行刪題修正。

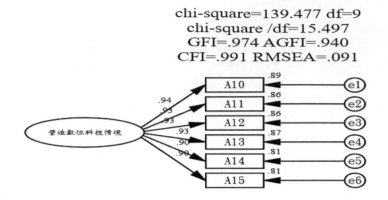

chi-square=139.477 df=9
chi-square /df=15.497
GFI=.974 AGFI=.940
CFI=.991 RMSEA=.091

圖 3-6　營造數位科技情境層面一階驗證性因素修正前分析圖

　　依據修正指標刪除 MI 值較高之題項，依序刪除「營造數位科技情境」層面之 A10、A15 後，「營造數位科技情境」層面一階驗證性修正後之分析圖如圖 3-7，整體模式配適度指標 GFI（.998）≧ .9、AGFI（.991）≧ .9、CFI（＝.999）>.9、RMSEA（.035）<.08，雖 chi-square/df（3.136）>3，未達<3 的標準值，但仍是可接受的範圍，其餘各項指標均符合標準。因此，整體而言其配適度尚稱理想。而「營造數位科技情境層面」的基本配適度指標，沒有負值且達顯著水準，A11、A12、A13、A14 因素負荷量介於.91~.93 之間，均超過.5 的標準，且未超過.95 以上。

chi-square=6.273 df=2
chi-square /df=3.136
GFI=.998 AGFI=.991
CFI=.999 RMSEA=.035

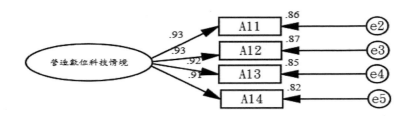

圖 3-7　營造數位科技情境層面一階驗證性修正後分析圖

　　「營造數位科技情境」層面之驗證性因素分析如表 3-36。由表
3-36「營造數位科技情境」層面驗證性因素分析得知，模型參數性
估計值均為正數且顯著，顯見該層面無違犯估計。「營造數位科技
情境」層面之模式內在結構配適度指標，個別項目信度介
於.823~.872 之間，其值均≧.5 的標準；組合信度（CR）為.958，
超過.7 的標準；平均變異數萃取量（AVE）為.851，符合建議值
≧.5，達收斂效度的標準，其配適度也均在標準的範圍。因此，將
刪除後的四個題項予以保留至下一階段的分析，本層面驗證性因素
分析後題目內容如表 3-37。

表 3-36　營造數位科技情境層面驗證性因素分析表

層面	題目	參數顯著性估計				因素負荷量	題目信度	標準化殘差	組成信度	收斂效度
		Unstd.	S.E.	t-value	p	std.	SMC	1-SMC	CR	AVE
營造數位科技情境	A11	1.000				.928	.861	.139	.958	.851
	A13	.991	.014	69.027	***	.921	.848	.152		
	A12	.988	.014	72.239	***	.934	.872	.128		
	A14	.921	.014	65.724	***	.907	.823	.177		

*** $p < .001$

表 3-37　營造數位科技情境層面驗證性因素分析後題目內容

層面	新題號	題目內容
營造數位科技情境	A9	校長能引進數位教學、雲端教學平臺或其他資訊科技教育發展之運用。
	A10	校長能夠結合學校外部科技資源,與社區、家庭進行科技合作,並建立良好的公共關係。
	A11	校長能積極充實學校資訊科技軟硬體設施,有效統整及維護資訊科技軟硬體設備。
	A12	校長能夠打造無障礙科技環境,營造科技氛圍,發展學校創新教育亮點。

（四）「校長科技領導」變項之二階驗證性因素分析

　　「校長科技領導」變項包括「校長科技領導技巧與素養」、「提升教師教學成效」與「營造數位科技情境」三個層面,進行二

階驗證性因素分析後,其結果如圖 3-8 校長科技領導二階驗證性因素分析圖所示。

chi-square=210.495 df=51
chi-square /df=4.127
GFI=.969 AGFI=.952
CFI=.981 RMSEA=.054

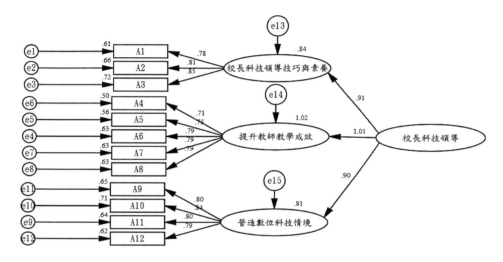

圖 3-8 校長科技領導二階驗證性因素分析圖

　　以下就校長科技領導變項之基本配適度指標、模式內在結構配適度指標、整體模式配適度指標及區別效度加以分析。首先,就基本配適度指標而言,如表 3-37 所示,基本適配度指數其誤差變異並沒有負值,符合建議值,且誤差變異都達顯著水準;因素負荷量為.914、1.011、.900 之間,除提升教師教學成效之層面 1.011 超過.95 的標準,但仍在可接受的範圍,其餘均達標準值介於.5~.95 之間。因此,就整體基本適配指數而言,尚稱理想範圍。

　　其次,就校長科技領導變項整體模式配適度指標而言,由圖 3-8 可知,χ^2 值 4.127,比率 ≦ 5;GFI 為.969、AGFI 為.952、CFI 為.981,三者均達大於.90 的建議值;RMSEA 為 .054,小於.08 的

建議值，除 χ^2/df 值 4.127 雖>3，但≦5，其值仍在可接受的範圍內，配適度尚可。因此，就整體模式配適度而言，本模式具有良好的配適度。

最後，校長科技領導變項之模式內在結構配適度指標而言，由表 3-38 二階驗證性分析結果可知，個別項目的信度介於.810~1.022之間，符合標準值≧.5；組合信度（CR）為.960 符合建議值≧.7；平均變異數萃取量（AVE）為.889 符合建議值≧.5，均達收斂效度的標準。因此，就本層面之模式內在結構配適度來看，都符合配適程度，代表校長科技領導變項之模式內在結構配適度良好。

表 3-38　校長科技領導變項二階驗證性分析表

變項	層面	Unstd	S.E.	t-value	p	Std	SMC	CR	AVE
校長科技領導	校長科技領導技巧與素養	1.000				.914	.835	.960	.889
	提升教師教學成效	.890	.041	21.945	***	1.011	1.022		
	營造數位科技情境	1.049	.044	23.624	***	.900	.810		

*** $p<.001$

此外，校長科技領導區別效度分析如表 3-39 所示，校長科技領導各層面之平均變異數萃取量（AVE）.812~.851 之間，三者均達大於.50 的建議值，且 AVE 平方根均大於各層面間的相關係數，顯示校長科技領導量表的不同層面之間，具有良好的區別效度存在。

表 3-39　校長科技領導區別效度分析表

校長科技領導	AVE	營造數位科技情境	提升教師教學成效	校長科技領導技巧與素養
營造數位科技情境	.851	.922*		
提升教師教學成效	.812	.910	.911*	
校長科技領導技巧與素養	.834	.823	.924	.924*

* 表示 AVE 平方根大於各層面間的相關係數。

　　校長科技領導變項經上述的模型評鑑過程後，從模型的配適度、各題項的標準化回歸系數、組成信度、收斂效度、區別效度的驗證，整體而言校長科技領導變項模型的外在品質與內在品質頗佳，也就是校長科技領導變項模式之徑路分析圖與實際觀察資料之配適度良好，本書提供的校長科技領導量表建構效度之驗證性因素分析模式圖，獲得統計上的支持，因此保留該變項二階三個層面之模型，且適合進行下一步驟的結構模型分析。

二、「教師數位教學能力」變項之驗證性因素分析

　　「教師數位教學能力」變項包括「應用數位科技教學之能力」、「使用數位科技工具與媒體教學策略」與「數位課程教材資源學習氣氛」三個層面，以下就本變項之三個層面進行驗證性因素分析，其結果如下：

（一）「應用數位科技教學之能力」層面之驗證性因素分析

　　本層面接收訊息向度共有五個項目，自由度為 $5 \times 6/2 = 15df$，共估計 5 個殘差加上 1 個變異數及 4 個因素負荷量，自由度大於估計參數，模型屬於過度辨識，符合理論上模型正定的要求，代表模式是可以檢驗的。「應用數位科技教學之能力」層面執行 CFA

後，由圖 3-9 可知應用數位科技教學之能力層面一階驗證性因素修正前分析結果，整體模式配適度指標 GFI（=.965）> .9、CFI（=.984）> .9，符合標準值，但 AGFI（=.894）< .9、chi-square/df（=31.646）>3、RMSEA（=.132）> .08，未達標準值，必須進行刪題修正。

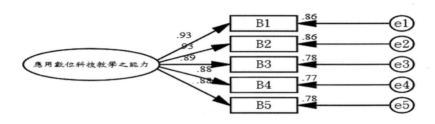

chi-square=158.230 df=5
chi-square /df=31.646
GFI=.965 AGFI=.894
CFI=.984 RMSEA=.132

圖 3-9　應用數位科技教學之能力層面一階驗證性因素修正前分析圖

依據修正指標刪除 MI 值較高之題目，依序刪除應用數位科技教學之能力層面之 B3、B5 後剩下 B1、B2、B4 三題，如圖 3-10 本層面一階驗證性修正後分析，依據 Kline（2011）研究，二階驗證性因素分析模型正定的條件，是每個層面至少要有三個觀察變數（題項）。因此本書「應用數位科技教學之能力」層面修正刪題後該層面仍有三個題項，符合恰好辨識原則。

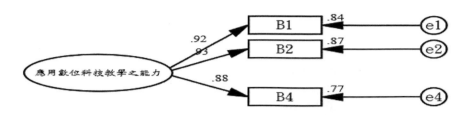

chi-square=.000 df=0
chi-square /df=\cmindf
GFI=1.000 AGFI=\agfi
CFI=\cfi RMSEA=\rmsea

圖 3-10　應用數位科技教學之能力層面一階驗證性修正後分析圖

　　由下表 3-40「應用數位科技教學之能力」層面驗證性因素分析得知，參數顯著性估計，其參數均為正數且達顯著水準，顯見無違犯估計。本層面模式內在結構配適度指標之個別項目信度（SMC）介於.774~.870 之間，符合>.5 的標準；組合信度（CR）為.936，超過 .7的標準；平均變異數萃取量（AVE）為.830，其值符合>.5 的標準，達收斂效度的標準，可見配適度均在標準的範圍。因此，「應用數位科技教學之能力」層面將刪除後的三個觀察變數（題目）予以保留至下一階段的分析，「應用數位科技教學之能力」層面驗證性因素分析後題目內容，如表 3-41。

表 3-40　應用數位科技教學之能力層面驗證性因素分析表

層面	題目	參數顯著性估計				因素負荷量	題目信度	標準化殘差	組成信度	收斂效度
		Unstd.	S.E.	t-value	p	std.	SMC	1-SMC	CR	AVE
應用數位科技教學之能力	B1	1.000				.919	.845	.155	.936	.830
	B2	.986	.015	63.856	***	.933	.870	.130		
	B4	.905	.016	56.632	***	.880	.774	.226		

*** $p < .001$

表 3-41　應用數位科技教學之能力層面驗證性因素分析後題目內容

層面	新題號	題目內容
應用數位科技教學之能力	B1	教師能夠主動將數位科技技巧融入教學，為了提高學生學習興趣、激發學習動機。
	B2	教師能將傳統教學資源，使用數位科技工具轉化、整理成創新數位教學檔案，並進行數位教學。
	B3	教師能夠運用多元的數位科技評估教材、診斷教學適切性，以及做出批判性教學反思。

（二）使用數位科技工具與媒體層面之驗證性因素分析

　　「使用數位科技工具與媒體」層面共有四個項目，自由度為 4×5/2=10df，共估計 4 個殘差加上 1 個變異數及 3 個因素負荷量，自由度大於估計參數，本層面模型屬於過度辨識，符合理論上模型正定的要求，代表模式是可以檢驗的。「使用數位科技工具與媒體」層面執行 CFA 後，由圖 3-11「使用數位科技工具與媒體」層

面一階驗證性因素修正前分析可知，整體模式配適度指標 GFI（ = .999）>.9、AGFI（ = .997）>.9，chi-square/df（ =1.001）<3、RMSEA（ = .001）<.08，均符合標準值，無須進行刪題修正。

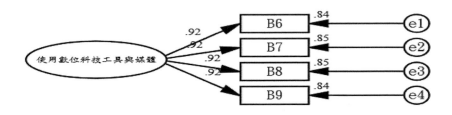

chi-square=2.002 df=2
chi-square /df=1.001
GFI=.999 AGFI=.997
CFI=1.000 RMSEA=.001

圖 3-11 使用數位科技工具與媒體層面一階驗證性因素分析圖

　　「使用數位科技工具與媒體」層面之驗證性因素分析如表 3-42，由表 3-42「使用數位科技工具與媒體」層面之驗證性因素分析結果，得知參數顯著性估計，其參數均為正數且達顯著水準，顯見無違犯估計。該層面模式內在結構配適度指標之個別項目信度 B6、B7、B8、B9，介於.841~.846 之間，其值均 ≧ .5；組合信度（CR）為 .956，超過 .7 的標準；平均變異數萃取量（AVE）為 .845，符合建議值 ≧ .5，達收斂效度的標準，且配適度均在標準的範圍，於是將該層面的四個題項予以保留至下一階段的分析。因此，「使用數位科技工具與媒體」層面驗證性因素分析後題目內容如表 3-43。

表 3-42　使用數位科技工具與媒體層面驗證性因素分析表

層面	題目	參數顯著性估計				因素負荷量	題目信度	標準化殘差	組成信度	收斂效度
		Unstd.	S.E.	t-value	p	std.	SMC	1-SMC	CR	AVE
使用數位科技工具與媒體	B6	1.000				.919	.845	.155	.956	.845
	B7	.989	.015	66.157	***	.920	.846	.154		
	B8	.998	.015	66.251	***	.920	.846	.154		
	B9	1.022	.016	65.512	***	.917	.841	.159		

*** p＜.001

表 3-43　使用數位科技工具與媒體層面驗證性因素分析後題目內容

層面	新題號	題目內容
使用數位科技工具與媒體	B4	教師能夠使用科技工具或媒體，引起學生學習動機，並有效呈現教學內容。
	B5	教師會利用數位科技工具或網際網路搜尋引擎，檢索教學所需要的資訊平臺或資料。
	B6	教師能運用數位科技工具進行親師溝通，並與學生在上課時間或課後進行師生互動。
	B7	教師會下載 APP 及使用套裝軟體，輔助教學以及管理學生資料。

（三）數位課程教材資源層面之驗證性因素分析

　　「數位課程教材資源」層面共有五個觀察變數（題目），自由度為 5×6/2=15df，共估計 5 個殘差加上 1 個變異數及 4 個因素負荷

量，自由度大於估計參數，「數位課程教材資源」層面模型屬於過度辨識，符合理論上模型正定的要求，代表模式是可以檢驗的。

　　「數位課程教材資源」層面執行一階驗證性因素分析後，由圖3-12「數位課程教材資源」層面一階驗證性因素修正前分析圖可知，整體模式配適度來看，其中配適度指標 GFI（＝.988）>.9、調整之適配度指標 AGFI（＝.963）>.9、近似均方根誤差 RMSEA（＝.075）<.08，均符合標準值，有良好的模型配適，但卡方自由度比（chi-square/df）（＝10.968）>3，未達標準值，為了減少樣本數的影響，卡方自由度比越小越好，模型配適度才會越佳，因此，「數位課程教材資源」層面必須進行刪題修正。

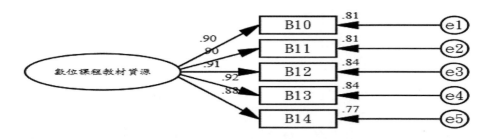

chi-square=54.841 df=5
chi-square /df=10.968
GFI=.988 AGFI=.963
CFI=.995 RMSEA=.075

圖 3-12　數位課程教材資源層面一階驗證性因素修正前分析圖

　　依據修正指標刪除 MI 值較高之題項，依序刪除「數位課程教材資源」層面之 B14 題項後，各項指標均符合標準，刪題後如圖3-13「數位課程教材資源」層面一階驗證性修正後分析，GFI（.999）≧.9、AGFI（.993）≧.9、CFI（＝1.000）>.9、chi-square/df（2.305）<3、RMSEA（.027）<.08，配適度達理想程度。其次，基本配適度指標「數位課程教材資源」層面的因素負荷

量為.90~.91 之間，達理想的標準，且未超過.95 以上。

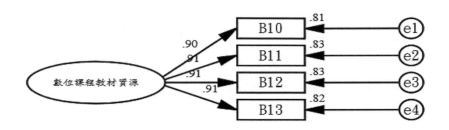

chi-square=4.610 df=2
chi-square /df=2.305
GFI=.999 AGFI=.993
CFI=1.000 RMSEA=.027

圖 3-13　　數位課程教材資源層面一階驗證性修正後分析圖

　　「數位課程教材資源」層面驗證性因素分析如表 3-44。由表 3-44「數位課程教材資源」層面驗證性因素分析得知，參數顯著性估計，其參數沒有負值且達顯著水準，顯見無違犯估計。模式內在結構配適度指標之標準化因素負荷量，超過.5 以上且未超過.95；組合信度（CR）為.949，超過.7 的標準；平均變異數萃取量（AVE）為.824，超過.5 的標準，達收斂效度，且配適度均在標準的範圍。因此，將刪除後「數位課程教材資源」層面的四個題項予以保留至下一階段的分析，本層面驗證性因素分析後題目內容如表 3-45。

表 3-44　數位課程教材資源層面驗證性因素分析表

層面	題目	參數顯著性估計				因素負荷量	題目信度	標準化殘差	組成信度	收斂效度
		Unstd.	S.E.	t-value	p	std.	SMC	1-SMC	CR	AVE
數位課程教材資源	B10	1.000				.902	.814	.186	.949	
	B11	1.034	.017	59.927	***	.908	.824	.176		
	B12	1.001	.016	60.802	***	.914	.835	.165		
	B13	1.052	.018	59.811	***	.908	.824	.176		

*** $p < .001$

表 3-45　數位課程教材資源層面驗證性因素分析後題目內容

層面	新題號	題目內容
數位課程教材資源	B8	教師能依據教學原則或理論，轉化、設計數位教材，藉此發展教學與學習資源。
	B9	教師能夠選擇、運用數位科技資源，設計或發展學生多元評量方式。
	B10	教師能將不同的數位科技工具，融入課程與教學間的對應關係。
	B11	教師能使用數位科技工具，鏈結科技資源、教師教學檔案以及學生學習歷程檔案。

（四）「教師數位教學能力」變項之二階驗證性因素分析

　　「教師數位教學能力」變項包括「應用數位科技教學之能力」、「使用數位科技工具與媒體教學策略」與「數位課程教材資

源學習氣氛」三個層面，進行二階驗證性因素分析後，其結果如圖 3-14 所示。

chi-square=194.100 df=41
chi-square /df=4.734
GFI=.967 AGFI=.947
CFI=.971 RMSEA=.059

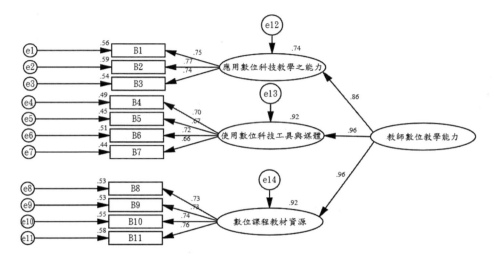

圖 3-14　教師數位教學能力二階驗證性因素分析圖

　　以下分別就「教師數位教學能力」變項之基本配適度指標、模式內在結構配適度指標、整體模式配適度指標及區別效度加以分析。首先，就基本配適度指標而言，如表 3-46 該變項二階驗證性分析所示，誤差變異並沒有出現負值且達顯著水準，符合建議值；三個層面的因素負荷量介於.860~.961 之間，接近建議值，模式在可接受的範圍水準，因此就整體基本適配指數而言，尚稱理想範圍。

　　就模式內在結構配適度指標而言，由表 3-46 可知，個別項目信度介於.740~.924 之間，達 ≧.5 的標準；組合信度為.949 符合建議值 ≧.7；平均變異數萃取量為.861 符合建議值 ≧.5，達收斂效度的標準。因此，本變項模式內在結構配適度指標來看，都符合配適

程度，代表模式內在結構配適度良好。

表 3-46　教師數位教學能力變項二階驗證性分析表

變項	層面	Unstd	S.E.	t-value	p	Std	SMC	CR	AVE
教師數位教學能力	應用數位科技教學之能力	1.000				.860	.740	.949	.861
	使用數位科技工具與媒體	.990	.053	18.691	***	.958	.918		
	數位課程教材資源	1.198	.063	19.115	***	.961	.924		

*** $p<.001$

　　其次，就本變項整體模式配適度指標而言，由圖 3-14 可知，χ^2/df 比率 4.734，其值 ≦ 5，在可接受的範圍；其餘 GFI 為 .967、AGFI 為 .947、CFI 為 .971，三者均達大於 .90 的建議值；RMSEA 為 .059，其值小於 .08 的建議值，均在標準的範圍內，可見其配適度良好。因此，「教師數位教學能力」變項之整體模式配適度而言，本模式具有良好的配適度。

　　最後，「教師數位教學能力」變項區別效度分析如表 3-47 所示，「教師數位教學能力」各層面之平均變異數萃取量 .824~.845 之間，均 ≧ .5 的標準，且 AVE 平方根介於 .908~.921 之間，均大於各層面的相關係數，顯示「教師數位教學能力」變項量表的不同層面之間，具有良好的區別效度存在。

表 3-47　教師數位教學能力區別效度分析表

教師數位教學能力	AVE	數位課程教材資源	使用數位科技工具與媒體	應用數位科技教學之能力
數位課程教材資源	.824	.908*		
使用數位科技工具與媒體	.845	.921	.921*	
應用數位科技教學之能力	.834	.827	.824	.913*

* 表示 AVE 平方根大於各層面間的相關係數。

三、「學生學習成效」變項之驗證性因素分析

　　「學生學習成效」變項包括「學生學業評量成就」、「學習態度」與「學習動機」三個層面，以下就本變項之三個層面進行驗證性因素分析，其結果如下：

（一）「學生學業評量成就」層面之驗證性因素分析

　　教學計畫向度共有五個項目，自由度為 5×6/2=15df，共估計 5 個殘差加上 1 個變異數及 4 個因素負荷量，自由度大於估計參數，模型屬於過度辨識，符合理論上模型正定的要求，代表模式是可以檢驗的。執行「學生學業評量成就」層面之驗證性因素分析後，由圖 3-15「學生學業評量成就」層面一階驗證性因素修正前分析可知，GFI（=.968）> .9、AGFI（=.903）>.9、CFI（=.985）>.9，但 chi-square/df（=27.966）>3、RMSEA（=.124）> .08，未達標準值，必須進行刪題修正。

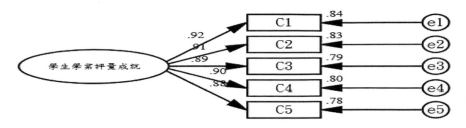

chi-square=139.831 df=5
chi-square /df=27.966
GFI=.968 AGFI=.903
CFI=.985 RMSEA=.124

圖 3-15　學生學業評量成就層面一階驗證性因素修正前分析圖

　　本層面依據修正指標（MI），刪除 MI 值較高之題項，依序刪除「學生學業評量成就」層面 C4、C5 後，剩下 C1、C2、C3 三題，如圖 3-16 本層面一階驗證性修正後分析圖。根據 Kline（2011）研究指出，二階驗證性分析模型正定的條件為每個層面至少要有三個測量變數（觀察變數）為飽和模式，為唯一解。因此，本書「學生學業評量成就」層面修正刪題後，每個層面有三個變數，符合恰好辨識原則。

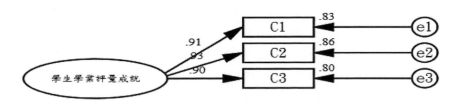

chi-square=.000 df=0
chi-square /df=\cmindf
GFI=1.000 AGFI=\agfi
CFI=\cfi RMSEA=\rmsea

圖 3-16　學生學業評量成就層面一階驗證性因素修正後分析圖

　　由表 3-48「學生學業評量成就」層面驗證性因素分析得知，參數顯著性估計，其參數均為正數且達顯著水準，各題項的因素負荷量介於.889~.918 之間，且未超過.95 水準，顯見無違犯估計。此外，本層面模式內在結構配適度指標之組合信度（CR）為.955，超過.7 的標準；平均變異數萃取量（AVE）為.809，≧.5 的標準，達收斂效度標準，且配適度均在理想的範圍。因此，將刪除後的三個題目予以保留至下一階段的分析，「學生學業評量成就」層面驗證性因素分析後題目內容如表 3-49。

表 3-48　學生學業評量成就層面驗證性因素分析表

層面	題目	參數顯著性估計				因素 負荷量	題目 信度	標準化 殘差	組成 信度	收斂 效度
		Unstd.	S.E.	*t*-value	*p*	std.	SMC	1-SMC	CR	AVE
學生學業評量成就	C1	1.000				.918	.843	.157	.955	.809
	C2	1.013	.016	64.407	***	.912	.832	.168		
	C3	.985	.016	60.035	***	.889	.790	.210		

*** $p < .001$

表 3-49　學生學業評量成就層面驗證性因素分析後題目內容

層面	新題號	題目內容
學生學業評量成就	C1	透過數位科技載具，學生能了解教師授課內容，提升學生課業學習表現。
	C2	進行數位教學時，學生能專心聆聽教師教學，並且積極投入課堂教學活動。
	C3	學生能依據教師指導，認真完成課堂數位學習單與回家數位作業。

（二）「學生學習態度」層面之驗證性因素分析

　　學生「學習態度」層面共有四個項目，自由度為 4×5/2=10df，共估計 4 個殘差加上 1 個變異數及 3 個因素負荷量，自由度大於估計參數，模型屬於過度辨識，符合理論上模型正定的要求，代表模型是可以檢驗的。執行本層面之驗證性因素分析後，由圖 3-17 學生「學習態度」層面一階驗證性因素修正前分析可知，GFI（＝1.000）>.9、AGFI（＝1.000）>.9、CFI（＝1.000）>.9，且 chi-square/df（＝.152）< 3、RMSEA（＝.000）< .08。可見，本層面各項指標均達標準值，配適度頗為理想，無須進行刪題修正，因此保留做為下一階段的分析。

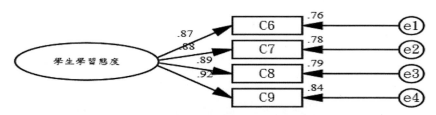

chi-square=.304 df=2
chi-square /df=.152
GFI=1.000 AGFI=1.000
CFI=1.000 RMSEA=.000

圖 3-17　學生學習態度層面一階驗證性分析圖

　　「學生學習態度」層面驗證性因素分析如表 3-50。由表 3-49 本層面驗證性因素分析得知參數顯著性估計，其參數均為正數且達顯著水準，顯見無違犯估計。「學生學習態度」層面模式內結構配適度指標，組合信度（CR）為.938，超過.7 的標準；平均變異數萃取量（AVE）為.792，超過.5 的標準，達收斂效度標準，且配適度均在理想的範圍。因此，「學生學習態度」層面將四個題項予以保留至下一階段的分析，本層面驗證性因素分析後題目內容如表 3-51。

表 3-50　學生學習態度層面驗證性因素分析表

層面	題目	參數顯著性估計				因素 負荷量	題目 信度	標準化 殘差	組成 信度	收斂 效度
		Unstd.	S.E.	*t*-value	*p*	std.	SMC	1-SMC	CR	AVE
學生學習態度	C6	1.000				.871	.759	.241	.938	.792
	C7	1.015	.020	51.327	***	.883	.780	.220		
	C8	1.005	.019	51.980	***	.889	.790	.210		
	C9	1.062	.019	55.147	***	.916	.839	.161		

*** *p* < .001

表 3-51　學生學習態度層面驗證性因素分析後題目內容

層面	新題號	題目內容
學生學習態度	C4	學生對於整體的學習表現，有很高的自我期望和信心。
	C5	學生能夠理解課程與教學重點，表現出創造力，並具有批判思考的能力。
	C6	學生能夠做好情緒管理，並建立良好的人際互動關係。
	C7	學生能夠連結先備經驗，運用數位科技有系統地整合，優化智慧學習的態度與行為。

（三）「學生學習動機」層面之驗證性因素分析

　　「學生學習動機」層面共有五個項目，自由度為 5×6/2=15df，共估計 5 個殘差加上 1 個變異數及 4 個因素負荷量，自由度大於估計參數，模型屬於過度辨識，符合理論上模型正定的要求，代表模型是可以檢驗的。執行「學生學習動機」層面之驗證

性因素分析後，由圖 3-18「學生學習動機」層面一階驗證性因素修
正前分析圖可知，GFI（=.991）>.9、AGFI（=.974）>.9、CFI
（=.997）>.9、RMSEA（=.062）<.08 均達標準範圍，但 chi-
square/df（=7.825）>3，未達標準值，為了減少樣本數的影響，卡
方自由度比越小越好，模型配適度才會越佳，因此，本層面須進行
刪題修正。

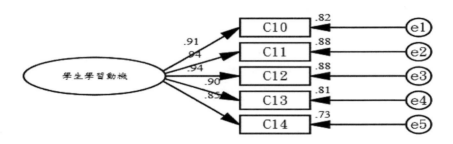

$$\text{chi-square}=39.123 \ df=5$$
$$\text{chi-square}/df=7.825$$
$$\text{GFI}=.991 \ \text{AGFI}=.974$$
$$\text{CFI}=.997 \ \text{RMSEA}=.062$$

圖 3-18　學生學習動機層面一階驗證性因素修正前分析圖

　　依據修正指標刪除 MI 值較高之題項，依序刪除學生「學習動
機」層面 C13、C14 等題項後，剩下 C10、C11、C12 三題，如圖 3-
19「學生學習動機」層面一階驗證性修正後分析圖。根據 Kline
（2011）研究指出，二階驗證性因素分析模型正定的條件為每個向
度至少要有三個觀察變數。因此，本書學生「學習動機」層面修正
刪題後每個層面有三個變數，符合恰好辨識原則。

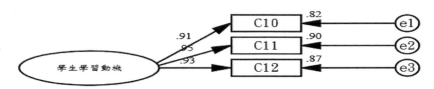

chi-square=.000 df=0
chi-square /df=\cmindf
GFI=1.000 AGFI=\agfi
CFI=\cfi RMSEA=\rmsea

圖 3-19　學生學習動機層面一階驗證性修正後分析圖

　　「學生學習動機」層面驗證性因素分析如表 3-52。由表 3-51
學生「學習動機」層面驗證性因素分析得知，參數顯著性估計，均
為正數且達顯著水準，顯見無違犯估計。本層面模式內在結構配適
度指標，個別項目信度.819~.897 之間，超過 ≧.5 標準；組合信度
（CR）為.949，超過.7 的標準；平均變異數萃取量（AVE）
為.862，超過.5 的標準，達收斂效度標準，可見配適度均在理想的
範圍。因此，將刪除後的三個題項予以保留至下一階段的分析，
「學生學習動機」層面驗證性因素分析後題目內容如表 3-53。

表 3-52　學生學習動機層面驗證性因素分析表

層面	題目	參數顯著性估計				因素負荷量	題目信度	標準化殘差	組成信度	收斂效度
		Unstd.	S.E.	*t*-value	*p*	std.	SMC	1-SMC	CR	AVE
學生學習動機	C10	1.000				.905	.819	.181	.949	.862
	C11	1.028	.015	67.419	***	.947	.897	.103		
	C12	1.001	.015	64.965	***	.932	.869	.131		

*** *p* < .001

表 3-53 學生學習動機層面驗證性因素分析後題目內容

層面	新題號	題目內容
學生學習動機	C8	學生對於與數位科技連結的課程內容,展現高度的學習動機。
	C9	學生對於學習成果有高度期許,能夠積極參與各項學習活動,追求進步與自我成長。
	C10	學生有高度願意與同學互助合作,共同完成課堂任務或學校活動目標。

（四）「學生學習成效」變項之二階驗證性因素分析

「學生學習成效」變項包括「學生學業評量成就」、「學生學習態度」與「學生學習動機」三個層面,進行二階驗證性因素分析後,其結果如圖 3-20「學生學習成效」變項二階驗證性因素分析圖所示。

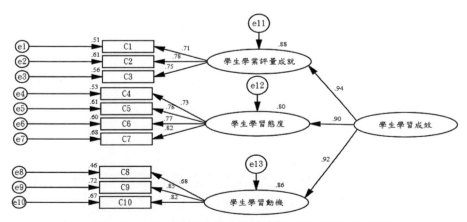

chi-square=150.723 df=32
chi-square /df=4.710
GFI=.973 AGFI=.954
CFI=.979 RMSEA=.059

圖 3-20 學生學習成效二階驗證性因素分析圖

以下分別就「學生學習成效」變項之基本配適度指標、模式內在結構配適度指標、整體模式配適度指標及區別效度加以分析。首先，就基本配適度指標而言，如表 3-54「學生學習成效」變項之二階驗證性分析表所示，誤差變異均為正值且都達顯著水準，符合建議值；因素負荷量（Std）介於.897~.938之間，且未超過.95水準，均符合建議值。因此，就基本適配度指標而言，模式並未發生違反估計情形。再者，就本變項之模式內在結構配適度指標來說，由表 3-54 可知，個別項目的信度（SMC）介於.805~.880 之間，其值均達 ≧.5 的標準；組合信度（CR）為.943 符合建議值 ≧.7；平均變異數萃取量（AVE）為.847 符合建議值 ≧.5，達收斂效度標準。因此，本變項之模式內在結構配適度，均符合配適程度，代表模式內在結構配適度良好。

表 3-54　學生學習成效變項二階驗證性分析表

變項	層面	Unstd	S.E.	t-value	p	Std	SMC	CR	AVE
學生學習成效	學生學業評量成就	1.000				.938	.880	.943	.847
	學生學習態度	1.098	.058	18.998	***	.897	.805		
	學生學習動機	.898	.049	18.158	***	.925	.856		

*** p＜.001

其次，「學生學習成效」變項就整體模式配適度指標而言，見圖 3-20，χ^2 卡方自由度比值（4.710）≦ 5、GFI 為.973、AGFI 為.954、CFI 為.979，三者均達大於.90 的建議值；RMSEA 為.059，小於.08 的建議值，均在可接受的範圍內，代表配適度良

好，因此，本變項整體模式配適度具有良好的配適度。

　　最後，「學生學習成效」變項區別效度分析如表 3-55 所示，「學生學習成效」變項各層面之平均變異數萃取量（AVE）介於.890~.928 之間，符合建議值≧.5，且 AVE 平方根數值且均大於各層面間的相關係數，顯示「學生學習成效」變項量表的不同層面之間，具有良好區別效度的存在。

表 3-55　學生學習成效區別效度分析表

學生學習成效	AVE	學生學習動機	學生學習態度	學生學業評量成就
學生學習動機	.862	.928*		
學生學習態度	.792	.829	.890*	
學生學業評量成就	.809	.867	.841	.899*

* 表示 AVE 平方根大於各層面間的相關係數。

　　「學生學習成效」變項之量表經上述的模型評鑑過程後，從驗證性因素分析各模式的配適度、各題項的標準化回歸系數、收斂效度、區別效度的驗證來看，整體而言，本模型的外在品質與內在品質頗佳，亦即「學生學習成效」變項模式之徑路圖與實際觀察資料之配適度良好，本書所提的「學生學習成效」變項效度之驗證性因素分析模式圖，整體上獲得統計的支持，適合進行下一步驟的結構模型分析。

第五節　資料處理與分析

　　為探究國民小學校長科技領導、教師數位教學能力與學生學習

成效之關係，本書運用統計套裝軟體進行統計分析，將回收之問卷資料採取量化方法進行統計分析，包括：因素分析、描述性統計、獨立樣本 *t* 檢定、變異數分析、皮爾森積差相關與結構方程模式，方法與步驟如下：

壹、資料處理

一、問卷資料蒐集後過濾方式

　　本書問卷採線上逐步填答方式，回收之問卷應為完整資料的問卷，若有不完整資料而產生遺漏值，將採取下列之作法。檢查問卷之填答情形，將填答不全者剔除，受試者的基本資料未填答項目在兩項以下（含兩項），以遺漏值（missing data）處理；超過三項以上（含三項）未填答者，列為廢卷並刪除；問卷內容上，缺答題數在三題以下者（含三題），以遺漏值處理；超過四題以上（含四題）未填答者，列為廢卷並予以刪除。

二、問卷資料編碼

　　問卷回收後，將有效問卷編予三位數的學校代碼，以供後續查考。

三、登錄資料

　　配合編碼後的資料，以統計套裝軟體進行資料登錄。

四、資料確認

　　資料登錄後，運用統計套裝軟體的「預檢資料」檢查核對登錄的資料，再以「邏輯性查核」（logical or consistency checking），利用次數分配表顯示偏離值（oulierst），進一步檢核是否有無效資料。

貳、資料分析

問卷資料的分析，本書採用統計套裝軟體分析，方法如下：

一、項目分析

預試問卷回收後之有效問卷，透過鑑別度（discrimination）與同質性（homogeneity）分析，判斷是否保留該題項。將本書三個量表填答者得分最高之 27% 設定為高分組，得分最低之 27% 設定為低分組，以獨立樣本 t 檢定進行鑑別度分析，挑選決斷值（critical ratio, CR 值）大於 3，再逐題確認題項與總分之相關、校正後題項與總分相關等同質性檢驗，並檢視刪除題項後是否有助於 α 係數提升。

二、信度分析

為檢驗調查問卷之內部一致性信度（internal consistency reliability），預試問卷回收後，以 Cronbach's α 係數檢驗量表各構面之信度，係數愈高代表研究問卷擁有愈高之內部一致性，α 值至少須達到 .50 之標準，達到 .60 代表研究問卷題目尚可接受，達到 .70 代表研究問卷具有不錯之內部一致性，達到 .80 及代表研究問卷具有良好之內部一致性。

三、因素分析（Factor Analysis）

為本書工具效度分析之用，測量調查問卷樣本校長科技領導、教師數位教學能力與學生學習成效的量表題目總共為 62 題，為了簡潔描述問卷題目之間的交互關係，反映各變項及各分層構面之間的狀況是否良好，各變項之問卷題目的特質強度是否足夠，之後將變項予以概念化，運用探索性因素分析，找出問卷題目之間的共同因素，以利後續的統計分析。

本書預試問卷將「校長科技領導量表」、「教師數位教學能力量表」與「學生學習成效量表」等三部分，進行項目分析考驗，運

用極端組檢驗法——臨界比的考驗其鑑別度；其次，同質性考驗同一題本的試題彼此間是否有高相關，屬性是否相同；最後以一致性考驗，考驗問卷題項和總體問卷的內部一致性，問卷題目的組成測量結果可靠性良好。

　　之後進行因素分析，考驗本書三個量表，是否會有相同的因素，選題之因素負荷量大小，原則上低於 0.4 以下即刪除該題項，且因素負荷量數值基本上越大越好，並採用主成分分析因素，採特徵值（eigenvalue 值）大於 1 者為入選因素參考標準（吳明隆、涂金堂，2016）。

四、描述性統計（Descriptive Statistic）

　　為了解國民小學校長科技領導、教師數位教學能力與學生學習成效關係之現況，採用次數分配、平均數、標準差等描述性統計，進行樣本的個人背景、學校背景變項之描述性統計分析，藉以呈現問卷調查樣本的分配情形，並進一步比較母群體分配情形。

五、獨立樣本 t 檢定（Independent Samples t-test）

　　為考驗不同背景之教師在「校長科技領導」、「教師數位教學能力」與「學生學習成效」各層面是否有顯著差異，採用 t 考驗（t-test）之方法，分析不同性別之國民小學校長科技領導、教師數位教學能力與學生學習成效整體及各層面是否有差異，同時針對有差異的變項進行事後比較。

六、單因子變異數分析（One-Way ANOVA）

　　以教師個人背景變項及學校所在環境變項為自變項，在國民小學校長科技領導、教師數位教學能力與學生學習成效各分量表之差異情形，進行單因子變異數分析，了解各組彼此之間的差異情形。若差異達顯著水準，再以雪費事後比較法，進行事後比較，若在變異數同質性檢定中發現變異數為不同質時，則以 Games-Howell 法

進行事後比較。

七、皮爾森積差相關分析（Pearson's product-momentcorr.;r）

以皮爾森積差相關來考驗國民小學校長科技領導、教師數位教學能力與學生學習成效各層面與教學品質各層面兩兩相關之情形。分別以校長科技領導為 X 變項，教師數位教學能力則為 Y 變項，進行積差相關分析；以校長科技領導為 X 變項，學生學習成效則為 Y 變項，進行積差相關分析；以教師數位教學能力為 X 變項，學生學習成效則為 Y 變項，進行積差相關分析。

八、結構方程模式（Structural Equation Modeling）

探討國民小學校長科技領導、教師數位教學能力與學生學習成效的可能影響結構，運用 AMOS 20.0 統計軟體之結構方程模式，進行潛在變項路徑分析（path analysis with latent variables, PA-LV）。分析模型包括校長科技領導、教師數位教學能力與學生學習成效的測量模式（measurement model），以及校長科技領導、教師數位教學能力對學生學習成效影響效果的結構模式（structural model）。

第四章　研究結果分析與討論

　　本章節架構分為四節，第一節國民小學校長科技領導、教師數位教學能力與學生學習成效現況分析；第二節國民小學校長科技領導、教師數位教學能力與學生學習成效之差異情形；第三節國民小學校長科技領導、教師數位教學能力與學生學習成效之相關分析；第四節國民小學校長科技領導、教師數位教學能力與學生學習成效之結構方程模式影響效果分析，依序探討如下。

第一節　國民小學校長科技領導、教師數位教學能力與學生學習成效現況分析

　　本節探討國民小學校長科技領導、教師數位教學能力與學生學習成效之現況，經由問卷調查所蒐集之資料，以本書之變項、層面與各題項之平均分數以及標準差作為現況分析比較之依據。

壹、研究樣本特性之現況分析

　　透過回收樣本之資料，本書運用 SPSS 20.0 統計軟體之描述性統計的次數分配表，將資料蒐集所得之樣本，統整教師個人與學校背景資料之填答，彙整成研究樣本背景資料分析表，如表 4-1。

表 4-1　研究樣本背景資料分析表

背景變項	分項	次數（人）	百分比（%）
性別	男	465	43.8
	女	597	56.2
年齡	20-30 歲	215	20.2
	31-40 歲	212	20
	41-50 歲	327	30.8
	51 歲以上	308	29
不同學歷	師專、師範或教育大學	333	31.4
	一般大學	185	17.4
	碩士以上	544	51.2
服務教職年資	未滿 10 年	299	28.2
	11-20 年	214	20.1
	21-30 年	365	34.4
	31 年以上	184	17.3
在校擔任職務	科任教師	177	16.7
	級任導師	465	43.8
	教師兼行政	420	39.5
學校位置	都市區	446	42
	一般鄉鎮	332	31.3
	偏遠	284	26.7
學校規模	12 班以下	406	38.2
	13-48 班	462	43.5
	49 班以上	194	18.3

表 4-1　研究樣本背景資料分析表（續）

背景變項	分項	次數（人）	百分比（%）
學校區域	北部	285	26.9
	中部	353	33.2
	南部	309	29.1
	東部	115	10.8

n=1,062

　　從表 4-1 發現，教師個人背景資料，性別方面，女性教師填答人數多於男性教師，女性為 56.2%，男生為 43.8%；在年齡方面，20 以上未滿 30 歲者佔 20.2%，30 歲以上未滿 40 歲者佔 20%，40 歲以上未滿 50 歲者佔 30.8%，50 歲以上者佔 29%；最高學歷方面，師專、師範或教育大學畢業者，佔 31.4%，一般大學畢業者，佔 17.4%，碩士學歷以上者，佔 51.2%；在教學年資方面，服務未滿 10 年者，佔 28.2%，服務 10 年以上未滿 20 年者，佔 20.1%，服務 20 年以上未滿 30 年者，佔 34.4%，服務 30 年以上者，佔 17.3%；在校擔任職務方面，職務為科任老師者，佔 16.7%，職務為級任導師者，佔 43.8%，教師兼行政職務者，佔 39.5%；在學校位置的資料方面，都市區佔 42%，一般鄉鎮佔 31.3%，偏遠地區佔 26.7%；在學校規模的資料方面，「12 班以下」佔 38.2%，「13-48 班」佔 43.5%，「49 班以上」佔 18.3%；在學校區域的資料方面，北部佔 26.9%，中部佔 33.2%，南部佔 29.1%，東部佔 10.8%。

　　本書的研究對象為臺灣本島（不含私立、離島與實驗學校）地區公立國民小學正式教師，依據教育部 111 學年度統計全臺灣共計 2,508 所公立國民小學，教師人數總計 95,856 人。男教師 26,542 人，28%，女教師 69,314 人，72%，本書抽樣人數，女教師人數也

是多於男教師；年齡方面，40 以上未滿 50 歲 41.57%、50 歲以上 24.34%，共佔 65.91%，與教育部統計處資料，國小教師 40 歲以上，佔 71.4%，兩者抽樣百分比相近；最高學歷方面，碩士學歷以上 58.27%，與教育部統計處資料，國小教師碩、博士學歷者佔 62.4%，兩者抽樣百分比相近；擔任職務方面，職務為級任導師者，佔 43.8%，與教育部統計處資料，國小級任教師，佔 50.9%（教育部，2023），兩者抽樣百分比相近；將本書分析樣本資料與教育部統計處國民小學教師概況資料分布相互對照，本書問卷調查樣本抽樣是有其代表性存在。

貳、國民小學校長科技領導現況分析

以下就國民小學校長科技領導變項之層面，進行現況分析討論如下。

一、校長科技領導各層面現況分析討論

本書將校長科技領導變項之因素分成校長科技領導技巧與素養、提升教師教學成效、營造數位科技情境等三個層面，以下為國民小學校長科技領導量表各層面分析，如表 4-2 所示。本量表依據總分多寡，將受測者劃分為，高程度：分數超過 4 分以上；中上程度：分數在 3~4 分之間；平均值：分數為 3 分；中下程度：分數在 2~3 分；低程度：分數在 2 分以下（吳明隆、涂金堂，2016）。

表 4-2　校長科技領導量表各層面分析摘要表

層面名稱	平均數	標準差	題數
校長科技領導技巧與素養	4.26	.66	3
提升教師教學成效	4.31	.60	5
營造數位科技情境	4.36	.63	4
整體平均數	4.32	.58	12

n=1,062

　　從表 4-2 中發現對於校長科技領導現況分析討論如下：

　　（一）整體而言，校長科技領導總量表整體平均數為 4.32，可見校長科技領導屬於高程度。而且各層面平均得分介於 4.26~4.36 之間，與中位數 3 分相較，屬高程度，在李克特五點量表中介於同意與非常同意之間。

　　綜合上述分析，國民小學教師在整體校長科技領導之平均為高程度，此研究結果與李昆憲（2022）、吳秋蓉（2017）、張坤宏（2015）、張奕財（2018）、蔡政道（2009）、蔡明貴（2022）、蕭文智（2019）等研究結果相類似。

　　（二）從本變項之各個層面分析結果的原始分數看來，以「營造數位科技情境」（M=4.36）之得分最高，依次為「提升教師教學成效」（M=4.31）、「校長科技領導技巧與素養」（M=4.26），整體得分較高，介於同意與非常同意之間，屬於高程度。

　　就校長科技領導各個層面來看，在營造數位科技情境高於提升教師教學成效，此研究結果與吳春助（2009）、張坤宏（2015）、張奕財（2018）、蔡政道（2009）的研究結果相似。而提升教師教學成效高於校長科技領導技巧與素養，此研究結果與李昆憲

（2022）、吳春助（2009）、吳秋蓉（2017）、張奕財（2018）、蔡政道（2009）的研究結果相似。單獨就「校長科技領導技巧與素養」層面來看，與李昆憲（2022）、吳秋蓉（2017）、張坤宏（2015）、張奕財（2018）、蔡政道（2009）、蔡明貴（2022）、蕭文智（2019）之研究結果相似。可見在校長科技領導之下，整合相關科技資源，營造優質科技情境，提升教學之成效，是為當務之急。由上述研究結果顯示國民小學校長科技領導現況良好。

二、校長科技領導變項各分層面題項現況分析討論

本書針對校長科技領導變項各分層面題項現況分析，其結果如表 4-3。

表 4-3　校長科技領導量表各題項分析

層面	題目內容	平均數	標準差
校長科技領導技巧與素養	校長具備資訊科技素養，運用領導策略達成組織願景。	4.33	.70
	校長能利用科學數據在領導上作決定，善用網路或資訊科技工具蒐集相關資料，作為決策之參考。	4.27	.76
	校長能夠運用科技作出前瞻性的判斷，並能使用科技工具解決問題的能力。	4.17	.80
提升教師教學成效	校長能鼓勵教師學習、運用科技，以科技創新的方式將融入於課程與教學中。	4.51	.63
	校長能如期舉行備課、觀課以及議課，提升教師科技融入教學之能力。	4.24	.76

表 4-3　校長科技領導量表各題項分析（續）

層面	題目內容	平均數	標準差
	校長能幫助老師使用科技，發展學校校訂課程與教學的能力，並評估和修正教學模式。	4.31	.74
	校長能定期舉辦各項科技教學活動，激發學生學習科技的潛能，並給予正向的回饋。	4.17	.79
	校長能夠帶領同仁凝聚科技共識，一起形塑學校科技願景與計畫。	4.33	.77
營造數位科技情境	校長能引進數位教學、雲端教學平臺或其他資訊科技教育發展之運用。	4.42	.73
	校長能夠結合學校外部科技資源，與社區、家庭進行科技合作，並建立良好的公共關係。	4.33	.76
	校長能積極充實學校資訊科技軟硬體設施，有效統整及維護資訊科技軟硬體設備。	4.44	.71
	校長能夠打造無障礙科技環境，營造科技氛圍，發展學校創新教育亮點。	4.27	.74

n=1,062

從表 4-3 中發現「校長科技領導技巧與素養」層面，各題得分介於 4.17~4.33，都在平均數 3 以上，可見，校長科技領導技巧與素養在高程度；在「提升教師教學成效」層面各題得分介於 4.17~4.51，都在平均數 3 以上，可見，提升教師教學成效在高程度；在「營造數位科技情境」層面各題得分介於 4.27~4.44，在平均數 3 以上，可見，營造數位科技情境在高程度。

在校長科技領導技巧與素養層面中，以「校長具備資訊科技素養，運用領導策略達成組織願景」得分最高，平均數（M）為

4.33，其次為「校長能利用科學數據在領導上作決定，善用網路或資訊科技工具蒐集相關資料，作為決策之參考」。平均數（M）為4.27，最後為「校長能夠運用科技作出前瞻性的判斷，並能使用科技工具解決問題的能力」，平均數（M）為 4.17，各題項得分均在高程度。

在提升教師教學成效層面中，以「校長能鼓勵教師學習、運用科技，以科技創新的方式將融入於課程與教學中」得分最高，平均數（M）為 4.51，其次得分依序為「校長能夠帶領同仁凝聚科技共識，一起形塑學校科技願景與計畫」，平均數（M）為 4.33，「校長能幫助老師使用科技，發展學校校訂課程與教學的能力，並評估和修正教學模式」，平均數（M）為 4.31，「校長能如期舉行備課、觀課以及議課，提升教師科技融入教學之能力」，平均數（M）為 4.24，最後為「校長能定期舉辦各項科技教學活動，激發學生學習科技的潛能，並給予正向的回饋」，平均數（M）為4.17，各題項得分均在高程度。

在營造數位科技情境層面中，以「校長能積極充實學校資訊科技軟硬體設施，有效統整及維護資訊科技軟硬體設備」得分最高，平均數（M）為 4.44，其次得分依序為「校長能引進數位教學、雲端教學平臺或其他資訊科技教育發展之運用」平均數（M）為4.42，「校長能夠結合學校外部科技資源，與社區、家庭進行科技合作，並建立良好的公共關係」，平均數（M）為 4.33，最後為「校長能夠打造無障礙科技環境，營造科技氛圍，發展學校創新教育亮點」平均數（M）為 4.27，各題項得分均在高程度。

就校長科技領導變項三個層面的整體題目來看，以「校長能鼓勵教師學習、運用科技，以科技創新的方式將融入於課程與教學中」得分最高，其次為「校長能積極充實學校資訊科技軟硬體設施，有效統整及維護資訊科技軟硬體設備」。可見在校長科技領導過程，若能鼓勵教師運用科技、創新科技於課程教學中，教師知覺

校長科技領導之整體現況達到高程度，如李昆憲（2022）、張奕財（2018）、蔡明貴（2022）、蕭文智（2019）等人之研究。其次，校長科技領導於學校軟、硬體設施上，若能積極充實資訊科技設備，以及有效統整維護資訊科技設備，則教師對校長科技領導表現呈現高度知覺感受，如吳春助（2009）、張奕財（2018）、蔡政道（2009）等人之研究。

此外，校長科技領導變項三個層面的整體題目雖均達高程度，但在「校長能夠運用科技作出前瞻性的判斷，並能使用科技工具解決問題的能力」以及「校長能定期舉辦各項科技教學活動，激發學生學習科技的潛能，並給予正向的回饋」兩個題項，得分較低。研究顯示，校長本身運用科技作出前瞻判斷、解決問題的能力，以及激發學生科技潛能，給予正向回饋的作法，雖有高程度認同，但相較於該變項其他題項來說，仍有進步的空間。

三、小結

綜上所述，校長科技領導變項中「校長科技領導技巧與素養」、「提升教師教學成效」與「營造數位科技情境」等三個層面均達高程度，究其原因，因為 21 世紀的科技時代來臨，加上COVID-19 大流行後，停課不停學的政策，未來的領導者仰賴的不再是地位和威權，領導者的新角色，需重建科技領導力，經由科技、知識、智慧與能力，確保領導品質，實現組織願景。在提升教師教學成效部分，校長的新角色帶領教師運用新科技，提升教師在整體備課過程中，有效地整合、實踐資訊通信技術，如期舉行備課、觀課以及議課，協助教師促進資訊科技在教學相關的創新，提升教學成效。在科技變革年代，科技領銜教育發展，領導者必須引領教師進行教育「框架」的解蔽，促進教育變革，除了教師必須不斷接受數位教學能力的培訓，校長要能引進數位教學資源或其他資訊科技教育發展之運用，有效統整及維護資訊科技軟硬體設備，提

高數位科技情境的品質，才能提高學生學習時進行批判性發展的能力，進而創造教育新亮點。

最後，就研究顯示，校長科技領導變項雖均為高程度，但仍有強化的空間，在於校長本身能夠多利用科技技術於領導技巧與素養，諸如：運用科學數據文獻分析，作出前瞻領導之判斷以及解決問題的依據，同時能夠多舉辦各項科技教學活動，提升教師教學效能，激發學生學習科技的潛能，給予正向的領導與回饋，最終，校長能夠結合校內、外科技資源，打造全方位科技環境，營造科技氛圍，創新學校教育亮點。

參、教師數位教學能力現況分析

以下就國民小學教師數位教學能力變項之層面，進行現況分析討論如下。

一、教師數位教學能力各層面現況分析討論

本書將教師數位教學能力變項之因素，分成「應用數位科技教學之能力」、「使用數位科技工具與媒體」以及「數位課程教材資源」等三個層面，以下為教師數位教學能力量表各層面之分析，如表 4-4 所示。

表 4-4　教師數位教學能力量表各層面分析摘要表

層面名稱	平均數	標準差	題數
應用數位科技教學之能力	4.34	.55	3
使用數位科技工具與媒體	4.47	.46	4
數位課程教材資源	4.31	.53	4
整體平均數	4.38	.46	11

n=1,062

從表 4-4 中發現，教師數位教學能力之現況分析討論如下：

（一）整體而言，教師數位教學能力總量表整體平均數為 4.38，可見國民小學教師數位教學能力屬於高程度。各層面得分「應用數位科技教學之能力」4.34、「使用數位科技工具與媒體」4.47、「數位課程教材資源」4.31，在五點量表中介於非常同意與同意之間，均屬於高程度。

綜合上述結果，國民小學教師數位教學能力之平均為高程度，此研究結果與陳進冬（2021）、謝玉英（2021）、Jannah et al.,（2020）、Meirovitz et al.,（2022）、Rachmadtullah et al.,（2023）等研究結果相類似。

（二）從各分層面統計結果的原始分數來看，以「使用數位科技工具與媒體」之得分最高，平均數（M）為 4.47，依次為「應用數位科技教學之能力」，平均數（M）為 4.34、「數位課程教材資源」，平均數（M）為 4.31。

在教師數位教學能力變項之各層面中，以「使用數位科技工具與媒體」高於「應用數位科技教學之能力」，研究結果與 Maru et al.,（2022）、Rachmadtullah et al.,（2023）的研究結果相似，代表教師對使用數位科技工具與媒體視為重點，尤其在 COVID-19 期間，教師大量使用科技工具作為數位教學時管理、學習、實踐和交流的方式。「應用數位科技教學之能力」平均數高於「數位課程教材資源」，研究結果與陳進冬（2021）、謝玉英（2021）研究結果相近，代表數位教學從教學設計著手，設計多元創新的教學內容，應用數位科技於教學策略與課程，對於學生學習行為與學習滿意度，皆有顯著之影響。上述研究結果顯示國民小學教師數位教學能力現況良好。

二、教師數位教學能力各層面題項現況分析討論

本書針對教師數位教學能力各層面題項現況分析，如表 4-5。

表 4-5 教師數位教學能力量表各題項分析

層面	題目內容	平均數	標準差
數位課程教材資源	教師能夠主動將數位科技技巧融入教學，為了提高學生學習興趣、激發學習動機。	4.47	.60
	教師能將傳統教學資源，使用數位科技工具轉化、整理成創新數位教學檔案，並進行數位教學。	4.36	.65
	教師能夠運用多元的數位科技評估教材、診斷教學適切性，以及做出批判性教學反思。	4.20	.72
使用數位科技工具與媒體	教師能夠使用科技工具或媒體，引起學生學習動機，並有效呈現教學內容。	4.48	.57
	教師會利用數位科技工具或網際網路搜尋引擎，檢索教學所需要的資訊平臺或資料。	4.45	.58
	教師能運用數位科技工具進行親師溝通，並與學生在上課時間或課後進行師生互動。	4.43	.62
	教師會下載 APP 及使用套裝軟體，輔助教學以及管理學生資料。	4.49	.62
應用數位科技教學之能力	教師能依據教學原則或理論，轉化、設計數位教材，藉此發展教學與學習資源。	4.27	.67
	教師能夠選擇、運用數位科技資源，設計或發展學生多元評量方式。	4.36	.63
	教師能將不同的數位科技工具，融入課程與教學間的對應關係。	4.27	.64
	教師能使用數位科技工具，鏈結科技資源、教師教學檔案以及學生學習歷程檔案。	4.35	.68

n=1,062

　　從表 4-5 中發現數位課程教材資源層面，各題平均得分介於
4.20~4.47 之間，可見國民小學教師數位課程教材資源層面，介於
同意與非常同意之間，屬於高程度；在使用數位科技工具與媒體層
面，各題平均得分介於 4.43~4.48 之間，可見國民小學教師在使用
數位科技工具與媒體層面，介於同意與非常同意之間，屬於高程
度；在應用數位科技教學之能力層面，各題平均得分介於
4.27~4.36 之間，可見國民小學教師在應用數位科技教學之能力層
面，介於同意與非常同意之間，屬於高程度。

　　在數位課程教材資源層面各題中，以「教師能夠主動將數位科
技技巧融入教學，為了提高學生學習興趣、激發學習動機。」得分
最高，平均數（M）為 4.47；其次為「教師能將傳統教學資源，使
用數位科技工具轉化、整理成創新數位教學檔案，並進行數位教
學。」平均數（M）為 4.36；最後為「教師能夠運用多元的數位科
技評估教材、診斷教學適切性，以及做出批判性教學反思。」平均
數（M）為 4.20。

　　在使用數位科技工具與媒體層面各題中，以「教師會下載 APP
及使用套裝軟體，輔助教學以及管理學生資料。」得分最高，平均
數（M）為 4.49；其次依序為「教師能夠使用科技工具或媒體，引
起學生學習動機，並有效呈現教學內容。」平均數（M）為 4.48；
「教師會利用數位科技工具或網際網路搜尋引擎，檢索教學所需要
的資訊平臺或資料。」平均數（M）為 4.45；最後為「教師能運用
數位科技工具進行親師溝通，並與學生在上課時間或課後進行師生
互動。」平均數（M）為 4.43。

　　在應用數位科技教學之能力層面各題中，以「教師能夠選擇、
運用數位科技資源，設計或發展學生多元評量方式。」得分最高，
平均數（M）為 4.36；其次為「教師能使用數位科技工具，鏈結科
技資源、教師教學檔案以及學生學習歷程檔案。」平均數（M）為
4.35；最後為「教師能依據教學原則或理論，轉化、設計數位教

材，藉此發展教學與學習資源。」與「教師能將不同的數位科技工具，融入課程與教學間的對應關係。」兩題，平均數（M）均為4.27。

　　就教師數位教學能力量表三個層面的整體題目來看，以「教師會下載 APP 及使用套裝軟體，輔助教學以及管理學生資料。」得分最高，其次為「教師能夠使用科技工具或媒體，引起學生學習動機，並有效呈現教學內容。」可見，研究結果與李可風（2020）、陳進冬（2021）、謝玉英（2021）、Jannah 等人（2020）、Maru 等人（2022）、Rachmadtullah 等人（2023）的研究結果相似，代表近年來在 COVID-19 期間，各級學校務必實施遠距教學以來，教師將使用數位科技工具與媒體視為重點，同時使用科技工具作為輔助教學以及管理學生資料成為常態，以及將數位科技實踐教學內容與家長交流，最終引起學生學習動機，提高學生的學習效果。

　　此外，教師數位教學能力變項三個層面的整體題目雖均達高程度，但在「教師能夠運用多元的數位科技評估教材、診斷教學適切性，以及做出批判性教學反思。」以及「教師能依據教學原則或理論，轉化、設計數位教材，藉此發展教學與學習資源。」與「教師能將不同的數位科技工具，融入課程與教學間的對應關係。」得分較低。研究顯示，教師使用數位科技能力以及科技運用在教學上的能力，無庸置疑且成為教師教學必備能力與趨勢，若能結合教學原理，再強化科技工具與課程之間的轉化，融入課程與教學間與對應關係，並作出批判性教學反思與實踐，會達成更佳的數位教學成效。

三、小結

　　綜上所述，教師數位教學能力變項中「應用數位科技教學之能力、」、「使用數位科技工具與媒體」與「數位課程教材資源」等三個層面均達高程度。究其原因，COVID-19 疫情升溫，遠距教

學、數位教學的需求爆發性成長，此外，行政院 2021 年底推出「班班有網路、生生用平板」政策，在全國中小學全面推動「中小學數位學習精進方案」，加上學習是以孩子為中心的學習觀，是一連串「認知」與「思維」的解構與建構，數位科技工具不再限於補充課程而已，而是成為課程交付和教學的核心，數位科技融入教學儼然成為新興議題，也是教育領域積極推動的教學模式。研究結果顯示，教師要能夠主動將數位科技技巧融入傳統教學，鏈結數位科技資源於教師教學檔案以及學生學習歷程檔案，並運用數位科技工具轉化課程，整理成創新數位教學檔案，以數位科技搜尋課程教材資源、評估教材、診斷教學適切性，並做出批判性教學反思，進而設計或發展學生多元評量方式，如此才能提高學生學習興趣、激發學習動機。可見，為滿足與確保學生學習需求，教師必須調整教學步伐，「教師數位教學能力」是在數位時代中，結合數位科技傳遞「教與學」的關鍵能力。

最後，就研究顯示，教師數位教學能力變項的三個層面雖均為高程度，但仍有強化的空間，在於教師能夠多利用數位科技技術結合教學原理，不能局限於理解的感知能力，要能轉化成為創造教學活動的手段，並運用多元的數位科技評估教材以及診斷教學的適切性。同時，要思考傳統教學與數位教學的對應關係，將數位科技工具融入課程與教學，並作出批判性教學反思，達成更優質的教學成效。

肆、學生學習成效現況分析

以下就國民小學學生學習成效變項之層面，進行現況分析討論如下。

一、學生學習成效變項各層面現況分析討論

本書將學生學習成效變項之因素，分成學生學業評量成就、學

生學習態度、學生學習動機等三個層面，以下為學生學習成效量表各層面之分析，如表 4-6 所示。

表 4-6　學生學習成效量表各層面分析摘要表

層面名稱	平均數	標準差	題數
學生學業評量成就	4.36	.56	3
學生學習態度	4.13	.61	4
學生學習動機	4.41	.55	3
整體平均數	4.28	.52	10

n=1,062

從表 4-6 中發現，學生學習成效量表之現況分析討論如下：

（一）整體而言，學生學習成效總量表整體平均數為 4.28，可見國民小學學生學習成效屬於高程度。各層面得分「學生學業評量成就」4.36、「學生學習態度」4.13、「學生學習動機」4.41，在五點量表中介於非常同意與同意之間，均屬於高程度。

綜合上述結果，國民小學學生學習成效之平均數為高程度，此研究結果與吳國銘（2019）、陳建志（2019）、張凌凌（2022）、蔡金田（2014）、Fatchurahman 等人（2022）、Sholekah 等人（2023）、Sri（2021）等研究結果相近。

（二）從各分層面統計結果的原始分數來看，以「學生學習動機」之得分最高，平均數（M）為 4.41，依次為「學生學業評量成就」，平均數（M）為 4.36、「學生學習態度」，平均數（M）為 4.13。

在學生學習成效變項之各層面中，以「學生學習動機」高於「學生學業評量成就」，研究結果與蘇奕娟與林新發（2020）、

Bowden 等人（2021）、Eom 與 Ashill（2016）、Lin 與 Chen（2017）、Sholekah 等人（2023）的研究結果相似，代表在學習的過程中，影響孩子未來學習的方向與重點，在於能否自主、自動的學習，因此，內在和外在動機就很重要，也就是指學生參與和投入學習科目的意願，而且孩子努力的動機更甚於學生學業評量的成就。此外，「學生學習態度」在此變項，雖得分最低，但仍顯示高程度，與王秀鶯（2014）、張伯瑲（2021）、蔡金田（2014）、謝傳崇與王瓊滿（2011）、蘇奕娟與林新發（2020）、Pratiwi 與 Sumarna（2023）、Li 與 Xue（2023）的研究相近，代表學生參與學習活動個體情緒與態度是重要元素，因為不同的孩子有其獨特的學習風格和學習軌跡，尤其是學生面對教學活動的看法與外顯的學習行為，包括學生能夠積極參與教學活動，充滿學習熱忱和學習興趣，能夠高度參與學習的行為。由上述研究結果顯示，國民小學學生學習成效現況良好。

二、學生學習成效各層面題項現況分析討論

本書針對學生學習成效各層面題項現況分析，如表 4-7。

表 4-7　學生學習成效量表各題項分析

層面	題目內容	平均數	標準差
學生學業評量成就	透過數位科技載具，學生能了解教師授課內容，提升學生課業學習表現。	4.40	.61
	進行數位教學時，學生能專心聆聽教師教學，並且積極投入課堂教學活動。	4.37	.68
	學生能依據教師指導，認真完成課堂數位學習單與回家數位作業。	4.32	.71

表 4-7　學生學習成效量表各題項分析（續）

層面	題目內容	平均數	標準差
學生學習態度	學生對於整體的學習表現，有很高的自我期望和信心。	4.20	.68
	學生能夠理解課程與教學重點，表現出創造力，並具有批判思考的能力。	4.03	.78
	學生能夠做好情緒管理，並建立良好的人際互動關係。	4.09	.73
	學生能夠連結先備經驗，運用數位科技有系統地整合，優化智慧學習的態度與行為。	4.18	.71
學生學習動機	學生對於與數位科技連結的課程內容，展現高度的學習動機。	4.51	.58
	學生對於學習成果有高度期許，能夠積極參與各項學習活動，追求進步與自我成長。	4.37	.67
	學生有高度願意與同學互助合作，共同完成課堂任務或學校活動目標。	4.34	.68

n=1,062

　　表 4-7 發現學生學業評量成就層面，各題平均得分介於 4.32~4.40 之間，可見學生學業評量成就層面，介於同意與非常同意之間，屬於高程度；在學生學習態度層面，各題平均得分介於 4.03~4.20 之間，可見學生學習態度層面，介於同意與非常同意之間，屬於高程度；在學生學習動機層面，各題平均得分介於 4.34~4.51 之間，可見學生學習動機層面，介於同意與非常同意之間，屬於高程度。

　　在學生學業評量成就層面各題項中，以「透過數位科技載具，

學生能了解教師授課內容，提升學生課業學習表現。」得分最高，平均數（M）為 4.40，其次為「進行數位教學時，學生能專心聆聽教師教學，並且積極投入課堂教學活動。」平均數（M）為 4.37，最後為「學生能依據教師指導，認真完成課堂數位學習單與回家數位作業。」平均數（M）為 4.32。

　　在學生學習態度層面各題項中，以「學生對於整體的學習表現，有很高的自我期望和信心。」得分最高，平均數（M）為 4.20，其次為「學生能夠連結先備經驗，運用數位科技有系統地整合，優化智慧學習的態度與行為。」平均數（M）為 4.18，再次為「學生能夠做好情緒管理，並建立良好的人際互動關係。」平均數（M）為 4.09，最後為「學生能夠理解課程與教學重點，表現出創造力，並具有批判思考的能力。」平均數（M）為 4.03。

　　在學生學習動機層面各題項中，以「學生對於與數位科技連結的課程內容，展現高度的學習動機。」得分最高，平均數（M）為 4.51，其次為「學生對於學習成果有高度期許，能夠積極參與各項學習活動，追求進步與自我成長。」平均數（M）為 4.37，最後為「學生有高度願意與同學互助合作，共同完成課堂任務或學校活動目標。」平均數（M）為 4.34。

　　本書就學生學習成效變項整體題項來看，單題部分以「學生對於與數位科技連結的課程內容，展現高度的學習動機。」得分最高，其次為「透過數位科技載具，學生能了解教師授課內容，提升學生課業學習表現。」可見教師的「教」與「學」若能運用數位科技載具，並且以數位科技鏈結課程內容，一方面能夠引起學生學習動機，另一方面能夠讓學生更容易了解教師授課內容，提升學生課業學習表現，以達成良好的學習效果。

　　其次，本書雖然在學生學習成效變項之各題項中均達高程度，但在「學生能夠做好情緒管理，並建立良好的人際互動關係。」、「學生能夠理解課程與教學重點，表現出創造力，並具有批判思考

的能力。」得分相對來說較低，顯示在運用數位教學時，對於學生情緒的管控以及人際互動的關係，可以再多著墨，同時對於課程與教學部分，學生創造力的表現以及批判思考的能力，仍有努力進步的空間。例如：教師於數位教學師生雙向互動的歷程中，以營造輕鬆愉快的學習狀態，協助學生了解自己、控制自己、激勵自己、在失敗時努力克服壓力、克服逆境的衝擊，並能積極的引導、激勵、及時反饋等支持行為，拉近師生、同儕之間的距離，促進良好情緒互動與人際關係的溝通；再者，在數位教學過程中，讓學生要「學會學習」，更要「學會思考」，因為沒有思想的學習、沒有思考的學生容易被淘汰，相反地，反應快、樂於思考、思維能力強的學生，在課堂參與學習的積極性更高，諸如教師的發問、同儕的討論、協作學習、問題導向學習，堅定學生信念與學習行動，均能提升學生創造力與批判思考的能力。

三、小結

綜上所述，國民小學學生學習成效變項達高程度，整體平均數4.28，且在「學生學業評量成就」、「學生學習態度」與「學生學習動機」各個層面均達高程度，顯示學生學習成效趨於積極正向。究其原因可能是 COVID-19 大流行後，從基礎教育機構到大學幾乎所有學校都使用數位學習的應用程式實施數位教學，同時為了人力和科技之間的協調，尋找解決現場教育問題，創造更好的學生學習成效。在此背景之下，一方面教師必須透過研究科技、運用科技，促進師生之間的互動，以及學生與學生之間的人際互動，向學生提供知識與學習資源，讓學習材料的可接受性和可讀性獲得支持，同時提升課堂教學技術的先進性、直觀性和可用性。

另一方面，學生必須了解科技並積極運用科技，進而理解課程重點與教學活動，展現積極自主的學習動機，同時對於整體的學習表現，有很高的自我期望和信心，並能連結先備經驗，運用數位科

技系統地整合課程，優化智慧學習的態度與行為，最終表現出創造力，並具有批判思考的能力，同時也要兼顧學生情緒管理的問題，讓學生有高度願意與同學互助合作學習，協助孩子建立良好的人際互動關係。

第二節　國民小學校長科技領導、教師數位教學能力與學生學習成效之差異分析

　　本節在探討不同教師背景變項（教師性別、年齡、服務教職年資、擔任職務、最高學歷）以及學校背景變項（學校大小規模、學校所在地、學校區域）在校長科技領導、教師數位教學能力與學生學習成效之整體及各分層面得分上的差異情形，將研究資料分為兩大部分呈現：一、差異結果分析；二：綜合討論。本書採用之統計方法為：t 考驗（t-test）、獨立樣本單因子變異數分析（One-way ANOVA），並由平均數與 Scheffé's 法進行事後比較。茲說明如下：

壹、不同性別教師在校長科技領導、教師數位教學能力與學生學習成效之差異分析

　　針對不同性別之教師在國民小學校長科技領導、教師數位教學能力與學生學習成效之差異分析，其結果如表 4-8。

表 4-8　不同性別在校長科技領導、教師數位教學能力與學生學習成效之差異分析

變項、層面	男（平均）	女（平均）	t 值	p 值
校長科技領導技巧與素養	4.266	4.247	.452	.651
提升教師教學成效	4.299	4.326	-.703	.482
營造數位科技情境	4.323	4.397	-1.919	.055
校長科技領導	4.299	4.330	-.870	.385
應用數位科技教學之能力	4.341	4.345	-.097	.922
使用數位科技工具與媒體	4.474	4.459	.497	.619
數位課程教材資源	4.320	4.302	.562	.574
教師數位教學能力	4.382	4.371	.390	.697
學生學業評量成就	4.377	4.352	.736	.462
學生學習態度	4.105	4.141	-.961	.337
學生學習動機	4.418	4.397	.603	.547
學生學習成效	4.280	4.281	-.020	.984

n=男 465，女 597　　*p<.05

一、教師不同性別在校長科技領導的差異分析討論

（一）整體變項差異性分析討論

　　表 4-8 是不同性別教師在校長科技領導、教師數位教學能力與學生學習成效總分及其分層面差異之 t 考驗。由表 4-8 可知，不同性別教師在整體校長科技領導之 t 考驗值-.870，結果未達顯著水準，亦即不同性別教師在校長科技領導的得分上，無顯著差異。此研究結果與吳春助（2006）、吳秋蓉（2018）、李昆憲（2022）、

張奕財（2018）、蔡明貴（2022）、蔡政道（2009）等人的研究結果相近。

不同性別教師在整體科技領導量表的得分表現上無顯著差異，與其他研究不同，如在江俊賢（2015）之研究有顯著差異其原因為：1.男性教師較多擔任行政人員：行政人員與校長接觸的比例較高，有業務上的來往，因此較女性教師容易感知到校長的科技領導；2.男性教師對科技理工較感興趣，因此對科技的應用高於女性教師；3.男性教師較女性教師會關注科技相關訊息。而本書在後疫情時代進行，科技的應用對教學有急迫性，科技儼然成為教學利器，推動科技與善用科技成為學校新常態，於是教師在校長科技領導的知覺感受上，不同性別的教師就呈現沒有顯著的差異。

（二）不同層面差異性分析討論

不同性別教師在「校長科技領導技巧與素養」、「提升教師教學成效」與「營造數位科技情境」等層面上，未達顯著差異水準，亦即不同性別教師在校長科技領導各分層面的得分上，無顯著差異。

在「校長科技領導技巧與素養」t 考驗值.452、「提升教師教學成效」t 考驗值-.703 與「營造數位科技情境」t 考驗值-1.919，各層面亦呈現無顯著差異水準，代表男性、女性教師在校長科技領導的「校長科技領導技巧與素養」、「提升教師教學成效」與「營造數位科技情境」等層面表現上是一致的。此結果與吳春助（2009）、張奕財（2018）、蔡政道（2009）等人的研究結果相似。

此結果顯示，在科技時代、後疫情時代，每個教育階段幾乎都使用混成教學、遠距教學，數位教學成為新常態，因此，校長科技領導從被動轉變為互動和進取，不管男性、女性教師對校長科技領導的知覺感受均呈現無顯著差異水準。

（三）小結

　　綜上所述，不同性別教師在校長科技領導的整體變項與各個層面上並沒有顯著的差異存在，可能因素是早期校長科技領導著重科技資源的整合與建置，教師會因性別的不同加上行政業務、興趣的因素導致差異存在，但在後疫情時代，科技的應用對教學有急迫性、延續性與預知的概念下，科技儼然成為教學、行政利器，於是推動科技技術與善用科技領導於學校事務成為新常態，教師們在校長科技領導的知覺感受上，不同性別的教師就顯示沒顯著差異的存在。

二、教師不同性別在教師數位教學能力的差異分析討論

（一）整體變項差異性分析討論

　　由表 4-8 可知，不同性別教師在整體教師數位教學能力之得分平均情形，男性得分平均數為 4.38，女性得分平均數 4.37，t 考驗值 -.390，結果未達顯著水準，亦即不同性別教師在教師數位教學能力的得分上，無顯著差異。因針對國民小學階段數位教學之研究付之闕如，研究結果教師性別無顯著差異，可能與後疫情時代數位教學成為新常態，在此時代教師數位能力是增強全球化公民權的關鍵能力，也是在不同教育階段，教師教學和學生學習的關鍵要素（Marín & Castaneda, 2023）。加上 108 課綱實施後，強調科技資訊與媒體素養，數位教學的發展已成為所有教師教學的一種趨勢，因此，在整體「教師數位教學能力」的感受上未達顯著差異水準。

　　不同性別教師在整體教師數位教學能力量表的得分表現上無顯著差異，推究其原因可能為：1.在此之前國內博士生數位教學研究對象集中在大學生、研究生與高中職學生為主，而現階段教學，數位教學已成為各階段教師教學的趨勢，如同 Oliveira 與 de SOUZA（2022）指出，COVID-19 大流行被視為向教育 4.0 進行數位化轉型的轉折點；2.整體來說，不管男性、女性教師，在教學中使用數

位科技是毫無疑問的（Anthonysamy et al., 2020；Suroso et al., 2021）；3.疫情後學校的數位教學改變了學習方式，將指導主義教育理念轉變為建構主義教育理念（Suwarto et al., 2022），因此，不管男性、女性教師的教學轉變為以學生為重心，在數位教學能力上，視為應有之能力，於是在知覺上就無顯著的差異性。

（二）不同層面差異性分析討論

不同性別教師在「應用數位科技教學之能力」、「使用數位科技工具與媒體」與「數位課程教材資源」等層面上，未達顯著差異水準，亦即不同性別教師在教師數位教學能力各分層面的得分上，無顯著差異。

在「應用數位科技教學能力」t考驗值.-.097、「使用數位科技工具與媒體」t考驗值.497與「數位課程教材資源」t考驗值.562，各層面亦呈現無顯著差異水準，代表男性、女性教師在教師數位教學能力的「應用數位科技教學之能力」、「使用數位科技工具與媒體」與「數位課程教材資源」等層面表現上是一致的。

此結果顯示，隨著時間的推移和變化，數位教學能力的概念以及實踐非常重要，這些實踐影響了教育系統如何為 21 世紀的生活和學習做好準備的問題（Erstad et al., 2021）。加上在後疫情時代數位教學成為新常態，Skantz-Åberg 等人（2022）也指出教師數位專業能力受到 Bronfenbrenner 生態系統理論的啟發，同時教師數位教學能力的概念，在國家政策、課程層面得到實施，使每一位教師均有責任，為學生提供發展數位能力的教學與學習。研究結果顯示，在教師數位教學能力變項之下，不管男性、女性教師對「應用數位科技教學之能力」、「使用數位科技工具與媒體」與「數位課程教材資源」等層面，均呈現無顯著差異水準。

（三）小結

綜上所述，不同性別教師在教師數位教學能力的整體變項與各

個層面上並沒有顯著的差異存在，可能因素是在後疫情時代，學校必須具備更廣泛與一致性的數位察覺，讓老師做好數位教學環境的準備，實踐社會承諾數位公民的榜樣，將數位科技在教育系統中引入、整合和融合在教學之上，成為新興數位教育的實踐者、產生者與管理者。因此，不管是男性、女性教師必須擁有數位科技能力、應用數位科技工具教學的技能，以及整合教學環境與資源的能力，讓學生在課堂上能夠使用數位設備進行學習。因此，本書之結果顯示，不同性別的國民小學教師在上學生學習成效整體變項上，未達顯著差異。

三、教師不同性別在學生學習成效的差異分析討論

（一）整體變項差異性分析討論

由表 4-8 可知，不同性別教師在整體學生學習成效之 t 考驗值 -.020，結果未達顯著水準，亦即不同性別教師在學生學習成效的得分上，無顯著差異。研究結果與林宏泰（2019）、張伯瑲（2021）、吳國銘（2019）、陳建志（2019）等研究結果相似。與陳忠明（2022）、張凌凌（2022）等人研究結果不同。一般來說，學生學習成效與教師效能有正向關係（蔡金田，2014），學生的學習成效是教育成功的基準之一（Supriyanto, 2019）。因此無論男性、女性教師能夠有效地評估授課內容，是否為學生所接受，進而評估教學活動與教學成果，才能達到預期的學習目標。因此，「學生學習成效」整體變項而言，學生學習成效的感受上未達顯著差異水準。研究顯示，不同性別教師在整體學習成效量表的得分表現上無顯著差異，推究其原因可能為：不管男性、女性教師對孩子的期望都一樣，透過數位多元有效的教學策略，讓學生在知識、態度、技巧與能力上有正向增進的效果，加上有效能的教師，對於學生的學習成效具有顯著正向的直接影響效果，而且是有具體證據可展現以及能被驗證的（蔡金田，2014；Adawiyah et al., 2023）。

但與吳國銘（2019）、陳建志（2019）、黃庭鈺（2020）等人研究達顯著差異之研究結果不同，可能是吳國銘（2019）之研究以新北市國民小學五年級級任教師為研究對象，且抽取樣本只有 391 名受試者，局限於都市區域、樣本數為區域性，在城鄉差距之下教師、家長對學生要求程度不同；陳建志（2019）之研究以個性化學習為變項，是以學生個別表現，而非群體表現，況且學生學習目標之達成是以個別為主，與教師面對整體學生有所不同；黃庭鈺（2020）之研究變項以學校組織健康為題，牽扯到擔任行政之同仁以男性居多，於是產生不同觀點。

（二）不同層面差異性分析討論

不同性別教師在「學生學業評量成就」、「學生學習態度」與「學生學習動機」等層面上，未達顯著差異水準，亦即不同性別教師在學生學習成效各分層面的得分上，無顯著差異。

在「學生學業評量成就」t 考驗值.736、「學生學習態度」t 考驗值-.961 與「學生學習動機」t 考驗值.603，各層面亦呈現無顯著差異水準，代表男性、女性教師在學生學習成效變項的「學生學業評量成就」、「學生學習態度」與「學生學習動機」等層面表現上是一致的。此結果代表，學生學習成效與學生的學業成績有關係密切，整體的學習概念具有三個結構：行為、情感和認知，而學習成效的關注重點在認知參與態度，攸關學生學習風格與學習軌跡，可以從信念、行動或感覺來決定學生的學習維度，過程中學生心理投入程度，學習行為的發端、維度、持續與強度，也是學生學習動機的心理發展，都是學生學習成效的重要依據（黃淑玲，2013；Fredricks et al., 2004；Qiao et al., 2023；Sholekah et al., 2023）因此，不管男性、女性教師在學生學習成效的關注程度與表現上是一致的。

研究結果顯示，在學生學習成效變項之下，不管男性、女性教

師對「學生學業評量成就」、「學生學習態度」與「學生學習動機」等層面，均呈現無顯著差異水準

（三）小結

綜上所述，不同性別教師在學生學習成效的整體變項與各個層面上並沒有顯著的差異存在，可能因素是實施 108 課綱後，國民基本教育以「核心素養」做為課程發展之主軸，核心素養是指一個人為適應現在生活及面對未來挑戰，所應具備的知識、能力與態度，強調學習應關注學習與生活的結合，透過實踐力行而彰顯學習者的全人發展，而且每一位教師對孩子的期望都一樣。加上現今世代的小學教師往往扮演多重角色，包含教學、輔導、親師溝通等生活日常之工作，可見無論男性、女性教師，在落實學生學習成效上皆須達成有效教學以及生活導師之教師，使其具備終身學習的關鍵核心素養為主要工作。因此，本書之結果顯示不同性別的國民小學教師在知覺學生學習成效整體變項上，未達顯著差異。

貳、不同年齡教師在校長科技領導、教師數位教學能力與學生學習成效之差異分析

針對不同年齡的國民小學教師分別進行校長科技領導、教師數位教學能力與學生學習成效之差異比較，將蒐集到的有效問卷資料進行單因子變異數分析（Analysis of Variance, ANOVA）、雪費法（Scheffé）事後比較，如以下結果說明：

一、不同年齡教師在校長科技領導的差異分析討論

本書不同年齡教師在校長科技領導之差異分析結果如表 4-9。

表 4-9　不同年齡教師在校長科技領導之差異分析

變項層面	組別	個數	平均數	標準差	變異來源	平方和	自由度	平均平方和	F	Scheffé 事後比較
科技領導技巧與素養	1	215	4.42	.48	組間	12.93	3	4.31	10.04*	
	2	212	4.21	.74						1＞2
	3	327	4.12	.73	組內	454.20	1058	.43		1、4＞3
	4	308	4.31	.62						
	總和	1062	4.26	.66	總和	467.12	1061			
提升教師教學成效	1	215	4.42	.47	組間	6.10	3	2.03	5.65*	
	2	212	4.28	.70						
	3	327	4.22	.64	組內	380.71	1058	.36		1、4＞3
	4	308	4.36	.56						
	總和	1062	4.31	.60	總和	386.81	1061			
營造數位科技情境	1	215	4.52	.49	組間	7.89	3	2.63	6.71*	
	2	212	4.32	.75						
	3	327	4.28	.65	組內	414.84	1058	.39		1＞2、3
	4	308	4.38	.59						
	總和	1062	4.36	.63	總和	422.73	1061			
校長科技領導	1	215	4.45	.44	組間	8.05	3	2.68	8.12*	
	2	212	4.28	.69						1＞2、3
	3	327	4.22	.63	組內	349.58	1058	.33		4＞3
	4	308	4.36	.51						
	總和	1062	4.32	.58	總和	357.63	1061			

1.「組別」中的「1」代表「20-30 歲」組、「2」代表「31-40 歲」組、「3」代

表「41-50 歲」組、「4」代表「51 歲以上」組。

2.* $p < .05$

（一）整體差異性分析討論

　　表 4-9 為不同年齡的受試者在「校長科技領導」變項整體及各分層面差異之 F 考驗。由表 4-9 可知，不同年齡的受試者在校長科技領導的整體知覺感受上，變異數分析考驗之 F 值 =8.12（$p < .05$），有顯著差異，亦即不同年齡教師在整體校長科技領導的感受上，會因教師年齡不同而有所差異，且達顯著水準。與李昆憲（2022）、陳忠明（2022）、黃貴連（2023）、張坤宏（2016）等人主張相似。但與吳國銘（2019）、陳建志（2019）、張凌凌（2022）、蔡明貴（2022）等人研究不同。該變項整體事後比較發現「20-30 歲」組之教師比「31-40 歲」組與「41-50 歲」組教師的知覺感受還佳，「51 歲以上」組之教師比「41-50 歲」組的教師感受還要好。

　　在校長科技領導變項整體的得分情形，「20-30 歲」組之教師對於校長科技領導量表的知覺感受，顯著優於「31-40 歲」組與「41-50 歲」組之教師，且達顯著差異。推究其原因可能與年輕世代為教育第一現場的教師（20-30 歲組），成長背景中，適逢我國推動數位計畫之政策期間，這些計畫執行時間是在這個組別教師（20-30 歲組），國小到高中的受教育的年代。因此，教師成長背景有著於對科技感知與能力的因素，在教學過程中，科技使用的相關因素及變項，就會有信以為真的觀點，加上該組教師剛從學校畢業，有較好的科技教學新知之感受。

　　「51 歲以上」組之教師對於校長科技領導量表的得分表現，顯著優於「41-50 歲」組，且達顯著差異，推究其原因可能是該組教師大多是兼任行政的同仁，且教學年資較久經歷豐富，每天經常接觸、面對校長，熟悉校長科技領導的態度和信念，因此提升教師

對校長科技領導的知覺，會有顯著的差異。

（二）層面差異性分析討論

表 4-9 為不同年齡的受試者在「校長科技領導」三個層面的變異數分析 F 值，「校長科技領導技巧與素養」（F 值＝10.04，p＜.05）、「提升教師教學成效」（F 值＝5.65，p＜.05）與「營造數位科技情境」（F 值＝6.71，p＜.05），均達顯著差異，亦即代表不同年齡的教師，在其校長科技領導技巧與素養、提升教師教學成效與營造數位科技情境的感受上會因教師年齡不同而有所差異，並達顯著水準。

在「校長科技領導技巧與素養」層面差異之 F 考驗。由表 4-9 可知，不同年齡的國民小學教師在校長科技領導技巧與素養的知覺感受上，變異數分析考驗之 F 值＝10.04（p＜.05），有顯著差異，研究顯示：「校長科技領導技巧與素養」層面教師之知覺感受達顯著水準。該層面事後比較發現「20-30 歲」組之教師比「31-40 歲」組與「41-50 歲」組的感受還佳，「51 歲以上」組之教師比「41-50 歲」組的教師還要好。

在「提升教師教學成效」層面差異之 F 考驗。由表 4-9 可知，不同年齡的國民小學教師在提升教師教學成效的知覺感受上，變異數分析考驗之 F 值＝5.65（p＜.05），有顯著差異，研究顯示：「提升教師教學成效」層面教師之知覺感受達顯著水準。該層面事後比較發現「20-30 歲」組之教師比「41-50 歲」組的感受還佳，「51 歲以上」組之教師比「41-50 歲」組的教師還要好。

在「營造數位科技情境」層面差異之 F 考驗。由表 4-9 可知，不同年齡的國民小學教師在營造數位科技情境的知覺感受上，變異數分析考驗之 F 值＝6.71（p＜.05），有顯著差異，研究顯示：「營造數位科技情境」層面教師之知覺感受達顯著水準。該層面事後比較發現「20-30 歲」組之教師比「31-40 歲」組與「41-50 歲」組的教師感受還佳。

（三）小結

綜上所述，不同年齡的國民小學教師，其在校長科技領導變項的整體表現上，呈現顯著差異存在，而且在「校長科技領導技巧與素養」、「提升教師教學成效」與「營造數位科技情境」三個層面的得分表現上，也均達顯著差異。尤其在「20-30 歲」組的教師剛從學校畢業不久，有較新的科技新知，同時因成長背景的教育政策與計畫，導致其個人心理傾向與行為，具備強烈的數位科技願景和科技專業發展承諾，對於科技的信念和態度，影響其對校長科技領導的知覺；「50 歲以上」組教師因經歷了不少教學歷練，加上大多數兼任行政工作，藉由科技的使用，訂定、指導、管理和應用不同的科技運作技術，強化組織的知識管理與組織的行政成效，更重要的是與校長接觸時間較多，熟知校長科技領導理念與素養，也因此發現不同年齡的教師，對校長科技領導的知覺感受，而有顯著的差異，但其真正原因尚待後續研究加入探究。

二、不同年齡教師在教師數位教學能力的差異分析討論

本書不同年齡教師在教師數位教學能力分析結果，如表 4-10。

表 4-10　不同年齡教師在教師數位教學能力之差異分析

變項層面	組別	個數	平均數	標準差	變異來源	平方和	自由度	平均平方和	F	Scheffé 事後比較
應用數位科技教學能力	1	215	4.49	.49	組間	6.81	3	2.27	7.62*	
	2	212	4.32	.56						
	3	327	4.26	.54	組內	315.20	1058	.30		1 > 2、3、4
	4	308	4.35	.57						
	總和	1062	4.34	.55	總和	322.01	1061			

表 4-10 不同年齡教師在教師數位教學能力之差異分析（續）

變項層面	組別	個數	平均數	標準差	變異來源	平方和	自由度	平均平方和	F	Scheffé 事後比較
使用數位科技工具與媒體	1	215	4.59	.39	組間	6.72	3	2.24	10.69*	
	2	212	4.53	.45						1＞3、4
	3	327	4.39	.48	組內	221.78	1058	.21		2＞3、4
	4	308	4.41	.48						
	總和	1062	4.47	.46	總和	228.50	1061			
數位課程教材資源	1	215	4.47	.45	組間	8.85	3	2.95	10.70*	
	2	212	4.36	.51						1＞3、4
	3	327	4.24	.54	組內	291.63	1058	.28		
	4	308	4.24	.57						
	總和	1062	4.31	.53	總和	300.49	1061			
教師數位教學能力	1	215	4.52	.40	組間	6.93	3	2.31	11.40*	
	2	212	4.41	.43						1＞3、4
	3	327	4.30	.47	組內	214.36	1058	.20		2＞3
	4	308	4.33	.48						
	總和	1062	4.38	.46	總和	221.29	1061			

1.「組別」中的「1」代表「20-30 歲」組、「2」代表「31-40 歲」組、「3」代表「41-50 歲」組、「4」代表「51 歲以上」組。

2.* $p＜.05$

（一）整體差異性分析討論

　　表 4-10 為不同年齡的受試者在「教師數位教學能力」變項整體及各分層面差異之 F 考驗。由表 4-10 可知，不同年齡的受試者

在教師數位教學能力的整體知覺感受上，變異數分析考驗之 F 值 =11.40（$p < .05$），有顯著差異，亦即在整體教師數位教學能力的感受上，會因教師年齡不同而有所差異，且達顯著水準。該變項整體事後比較發現「20-30 歲」組之教師比「31-40 歲」組與「41-50 歲」組的感受還佳，「31-40 歲以上」組之比「41-50 歲」組的教師還要好。

　　早期有關數位教學之研究，國內博士生研究對象集中在大學生、研究生與高中職學生為主，推究其原因，可能是早期數位課程在國小階段停留在基礎認知，大部分研究落在高中職以上學生的資訊科技學習狀況，對於小學階段之研究付之闕如，而且 PISA 和 ICILS 在 2013 年到 2018 年的研究報告指出，涉及數位科技的教學活動雖然有所增加，但研究結果發現教師尚未成功地促進學生積極使用數位科技的學習活動（Fraillon et al., 2014；Sailer et al., 2021）。因此，無相關教師數位教學能力文獻可資對照，但本書結果顯示，教師數位教學能力整體平均數達顯著差異，亦即會因教師年齡不同而有所差異，且達顯著水準，其真正原因值得後續研究加以探究。

　　在教師數位教學能力變項整體的得分情形，「20-30 歲」組之教師對於教師數位教學能力量表的得分表現，顯著優於「41-50 歲」組與「51 歲以上」組之教師，且達顯著差異。推究其原因可能與「20-30 歲」組之教師可以說是從「數位原住民的學生」晉升「數位原住民的老師」，數位化發展下的教育，從「能力取向」（capabilities approach）到「後素養導向」（post-competencies based），進而發展成新興數位世代（王俊斌，2021），於是教師數位教學之信念與態度幾乎是與生俱來，自然具備全球化的數位能力、數位素養、數位意識與教學能力。因此，以數位科技為管道的數位學習和數位教學的能力，更優於其他年齡層的教師。

　　「31-40 歲以上」組之教師對於教師數位教學能力量表的知覺

感受，顯著優於「41-50 歲」組，且達顯著差異，推究其原因可能是其年代也是屬於既存數位環境的世代，他們熟悉數位科技，有著共同數位文化經驗，對預期或意外刺激的反應更快，根據接收到訊息，自行修改和組織自身的思路，亦即「重新佈線」的思路是先進的、正確的與迅速的（Forde et al., 2023；Prensky, 2005）。因此，該年齡組的教師能夠利用數位科技的工具，進行教育學生數位學習的能力，更優於其他年齡層的教師。

（二）層面差異性分析討論

表 4-10 為不同年齡的受試者在「教師數位教學能力」三個層面的變異數分析 F 值，「應用數位科技教學能力」（F 值＝7.62，$p < .05$）、「使用數位科技工具與媒體」（F 值＝10.69，$p < .05$）與「數位課程教材資源」（F 值＝10.70，$p < .05$），均達顯著差異，亦即代表不同年齡的教師，在應用數位教學能力、使用科技工具與媒體與數位課程教材資源的感受上會因教師年齡不同而有所差異，並達顯著水準。

在「應用數位科技教學能力」層面差異之 F 考驗。由表 4-10 可知，不同年齡的國民小學教師在應用數位教學能力的知覺感受上，變異數分析考驗之 F 值＝7.62（$p < .05$），其結果達顯著差異，研究顯示：「應用數位科技教學能力」層面教師之知覺感受達顯著水準。該層面事後比較發現「20-30 歲」組之教師比「31-40 歲」組、「41-50 歲」組與「51 歲以上」組之教師感受還佳。

在「使用數位科技工具與媒體」層面差異之 F 考驗。由表 4-10 可知，不同年齡的國民小學教師在使用科技工具與媒體的知覺感受上，變異數分析考驗之 F 值＝10.69（$p < .05$），其結果達顯著差異，研究顯示：「使用數位科技工具與媒體」層面教師之知覺感受達顯著水準。該層面事後比較發現「20-30 歲」組之教師比「41-50 歲」組與「51 歲以上」組的教師感受還佳，「31-40 歲」組之教師

比「41-50 歲」組與「51 歲以上」組的教師還要好。

在「數位課程教材資源」層面差異之 F 考驗。由表 4-10 可知，不同年齡的國民小學教師在數位課程教材資源的知覺感受上，變異數分析考驗之 F 值＝10.70（$p <.05$），其結果達顯著差異，研究顯示：「數位課程教材資源」層面教師之知覺感受達顯著水準。該層面事後比較發現「20-30 歲」組之教師比「41-50 歲」組與「51 歲以上」組的教師感受還佳。

（三）小結

綜上所述，不同年齡的國民小學教師，其在教師數位教學能力變項的整體表現上，呈現顯著差異存在，而且在「應用數位科技教學能力」、「使用數位科技工具與媒體」與「數位課程教材資源」三個層面的得分表現上，也均達顯著差異。推究其原因，不同年齡層的教師，其所屬年代既存的數位環境不同，對於熟悉數位科技「重新佈線」思路的速度產生差異，因此對接收到訊息自行修改和組織的能力有別。研究結果顯示，「20-30 歲」組年齡層之教師，在「應用數位教學能力」、「使用數位科技工具與媒體」與「數位課程教材資源」三個層面的得分表現上均高於其他年齡層，代表年輕世代教師利用數位科技工具，進行數位學習的能力，更優於其他年齡層的教師。整體而言，就教師數位教學能力整體平均數達顯著差異，會因教師年齡不同而有所差異，且達顯著水準。

三、不同年齡教師在學生學習成效的差異分析討論

本書不同年齡教師在學生學習成效分析結果，如表 4-11。

表 4-11　不同年齡教師在學生學習成效之差異分析

層面	組別	個數	平均數	標準差	變異來源	平方和	自由度	平均平方和	F	Scheffé 事後比較
學生學	1	215	4.56	.50	組間	16.38	3	5.46	18.46*	
業評量	2	212	4.44	.52						1＞3、4
成就	3	327	4.23	.56	組內	312.92	1058	.30		2＞3
	4	308	4.31	.57						
	總和	1062	4.36	.56	總和	329.30	1061			
學生學	1	215	4.27	.61	組間	13.81	3	4.60	12.76*	
習態度	2	212	4.25	.54						1＞3、4
	3	327	4.00	.58	組內	381.66	1058	.36		2＞3
	4	308	4.06	.66						
	總和	1062	4.13	.61	總和	395.47	1061			
學生學	1	215	4.59	.47	組間	13.00	3	4.33	14.62*	
習動機	2	212	4.48	.52						1＞3、4
	3	327	4.30	.56	組內	313.59	1058	.30		2＞3、4
	4	308	4.34	.59						
	總和	1062	4.41	.55	總和	326.59	1061			
學生學	1	215	4.45	.47	組間	14.05	3	4.68	18.29*	
習成效	2	212	4.38	.47						1＞3、4
	3	327	4.16	.50	組內	270.80	1058	.26		2＞3、4
	4	308	4.22	.55						
	總和	1062	4.28	.52	總和	284.85	1061			

1. 「組別」中的「1」代表「20-30 歲」組、「2」代表「31-40 歲」組、「3」代表「41-50 歲」組、「4」代表「51 歲以上」組。

2. * $p < .05$

（一）整體差異性分析討論

表 4-11 為不同年齡的受試者在「學生學習成效」變項整體及各分層面差異之 F 考驗。由表 4-11 可知，不同年齡的受試者在學生學習成效整體的知覺感受上，變異數分析考驗之 F 值＝18.29（p <.05），有顯著差異，亦即在整體學生學習成效的得分表現上，會因教師年齡不同而有所差異，且達顯著水準。研究結果與李昆憲（2022）、林宏泰（2019）、陳忠明（2022）、陳建志（2019）、張伯瑄（2021）、黃貴連（2023）的研究結果相似，但與吳國銘（2019）研究結果不同，推究其原因，可能該研究樣本以新北市教師為主，城鄉差距和樣本數受限，導致研究結果的差異，其真正原因待後續之研究加以探討。

經事後比較結果發現，「20-30 歲」組與「31-40 歲」組之比「41-50 歲」組與「51 歲以上」組之教師感受還佳。推究其原因可能與「20-30 歲」組與「31-40 歲」組之教師，剛剛踏出校園畢業不久，有較新的科技新知，加上其職前教育訓練多元化，教學中、有效運用多元策略於班級經營，並本著尊重差異、接納多元的精神，並能認真接納與改善教學技巧，具備批判反思之教學實踐能力，於是在教學與學生學習具有一定程度的影響，尤其在教學成效的部分，有正向的影響效果（陳忠明，2022；陳建志，2019；蔡金田，2014）。加上年輕世代之教師數位教學能力整體平均數優於 40 歲以上教師，教師數位教學行為與學生學習行為之間彼此交互作用，久而久之形成學校授課結構中獨特的教學模式，年輕老師與學生共同規劃組織數位科技課程，也幫助學生提高學業成績（Hamzah et al, 2021）。因此，「20-30 歲」組與「31-40 歲」組之教師對於學生學習成效的知覺感受，顯著優於「41-50 歲」組與「51 歲以上」組之教師，且達顯著水準。

（二）層面差異性分析討論

　　表 4-11 為不同年齡的受試者亦即在「學生學習成效」三個層面的變異數分析 F 值，「學生學業評量成就」（F 值＝18.46，p＜.05）、「學生學習態度」（F 值＝12.76，p＜.05）與「學生學習動機」（F 值＝14.62，p＜.05），均達顯著差異，亦即代表不同年齡的教師，在學生學業評量成就、學生學習態度與學生學習動機的知覺感受上會因教師年齡不同而有所差異，並達顯著水準。

　　在「學生學業評量成就」層面差異之 F 考驗。由表 4-11 可知，不同年齡的國民小學教師在該層面的知覺感受上，變異數分析考驗之 F 值＝18.46（p＜.05），其結果達顯著差異，研究顯示：「學生學業評量成就」層面教師之知覺感受達顯著水準。該層面事後比較發現「20-30 歲」組之教師比「41-50 歲」組與「51 歲以上」組之教師感受還佳，「31-40 歲」組之教師比「41-50 歲」組之教師還要好。

　　在「學生學習態度」層面差異之 F 考驗。由表 4-11 可知，不同年齡的國民小學教師在該層面的知覺感受上，變異數分析考驗之 F 值＝12.76（p＜.05），其結果達顯著差異，研究顯示：「學生學習態度」層面教師之知覺感受達顯著水準。該層面事後比較發現「20-30 歲」組之教師比「41-50 歲」組與「51 歲以上」組之教師感受還佳，「31-40歲」組之教師比「41-50 歲」組之教師還要好。

　　在「學生學習動機」層面差異之 F 考驗。由表 4-11 可知，不同年齡的國民小學教師在該層面的知覺感受上，變異數分析考驗之 F 值＝14.62（p＜.05），其結果達顯著差異，研究顯示：「學生學習動機」層面教師之知覺感受達顯著水準。該層面事後比較發現「20-30 歲」組與「31-40 歲」組之教師比「41-50 歲」組與「51 歲以上」組之教師感受還佳。

（三）小結

　　綜上所述，不同年齡的國民小學教師，其在學生學習成效變項

的整體表現上，呈現顯著差異存在，而且在「學生學業評量成就」、「學生學習態度」與「學生學習動機」三個層面的得分表現上，也均達顯著水準。推究其原因，顯見「教師」年齡之因素，在教學與學生學習具有一定程度的影響，不同年齡層的教師，只要將教師影響力運用得當，制定可行的教學策略、正向的教學態度與良好的教學行為，可以增進學生成績的貢獻程度，影響學生的學習成效。研究結果也顯示，「20-30歲」組與「31-40歲」組之教師，代表責任的開始並懷抱理想與熱忱，具備耐心與細心與孩子交流，更善於觀察傾聽孩子的需求，具備反思之教學實踐能力，在教學與學生學習具有一定的影響力，同時較能建立良好的師生關係與班級經營，反射在學生的學習成果，是有具體證據可展現，以及能被驗證的學習成效。因此，「20-30歲」組與「31-40歲」組之教師對於學生學習成效的得分表現，顯著優於「41-50歲」組與「51歲以上」組之教師，且達顯著水準。整體而言，因教師年齡層不同，對於學生學習成效之感受有顯著差異，且達顯著水準。

參、不同學歷教師在校長科技領導、教師數位教學能力與學生學習成效之差異分析

　　針對不同學歷的國民小學教師分別進行校長科技領導、教師數位教學能力與學生學習成效之差異比較，將蒐集到的有效問卷資料進行單因子變異數分析（Analysis of Variance, ANOVA）、雪費法（Scheffé）事後比較，如以下結果說明：

一、不同學歷教師在校長科技領導的差異分析討論

　　本書不同學歷教師在校長科技領導之差異分析結果如表4-12。

表 4-12　不同學歷教師在校長科技領導之差異分析

變項層面	組別	個數	平均數	標準差	變異來源	平方和	自由度	平均平方和	F	Scheffé 事後比較
科技領導技巧與素養	1	333	4.32	.59						
	2	185	4.30	.62	組間	3.481	2	1.74	3.98*	1>3
	3	544	4.20	.72	組內	463.639	1059	.44		
	總和	1062	4.26	.66	總和	467.121	1061			
提升教師教學成效	1	333	4.34	.54						
	2	185	4.40	.57	組間	2.35	2	1.18	3.24*	
	3	544	4.27	.65	組內	384.459	1059	.36		
	總和	1062	4.31	.60	總和	386.808	1061			
營造數位科技情境	1	333	4.42	.59						
	2	185	4.48	.55	組間	6.032	2	3.02	7.67*	1、2>3
	3	544	4.29	.67	組內	416.698	1059	.39		
	總和	1062	4.36	.63	總和	422.73	1061			
校長科技領導	1	333	4.36	.53						
	2	185	4.40	.54	組間	3.515	2	1.76	5.26*	1、2>3
	3	544	4.26	.62	組內	354.114	1059	.33		
	總和	1062	4.32	.58	總和	357.63	1061			

1.「組別」中的「1」代表「師專、師範或教育大學」組、「2」代表「一般大學」組、「3」代表「碩士以上」組。

2.* $p < .05$

（一）整體差異性分析討論

表 4-12 為不同學歷的教師在「校長科技領導」變項整體及各分層面差異之 F 考驗。由表 4-12 可知，不同學歷的受試者在校長科技領導整體的整體知覺感受上，變異數分析 F 值 = 5.26（$p < .05$），有顯著差異，亦即在校長科技領導整體的得分表現上，會因教師學歷不同而有所差異，且達顯著水準。本書與李昆憲（2022）、陳忠明（2022）、黃貴連（2023）等人主張相似。但與吳春助（2009）、蔡明貴（2022）等人研究不同。

在校長科技領導變項整體的事後比較情形：「師專、師範或教育大學」組與「一般大學」組之教師對於校長科技領導的知覺感受優於「碩士以上」組之教師。推究其原因可能是「師專、師範或教育大學」組與「一般大學」組之教師，師資培育機構著重在政府政策的推動與執行，一般大學的學生會較關注教育新知，因此這兩組教師有較新的科技新知，並能接納、運用科技改善教學技巧，同時師生能夠共同規劃組織科技課程，具備反思之教學實踐能力；而碩士以上學歷之教師，接受過高等教育後，具備高深文化知識傳播與創新的訓練，自我意識強烈，較易輕忽對校長科技領導的知覺感受。因此，「師專、師範或教育大學」組與「一般大學」組之教師對於校長科技領導的知覺感受表現較佳，且達顯著水準。

（二）層面差異性分析討論

表 4-12 為不同學歷的教師在「校長科技領導」三個層面的變異數分析 F 值，「校長科技領導技巧與素養」（F 值 = 3.98，$p < .05$）、「提升教師教學成效」（F 值 = 3.24，$p < .05$）與「營造數位科技情境」（F 值 = 7.67，$p < .05$），均達顯著差異，亦即代表不同學歷的教師，在校長科技領導技巧與素養、提升教師教學成效與營造數位科技情境的知覺感受上，會因不同學歷之教師而有所差異，且達顯著水準。

　　在「校長科技領導技巧與素養」層面差異之 F 考驗。由表 4-12 可知，不同學歷的國民小學教師在校長科技領導技巧與素養層面的知覺感受上，變異數分析考驗之 F 值＝3.98，$p<.05$，其結果達顯著差異，研究顯示：「校長科技領導技巧與素養」層面教師之知覺感受達顯著水準。該層面事後比較發現「師專、師範或教育大學」組之教師比「碩士以上」組之教師感受還佳。

　　在「提升教師教學成效」層面差異之 F 考驗。由表 4-12 可知，不同學歷的國民小學教師在提升教師教學成效層面的知覺感受情形，變異數分析考驗之 F 值＝3.24，$p<.05$，研究顯示：「提升教師教學成效」層面教師之知覺感受達顯著水準。該層面事後比較發現「一般大學」組之教師比「碩士以上」組之教師感受還佳。

　　在「營造數位科技情境」層面差異之 F 考驗。由表 4-12 可知，不同學歷的國民小學教師在營造數位科技情境層面的知覺感受情形，變異數分析考驗之 F 值＝7.67，$p<.05$，研究顯示：「營造數位科技情境」層面教師之知覺感受達顯著水準。該層面事後比較發現「師專、師範或教育大學」組與「一般大學」組之教師比「碩士以上」組之教師感受還佳。

（三）小結

　　綜上所述，不同學歷的國民小學教師，其在校長科技領導變項的整體表現上，呈現顯著差異存在，而且在「校長科技領導技巧與素養」、「提升教師教學成效」與「營造數位科技情境」三個層面的知覺感受，均達顯著水準。推究其原因，「教師」學歷之因素，對於校長科技領導具有顯著的差異，因為受師資培育方向不同，教學的態度與信念迥然不同，加上早期校長科技領導以整合相關科技資源與科技環境為主，自疫情後，科技教育已經從被動轉變為主動進取，科技的應用對教學有延續與預知的概念。因此，不同學歷的教師，知覺校長科技領導的行為以及對科技的信念與態度上，就會

產生顯著的差異，且達顯著水準。

二、不同學歷教師在教師數位教學能力的差異分析討論

本書不同學歷教師在教師數位教學能力之差異分析結果如表 4-13。

表 4-13　不同學歷教師在教師數位教學能力之差異分析

變項層面	組別	個數	平均數	標準差	變異來源	平方和	自由度	平均平方和	F	Scheffé 事後比較
應用數位科技教學能力	1	333	4.40	.52						
	2	185	4.40	.51	組間	3.31	2	1.66	5.50*	1>3
	3	544	4.29	.58	組內	318.70	1059	.30		
	總和	1062	4.34	.55	總和	322.01	1061			
使用數位科技工具與媒體	1	333	4.51	.44						
	2	185	4.53	.47	組間	2.69	2	1.34	6.30*	1>3
	3	544	4.42	.47	組內	225.81	1059	.21		
	總和	1062	4.47	.46	總和	228.50	1061			
數位課程教材資源	1	333	4.36	.48						
	2	185	4.39	.56	組間	4.09	2	2.05	7.31*	1、2>3
	3	544	4.25	.55	組內	296.39	1059	.28		
	總和	1062	4.31	.53	總和	300.49	1061			
教師數位教學能力	1	333	4.43	.43						
	2	185	4.44	.48	組間	3.33	2	1.66	8.08*	1、2>3
	3	544	4.32	.46	組內	217.96	1059	.21		
	總和	1062	4.38	.46	總和	221.29	1061			

1. 「組別」中的「1」代表「師專、師範或教育大學」組、「2」代表「一般大學」組、「3」代表「碩士以上」組。

2.* $p < .05$

（一）整體差異性分析討論

表 4-13 為不同學歷的教師在「教師數位教學能力」變項整體及各分層面差異之 F 考驗。由表 4-13 可知，不同學歷的受試者在教師數位教學能力整體知覺感受上，變異數分析考驗之 F 值＝8.08 ，$p < .05$，其結果達顯著差異，亦即在教師數位教學能力整體的知覺感受上，會因教師學歷不同而有所差異，並達顯著水準。因教師數位教學能力在博士生層級的研究上，都集中在高中職及大專院校，無相關國民小學之研究文獻可資對照。經事後比較發現，在教師數位教學能力變項整體的得分情形，「師專、師範或教育大學」組與「一般大學」組織教師比「碩士以上」組之教師感受還佳。

Sánchez-Prieto 等人（2021）指出教師必須不斷接受數位教學能力的培訓與進修，才能增進教師的數位素質與實現教學品質，提高學生學習時進行批判性發展的能力。而影響教師數位教學能力的重要因素是教師的數位素養與數位意識，但目前國民小學教師數位素養與能力，因不同學程階段的教育重點不同，師專、師範或教育大學接受的是職前教師的專業素養訓練，一般大學則是分科的專業訓練，而研究所以上是以教育專業研究為主，因此，不同學歷教師在教師數位教學能力的認知與整體表現上，就容易有顯著差異存在，且達顯著水準，其真正原因待後續之研究加以探討。

（二）層面差異性分析討論

表 4-13 為不同學歷的教師在「教師數位教學能力」三個層面的變異數分析 F 值，「應用數位科技教學能力」（F 值＝5.50，$p < .05$）、「使用數位科技工具與媒體」（F 值＝6.30，$p < .05$）與

「數位課程教材資源」（F 值＝7.31，$p < .05$），均達顯著差異，亦即代表不同學歷的教師，在應用數位科技教學能力、使用數位科技工具與媒體、數位課程教材資源的感受表現上，因教師學歷不同而有所差異，並達顯著水準。

在「應用數位科技教學能力」層面差異之 F 考驗。由表 4-13 可知，不同學歷的國民小學教師在該層面的知覺感受情形，變異數分析考驗之 F 值＝5.50（$p < .05$），其結果達顯著差異，研究顯示：「應用數位科技教學能力」層面教師之知覺感受達顯著水準。該層面事後比較發現「師專、師範或教育大學」組之教師比「碩士以上」組之教師感受還佳。

在「使用數位科技工具與媒體」層面差異之 F 考驗。由表 4-13 可知，不同學歷的國民小學教師在該層面的知覺感受情形，變異數分析考驗之 F 值＝6.30（$p < .05$），其結果達顯著差異，研究顯示：「使用數位科技工具與媒體」層面教師之知覺感受達顯著水準。該層面事後比較發現「師專、師範或教育大學」組之教師比「碩士以上」組之教師感受還佳。

在「數位課程教材資源」層面差異之 F 考驗。由表 4-13 可知，不同學歷的國民小學教師在該層面的知覺感受情形，變異數分析考驗之 F 值＝7.31（$p < .05$），其結果達顯著差異，研究顯示：「數位課程教材資源」層面之教師知覺感受達顯著水準。該層面事後比較發現「師專、師範或教育大學」組與「一般大學」組之教師比「碩士以上」組之教師感受還佳。

（三）小結

綜上所述，不同學歷的國民小學教師，其在教師數位教學能力變項的整體表現上，呈現顯著差異存在，而且在「應用數位科技教學能力」、「使用數位科技工具與媒體」與「數位課程教材資源」三個層面的知覺感受上，均達顯著水準。推究其原因，顯見「教

師」學歷之因素，對於教師數位教學能力具有顯著的差異。早期傳統教學對教師的教學基本功的要求比較嚴格，重視傳統的板書實踐、教材教具的製作、備課及作業的批改等，不強調多媒體的運用與教學。近年來，尤其自疫情之後，數位教學已經從被動轉變為主動，甚至成為教育的主流以及顯學。本書顯示，教育部統計處資料，國小教師服務年資 10-20 年的老師佔 20.1%，40 歲以上老師，佔 71.4%，而國小教師碩、博士學歷者佔 62.4%（教育部，2023），因而推究其原因，可能「師專、師範或教育大學」組的老師，幾乎是從師資培育機構培養的畢業生，而這批老師接受職前教育不同，對於整體數位教學的政策與實踐，會優於一般大學畢業的學生；而高學歷的教師，自我意識強烈，接受教育方向著重在整體課程規劃，目的在培育學術研究之人才，養成實用專業人才為主。因此，本書結果發現，在教師數位教學能力變項的整體表現上，因不同學歷的教師，教師數位教學能力有顯著的差異，且達顯著水準，其中師專、師範或教育大學組與一般大學組之教師知覺感受優於其他組別的老師，且達顯著水準。

三、不同學歷教師在學生學習成效的差異分析討論

　　不同學歷教師在學生學習成效之差異分析結果如表 4-14。

表 4-14　不同學歷教師在學生學習成效之差異分析

變項層面	組別	個數	平均數	標準差	變異來源	平方和	自由度	平均平方和	F	Scheffé 事後比較
學生學業評量成就	1	333	4.52	.52						
	2	185	4.41	.53	組間	14.85	2	7.43	25.01*	1>2
	3	544	4.25	.56	組內	314.45	1059	.30		2>3
	總和	1062	4.36	.56	總和	329.30	1061			

表 4-14　不同學歷教師在學生學習成效之差異分析（續）

變項層面	組別	個數	平均數	標準差	變異來源	平方和	自由度	平均平方和	F	Scheffé 事後比較
學生學習態度	1	333	4.33	.58						
	2	185	4.24	.58	組間	11.56	2	5.78	15.95*	1>2
	3	544	4.02	.62	組內	383.91	1059	.36		2>3
	總和	1062	4.13	.61	總和	395.47	1061			
學生學習動機	1	333	4.53	.50						
	2	185	4.45	.53	組間	9.95	2	4.98	16.64*	1>2
	3	544	4.32	.58	組內	316.64	1059	.30		2>3
	總和	1062	4.41	.55	總和	326.59	1061			
學生學習成效	1	333	4.41	.47						
	2	185	4.35	.50	組間	11.71	2	5.86	22.70*	1>2
	3	544	4.18	.53	組內	273.14	1059	.26		2>3
	總和	1062	4.28	.52	總和	284.85	1061			

1.「組別」中的「1」代表「師專、師範或教育大學」組、「2」代表「一般大學」組、「3」代表「碩士以上」組。

2.* $p < .05$

（一）整體差異性分析討論

　　表 4-14 為不同學歷的教師在「學生學習成效」變項整體及各分層面差異之 F 考驗。由表 4-14 可知，不同學歷的受試者在學生學習成效整體的知覺感受情形，變異數分析考驗之 F 值=22.70（$p < .05$），其結果達顯著差異，亦即在學生學習成效整體的知覺感受上，會因教師學歷不同而有所差異，且達顯著水準。研究結果與

李昆憲（2022）、林宏泰（2019）、陳忠明（2022）、陳建志（2019）等人的研究結果相似，但與吳國銘（2019）、張伯瑄（2021）、張凌凌（2022）的研究結果不同。推究其原因，可能是前述研究對象以臺北市與新北市公立國民小學教師為調查對象，此外，抽取樣本數以五年級教師為限，在區域性、樣本數和全國性的取樣有所不同，難免會產生城鄉差距和代表性的差異，其真正原因待後續之研究加以探討。

在學生學習成效變項整體的事後比較情形：「師專、師範或教育大學」組之教師比「一般大學」組教師的感受還佳，而「一般大學」組教師比「碩士以上」組之教師還好。推究其原因，教師對教育和教學專業必須充滿熱忱，且能夠帶領帶領學生「探索」，聆聽學生的學習需求，引導孩子思考、解決問題，過程中建立起學生的自信心，理解每一位學生的學習軌跡，學生能夠充分信任老師時，才能提升學生學習成效，可見教師教學效能可以促進學生學習且具有正向顯著的直接效果（許籐繼、倪靜宜，2019），然而不同學歷老師，因師資培育過程大有差異，對學生學習成效之看法迴然不同。因此，不同學歷的教師，在不同的職前訓練，以及在不同的學習階段的教育方向和重點不同，導致其在教學上的信念和態度有所差異，因而不同學歷的教師在學生學習成效整體表現上，就容易有顯著差異存在，且達顯著水準。

（二）層面差異性分析討論

表 4-13 為不同學歷的教師在「學生學習成效」三個層面的變異數分析 F 值，「學生學業評量成就」（F 值＝25.01，$p < .05$）、「學生學習態度」（F 值＝15.95，$p < .05$）與「學生學習動機」（F 值＝6.64，$p < .05$），均達顯著差異，亦即代表不同學歷的教師，在學生學業評量成就、學生學習態度與學生學習動機的感受上，會因教師學歷不同而有所差異，並達顯著水準。

在「學生學業評量成就」層面差異之 F 考驗。由表 4-14 可知，不同學歷的國民小學教師在該層面的知覺感受情形，變異數分析考驗之 F 值＝25.01（$p < .05$），有顯著差異，研究顯示：「學生學業評量成就」層面之教師知覺感受達顯著水準。該層面事後比較發現「師專、師範或教育大學」組之教師比「一般大學」組之教師的感受還佳，「一般大學」組之教師比「碩士以上」組之教師還要好。

在「學生學習態度」層面差異之 F 考驗。由表 4-14 可知，不同學歷的國民小學教師在該層面的知覺感受情形，變異數分析考驗之 F 值＝15.95（$p < .05$），有顯著差異，研究顯示：「學生學習態度」層面教師之知覺感受，其結果達顯著水準。該層面事後比較發現「師專、師範或教育大學」組之教師比「一般大學」組之教師感受還佳，「一般大學」組之教師比「碩士以上」組之教師還要好。

在「學生學習動機」層面差異之 F 考驗。由表 4-14 可知，不同學歷的國民小學教師在該層面的知覺感受情形，變異數分析考驗之 F 值＝16.64（$p < .05$），有顯著差異，研究顯示：「學生學習動機」層面教師之知覺感受，其結果達顯著水準。該層面事後比較發現「師專、師範或教育大學」組之教師比「一般大學」組之教師感受還佳，「一般大學」組之教師比「碩士以上」組之教師還要好。

（三）小結

綜上所述，不同學歷的國民小學教師，其在學生學習成效變項的整體知覺感受上，呈現顯著差異的存在，而且在「學生學業評量成就」、「學生學習態度」與「學生學習動機」三個層面的感受，均達顯著水準。推究其原因，可能不同學歷的教師，在其職前訓練或在職訓練時，學習的重點以及參與的專業研究方向不同，導致在教學計畫、設計、策略與學生互動構面產生差異，因而在學生學業評量成就的標準，學生學習態度與動機的看法，產生顯著的差異，所以不同學歷的教師，在整體學生學習成效的知覺上有顯著水準。

肆、不同服務教職年資教師在校長科技領導、教師數位教學能力與學生學習成效之差異分析

　　針對不同服務教職年資的國民小學教師分別進行校長科技領導、教師數位教學能力與學生學習成效之差異比較，將蒐集到的有效問卷資料進行單因子變異數分析（Analysis of Variance, ANOVA）、雪費法（Scheffé）事後比較，結果如以下說明：

一、不同服務教職年資教師在校長科技領導的差異分析討論

　　不同服務教職年資在校長科技領導之差異分析結果如表 4-15。

表 4-15　不同服務教職年資教師在校長科技領導之差異分析

變項層面	組別	個數	平均數	標準差	變異來源	平方和	自由度	平均平方和	F	Scheffé 事後比較
科技領導技巧與素養	1	299	4.28	.66	組間	7.97	3	2.66	6.12*	
	2	214	4.28	.64						
	3	365	4.15	.70	組內	459.16	1058	.43		4＞3
	4	184	4.40	.59						
	總和	1062	4.26	.66	總和	467.12	1061			
提升教師教學成效	1	299	4.31	.63	組間	4.57	3	1.52	4.22*	
	2	214	4.35	.59						
	3	365	4.24	.58	組內	382.24	1058	.36		4＞3
	4	184	4.43	.60						
	總和	1062	4.31	.60	總和	386.81	1061			

表 4-15　不同服務教職年資教師在校長科技領導之差異分析（續）

變項層面	組別	個數	平均數	標準差	變異來源	平方和	自由度	平均平方和	F	Scheffé 事後比較
營造數位科技情境	1	299	4.36	.68	組間	10.55	3	3.52	9.03*	
	2	214	4.42	.61						2＞3
	3	365	4.25	.65	組內	412.18	1058	.39		4＞1、3
	4	184	4.53	.49						
	總和	1062	4.36	.63	總和	422.73	1061			
校長科技領導	1	299	4.32	.62	組間	7.12	3	2.37	7.17*	
	2	214	4.35	.57						4＞3
	3	365	4.22	.58	組內	350.51	1058	.33		
	4	184	4.45	.50						
	總和	1062	4.32	.58	總和	357.63	1061			

1.「組別」中的「1」代表「未滿 10 年」組、「2」代表「11-20 年」組、「3」代表「21-30 年」組、「4」代表「31 年以上」組。

2.* $p＜.05$

（一）整體差異性分析討論

　　表 4-15 為不同服務教職年資的教師在「校長科技領導」變項整體及其層面差異之 F 考驗。由表 4-15 可知，不同服務教職年資的受試者在校長科技領導整體的知覺感受上，變異數分析考驗之 F 值=7.17（$p＜.05$），有顯著差異，亦即不同服務教職年資之教師在整體校長科技領導的感受上，會因教師服務教職年資不同而有所差異，且達顯著水準。本書結果與吳春助（2009）、吳秋蓉（2017）、李昆憲（2022）、張奕財（2018）等人的研究結果相

似，但與張奕財（2018）、張坤宏（2015）、蔡明貴（2022）等人研究不同。該變項整體事後比較發現：服務教職年資「31 年以上」組之教師比「21-30 年」組之教師感受還佳。

推究其原因，每個時期的教育方向及重點，受當時的教育政策左右，因此在職場上的服務年資，導致每個人的知覺感受不同，加上教師在職前訓練或在職進修的過程中，所參與的課程、研習有所差異，所以不同服務教職年資的教師，對校長科技領導的感受會有所差異，以致於對科技領導的知能，以及對校長科技領導的覺察，會產生較多的個人意見及印象，因此在整體校長科技領導的知覺上與教師教學服務教職年資產生顯著差異。然服務教職年資「31 年以上」組之教師得分優於「21-30 年」組之教師，可能是服務教職年資「31 年以上」組之教師，在學歷、年齡、行政資歷各方面背景較複雜且人生閱歷較豐富，涵蓋師專學歷、服務年資較久，服務期間是否與時俱進的進修，以及長期服務後的信念與心態產生極大差異，對於教育事務的觀點與思維較有想法，於是對校長科技領導的知覺，自然產生較大的差異性。

（二）層面差異性分析討論

表 4-15 為不同服務教職年資的教師在「校長科技領導」三個層面的變異數分析 F 值，「校長科技領導技巧與素養」（F 值＝6.12，$p < .05$）、「提升教師教學成效」（F 值＝4.22，$p < .05$）與「營造數位科技情境」（F 值＝9.03，$p < .05$），均達顯著差異，亦即代表不同服務教職年資的教師，在校長科技領導技巧與素養、提升教師教學成效與營造數位科技情境的感受上，會因教師不同服務教職年資不同而有所差異，並達顯著水準。

在「校長科技領導技巧與素養」層面差異之 F 考驗。由表 4-15 可知，不同服務教職年資的國民小學教師在校長科技領導技巧與素養的知覺感受情形，變異數分析考驗之 F 值＝6.12（$p < .05$），有

顯著差異，研究顯示：「校長科技領導技巧與素養」層面之知覺感受達顯著水準。該層面事後比較發現「31 年以上」組之教師比「21-30 年」組之教師感受還佳。

在「提升教師教學成效」層面差異之 F 考驗。由表 4-15 可知，不同服務教職年資的國民小學教師在提升教師教學成效層面的知覺感受情形，變異數分析考驗之 F 值＝4.22（$p < .05$），有顯著差異，研究顯示：「提升教師教學成效」層面之知覺感受達顯著水準。該層面事後比較發現「31 年以上」組之教師比「21-30 年」組之教師感受還佳。

在「營造數位科技情境」層面差異之 F 考驗。由表 4-15 可知，不同服務教職年資的國民小學教師在營造數位科技情境層面的知覺感受情形，變異數分析考驗之 F 值＝9.03（$p < .05$），有顯著差異，研究顯示：「營造數位科技情境」層面之知覺感受達顯著水準。該層面事後比較發現「11-20 年」組之教師比「21-30 年」組之教師感受還佳，「31 年以上」組之教師比「未滿 10 年」組與「21-30 年」組之教師還要好。

（三）小結

綜上所述，不同服務教職年資的國民小學教師，其在校長科技領導變項的整體知覺感受上，呈現顯著差異存在，而且在「校長科技領導技巧與素養」、「提升教師教學成效」與「營造數位科技情境」三個層面的感受，均達顯著水準。推究其原因，不同服務教職年資也代表著歷經不同時代背景的老師，而每個歷史時代，都有該時期的歷史意義與主題，也都有需要解決的矛盾和任務，因而對校長科技領導的感受不同。不同服務教職年資的老師，所接受的教育方向及重點都不同，其信念與態度受當時的教育政策左右，同時也受到教師個人的在職前訓練或在職進修，所接受過的課程影響，而產生顯著的差異，所以不同服務教職年資的教師，在整體校長科技

領導的知覺感受上達顯著水準。

二、不同服務教職年資教師在教師數位教學能力的差異分析討論

不同服務教職年資在教師數位教學能力之差異分析結果如表 4-16。

表 4-16　不同服務教職年資教師在教師數位教學能力之差異分析

變項層面	組別	個數	平均數	標準差	變異來源	平方和	自由度	平均平方和	F	Scheffé 事後比較
應用數位科技教學能力	1	299	4.39	.58	組間	4.46	3	1.49	4.95*	
	2	214	4.33	.51						
	3	365	4.27	.51	組內	317.56	1058	.30		1、4＞3
	4	184	4.44	.62						
	總和	1062	4.34	.55	總和	322.01	1061			
使用數位科技工具與媒體	1	299	4.51	.43	組間	3.84	3	1.28	6.02*	
	2	214	4.50	.48						
	3	365	4.38	.48	組內	224.66	1058	.21		1、2、4＞3
	4	184	4.51	.44						
	總和	1062	4.47	.46	總和	228.50	1061			
數位課程教材資源	1	299	4.40	.47	組間	7.10	3	2.37	8.53*	
	2	214	4.33	.54						
	3	365	4.20	.56	組內	293.39	1058	.28		1、4＞3
	4	184	4.36	.52						
	總和	1062	4.31	.53	總和	300.49	1061			

表 4-16　不同服務教職年資教師在教師數位教學能力之差異分析（續）

變項層面	組別	個數	平均數	標準差	變異來源	平方和	自由度	平均平方和	F	Scheffé 事後比較
教師數位教學能力	1	299	4.44	.42	組間	4.86	3	1.62	7.92*	
	2	214	4.39	.46						1、4＞3
	3	365	4.29	.47	組內	216.43	1058	.21		
	4	184	4.44	.45						
	總和	1062	4.38	.46	總和	221.29	1061			

1.「組別」中的「1」代表「未滿 10 年」組、「2」代表「11-20 年」組、「3」代表「21-30 年」組、「4」代表「31 年以上」組。

2.* $p < .05$

（一）整體差異性分析討論

　　表 4-16 為不同服務教職年資的教師在「教師數位教學能力」整體及各分層面差異之 F 考驗。由表 4-16 可知，不同服務教職年資的教師在教師數位教學能力整體的知覺感受情形，變異數分析考驗之 F 值＝7.92（$p < .05$），有顯著差異，亦即在整體教師數位教學能力的知覺感受上，因教師服務教職年資不同而有所差異，且達顯著水準。因教師數位教學能力在博士生層級的研究上，都集中在高中職及大專院校，無相關國民小學之研究文獻可資對照。該層面事後比較發現：服務教職年資「未滿 10 年」組與「31 年以上」組之教師比「21-30 年」組之教師感受還佳。

　　推究其原因，數位科技運用於教學於疫情流行後成為必要工具，學校數位科技的設備和使用效率也大大增加。加上時代變遷快速，不同服務教職年資的教師個人成長背景差異頗大，使用數位科技幫助學生學習，就顯現出其差異性與重要性。其次「未滿 10

年」組的教師是網路世代的年輕學子，熟悉數位科技，有共同的數位文化，堪稱「數位公民、數位原住民」，他們運用數位教學駕輕就熟（Clark-Wilson et al., 2020），而「31 年以上」組之教師，大多兼任行政工作，對於教育政策的接觸與接收來得比較快，數位工具的使用也較熟嫻。因此，「未滿 10 年」組與「31 年以上」組之教師，對於教師數位教學能力的知覺感受，會優於其他組別的教師。

（二）層面差異性分析討論

表 4-16 為不同服務教職年資的教師在「教師數位教學能力」三個層面的變異數分析 F 值，「應用數位科技教學能力」（F 值＝4.95，$p < .05$）、「使用數位科技工具與媒體」（F 值＝6.02，$p < .05$）與「數位課程教材資源」（F 值＝8.53，$p < .05$），均達顯著差異，亦即代表不同服務教職年資的教師，在應用數位科技教學能力、使用科技工具與媒體與數位課程教材資源的感受上，會因教師不同服務教職年資不同而有所差異，並達顯著水準。

在「應用數位科技教學能力」層面差異之 F 考驗。由表 4-16 可知，不同服務教職年資的國民小學教師在該層面的知覺感受情形，變異數分析考驗之 F 值＝4.95（$p < .05$），有顯著差異，研究顯示：「應用數位科技教學能力」層面教師之知覺感受達顯著水準。該層面事後比較發現「未滿 10 年」組與「31 年以上」組之教師比「21-30 年」組之教師感受還佳。

在「使用數位科技工具與媒體」層面差異之 F 考驗。由表 4-16 可知，不同服務教職年資的國民小學教師在該層面的知覺感受情形，變異數分析考驗之 F 值＝6.02（$p < .05$），有顯著差異，研究顯示：「使用數位科技工具與媒體」層面教師之知覺感受達顯著水準。該層面事後比較發現「未滿 10 年」組、「11-20 年」組與「31 年以上」組之教師比「21-30 年」組之教師感受還佳。

在「數位課程教材資源」層面差異之 F 考驗。由表 4-16 可知，不同服務教職年資的國民小學教師在該層面的知覺感受情形，變異數分析考驗之 F 值＝8.53（$p < .05$），有顯著差異，研究顯示：「數位課程教材資源」層面教師之知覺感受達顯著水準。該層面事後比較發現「未滿 10 年」組與「31 年以上」組之教師比「21-30 年」組之教師感受還佳。

（三）小結

綜上所述，不同服務教職年資的國民小學教師，其在教師數位教學能力變項的整體知覺感受上，呈現顯著差異存在，而且在「應用數位科技教學能力」、「使用數位科技工具與媒體」與「數位課程教材資源」三個層面的感受，均達顯著水準。推究其原因，教育方向及重點受教育政策影響，加上疫情流行後停課不停學的政策，教師數位素養益顯其重要性，甚至數位教學能力超越了教師個人的數位能力，教師必須著重在資訊、溝通、教學內容和解決問題方面，以負責任的方式培育學生應用數位科技，因此，不同服務教職年資的教師，對教師數位教學能力的感受會有所差異。研究也發現，服務教職年資「21-30 年」組之教師對數位教學能力的知覺雖達顯著差異，但整體來看低於其他組別，其原因可留待後續研究加以探究。而「未滿 10 年」組的「數位公民、數位原住民」教師，熟悉數位科技，運用數位教學駕輕就熟；而「31 年以上」組之教師，大多兼任行政工作，對於教育政策的訊息接收來得比較快，數位工具的使用也較熟嫻。因此，「未滿 10 年」組與「31 年以上」組之教師，具備更多的數位能力與數位意識的涵養，對於教師數位教學能力的知覺感受優於其他組別的教師，且達顯著差異。

三、不同服務教職年資教師在學生學習成效的差異分析討論

不同服務教職年資在學生學習成效之差異分析結果如表 4-17。

表 4-17　不同服務教職年資教師在學生學習成效之差異分析

變項層面	組別	個數	平均數	標準差	變異來源	平方和	自由度	平均平方和	F	Scheffé 事後比較
學生學業評量成就	1	299	4.46	.52	組間	15.61	3	5.20	17.55*	
	2	214	4.40	.56						1、2、4 >3
	3	365	4.20	.56	組內	313.69	1058	.30		
	4	184	4.49	.53						
	總和	1062	4.36	.56	總和	329.30	1061			
學生學習態度	1	299	4.20	.60	組間	21.30	3	7.10	20.07*	
	2	214	4.21	.57						1、2、4 >3
	3	365	3.93	.61	組內	374.17	1058	.35		
	4	184	4.28	.59						
	總和	1062	4.13	.61	總和	395.47	1061			
學生學習動機	1	299	4.52	.49	組間	21.52	3	7.17	24.88*	
	2	214	4.44	.55						1、2、4 >3
	3	365	4.22	.59	組內	305.07	1058	.29		
	4	184	4.56	.48						
	總和	1062	4.41	.55	總和	326.59	1061			
學生學習成效	1	299	4.37	.48	組間	19.35	3	6.45	25.70*	
	2	214	4.33	.51						1、2、4 >3
	3	365	4.10	.53	組內	265.50	1058	.25		
	4	184	4.43	.47						
	總和	1062	4.28	.52	總和	284.85	1061			

1.「組別」中的「1」代表「未滿 10 年」組、「2」代表「11-20 年」組、「3」

代表「21-30 年」組、「4」代表「31 年以上」組。

2.* $p < .05$

（一）整體差異性分析討論

表 4-17 為不同服務教職年資教師在「學生學習成效」變項整體及其各分層面差異之 F 考驗。由表 4-17 可知，不同服務教職年資的受試者在學生學習成效整體的知覺感受情形，變異數分析考驗之 F 值 $= 25.70$（$p < .05$），有顯著差異，亦即在整體學生學習成效的感受上，會因教師服務教職年資不同而有所差異，且達顯著水準。研究結果與林宏泰（2019）、陳忠明（2022）、陳建志（2019）、張凌凌（2022）、黃貴連（2023）等人的研究結果相似。與吳國銘（2019）、張伯璙（2021）、黃庭鈺（2020）等人研究結果不同。該層面事後比較發現「未滿 10 年」組、「11-20 年」組與「31 年以上」組之教師比「21-30 年」組之教師感受還佳。

推究其原因，學生學習成效是學習者歷經學習階段，完成課程或學程後，所被期待與展現出來的智能與技術（陳忠明，2022；黃淑玲，2013），而不同服務教職年資的教師，代表不同世代的教師，在教學上的認知和觀念，會呈現不同的教學方式，是否為學生所接受，影響對學生學習成效的評估，加上學生學習成效無法直接衡量觀察，且學生學習成效源於學習行為和教學行為之間的相互作用（Sholekah et al., 2023；Yeung et al. 2021）。因此從教師服務教職年資的角度來看，不同服務年資的教師對學生學習成效的知覺就會產生落差，結果呈現出顯著的差異。

（二）層面差異性分析討論

表 4-17 為不同服務教職年資的教師在「學生學習成效」三個層面的變異數分析 F 值，「學生學業評量成就」（F 值 $= 17.55$，$p < .05$）、「學生學習態度」（F 值 $= 20.07$，$p < .05$）與「學生學

習動機」（F 值＝24.88，$p < .05$）三個層面的得分表現上，均達顯著差異，亦即代表不同服務教職年資的教師，在學生學業評量成就、學生學習態度與學生學習動機的知覺感受上，會因教師不同服務教職年資不同而有所差異，並達顯著水準。

在「學生學業評量成就」層面差異之 F 考驗。由表 4-17 可知，不同服務教職年資的國民小學教師在該層面的知覺感受情形，變異數分析考驗之 F 值＝17.55（$p < .05$），有顯著差異，研究顯示：「學生學業評量成就」層面教師之知覺感受達顯著水準。該層面事後比較發現「未滿 10 年」組、「11-20 年」組與「31 年以上」組之教師比「21-30 年」組之教師感受還佳。

在「學生學習態度」層面差異之 F 考驗。由表 4-17 可知，不同服務教職年資的國民小學教師在該層面的知覺感受情形，變異數分析考驗之 F 值＝20.07（$p < .05$），有顯著差異，研究顯示：「學生學習態度」層面教師之知覺感受達顯著水準。該層面事後比較發現「未滿 10 年」組、「11-20 年」組與「31 年以上」組之教師比「21-30 年」組之教師感受還佳。

在「學生學習動機」層面差異之 F 考驗。由表 4-17 可知，不同服務教職年資的國民小學教師在該層面的知覺感受情形，變異數分析考驗之 F 值＝24.88（$p < .05$），有顯著差異，研究顯示：「學生學習動機」層面教師之知覺感受達顯著水準。該層面事後比較發現「未滿 10 年」組、「11-20 年」組與「31 年以上」組之教師比「21-30 年」組之教師感受還佳。

（三）小結

綜上所述，不同服務教職年資的國民小學教師，其在學生學習成效變項的整體知覺感受上，呈現顯著差異存在，而且在「學生學業評量成就」、「學生學習態度」與「學生學習動機」三個層面的感受，均達顯著水準。推究其原因，學生學習成效的評估，需要統

合所有的教學活動與學習進程的回饋，兼顧學生主動的、內發的認知結構，是認知行為與學習行為的總和。而不同服務教職年資的國民小學教師，在每個階段教學歷程的成熟度、經驗值截然不同，對於學生學習成效心智模式的建構、讀取行為、應對模式、表達模式，都會有所差異。因此，不同服務教職年資的教師，對學生學習成效的感受會有所差異。研究也發現，服務教職年資「21-30 年」組之教師，對學生學習成效的知覺，整體來看普遍低於其他組別，雖達顯著差異，但其原因可留待後續研究加以探究。

伍、不同職務教師在校長科技領導、教師數位教學能力與學生學習成效之差異分析

　　針對不同職務的國民小學教師分別進行校長科技領導、教師數位教學能力與學生學習成效之差異比較，將蒐集到的有效問卷資料進行單因子變異數分析（Analysis of Variance, ANOVA）、雪費法（Scheffé）事後比較，結果如以下說明：

一、不同職務教師在校長科技領導的差異分析討論

　　不同職務教師在校長科技領導之差異分析結果如表 4-18。

表 4-18　不同職務教師在校長科技領導之差異分析

變項層面	組別	個數	平均數	標準差	變異來源	平方和	自由度	平均平方和	F	Scheffé 事後比較
校長科技領導技巧與素養	1	177	4.21	.64						
	2	465	4.32	.60	組間	3.57	2	1.79	4.08*	2>3
	3	420	4.20	.73	組內	463.55	1059	.44		
	總和	1062	4.26	.66	總和	467.12	1061			

表 4-18　不同職務教師在校長科技領導之差異分析（續）

變項層面	組別	個數	平均數	標準差	變異來源	平方和	自由度	平均平方和	F	Scheffé 事後比較
提升教師教學成效	1	177	4.28	.56						
	2	465	4.38	.57	組間	3.65	2	1.83	5.05*	2>3
	3	420	4.26	.65	組內	383.16	1059	.36		
	總和	1062	4.31	.60	總和	386.81	1061			
營造數位科技情境	1	177	4.36	.57						
	2	465	4.45	.59	組間	6.43	2	3.22	8.18*	2>3
	3	420	4.28	.69	組內	416.30	1059	.39		
	總和	1062	4.36	.63	總和	422.73	1061			
校長科技領導	1	177	4.29	.54						
	2	465	4.39	.55	組間	4.40	2	2.20	6.59*	2>3
	3	420	4.25	.63	組內	353.23	1059	.33		
	總和	1062	4.32	.58	總和	357.63	1061			

1.「組別」中的「1」代表「科任教師」組、「2」代表「級任導師」組、「3」代表「教師兼行政工作」組。

2.* $p < .05$

（一）整體差異性分析討論

表 4-18 為不同職務的教師在「校長科技領導」變項整體及其各分層面差異之 F 考驗。由表 4-18 可知，不同職務的受試者在校長科技領導整體的知覺感受上，變異數分析考驗之 F 值=6.59（$p < .05$），有顯著差異，亦即代表在整體校長科技領導的感受上，因教師職務不同而有所差異，且達顯著水準。研究結果與吳春助

（2009）、吳秋蓉（2017）、李昆憲（2022）、張伯瑄（2021）、張坤宏（2015）等人的研究結果相似，但與張奕財（2018）、蔡明貴（2022）等人研究發現不同。該變項整體事後比較發現：不同職務的教師「級任導師」組之教師比「教師兼行政工作」組之教師感受還佳。

　　推究其原因，不同職務的教師，因工作性質不同，工作上所關注的重點有所差異，加上每位教師有其獨特價值觀，因而產生對校長科技領導不同的看法。「科任教師」接觸不同班級，甚至沒有固定教室上課，對學校歸屬感比較欠缺；「級任導師」有自己的班級和教師，各項科技設備操作較熟悉，同時清楚學校科技政策；「教師兼行政工作」對校長科技領導的理念和執行最為熟悉，因此，不同職務的教師，對校長科技領導的感受會有所差異，且達顯著水準。

（二）層面差異性分析討論

　　表 4-18 為不同職務的教師在「校長科技領導」三個層面的變異數分析 F 值，「校長科技領導技巧與素養」（F 值=4.08，$p < .05$）、「提升教師教學成效」（F 值=5.05，$p < .05$）與「營造數位科技情境」（F 值=8.18，$p < .05$），均達顯著差異，亦即代表不同職務的教師，在校長科技領導技巧與素養、提升教師教學成效與營造數位科技情境的感受上，會因教師不同職務而有所差異，並達顯著水準。

　　在「校長科技領導技巧與素養」層面差異之 F 考驗。由表 4-18 可知，不同職務的國民小學教師在該層面的知覺感受情形，變異數分析考驗之 F 值=4.08（$p < .05$），有顯著差異，研究顯示：「校長科技領導技巧與素養」層面教師之知覺感受達顯著水準。該層面事後比較發現「級任導師」組之教師比「教師兼行政工作」之教師感受還佳。

在「提升教師教學成效」層面差異之 F 考驗。由表 4-18 可知，不同職務的國民小學教師在該層面的知覺感受情形，變異數分析考驗之 F 值=5.05（$p<.05$），有顯著差異，研究顯示：「提升教師教學成效」層面教師之知覺感受達顯著水準。該層面事後比較發現「級任導師」組之教師得分比「教師兼行政工作」之教師感受還佳。

在「營造數位科技情境」層面差異之 F 考驗。由表 4-18 可知，不同職務的國民小學教師在該層面的知覺感受情形，變異數分析考驗之 F 值=8.18（$p<.05$），有顯著差異，研究顯示：「營造數位科技情境」層面教師之知覺感受達顯著水準。該層面事後比較發現「級任導師」組之教師比「教師兼行政工作」之教師感受還佳。

（三）小結

綜上所述，不同職務的國民小學教師，其在校長科技領導變項的整體知覺感受表現上，呈現顯著差異，而且在「校長科技領導技巧與素養」、「提升教師教學成效」與「營造數位科技情境」三個層面的感受上，均達顯著水準。推究其原因，可能是國民小學「級任教師」為包班制有自己的班級、有專屬教室，對於數位科技設備有更好的支持，甚至對於學校願景、校長科技理念與政策比較熟悉；「科任教師」帶領不同班級，沒有固定教室上課，職務方面屬於業務交辦形式或專案計畫模式，對於學校願景、校長理念與政策較不熟悉，因此知覺校長科技領導會比較疏離；「教師兼行政工作」對校長科技領導的理念和執行最為熟悉，因此，不同職務的教師，知覺校長科技領導的感受會有所差異，且達顯著水準，這個結果是可以理解的。

二、不同職務教師在教師數位教學能力的差異分析討論

不同職務在教師數位教學能力之差異分析結果如表 4-19。

表 4-19　不同職務教師在教師數位教學能力之差異分析

變項層面	組別	個數	平均數	標準差	變異來源	平方和	自由度	平均平方和	F	Scheffé事後比較
應用數位科技教學能力	1	177	4.29	.46						
	2	465	4.41	.53	組間	3.79	2	1.90	6.31*	2>1、3
	3	420	4.29	.60	組內	318.22	1059	.30		
	總和	1062	4.34	.55	總和	322.01	1061			
使用數位科技工具與媒體	1	177	4.43	.47						
	2	465	4.51	.45	組間	1.98	2	.99	4.62*	2>3
	3	420	4.43	.47	組內	226.52	1059	.21		
	總和	1062	4.47	.46	總和	228.50	1061			
數位課程教材資源	1	177	4.26	.52						
	2	465	4.37	.51	組間	3.47	2	1.73	6.18*	2>3
	3	420	4.26	.56	組內	297.02	1059	.28		
	總和	1062	4.31	.53	總和	300.49	1061			
教師數位教學能力	1	177	4.33	.43						
	2	465	4.44	.45	組間	2.96	2	1.48	7.17*	2>1、3
	3	420	4.33	.47	組內	218.33	1059	.21		
	總和	1062	4.38	.46	總和	221.29	1061			

1.「組別」中的「1」代表「科任教師」組、「2」代表「級任導師」組、「3」代表「教師兼行政工作」組。

2.* $p < .05$

（一）整體差異性分析討論

表 4-19 為不同職務的教師在「教師數位教學能力」整體及其各分層面差異之 F 考驗。由表 4-19 可知，不同職務的受試者在教師數位教學能力整體的知覺感受上，變異數分析考驗之 F 值＝7.17（$p<.05$），有顯著差異，亦即在整體教師數位教學能力的知覺感受上，會因教師職務不同而有所差異，並達顯著水準。但因教師數位教學能力在博士生層級的研究上，都集中在高中職及大專院校，無相關國民小學之研究文獻可資對照。該層面事後比較發現：不同職務的教師「級任導師」組之教師比「科任教師」組與「教師兼行政工作」組之教師感受還佳。

推究其原因，可能是在 2020 年 COVID-19 席捲全球後，數位教學的發展已成為教師教學的一種趨勢，發展教師數位教學能力，是將學習成果從舊方式轉變為新方式的利器（Anthonysamy et al., 2020；Clark-Wilson et al., 2020；Evans-Amalu & Claravall, 2021；Suroso et al., 2021；Xie et al., 2018, 2021）。級任教師有自己的班級以及完善的數位科技設備，在教學中使用數位科技是毫無疑問的（Anthonysamy et al., 2020；Suroso et al., 2021），同時也能將教師數位能力，轉變為數位教學能力；「科任教師」與「教師兼行政工作」因授課不同班級，加上沒有固定教室，且「教師兼行政工作」的授課節數較少，在數位科技的支持性與操作性，會比較疏離陌生。因此，不同職務的教師，知覺教師數位教學能力的感受會有所差異，且達顯著水準，這個結果是可以理解的。

（二）層面差異性分析討論

表 4-19 為不同職務的教師在「教師數位教學能力」三個層面的變異數分析 F 值，「應用數位科技教學能力」（F 值＝6.31，$p<.05$）、「使用數位科技工具與媒體」（F 值＝4.62，$p<.05$）與「數位課程教材資源」（F 值＝6.18，$p<.05$），均達顯著差異，

亦即代表不同職務的教師，在應用數位科技教學能力、使用數位科技工具與媒體與數位課程教材資源的知覺感受上，會因教師不同職務而有所差異，並達顯著水準。

在「應用數位科技教學能力」層面差異之 F 考驗。由表 4-19 可知，不同職務的國民小學教師在該層面的知覺感受情形，變異數分析考驗之 F 值＝6.31（$p < .05$），有顯著差異，研究顯示：「應用數位科技教學能力」層面教師之知覺感受達顯著水準。該層面事後比較發現「級任導師」組之教師比「科任教師」組與「教師兼行政工作」組之教師感受還佳。

在「使用數位科技工具與媒體」層面差異之 F 考驗。由表 4-19 可知，不同職務的國民小學教師在該層面的知覺感受情形，變異數分析考驗之 F 值＝4.62（$p < .05$），有顯著差異，研究顯示：「使用數位科技工具與媒體」層面教師之知覺感受達顯著水準。該層面事後比較發現「級任導師」組之教師比「教師兼行政工作」之教師感受還佳。

在「數位課程教材資源」層面差異之 F 考驗。由表 4-19 可知，不同職務的國民小學教師在該層面的知覺感受情形，變異數分析考驗之 F 值＝6.18（$p < .05$），有顯著差異，研究顯示：「數位課程教材資源」層面教師之知覺感受達顯著水準。該層面事後比較發現「級任導師」組之教師比「教師兼行政工作」之教師感受還佳。

（三）小結

綜上所述，不同職務的國民小學教師，其在教師數位教學能力變項的整體感受上，呈現顯著差異存在，而且在「應用數位科技教學能力」、「使用數位科技工具與媒體」與「數位課程教材資源」三個層面的知覺表現，均達顯著水準。推究其原因，可能是在 2020 年 COVID-19 席捲全球後，加上 2021 年底行政院推出「班班有網路、生生用平板」政策，在全國大力推動數位教學，使得數位

教學成為教師教學的新趨勢，也翻轉學生學習方式。就不同職務的教師來看，級任教師擁有自己的班級，以及完善的數位科技設備支持，對於數位科技的熟習程度無庸置疑，教學中實踐數位科技是理所當然的；「科任教師」雖沒有固定教室，但授課時數較多，對數位科技的操作更要有一定的熟悉程度；「教師兼行政工作」的授課節數較少，在數位科技的支持性與操作性，會比較疏離陌生。因此，不同職務的教師，知覺教師數位教學能力的感受會有所差異，且達顯著水準，就事後比較分析，級任老師對數位科技廣泛地使用於教材形式和教學方法，會優於「科任教師」與「教師兼行政工作」，整體來說，「級任導師」知覺教師數位教學能力優於其他組別的教師。

三、不同職務教師在學生學習成效的差異分析討論

　　不同職務在學生學習成效之差異分析結果如表 4-20。

表 4-20　不同職務教師在學生學習成效之差異分析

變項層面	組別	個數	平均數	標準差	變異來源	平方和	自由度	平均平方和	F	Scheffé 事後比較
學生學業評量成就	1	177	4.36	.53						
	2	465	4.40	.55	組間	1.53	2	.76	2.47	
	3	420	4.32	.57	組內	327.77	1059	.31		
	總和	1062	4.36	.56	總和	329.30	1061			
學生學習態度	1	177	4.07	.63						
	2	465	4.20	.57	組間	4.05	2	2.02	5.47*	2>3
	3	420	4.07	.64	組內	391.42	1059	.37		
	總和	1062	4.13	.61	總和	395.47	1061			

表 4-20　不同職務教師在學生學習成效之差異分析（續）

變項層面	組別	個數	平均數	標準差	變異來源	平方和	自由度	平均平方和	F	Scheffé 事後比較
學生學習動機	1	177	4.40	.51						
	2	465	4.47	.52	組間	4.00	2	2.00	6.56*	2>3
	3	420	4.34	.59	組內	322.60	1059	.31		
	總和	1062	4.41	.55	總和	326.59	1061			
學生學習成效	1	177	4.26	.50						
	2	465	4.34	.49	組間	3.06	2	1.53	5.74*	2>3
	3	420	4.22	.55	組內	281.79	1059	.27		
	總和	1062	4.28	.52	總和	284.85	1061			

1.「組別」中的「1」代表「科任教師」組、「2」代表「級任導師」組、「3」代表「教師兼行政工作」組。

2.* $p < .05$

（一）整體差異性分析討論

　　表 4-20 為不同職務的教師在「學生學習成效」整體及其各分層面差異之 F 考驗。由表 4-20 可知，不同職務的教師在學生學習成效整體的知覺感受，變異數分析考驗之 F 值=5.74（$p < .05$），有顯著差異，亦即代表在整體學生學習成效的感受上，因教師職務不同而有所差異，且達顯著水準。此研究結果與林宏泰（2019）、張伯瑄（2021）、陳忠明（2022）、陳建志（2019）等人研究相似，但與張凌凌（2022）、黃貴連（2023）等人研究不同。該變項整體事後比較發現：不同職務的教師「級任導師」組之教師比「教師兼行政工作」組之教師感受還佳。

推究其原因，學習成果就像導航工具、指導工具，可以幫助老師和學生知道遵循的路線，協助學生在學科的認知發展與認知表現，指導學生取得計畫課程的期望結果，讓學生在課程結束時能夠實現教學的目標。「科任教師」著重於該任教科目的成效，「級任導師」包班制度，著重於學生認知表現與行為表現，是知識與學習行為的全面表現，「教師兼行政工作」授課較少，授課時以學生認知層次為主，這三組教師在學生整體學習過程中，因其不同職務而統合不同形式的思考，因此，不同職務的教師，知覺學生學習成效的感受會有所差異，且達顯著水準。

（二）層面差異性分析討論

表 4-20 為不同職務的教師在「學生學習態度」（F 值＝5.47，$p < .05$）與「學生學習動機」（F 值＝6.56，$p < .05$）二個層面的知覺感受上，均達顯著差異，亦即不同職務的教師，在學生學習態度與學生學習動機的感受上達顯著水準。但在「學生學業評量成就」（F 值＝2.47）的知覺感受上，沒有顯著差異，亦即不同職務的教師，在「學生學業評量成就」的知覺感受上未達顯著水準。

在「學生學業評量成就」層面差異之 F 考驗。由表 4-19 可知，不同職務的國民小學教師在該層面的知覺感受情形，變異數分析考驗之 F 值＝2.47，沒有顯著差異，研究顯示：「學生學業評量成就」層面教師之知覺感受，其結果沒有達顯著水準。

在「學生學習態度」層面差異之 F 考驗。由表 4-19 可知，不同職務的國民小學教師在該層面的知覺感受情形，變異數分析考驗之 F 值＝5.47（$p < .05$），有顯著差異，研究顯示：「學生學習態度」層面教師之知覺感受達顯著水準。該層面事後比較發現「級任導師」組之教師比「教師兼行政工作」之教師感受還佳。

在「學生學習動機」層面差異之 F 考驗。由表 4-19 可知，不同職務的國民小學教師在該層面的知覺感受情形，變異數分析考驗

之 F 值＝ 6.56（$p < .05$），有顯著差異，研究顯示：「學生學習動機」層面教師之知覺感受達顯著水準。該層面事後比較發現「級任導師」組之教師比「教師兼行政工作」之教師感受還佳。

（三）小結

綜上所述，不同職務的國民小學教師，其在學生學習成效變項的整體知覺感受情形，呈現顯著差異存在，而且在「學生學習態度」與「學生學習動機」二個層面的感受上，達顯著水準，在「學生學業評量成就」層面的感受上，未達顯著水準。「學生學業評量成就」的知覺感受未達顯著差異，推究其原因，有許多研究指出學生學習成效是在課堂層面的問責制，包括課堂觀察、衡量教師的教學實踐，以及衡量個別教師對學生成績的貢獻增值程度（Darling-Hammond, 2000；Goe, 2008），因此，老師對學生學業成績的要求，為檢驗教學成效的重要依據，也是每一位教師所重視的，由此可見，這三組教師對「學生學業評量成就」沒有顯著差異，是可以解釋的。

其次，優質教育的展現是一種教育績效責任，也是以學生為核心的學習觀，最終強調學生學習成效的表現，並且能夠被檢驗和驗證的。然而不同職務的教師，因授課節數的不同以及教學目標達成的差別，因此對於學生學習成效的評估重點就不同，在課堂層面的問責制之下，教師衡量學生的學習實踐容易產生差異，「科任教師」著重於其任教科目的目標，「級任導師」著重於學生全面的表現，是內隱、外隱知識與學習行為的綜合表現，「教師兼行政工作」，以學生認知層次為主，這三組教師因其不同職務，知覺「學生學習態度」與「學生學習動機」的感受會有所差異，且達顯著水準。就事後比較分析，「學生學習態度」與「學生學習動機」兩個層面，「級任老師」對學生學習成效的感受優於「教師兼行政工作」，整體來說，「級任導師」知覺教師數位教學能力也高於其他組別的教師。

陸、不同學校位置教師在校長科技領導、教師數位教學能力與學生學習成效之差異分析

針對不同學校位置的國民小學教師分別進行校長科技領導、教師數位教學能力與學生學習成效之差異比較，將蒐集到的有效問卷資料進行單因子變異數分析（Analysis of Variance, ANOVA）、雪費法（Scheffé）事後比較，結果如以下說明：

一、不同學校位置教師在校長科技領導的差異分析討論

不同學校位置教師在校長科技領導之差異分析結果如表 4-21。

表 4-21 不同學校位置教師在校長科技領導之差異分析

變項層面	組別	個數	平均數	標準差	變異來源	平方和	自由度	平均平方和	F	Scheffé事後比較
校長科技領導技巧與素養	1	446	4.25	.64						
	2	332	4.19	.66	組間	3.32	2	1.66	3.79*	3>2
	3	284	4.34	.69	組內	463.80	1059	.44		
	總和	1062	4.26	.66	總和	467.12	1061			
提升教師教學成效	1	446	4.31	.57						
	2	332	4.25	.59	組間	3.59	2	1.79	4.96*	3>2
	3	284	4.40	.65	組內	383.22	1059	.36		
	總和	1062	4.31	.60	總和	386.81	1061			
營造數位科技情境	1	446	4.37	.53						
	2	332	4.28	.68	組間	4.67	2	2.33	5.91*	3>2
	3	284	4.46	.70	組內	418.07	1059	.40		
	總和	1062	4.36	.63	總和	422.73	1061			

表 4-21　不同學校位置教師在校長科技領導之差異分析（續）

變項層面	組別	個數	平均數	標準差	變異來源	平方和	自由度	平均平方和	F	Scheffé 事後比較
校長科技領導	1	446	4.31	.53						
	2	332	4.25	.59	組間	3.85	2	1.92	5.76*	3>2
	3	284	4.40	.64	組內	353.78	1059	.33		
	總和	1062	4.32	.58	總和	357.63	1061			

1.「組別」中的「1」代表「都市區」組、「2」代表「一般鄉鎮」組、「3」代表「偏遠」組。

2.* $p<.05$

（一）整體差異性分析討論

　　表 4-21 為不同學校位置的教師在「校長科技領導」整體及其各分層面差異之 F 考驗。由表 4-21 可知，不同學校位置的教師在校長科技領導整體的知覺感受，變異數分析考驗之 F 值＝5.76（$p<.05$），有顯著差異，亦即代表在整體校長科技領導的感受上，因學校位置不同而有所差異，且達顯著水準。本書結果與吳春助（2009）、張奕財（2018）、蔡政道（2009）等人的研究結果相似，但與吳秋蓉（2017）、蔡明貴（2022）等人研究不同。該層面事後比較發現：不同學校位置的教師「偏遠」組之教師比「一般鄉鎮」組之教師感受還佳。

　　推究其原因，科技的應用對教學有延續與預知的概念下，科技工具將成為教學利器，在吳秋蓉（2017）研究指出，政府在科技與基本設施支持程度中發現，偏鄉地區的科技支持度高於直轄市，此外教育部資訊科技司之科技經費編配，用於資訊與科技教育經費，臺灣省各縣市經費高於直轄市。加上偏遠學校的老師與校長能有較

多互動的機會，較容易觀察到校長的領導作為，因而「都市區」與「一般鄉鎮」組之教師，對校長科技領導知覺感受會低於「偏遠」組之教師。由此可知，偏鄉地區教師知覺校長科技領導高於其他位置的學校，可以做說明和解釋。

（二）層面差異性分析討論

表 4-21 為不同學校位置的教師在「校長科技領導」三個層面的變異數分析 F 值，「校長科技領導技巧與素養」（F 值＝3.79，$p < .05$）、「提升教師教學成效」（F 值＝4.96，$p < .05$）與「營造數位科技情境」（F 值＝5.91，$p < .05$）得分表現上，均達顯著差異，亦即不同學校位置的教師，在校長科技領導技巧與素養、提升教師教學成效與營造數位科技情境的知覺感受上，會因教師不同學校位置而有所差異，並達顯著水準。

在「校長科技領導技巧與素養」層面差異之 F 考驗。由表 4-21 可知，不同學校位置的國民小學教師在該層面的知覺感受情形，變異數分析考驗之 F 值＝3.79（$p < .05$），有顯著差異，研究顯示：「校長科技領導技巧與素養」層面教師之知覺達顯著水準。該層面事後比較發現「偏遠」組之教師比「一般鄉鎮」組之教師感受還佳。

在「提升教師教學成效」層面差異之 F 考驗。由表 4-21 可知，不同學校位置的國民小學教師在該層面的知覺感受情形，變異數分析考驗之 F 值＝4.96（$p < .05$），有顯著差異，研究顯示：「提升教師教學成效」層面教師之知覺達顯著水準。該層面事後比較發現「偏遠」組之教師比「一般鄉鎮」組之教師感受還佳。

在「營造數位科技情境」層面差異之 F 考驗。由表 4-21 可知，不同學校位置的國民小學教師在該層面的知覺感受情形，變異數分析考驗之 F 值＝5.91（$p < .05$），有顯著差異，研究顯示：「營造數位科技情境」層面教師之知覺達顯著水準。該層面事後比較發現

「偏遠」組之教師比「一般鄉鎮」組之教師感受還佳。

（三）小結

綜上所述，不同學校位置的國民小學教師，其在校長科技領導變項的整體表現上，呈現顯著差異存在，而且在「校長科技領導技巧與素養」、「提升教師教學成效」與「營造數位科技情境」三個層面的得分表現上，也均達顯著水準。推究其原因，可能是國家政策為關懷偏鄉，提升偏鄉教育契機，為偏鄉教育尋找更多的創新機會，不斷扶助偏鄉地區學校基礎教育建設，持續構思偏鄉學校之發展，教育部並於 2015 年函頒「偏鄉教育創新發展方案」，讓偏鄉地區教育創新、數位科技融入虛實共學、資源整合看見希望與改變的舉措。加上偏遠學校的老師與校長彼此之間情感交流融洽，與校長有比較多的互動機會，更能熟悉校長的科技領導理念。因此，「偏遠」組之教師在校長科技領導的整體感受上優於「都市區」與「一般鄉鎮」組之教師，對校長科技領導的感受會有所差異，且達顯著水準。

二、不同學校位置教師在教師數位教學能力的差異分析討論

不同學校位置教師在教師數位教學能力之差異分析結果如表 4-22。

表 4-22　不同學校位置教師在教師數位教學能力之差異分析

變項層面	組別	個數	平均數	標準差	變異來源	平方和	自由度	平均平方和	F	Scheffé 事後比較
應用數位科技教學能力	1	446	4.28	.53						
	2	332	4.31	.53	組間	6.62	2	3.31	11.1*1	3>1、2
	3	284	4.47	.58	組內	315.39	1059	.30		
	總和	1062	4.34	.55	總和	322.01	1061			

表 4-22　不同學校位置教師在教師數位教學能力之差異分析（續）

變項層面	組別	個數	平均數	標準差	變異來源	平方和	自由度	平均平方和	F	Scheffé 事後比較
使用數位科技工具與媒體	1	446	4.42	.46						
	2	332	4.46	.46	組間	2.71	2	1.36	6.36*	3>1
	3	284	4.54	.48	組內	225.79	1059	.21		
	總和	1062	4.47	.46	總和	228.50	1061			
數位課程教材資源	1	446	4.29	.53						
	2	332	4.25	.53	組間	4.15	2	2.08	7.42*	2>3
	3	284	4.41	.52	組內	296.34	1059	.28		
	總和	1062	4.31	.53	總和	300.49	1061			
教師數位教學能力	1	446	4.33	.44						
	2	332	4.35	.46	組間	3.90	2	1.95	9.50*	3>1、2
	3	284	4.48	.46	組內	217.38	1059	.21		
	總和	1062	4.38	.46	總和	221.29	1061			

1.「組別」中的「1」代表「都市區」組、「2」代表「一般鄉鎮」組、「3」代表「偏遠」組。

2.* $p < .05$

（一）整體差異性分析討論

　　表 4-22 為不同學校位置的教師在「教師數位教學能力」整體及其層面差異之 F 考驗。由表 4-22 可知，不同學校位置的教師在教師數位教學能力整體的知覺感受上，變異數分析考驗之 F 值＝9.50（$p < .05$），有顯著差異，亦即在整體教師數位教學能力的知覺感受上，會因學校位置不同而有所差異，且達顯著水準。不同學

校位置的國民小學教師在「教師數位教學能力」感受上的結果有顯著差異，但因教師數位教學能力在博士生層級的研究上，都集中在高中職及大專院校，無相關國民小學之研究文獻可資對照。該層面事後比較發現：不同學校位置的教師「偏遠」組之教師比「都市區」組與「一般鄉鎮」組之教師感受還佳。

推究其原因，2022 到 2025 年教育部將投入 200 億在「中小學數位學習精進方案」，是我國教育史上影響最大、速度最急的數位轉型投資。在這預算當中，七成預算採購平板和相關數位設備，稱之「班班有網路、生生用平板」，其中補助偏遠地區學校的學生 1 人 1 平板，非偏遠地區則依學校班級數 6 分之 1 配發（教育部，2023）。在此概念下，數位科技設備的支持度，將造成偏鄉優於都會區，造成教師運用數位科技於教學的機會、能力與意願產生落差，對教師知覺數位教學能力而有所差異，連帶的「偏遠」組之教師，在教師知覺教師數位教學能力的知覺優於「都市區」與「一般鄉鎮」組之教師。因此，不同學校位置的教師，對教師數位教學能力的感受會有所差異，且達顯著水準。

（二）層面差異性分析討論

表 4-22 為不同學校位置的教師在「教師數位教學能力」三個層面的變異數分析 F 值，「應用數位科技教學能力」（F 值＝11.1，$p < .05$）、「使用數位科技工具與媒體」（F 值＝6.36，$p < .05$）與「數位課程教材資源」（F 值＝7.42，$p < .05$）三個層面的知覺感受情形，均達顯著差異，亦即不同學校位置的教師，會因不同學校位置的教師而有所差異，並達顯著水準。

在「應用數位科技教學能力」層面差異之 F 考驗。由表 4-22 可知，不同學校位置的國民小學教師在該層面的知覺感受情形，變異數分析考驗之 F 值＝11.1（$p < .05$），有顯著差異，研究顯示：「應用數位科技教學能力」層面教師之感受達顯著水準。該層面事

後比較發現「偏遠」組之教師比「都市區」組與「一般鄉鎮」組之教師感受還佳。

在「使用數位科技工具與媒體」層面差異之 F 考驗。由表 4-22 可知，不同學校位置的國民小學教師在該層面的知覺感受情形，變異數分析考驗之 F 值＝6.36（$p <.05$），有顯著差異，研究顯示：「使用數位科技工具與媒體」層面教師之感受達顯著水準。該層面事後比較發現「偏遠」組之教師比「都市區」組之教師感受還佳。

在「數位課程教材資源」層面差異之 F 考驗。由表 4-22 可知，不同學校位置的國民小學教師在該層面的知覺感受情形，變異數分析考驗之 F 值＝7.42（$p <.05$），有顯著差異，研究顯示：「數位課程教材資源」層面教師之感受達顯著水準。該層面事後比較發現「偏遠」組之教師比「都市區」組與「一般鄉鎮」組之教師還佳。

（三）小結

綜上所述，不同學校位置的國民小學教師，其在教師數位教學能力變項的整體表現上，呈現顯著差異存在，而且在「應用數位科技教學能力」、「使用數位科技工具與媒體」與「數位課程教材資源」三個層面的感受上，也均達顯著水準。推究其原因，數位科技的使用可以激發孩子學習的熱情、興趣和動機，完善的數位科技軟、硬體設施的學校，以及教師能運用、開發數位課程教材與數位多媒體資源，實施數位教學時會有更好的表現。同時教育部對於偏鄉地區數位科技設備的支持度與日俱增，老師有更多的時間與機會熟悉數位教學，學生接觸、使用數位科技的頻率增加，讓學生學習成效能變好，老師有更多心思在班級經營、更深度的數位學習。反觀都市區的學校，要能夠一次性的補足數位科技設備，讓師生熟悉數位教學與學習是有其困難度的。因此，不同學校位置的教師，知覺教師數位教學能力是有所差異的，且整體看來「偏遠」組之教師，在教師知覺教師數位教學能力的感受會優於「都市區」與「一

般鄉鎮」組之教師，且達顯著水準。

三、不同學校位置教師在學生學習成效的差異分析討論

不同學校位置教師在學生學習成效之差異分析結果如表 4-23。

表 4-23　不同學校位置教師在學生學習成效之差異分析

變項層面	組別	個數	平均數	標準差	變異來源	平方和	自由度	平均平方和	F	Scheffé 事後比較
學生學業評量成就	1	446	4.30	.53						
	2	332	4.34	.57	組間	5.87	2	2.94	9.62*	3>1、2
	3	284	4.48	.57	組內	323.43	1059	.31		
	總和	1062	4.36	.56	總和	329.30	1061			
學生學習態度	1	446	4.10	.61						
	2	332	4.04	.61	組間	8.14	2	4.07	11.12*	3>1、2
	3	284	4.26	.59	組內	387.33	1059	.37		
	總和	1062	4.13	.61	總和	395.47	1061			
學生學習動機	1	446	4.38	.55						
	2	332	4.35	.59	組間	4.82	2	2.41	7.94*	3>1、2
	3	284	4.52	.50	組內	321.77	1059	.30		
	總和	1062	4.41	.55	總和	326.59	1061			
學生學習成效	1	446	4.25	.50						
	2	332	4.22	.53	組間	6.07	2	3.04	11.53*	3>1、2
	3	284	4.40	.50	組內	278.78	1059	.26		
	總和	1062	4.28	.52	總和	284.85	1061			

1.「組別」中的「1」代表「都市區」組、「2」代表「一般鄉鎮」組、「3」代表「偏遠」組。

2.* $p < .05$

（一）整體差異性分析討論

　　表 4-23 為不同學校位置的教師在「學生學習成效」整體及其各分層面差異之 F 考驗。由表 4-23 可知，不同學校位置的教師在學生學習成效整體的知覺感受情形，變異數分析考驗之 F 值＝11.53（$p < .05$），有顯著差異，亦即在整體學生學習成效的得分上，會因不同學校位置而有所差異，並達顯著水準。此研究結果與林宏泰（2019）、吳國銘（2019）、陳忠明（2022）、張凌凌（2022）、黃貴連（2023）等人研究相似。整體變項事後比較發現：不同學校位置的教師「偏遠」組之教師比「都市區」與「一般鄉鎮」組之教師感受還佳。

　　推究其原因，學生學習成效可以幫助老師是否達成有效教學，除了協助學生在學習的知識、技能及態度上的改變與表現，最重要是實現教學的目標。過程中透過「教」與「學」的輔助，包括：課程與教學設計、教育科技的運用、師生溝通互動技巧、行為的改變、數位資源之學習與應用等。然而不同學校位置的教師，在學生學習成效的關注點不同，在「都市區」家長對學生學習要求較高，「一般鄉鎮」家長背景較多元化，對學生要求程度也較多樣化，「偏遠」家長對孩子的期待不高，於是影響老師對孩子學習要求的重點。研究發現這三組不同學校位置的教師在學生整體學習過程中，因其不同學校位置而有不同形式的要求，因此，不同學校位置的教師，知覺學生學習成效的感受會有所差異，且達顯著水準。

（二）層面差異性分析討論

　　表 4-23 為不同學校位置的教師在「學生學習成效」三個層面的變異數分析 F 值，「學生學業評量成就」（F 值＝9.62，$p < .05$）、「學生學習態度」（F 值＝11.12，$p < .05$）與「學生學習動機」（F 值＝7.94，$p < .05$）三個層面的得分表現上，均達顯著差異，亦即代表不同學校位置的教師，在學生學業評量成就、學

生學習態度與學生學習動機的知覺感受上，會因教師不同學校位置而有所差異，達顯著水準。

在「學生學業評量成就」層面差異之 F 考驗。由表 4-23 可知，不同學校位置的國民小學教師在該層面的知覺感受情形，變異數分析考驗之 F 值＝9.62（$p<.05$），有顯著差異，研究顯示：「學生學業評量成就」層面教師之感受達顯著水準。該層面事後比較發現：不同學校位置的教師「偏遠」組之教師比「都市區」與「一般鄉鎮」組之教師感受還佳。

在「學生學習態度」層面差異之 F 考驗。由表 4-23 可知，不同學校位置的國民小學教師在該層面的知覺感受情形，變異數分析考驗之 F 值＝11.12（$p<.05$），有顯著差異，研究顯示：「學生學習態度」層面教師之感受達顯著水準。該層面事後比較發現：不同學校位置的教師「偏遠」組之教師比「都市區」與「一般鄉鎮」組之教師感受還佳。

在「學生學習動機」層面差異之 F 考驗。由表 4-23 可知，不同學校位置的國民小學教師在該層面的得分平均情形，變異數分析考驗之 F 值＝7.94（$p<.05$），有顯著差異，研究顯示：「學生學習動機」層面教師之感受達顯著水準。該層面事後比較發現：不同學校位置的教師「偏遠」組之教師比「都市區」與「一般鄉鎮」組之教師感受還佳。

（三）小結

綜上所述，不同學校位置的國民小學教師，其在學生學習成效變項的整體感受上，呈現顯著差異存在，而且在「學生學業評量成就」、「學生學習態度」與「學生學習動機」三個層面的知覺感受上，均達顯著水準。推究其原因，教育部 2019 年為執行偏遠地區學校教育發展，協助偏遠、非山非市學校之教育發展，提供學生適當教育措施，特訂定「教育部補助偏遠地區學校及非山非市學校教

育經費作業要點」。其目的除了強化偏鄉學校的教育設施之外，對於幫助老師達成有效教學有實質之意義，過程中幫助老師的「教」與「學」的實踐，以及學生的知識、技能及態度上的改變。加上不同學校位置的教師，對學生學習成效的關注點不同，在「都市區」競爭力較強，對學生智育要求較高；「一般鄉鎮」家長背景較多元化，對學生要求程度也較多樣化，「偏遠」由於地處交通不便、弱勢家庭、隔代教養比都市區高，學校及教師偏重對學生學習與生活支持的角色，且家長對孩子的期待不如都市區。因此，這三組不同學校位置的教師，知覺學生整體學習成效的感受有明顯差異，且達顯著水準。

柒、不同學校規模教師在校長科技領導、教師數位教學能力與學生學習成效之差異分析

　　針對不同學校規模的國民小學教師分別進行校長科技領導、教師數位教學能力與學生學習成效之差異比較，將蒐集到的有效問卷資料進行單因子變異數分析（Analysis of Variance, ANOVA）、雪費法（Scheffé）事後比較，結果如以下說明：

一、不同學校規模教師在校長科技領導的差異分析討論

　　不同學校規模教師在校長科技領導之差異分析結果如表 4-24。

表 4-24　不同學校規模教師在校長科技領導之差異分析

變項層面	組別	個數	平均數	標準差	變異來源	平方和	自由度	平均平方和	F	Scheffé 事後比較
校長科技領導技巧與	1	406	4.32	.68						
	2	462	4.15	.66	組間	10.13	2	5.07	11.74*	1、3>2
	3	194	4.39	.60	組內	456.99	1059	.43		

表 4-24 　不同學校規模教師在校長科技領導之差異分析（續）

變項層面	組別	個數	平均數	標準差	變異來源	平方和	自由度	平均平方和	F	Scheffé 事後比較
素養	總和	1062	4.26	.66	總和	467.12	1061			
提升教師教學成效	1	406	4.37	.63						
	2	462	4.21	.59	組間	10.11	2	5.05	14.21*	1、3>2
	3	194	4.45	.53	組內	376.70	1059	.36		
	總和	1062	4.31	.60	總和	386.81	1061			
營造數位科技情境	1	406	4.38	.72						
	2	462	4.31	.58	組間	3.09	2	1.55	3.90*	3>2
	3	194	4.46	.56	組內	419.64	1059	.40		
	總和	1062	4.36	.63	總和	422.73	1061			
校長科技領導	1	406	4.36	.62						
	2	462	4.23	.56	組間	7.20	2	3.60	10.88*	1、3>2
	3	194	4.44	.51	組內	350.43	1059	.33		
	總和	1062	4.32	.58	總和	357.63	1061			

1.「組別」中的「1」代表「12 班以下」組、「2」代表「13-48 班」組、「3」代表「49 班以上」組。

2.* $p < .05$

（一）整體差異性分析討論

　　表 4-24 為不同學校規模的教師在「校長科技領導」整體及其各分層面差異之 F 考驗。由表 4-24 可知，不同學校規模的教師在校長科技領導整體的知覺感受上，變異數分析考驗之 F 值＝10.88（$p < .05$），其結果達顯著差異，亦即在整體校長科技領導的得分

上，會因學校規模不同而有所差異，且達顯著水準。本書結果與吳春助（2009）、蔡明貴（2022）、蔡政道（2009）等人的研究結果相似，但與吳秋蓉（2017）等人研究不同。該層面事後比較發現：不同學校規模的教師「12 班以下」組與「49 班以上」組之教師比「13-48 班」組之教師感受還佳。

　　推究其原因，校長科技領導的新角色，在於有效地整合資訊通信技術（Flanagan & Jacobsen, 2003），成功地為學生提供良好的學習機會與環境，共享透明的領導新模式，以及改善教師教學與科技設備（Akcil et al., 2017；Li, 2010）。「12 班以下」組大多地屬偏鄉，科技與基本設施來自政府的支持程度較高，「49 班以上」屬於大都會區，家長社經背景較優，科技設施的支持度也較高，反觀一般地區「13-48 班」，有較多讓人忽略的非山非市地區，科技經費編配與支持度較窘迫。此外「12 班以下」學校，校長與同仁情感交流較融洽且互動機會多，容易了解校長的領導作為；「49 班以上」位處都會區，教師對於科技的掌握與趨勢，優於「一般鄉鎮」組之教師。整體來說，這三組教師對校長科技領導知覺程度會有所差異，而且對於「12 班以下」與「49 班以上」組之教師，優於「13-48 班」的教師，可以做說明和解釋。因此，不同學校規模的教師，對校長科技領導的感受會有所差異，且達顯著水準。

（二）層面差異性分析討論

　　表 4-24 為不同學校規模的教師在「校長科技領導」三個層面的變異數分析 F 值，「校長科技領導技巧與素養」（F 值＝11.74，$p < .05$）、「提升教師教學成效」（F 值＝14.21，$p < .05$）與「營造數位科技情境」（F 值＝3.90，$p < .05$）三個層面的知覺感受上，均達顯著差異，亦即不同學校規模的教師，在校長科技領導技巧與素養、提升教師教學成效與營造數位科技情境的知覺感受上，會因教師不同學校規模而有所差異，並達顯著水準。

在「校長科技領導技巧與素養」層面差異之 F 考驗。由表 4-24 可知，不同學校規模的國民小學教師在該層面的知覺感受情形，變異數分析考驗之 F 值＝11.74（$p < .05$），有顯著差異，研究顯示：「校長科技領導技巧與素養」層面教師之感受達顯著水準。該層面事後比較發現：不同學校規模的教師「12 班以下」組與「49 班以上」組之教師比「13-48 班」組之教師感受還佳。

在「提升教師教學成效」層面差異之 F 考驗。由表 4-24 可知，不同學校規模的國民小學教師在該層面的知覺感受情形，變異數分析考驗之 F 值＝14.21（$p < .05$），有顯著差異，研究顯示：「提升教師教學成效」層面教師之感受達顯著水準。該層面事後比較發現：不同學校規模的教師「12 班以下」組與「49 班以上」組之教師比「13-48 班」組之教師感受還佳。

在「營造數位科技情境」層面差異之 F 考驗。由表 4-24 可知，不同學校規模的國民小學教師在該層面的知覺感受情形，變異數分析考驗之 F 值＝3.90（$p < .05$），有顯著差異，研究顯示：「營造數位科技情境」層面教師之感受顯著水準。該層面事後比較發現：不同學校規模的教師「12 班以下」組之教師比「13-48 班」組之教師感受還佳。

（三）小結

綜上所述，不同學校規模的國民小學教師，其在校長科技領導變項的整體表現上，呈現顯著差異存在，而且在「校長科技領導技巧與素養」、「提升教師教學成效」與「營造數位科技情境」三個層面的感受上，也均達顯著水準。推究其原因，在教育環境中接受科技的態度，是決定教師有意圖在教學實踐中使用數位工具的相關因素（Antonietti et al., 2022），在「12 班以下」教師教學信念與態度、教學的步調、差異化教學的機會以及教師教學的士氣，較容易滿足與提升；「49 班以上」教師家長關注程度較高，生活步調

較快，老師時時刻刻兢兢業業。此外「12 班以下」學校，校長與同仁互動多，政策容易了解，對於校長的科技領導作為也較為熟悉；「49 班以上」位處都會區，對於科技的掌握與趨勢，比較自我要求，同時也優於「一般鄉鎮」組之教師。因此，不同學校規模的教師，知覺校長科技領導的感受會有所差異，且達顯著水準。

二、不同學校規模教師在教師數位教學能力的差異分析討論

不同學校規模教師在教師數位教學能力之差異分析結果如表 4-25。

表 4-25　不同學校規模教師在教師數位教學能力之差異分析

變項層面	組別	個數	平均數	標準差	變異來源	平方和	自由度	平均平方和	F	Scheffé 事後比較
應用數位科技教學能力	1	406	4.41	.57						
	2	462	4.23	.55	組間	10.20	2	5.10	17.32*	1、3>2
	3	194	4.47	.46	組內	311.81	1059	.29		
	總和	1062	4.34	.55	總和	322.01	1061			
使用數位科技工具與媒體	1	406	4.48	.48						
	2	462	4.43	.46	組間	1.09	2	.54	2.53	
	3	194	4.52	.45	組內	227.41	1059	.22		
	總和	1062	4.47	.46	總和	228.50	1061			
數位課程教材資源	1	406	4.35	.51						
	2	462	4.21	.55	組間	9.03	2	4.52	16.41*	1、3>2
	3	194	4.45	.51	組內	291.45	1059	.28		
	總和	1062	4.31	.53	總和	300.49	1061			

表 4-25　不同學校規模教師在教師數位教學能力之差異分析（續）

變項層面	組別	個數	平均數	標準差	變異來源	平方和	自由度	平均平方和	F	Scheffé 事後比較
教師數位教學能力	1	406	4.41	.46						
	2	462	4.30	.46	組間	5.43	2	2.72	13.33*	1、3>2
	3	194	4.48	.42	組內	215.85	1059	.20		
	總和	1062	4.38	.46	總和	221.29	1061			

1.「組別」中的「1」代表「12 班以下」組、「2」代表「13-48 班」組、「3」代表「49 班以上」組。

2.* $p < .05$

（一）整體差異性分析討論

　　表 4-25 為不同學校規模的教師在「教師數位教學能力」整體及其各分層面差異之 F 考驗。由表 4-25 可知，不同學校規模的教師在教師數位教學能力整體的知覺感受上，變異數分析考驗之 F 值 = 13.33（$p < .05$），有顯著差異，亦即在整體校長科技領導的知覺感受上，會因學校規模不同而有所差異，且達顯著水準。不同學校規模的國民小學教師在「教師數位教學能力」感受上的結果有顯著差異，但因教師數位教學能力在博士生層級的研究上，無相關國民小學之研究文獻可資對照。該變項事後比較發現：不同學校規模的教師「12 班以下」組與「49 班以上」組之教師比「13-48 班」組之教師感受還佳。

　　推究其原因，不同學校規模的國民小學教師在「教師數位教學能力」感受上的結果有顯著差異，因「12 班以下」組大多地屬偏鄉，小校小班的概念下，教學上容易採取適性化、個別化、精緻化的教學策略，且因應學生需求強化學習表現和行為表現，同時安排

不同模式的教學活動（如：個別化學習、一對二輔導、小組合作、混齡教學、協作學習、目標導向學習），教師為學生提供良好的學習機會與環境，有效地整合數位科技技術，學校方面更是戮力於改善教師教學與數位科技設備（Akcil et al., 2017；Flanagan & Jacobsen, 2003；Li, 2010）。「49 班以上」屬於大都會區，有強力的家長會當後盾，數位科技設施的支持度也較高，環境支持無虞；而一般地區「13-48 班」，較多的非山非市地區，該地區師資結構老化，環境設備停滯不前，行政團隊及教師創意方面較為不足（曹欽瑋、歐奕淳，2021）。整體來說，不同學校規模的三組教師對教師數位教學能力知覺程度會有所差異，而且對於「12 班以下」與「49 班以上」組之教師，優於「13-48 班」的教師，可以做說明和解釋。

（二）層面差異性分析討論

　　表 4-25 為不同學校規模的教師在「教師數位教學能力」三個層面的變異數分析 F 值，「應用數位科技教學能力」（F 值＝17.32，$p < .05$）與「數位課程教材資源」（F 值＝16.41，$p < .05$）三個層面的知覺感受上，均達顯著差異，亦即不同學校規模的教師，在應用數位科技教學能力與數位課程教材資源的得分表現上達顯著水準。但在「使用數位科技工具與媒體」（F 值＝2.53）層面的知覺感受上，沒有顯著差異，代表不同學校規模的教師，在使用數位科技工具與媒體的感受未達顯著水準。

　　在「應用數位科技教學能力」層面差異之 F 考驗。由表 4-25 可知，不同學校規模的國民小學教師在該層面的知覺感受情形，變異數分析考驗之 F 值＝17.32（$p < .05$），研究顯示：「應用數位科技教學能力」層面教師之感受達顯著差異。該層面事後比較發現：不同學校規模的教師「12 班以下」組與「49 班以上」組之教師比「13-48 班」組之教師感受還佳。

在「使用數位科技工具與媒體」層面差異之 F 考驗。由表 4-25 可知,不同學校規模的國民小學教師在該層面的得分平均情形,變異數分析考驗之 F 值＝2.53,研究顯示:「使用數位科技工具與媒體」層面教師之感受沒有顯著差異,代表不同學校規模的教師,在使用數位科技工具與媒體的得分表現上未達顯著水準。

在「數位課程教材資源」層面差異之 F 考驗。由表 4-25 可知,不同學校規模的國民小學教師在該層面的知覺感受情形,變異數分析考驗之 F 值＝16.41（$p < .05$）,研究顯示:「數位課程教材資源」層面教師之感受達顯著差異。該層面事後比較發現:不同學校規模的教師「12 班以下」組與「49 班以上」組之教師比「13-48 班」組之教師感受還佳。

（三）小結

綜上所述,不同學校規模的國民小學教師,其在教師數位教學能力變項的整體表現上,呈現顯著差異存在,而且在「應用數位科技教學能力」與「數位課程教材資源」等二個層面的知覺感受上達顯著水準,在「使用數位科技工具與媒體」層面其結果沒有顯著差異,未達顯著水準。推究其原因,我國數位教學在 COVID-19 大流行後的發展,讓教育單位不得不對數位教學進行反思,面對數位教學的挑戰,應將環境設施與教學進一步規劃和整合,優先考慮數位落差問題,在停課不停學的政策下,每一位老師勢必要使用數位科技工具與媒體來進行授課,才能落實數位教學政策,因此,在「使用數位科技工具與媒體」層面其結果沒有顯著差異,未達顯著水準。

再進一步觀察,不同學校規模的國民小學教師在「應用數位科技教學能力」與「數位課程教材資源」兩個層面的結果感受上有顯著差異,因「12 班以下」是偏鄉小校小班的概念,在精緻化教學的前提下,有較多樣化的學習表現和教學活動;「49 班以上」都會區型學校,在數位科技設施的支持度較高,家長社區關注也比較

程度高，是一個理性、睿智的新視界；而一般地區「13-48 班」，較多失去關懷的非山非市地區與學校，行政團隊及教師容易墨守成規，創意方面較為欠缺。可見，不同學校規模的三組教師對教師數位教學能力的整體知覺程度，以及「應用數位科技教學能力」與「數位課程教材資源」兩個層面會有所差異，且達顯著水準，而教師知覺數位教學能力的得分，在每一個層面的感受，「12 班以下」與「49 班以上」組之教師，優於「13-48 班」的教師。

三、不同學校規模教師在學生學習成效的差異分析討論

不同學校規模教師在學生學習成效之差異分析結果如表 4-26。

表 4-26　不同學校規模教師在學生學習成效之差異分析

變項層面	組別	個數	平均數	標準差	變異來源	平方和	自由度	平均平方和	F	Scheffé 事後比較
學生學業評量成就	1	406	4.37	.57						
	2	462	4.33	.56	組間	1.11	2	.56	1.79	
	3	194	4.42	.52	組內	328.19	1059	.31		
	總和	1062	4.36	.56	總和	329.30	1061			
學生學習態度	1	406	4.15	.63						
	2	462	4.05	.61	組間	5.58	2	2.79	7.58*	3>2
	3	194	4.25	.57	組內	389.88	1059	.37		
	總和	1062	4.13	.61	總和	395.47	1061			
學生學習動機	1	406	4.41	.55						
	2	462	4.38	.56	組間	0.79	2	.40	1.29	
	3	194	4.46	.54	組內	325.80	1059	.31		
	總和	1062	4.41	.55	總和	326.59	1061			

表 4-26　不同學校規模教師在學生學習成效之差異分析（續）

變項層面	組別	個數	平均數	標準差	變異來源	平方和	自由度	平均平方和	F	Scheffé 事後比較
學生學習成效	1	406	4.30	.53						
	2	462	4.23	.52	組間	2.34	2	1.17	4.38*	3>2
	3	194	4.36	.48	組內	282.51	1059	.27		
	總和	1062	4.28	.52	總和	284.85	1061			

1.「組別」中的「1」代表「12 班以下」組、「2」代表「13-48 班」組、「3」代表「49 班以上」組。

2.* $p < .05$

（一）整體差異性分析討論

　　表 4-26 為不同學校規模的教師在「學生學習成效」整體及其各分層面差異之 F 考驗。由表 4-26 可知，不同學校規模的教師在學生學習成效整體的知覺感受上，變異數分析考驗之 F 值 = 4.38（$p < .05$），有顯著差異，亦即在整體學生學習成效的感受上，會因不同學校規模而有所差異，且達顯著水準。不同學校規模的國民小學教師在「學生學習成效」感受上的結果有顯著差異，此研究結果與吳國銘（2019）、陳忠明（2022）、張凌凌（2022）、黃貴連（2023）、黃庭鈺（2020）等人研究相似。而與林宏泰（2019）的研究不同。整體變項事後比較發現：不同學校規模的教師「49 班以上」組之教師比「13-48 班」組之教師感受還佳。

　　推究其原因，學生學習成效是老師的有效教學，在教學現場中透過教學策略，引導孩子主動學習，增進學生學習成效，是最重要的教學目標。在「教」與「學」的過程中，課程與教學設計、親師生的溝通與互動、學生行為的改變等，是用來評估學校重要成果、學校校務的改進以及學生學習成效的重要依據（潘慧玲等人，

2014；Li, 2010）。學習是一種線性改善的歷程，藉由知識產權的吸收，使得態度和行為得到積極的塑造（Fewster-Thuente & Batteson, 2018），然而不同學校規模的教師，在學生學習成效的關注點不同，在都市區大型學校「49 班以上」，家長對校務經營與學生學習要求較高，學生彼此間的競爭力較劇烈；「13-48 班」的學校，家長背景較多元化，對學生要求程度也較多樣化；「12 班以下」地區容易採取差異化教學，實施課堂練習和與夥伴的討論等，不同能力的學生都可以改善他們的學習態度和學習效果，對學習態度有正向影響（邱靜娥，2023）。

研究發現這三組不同學校規模的教師在學生整體學習過程中，因其不同學校規模而有不同形式的要求，因此，不同學校規模的教師，整體知覺學生學習成效的感受會有所差異，且達顯著水準。經事後比較發現，尤其在大型學校，家長的熱情與學生的競爭力影響下，使得不同學校規模的教師，在「49 班以上」組之教師感受優於「13-48 班」組之教師。

（二）層面差異性分析討論

表 4-26 為不同學校規模的教師在「學生學習成效」三個層面的變異數分析 F 值，「學生學業評量成就」（F 值＝1.79）與「學生學習動機」（F 值＝1.29）兩個層面的知覺感受上，沒有顯著差異，亦即不同學校規模的教師，在學生學業評量成就與學生學習動機的感受，未達顯著水準。但在「學生學習態度」（F 值＝7.58，$p < .05$）層面的知覺感受上，達顯著差異，代表不同學校規模的教師，在學生學習態度的得分表現上，達到顯著水準。

在「學生學業評量成就」層面差異之 F 考驗。由表 4-26 可知，不同學校規模的國民小學教師在該層面的知覺感受情形，變異數分析考驗之 F 值＝1.79，沒有顯著差異，研究顯示：「學生學業評量成就」層面教師之感受未達顯著水準。

在「學生學習態度」層面差異之 F 考驗。由表 4-26 可知，不同學校規模的國民小學教師在該層面的知覺感受情形，變異數分析考驗之 F 值＝7.58（$p < .05$），有顯著差異，研究顯示：「學生學習態度」層面教師之感受結果達顯著水準。該層面事後比較發現：不同學校規模的教師「49 班以上」組之教師比「13-48 班」組之教師感受還佳。

在「學生學習動機」層面差異之 F 考驗。由表 4-26 可知，不同學校規模的國民小學教師在該層面的得分平均情形，變異數分析考驗之 F 值＝1.29，沒有顯著差異，研究顯示：「學生學習動機」層面教師之感受未達顯著水準。

（三）小結

綜上所述，不同學校規模的國民小學教師，其在學生學習成效變項的整體表現上，呈現顯著差異存在，但在「學生學業評量成就」與「學生學習動機」兩個層面的得分表現上，未達顯著水準。「學生學習態度」層面之平均數其結果達顯著差異，推究其原因，學習是藉由心靈變化的過程，改變行動模式，影響學生自我內心隱喻的相容、互動和對話，而學生學習成效是老師在教學現場中的教學展現，透過教學策略引導孩子學習，在「教」與「學」的過程中，親師生的溝通與互動，學生學業與行為表現的改變。在「49 班以上」的都市區受到社區、家長的關注，校務經營與學生學習要求較高，學生的競爭力也較劇烈；「13-48 班」的學校呈現多元化現象，對學生要求程度也較多樣化；「12 班以下」地區學生人數屬於小班小校，對孩子的學習容易採取個別化教學，對學生的學習態度和學習效果要求就不同，加上家庭社經背景差距較大，家長關注程度也較疏離，連帶影響孩子的學習態度。因此，不同學校規模的國民小學教師，對學生學習態度會有顯著的差異，且「49 班以上」組之教師得分優於「13-48 班」組之教師。

　　然而不同學校規模的教師，在「學生學業評量成就」與「學生學習動機」兩個層面，對學生學習成效的影響就沒有差別，一般來說教師自然而然會特別注重學業成績，加上 COVID-19 流行後，教師普遍使用數位工具教學，新興教學模式，較能引起學生學習動機。因此，這兩個層面對於不同學校規模的教師在學生整體學習過程中，不會因其不同學校規模而有顯著差異，因此，不同學校規模的教師，知覺學生「學生學業評量成就」與「學生學習動機」的感受上沒有顯著水準。

捌、不同學校區域教師在校長科技領導、教師數位教學能力與學生學習成效之差異分析

　　針對不同學校區域的國民小學教師分別進行校長科技領導、教師數位教學能力與學生學習成效之差異比較，將蒐集到的有效問卷資料進行單因子變異數分析（Analysis of Variance, ANOVA）、雪費法（Scheffé）事後比較，結果如以下說明：

一、不同學校區域教師在校長科技領導的差異分析討論

　　不同學校區域教師在校長科技領導之差異分析結果如表 4-27。

表 4-27　不同學校區域教師在校長科技領導之差異分析

變項層面	組別	個數	平均數	標準差	變異來源	平方和	自由度	平均平方和	F	Scheffé 事後比較
校長科技領導技巧與素養	1	285	4.31	.56	組間	2.43	3	.81	1.85	
	2	353	4.19	.72						
	3	309	4.27	.66	組內	464.69	1058	.44		
	4	115	4.26	.71						

表 4-27 不同學校區域教師在校長科技領導之差異分析（續）

變項層面	組別	個數	平均數	標準差	變異來源	平方和	自由度	平均平方和	F	Scheffé 事後比較
	總和	1062	4.26	.66	總和	467.12	1061			
提升教師教學成效	1	285	4.36	.50	組間	1.29	3	.43	1.18	
	2	353	4.29	.64						
	3	309	4.29	.62	組內	385.51	1058	.36		
	4	115	4.36	.66						
	總和	1062	4.31	.60	總和	386.81	1061			
營造數位科技情境	1	285	4.39	.54	組間	3.62	3	1.21	3.04*	
	2	353	4.31	.66						
	3	309	4.35	.64	組內	419.11	1058	.40		4>2
	4	115	4.50	.67						
	總和	1062	4.36	.63	總和	422.73	1061			
校長科技領導	1	285	4.36	.46	組間	1.83	3	.61	1.82	
	2	353	4.27	.62						
	3	309	4.30	.60	組內	355.80	1058	.34		
	4	115	4.38	.65						
	總和	1062	4.32	.58	總和	357.63	1061			

1.「組別」中的「1」代表「北部」組、「2」代表「中部」組、「3」代表「南部」組、「4」代表「東部」組。

2.* $p < .05$

（一）整體差異性分析討論

　　表 4-27 為不同學校區域的教師在「校長科技領導」整體及其各分層面差異之 F 考驗。由表 4-27 可知，不同學校區域的教師在校長科技領導整體的知覺感受上，變異數分析考驗之 F 值＝1.82，沒有顯著差異，亦即在整體校長科技領導的感受上，不因學校區域不同而有所差異，且未達顯著水準。不同學校區域的國民小學教師在「校長科技領導」感受上的結果沒有顯著差異，本書結果與吳秋蓉（2017）的研究結果相似，但與吳春助（2009）研究不同。

　　推究其原因，校長科技領導的新角色，在於有效地整合資訊通信技術（Flanagan & Jacobsen, 2003），成功地為學生提供良好的學習機會與環境，共享透明的領導新模式，以及改善教師教學與科技設備（Akcil et al., 2017；Li, 2010）。而「北部」組、「中部」組、「南部」組，位處西部地區，交通條件、地理性差異性不大，每區也都有直轄市和偏遠地區，科技與基本設施來自政府的支持與比列相差不大。加上近年來，政府相關數位科技政策與計畫陸續推出，無論北、中、南、東四區，各級學校更是戮力於改善教師教學與數位科技相關設備，因此，在整體校長科技領導的得分上，不因學校區域不同而有所差異，且未達顯著水準。此外，研究發現在「營造數位科技情境」層面有顯著差異，在事後比較發現，「東部」的得分差異比「中部」顯著，代表東部地區整體來說，有較多非山非市地區，科技經費編配與支持度較窘迫；而中部地區為全國第二大直轄市所在地，地理位置、交通位置居全國樞紐，有較多都市重劃之計畫，財政上較充裕，學校對數位科技環境的營造差異不大。因此，在營造數位科技情境的層面上，東部地區比中部地區的感受比較明顯，且有顯著差異存在。

（二）層面差異性分析討論

　　表 4-27 為不同學校區域的教師在「校長科技領導」三個層面

的變異數分析 F 值，「校長科技領導技巧與素養」（F 值＝1.85）與「提升教師教學成效」（F 值＝1.18）兩個層面的知覺感受上，未達顯著差異，但在「營造數位科技情境」（F 值＝3.04，$p < .05$）層面上，達顯著差異，整體來看，不同學校區域的教師在校長科技領導的知覺感受上，未達顯著水準。

在「校長科技領導技巧與素養」層面差異之 F 考驗。由表 4-27 可知，不同學校區域的國民小學教師在該層面的知覺感受情形，變異數分析考驗之 F 值＝1.85，沒有顯著差異，研究顯示：「校長科技領導技巧與素養」層面教師之感受未達顯著水準。

在「提升教師教學成效」層面差異之 F 考驗。由表 4-27 可知，不同學校區域的國民小學教師在該層面的知覺感受情形，變異數分析考驗之 F 值＝1.18，沒有顯著差異，研究顯示：「提升教師教學成效」層面教師之感受未達顯著水準。

在「營造數位科技情境」層面差異之 F 考驗。由表 4-27 可知，不同學校區域的國民小學教師在該層面的知覺感受情形，變異數分析考驗之 F 值＝3.04（$p < .05$），有顯著差異，研究顯示：「營造數位科技情境」層面教師之感受達顯著水準。該層面事後比較發現：不同學校區域的教師「東部」組之教師比「中部」組之教師感受還佳。

（三）小結

綜上所述，不同學校區域的國民小學教師，其在校長科技領導變項的整體表現上，未呈現顯著差異，在「校長科技領導技巧與素養」與「提升教師教學成效」的層面，也未達顯著差異，但在「營造數位科技情境」的層面感受表現，呈現顯著差異，且達顯著水準。推究其原因，政府相關單位不斷推出與數位科技有關之計畫，並推動國家數位發展策略，積極統籌科技施政計畫與資源，普及資訊科技領域的關鍵基礎設施，使得在教育環境中，教師接受科技的

態度沒有差別，因此，在「校長科技領導技巧與素養」與「提升教師教學成效」的層面沒有顯著差異。但在「營造數位科技情境」層面出現顯著差異，且事後比較發現，「東部」的得分優於「中部」地區，可能原因，東部地區在交通條件、經費來源、政策執行度，整體來說，不利於資訊科技的環境營造，且有較多非山非市地區，科技經費編配與支持度較窘迫，校長對營造數位科技情境的想法與態度，會產生差異與落差。因此，在「營造數位科技情境」層面上，發現有顯著差異存在。但整體來說，不同學校區域的教師，知覺校長科技領導的感受會沒有明顯差異，且未達顯著水準。

二、不同學校區域教師在教師數位教學能力的差異分析討論

不同學校區域教師在教師數位教學能力之差異分析結果如表 4-28。

表 4-28　不同學校區域教師在教師數位教學能力之差異分析

變項層面	組別	個數	平均數	標準差	變異來源	平方和	自由度	平均平方和	F	Scheffé事後比較
應用數位科技教學能力	1	285	4.35	.56	組間	3.30	3	1.10	3.66*	
	2	353	4.28	.56						
	3	309	4.37	.55	組內	318.71	1058	.30		4＞2
	4	115	4.46	.48						
	總和	1062	4.34	.55	總和	322.01	1061			
使用數位科技工具與媒體	1	285	4.49	.43	組間	10.33	3	3.44	16.70*	
	2	353	4.34	.52						1、3＞2
	3	309	4.53	.40	組內	218.17	1058	.21		4＞1＞2
	4	115	4.63	.43						
	總和	1062	4.47	.46	總和	228.50	1061			

表 4-28　不同學校區域教師在教師數位教學能力之差異分析（續）

變項層面	組別	個數	平均數	標準差	變異來源	平方和	自由度	平均平方和	F	Scheffé 事後比較
數位課程教材資源	1	285	4.32	.50	組間	6.46	3	2.15	7.75*	
	2	353	4.22	.59						
	3	309	4.35	.49	組內	294.03	1058	.28		3、4>2
	4	115	4.47	.52						
	總和	1062	4.31	.53	總和	300.49	1061			
教師數位教學能力	1	285	4.39	.43	組間	6.66	3	2.22	10.95*	
	2	353	4.28	.51						
	3	309	4.42	.41	組內	214.62	1058	.20		1、3、4>2
	4	115	4.52	.44						
	總和	1062	4.38	.46	總和	221.29	1061			

1.「組別」中的「1」代表「北部」組、「2」代表「中部」組、「3」代表「南部」組、「4」代表「東部」組。

2.* $p < .05$

（一）整體差異性分析討論

　　表 4-28 為不同學校區域的教師在「教師數位教學能力」整體及其各分層面差異之 F 考驗。由表 4-28 可知，不同學校區域的教師在教師數位教學能力整體的知覺感受上，變異數分析考驗之 F 值＝10.95（$p < .05$），有顯著差異，亦即在整體校長科技領導的感受上，會因學校區域不同而有所差異。不同學校區域的國民小學教師在「教師數位教學能力」感受上的結果有顯著差異，但因教師數位教學能力在博士生層級的研究上，無相關國民小學之研究文獻可

資對照。該層面事後比較發現：不同學校規模的教師「北部」組、「南部」組與「東部」組之教師比「中部」組之教師感受還佳。

推究其原因，不同學校區域的國民小學教師在「教師數位教學能力」感受上的結果有顯著差異，Lohr 等人（2021）指出，課堂中教師和學生的互動，對於有效使用數位科技進行教學，以促進學生學習知識和技能，就變得非常重要。Skantz-Åberg 等人（2022）也指出教師數位專業能力受到 Bronfenbrenner 生態系統理論的啟發，教師數位專業能力經分析後，與所處的課堂環境和社會系統相互作用，加上後疫情時代，全國經歷大停課後，停課不停學的政策，數位學習的需求爆發性成長，同時也解鎖教師數位教學能力。因此，不同區域的老師，雖都是竭盡全力為學生提供良好的學習機會與環境，但因不同區域，所處的社會生態產生差異，所呼應的學生學習成效大相逕庭，所以不同區域的教師對教師數位教學能力知覺程度會有所差異，且達顯著水準，是可以做說明和解釋的。

（二）層面差異性分析討論

表 4-28 為不同學校區域的教師在「教師數位教學能力」三個層面的變異數分析 F 值，「應用數位科技教學能力」（F 值＝3.66，$p <$ .05）、「使用數位科技工具與媒體」（F 值＝16.70，$p <$ .05）與「數位課程教材資源」（F 值＝7.75，$p <$ .05）三個層面的知覺感受上，均達顯著差異，亦即不同學校區域的教師，在應用數位科技教學能力、使用數位科技工具與媒體與數位課程教材資源的感受上，會因教師不同學校區域而有所差異，並達顯著水準。

在「應用數位科技教學能力」層面差異之 F 考驗。由表 4-28 可知，不同學校區域的國民小學教師在該層面的知覺感受情形，變異數分析考驗之 F 值＝3.66（$p <$ .05），其結果達顯著差異，研究顯示：「應用數位科技教學能力」層面教師之感受達顯著水準。該層面事後比較發現：不同學校區域的教師「東部」組之教師比「中

部」組之教師感受還佳。

在「使用數位科技工具與媒體」層面差異之 F 考驗。由表 4-28 可知，不同學校區域的國民小學教師在該層面的知覺感受情形，變異數分析考驗之 F 值＝16.70（$p <.05$），其結果達顯著差異，研究顯示：「使用數位科技工具與媒體」層面教師之感受達顯著水準。該層面事後比較發現：不同學校區域的教師「北部」組、「南部」組之教師比「中部」組之教師感受還佳；不同學校區域的教師「東部」組之教師比「北部」組與「中部」組之教師還好。

在「數位課程教材資源」層面差異之 F 考驗。由表 4-28 可知，不同學校區域的國民小學教師在該層面的知覺感受情形，變異數分析考驗之 F 值＝7.75（$p <.05$），其結果達顯著差異，研究顯示：「數位課程教材資源」層面教師之感受達顯著水準。該層面事後比較發現：不同學校區域的教師「南部」組與「東部」組之教師比「中部」組之教師感受還佳。

（三）小結

綜上所述，不同學校區域的國民小學教師，其在教師數位教學能力變項的整體感受上，呈現顯著差異存在，而且在「應用數位科技教學能力」、「使用數位科技工具與媒體」與「數位課程教材資源」等三個層面的知覺感受，均達顯著水準。推究其原因，個別教師的微觀系統內以及大環境的宏觀系統相互運作，導致不同學校區域的國民小學教師在「教師數位教學能力」感受上的結果有所不同，而且教師個別數位教學能力的差異，對於有效使用數位科技進行教學，促進學生學習知識和技能，就顯得差異很大。因此，在不同區域環境的生態因素，教師社會承諾的角度也不同，以及對數位科技使用的敏感度產生落差，教師要能理解或實踐使用數位工具，豐富教學系統以及反思實踐數位教學，避免在不同區域的對教師數位教學能力的差異。

三、不同學校區域教師在學生學習成效的差異分析討論

不同學校區域教師在學生學習成效之差異分析結果如表 4-29。

表 4-29　不同學校區域教師在學生學習成效之差異分析

變項層面	組別	個數	平均數	標準差	變異來源	平方和	自由度	平均平方和	F	Scheffé 事後比較
學生學業評量成就	1	285	4.41	.53	組間	28.93	3	9.64	33.97*	
	2	353	4.14	.57						1、3、4>2
	3	309	4.50	.48	組內	300.37	1058	.28		
	4	115	4.55	.56						
	總和	1062	4.36	.56	總和	329.30	1061			
學生學習態度	1	285	4.15	.62	組間	13.98	3	4.66	12.92*	
	2	353	3.97	.60						1、3、4>2
	3	309	4.25	.55	組內	381.49	1058	.36		
	4	115	4.21	.66						
	總和	1062	4.13	.61	總和	395.47	1061			
學生學習動機	1	285	4.42	.56	組間	12.85	3	4.28	14.44*	
	2	353	4.26	.56						1、3、4>2
	3	309	4.50	.50	組內	313.74	1058	.30		
	4	115	4.55	.58						
	總和	1062	4.41	.55	總和	326.59	1061			
學生學習成效	1	285	4.31	.51	組間	17.35	3	5.78	22.87*	
	2	353	4.11	.51						1、3、4>2
	3	309	4.40	.46	組內	267.50	1058	.25		
	4	115	4.42	.57						
	總和	1062	4.28	.52	總和	284.85	1061			

1.「組別」中的「1」代表「北部」組、「2」代表「中部」組、「3」代表「南

部」組、「4」代表「東部」組。

2.* *p*＜.05

（一）整體差異性分析討論

　　表 4-29 為不同學校區域的教師在「學生學習成效」整體及其各分層面差異之 F 考驗。由表 4-29 可知，不同學校區域的教師在學生學習成效整體的整體知覺感受上，變異數分析考驗之 F 值＝22.87（*p*＜.05），有顯著差異，亦即在整體學生學習成效的感受上，因不同學校區域而有所差異，且達顯著水準。此研究結果與吳國銘（2019）、陳忠明（2022）、張凌凌（2022）、黃貴連（2023）等人研究相似。而與林宏泰（2019）、黃庭鈺（2020）的研究不同。整體變項事後比較發現：不同學校區域的教師「49 班以上」組之教師比「13-48 班」組之教師感受還佳。

　　推究其原因，學習是一種線性改善的歷程，藉由知識的認知，讓學生態度和行為得到積極的塑造（Fewster-Thuente & Batteson, 2018），而且優質的教師，在不同區域以及文化的背景下，對於各類家庭的學生能夠從尊重及欣賞的角度出發，以主動與開放的態度向家長釋出善意，搭起親師合作的橋樑，共同關懷與陪伴學生學習成長（許瑞芳，2018），達成有效的教學。但因每個區域的背景不同，北部地區文教薈萃，政策與資訊接收快速；中部地區新興直轄市、宜居城市；南部地區之高雄地區是主要的石化工業、鋼鐵業、民生輕工業為主，屏東地區則以農業、漁業等一級產業及第二級產業為主；東部地區依山傍水，緊臨太平洋，西倚中央山脈，擁有多元化的優越地理位置。因此，教師在教學現場引導孩子學習的焦點與特色截然不同，教學目標也不盡相同，所以不同學校區域的教師，對於知覺學生學習成效就有所差異，且達顯著水準。

（二）層面差異性分析討論

　　表 4-29 為不同學校區域的教師在「學生學習成效」三個層面的變異數分析 F 值，「學生學業評量成就」（F 值＝33.97，p ＜.05）、「學生學習態度」（F 值＝12.92，p＜.05）與「學生學習動機」（F 值＝14.44，p＜.05），均達顯著差異，亦即不同學校區域的教師，在學生學業評量成就、學生學習態度與學生學習動機的得分表現上，會因教師不同學校區域而有所差異，並達顯著水準。

　　在「學生學業評量成就」層面差異之 F 考驗。由表 4-29 可知，不同學校區域的國民小學教師在該層面的知覺感受情形，變異數分析考驗之 F 值＝33.97（p＜.05），其結果達顯著差異，研究顯示：「學生學業評量成就」層面教師之感受達顯著水準。該層面事後比較發現：不同學校區域的教師「北部」組、「南部」組與「東部」組之教師比「中部」組之教師感受還佳。

　　在「學生學習態度」層面差異之 F 考驗。由表 4-29 可知，不同學校區域的國民小學教師在該層面的知覺感受情形，變異數分析考驗之 F 值＝12.92（p＜.05），其結果達顯著差異，研究顯示：「學生學習態度」層面教師之感受達顯著水準。該層面事後比較發現：不同學校區域的教師「北部」組、「南部」組與「東部」組之教師比「中部」組之教師感受還佳。

　　在「學生學習動機」層面差異之 F 考驗。由表 4-29 可知，不同學校區域的國民小學教師在該層面的知覺感受情形，變異數分析考驗之 F 值＝14.44（p＜.05），其結果達顯著差異，研究顯示：「學生學習動機」層面教師之感受達顯著水準。該層面事後比較發現：不同學校區域的教師「北部」組、「南部」組與「東部」組之教師比「中部」組之教師感受還佳。

（三）小結

綜上所述，不同學校區域的國民小學教師，其在學生學習成效變項的整體感受上，呈現顯著差異存在，而且在「學生學業評量成就」、「學生學習態度」與「學生學習動機」三個層面的知覺感受，也均達顯著水準。推究其原因，從學生的學習維度看待，其中認知參與是學生心理投入和學習努力的程度，也是教師評估學生的學習狀況、調整課程的方向或者授課方式的重要依據（黃淑玲，2013；Fredricks et al., 2004；Qiao et al., 2023）。此外，體制外環境因素與生態系統的評估，也成為學生學習改善的因素，文教薈萃的區域與農、漁業為主的區域，學生在認知、情意及技能之要求會產生不同面向；此外，政策與資訊接收快速的區域與宜居城市、好山好水的區域，對於孩子學習的焦點與特色截然不同。因此，不同區域的教師，學習要求與教學目標也不盡相同，所以對於知覺學生學習成效就有所差異，且達顯著水準。

第三節　國民小學校長科技領導、教師數位教學能力與學生學習成效之相關分析

本章節在探討國民小學教師知覺校長科技領導、教師數位教學能力與學生學習成效之相關情形。國民小學校長科技領導包括「校長科技領導技巧與素養」、「提升教師教學成效」與「營造數位科技情境」等三個層面；教師數位教學能力包括「應用數位科技教學能力」、「使用數位科技工具與媒體」與「數位課程教材資源」等三個層面；學生學習成效包括「學生學業評量成就」、「學生學習態度」與「學生學習動機」等三個層面。相關係數小於.4 為低度相關，介於.4~.8 為中度相關，大於.8 為高度相關（吳明隆、涂金堂，2016）。本章節採用的統計方法為 Pearson 積差相關。以下分

別探討這些層面間的相關情形。

壹、國民小學校長科技領導與教師數位教學能力的相關分析與討論

一、校長科技領導與教師數位教學能力的相關分析

為進一步釐清校長科技領導變項整體及各層面，對教師數位教學能力變項整體及各層面之間彼此相關程度，茲整理校長科技領導與教師數位教學能力之相關分析如表 4-30。

表 4-30　校長科技領導與教師數位教學能力之相關分析摘要表

層面	應用數位科技教學能力	使用數位科技工具與媒體	數位課程教材資源	教師數位教學能力
校長科技領導技巧與素養	.549**	.472**	.437**	.540**
提升教師教學成效	.620**	.514**	.511**	.610**
營造數位科技情境	.599**	.538**	.539**	.624**
校長科技領導	.643**	.553**	.542**	.645**

** $p < .01$

由表 4-30 顯示，「校長科技領導技巧與素養」與「教師數位教學能力」總分相關為.540，達顯著水準；「校長科技領導技巧與素養」與「教師數位教學能力」各分層面相關係數依序為：應用數位科技教學能力.549，使用數位科技工具與媒體.472，數位課程教材資源.437，均達顯著水準，且皆為中度相關。亦即國民小學校長科技領導的分層面「校長科技領導技巧與素養」會中程度正向影響教師數位教學能力整體及其分層面（應用數位科技教學能力、使用數位科技工具與媒體、數位課程教材資源）的表現。也就是「校長

科技領導技巧與素養」對教師數位教學能力整體及應用數位科技教學能力、使用數位科技工具與媒體、數位課程教材資源三個分層面，有中度程度且正向的相關。

「提升教師教學成效」與教師數位教學能力總分相關為.610，達顯著水準；「提升教師教學成效」與教師數位教學能力各分層面相關係數依序為：應用數位科技教學能力.620，使用數位科技工具與媒體.514，數位課程教材資源.511，均達顯著水準，且皆為中度相關。亦即國民小學校長科技領導的分層面「提升教師教學成效」會中度正向影響教師數位教學能力整體及其分層面（應用數位科技教學能力、使用數位科技工具與媒體、數位課程教材資源）的表現。也就是「提升教師教學成效」對教師數位教學能力整體及應用數位科技教學能力、使用數位科技工具與媒體、數位課程教材資源三個分層面，有中度程度且正向的相關。

「營造數位科技情境」與教師數位教學能力總分相關為.624，達顯著水準；「營造數位科技情境」與教師數位教學能力各分層面相關係數依序為：應用數位科技教學能力.599，使用數位科技工具與媒體.538，數位課程教材資源.539，均達顯著水準，且皆為中度相關。亦即國民小學校長科技領導的分層面「營造數位科技情境」會中度正向影響教師數位教學能力整體及其分層面（應用數位科技教學能力、使用數位科技工具與媒體、數位課程教材資源）的表現。也就是「營造數位科技情境」對教師數位教學能力整體及應用數位科技教學能力、使用數位科技工具與媒體、數位課程教材資源三個分層面，有中程度且正向的相關。

校長科技領導與教師數位教學能力總分相關為.645，達顯著水準；校長科技領導與教師數位教學能力各分層面相關係數依序為：應用數位科技教學能力.643，使用數位科技工具與媒體.553，數位課程教材資源.542，均達顯著水準，且皆為中度相關。亦即國民小學校長科技領導整體變項會中度正向影響教師數位教學能力整體及

其分層面（應用數位科技教學能力、使用數位科技工具與媒體、數位課程教材資源）的表現。也就是校長科技領導對教師數位教學能力整體及應用數位科技教學能力、使用數位科技工具與媒體、數位課程教材資源三個分層面，有中度程度且正向的相關。

二、校長科技領導與教師數位教學能力的相關分析討論

首先，根據本書結果分析，發現整體校長科技領導與教師數位教學能力之間呈現顯著的中度正相關（相關係數＝.645，$p<.01$），即整體校長科技領導得分愈高的國民小學教師，其在整體教師數位教學能力也會愈高。

再探討校長科技領導與教師數位教學能力各分層面相關係數，均達顯著水準，且均為中程度正相關；而在校長科技領導各分層面與教師數位教學能力整體及分層面的關係係數，亦均達顯著正相關，其中分層面間以「應用數位科技教學能力」與「提升教師教學成效」的相關係數最高（.620）；而校長科技領導分層面「營造數位科技情境」與教師數位教學能力整體的相關係數最高（.624）。

根據上述研究結果加以討論，可以得知整體校長科技領導及各層面得分程度愈高之國民小學教師，其整體教師數位教學能力及各層面效能亦愈高。推究其原因，可能與校長科技領導會影響教師的教師數位教學能力，且影響程度至中程度，至於有關校長科技領導與教師數位教學能力之相關實證研究付之闕如，因此更顯得本書主題的重要性。

貳、校長科技領導與學生學習成效的相關分析與討論

一、校長科技領導與學生學習成效的相關分析

為進一步釐清校長科技領導整體及各層面，對學生學習成效整體及各層面的彼此相關程度，茲整理校長科技領導與學生學習成效之相關分析如表 4-31。

表 4-31　校長科技領導與學生學習成效之相關分析摘要表

層面	學業評量成就	學生學習態度	學生學習動機	學生學習成效
科技領導技巧與素養	.410**	.424**	.415**	.466**
提升教師教學成效	.439**	.496**	.447**	.519**
營造數位科技情境	.484**	.507**	.503**	.557**
校長科技領導	.483**	.520**	.494**	.560**

** $p < .01$

　　由表 4-31 顯示，「校長科技領導技巧與素養」與學生學習成效總分相關為.466，達顯著水準；「校長科技領導技巧與素養」與學生學習成效各分層面相關係數依序為：學生學業評量成就.410，學生學習態度.424，學生學習動機.415，均達顯著水準，且皆為中度相關。亦即國民小學校長科技領導的分層面「校長科技領導技巧與素養」會中度正向影響學生學習成效整體及其分層面（學生學業評量成就、學生學習態度、學生學習動機）的表現。也就是「校長科技領導技巧與素養」對學生學習成效整體及學生學業評量成就、學生學習態度、學生學習動機三個分層面，有中度程度且正向的相關。

　　「提升教師教學成效」與學生學習成效總分相關為.519，達顯著水準；「提升教師教學成效」與學生學習成效各分層面相關係數依序為：學生學業評量成就.439，學生學習態度.496，學生學習動機.447，均達顯著水準，且皆為中度相關。亦即國民小學校長科技領導的分層面「提升教師教學成效」會中程度正向影響學生學習成效整體及其分層面（學生學業評量成就、學生學習態度、學生學習動機）的表現。也就是「提升教師教學成效」對學生學習成效整體及學生學業評量成就、學生學習態度、學生學習動機三個分層面，有中度程度且正向的相關。

「營造數位科技情境」與學生學習成效總分相關為.557，達顯著水準；「營造數位科技情境」與學生學習成效各分層面相關係數依序為：學生學業評量成就.484，學生學習態度.507，學生學習動機.503，均達顯著水準，且皆為中度相關。亦即國民小學校長科技領導的分層面「營造數位科技情境」會中程度正向影響學生學習成效整體及其分層面（學生學業評量成就、學生學習態度、學生學習動機）的表現。也就是「營造數位科技情境」對學生學習成效整體及學生學業評量成就、學生學習態度、學生學習動機三個分層面，有中度程度且正向的相關。

校長科技領導與學生學習成效總分相關為.560，達顯著水準；校長科技領導與學生學習成效各分層面相關係數依序為：學生學業評量成就.484，學生學習態度.520，學生學習動機.494，均達顯著水準，且皆為中度相關。亦即國民小學校長科技領導整體變項會中度正向影響其在學生學習成效整體及其分層面（學生學業評量成就、學生學習態度、學生學習動機）的表現。也就是校長科技領導對學生學習成效整體及學生學業評量成就、學生學習態度、學生學習動機三個分層面，有中度程度且正向的相關。

二、校長科技領導與學生學習成效的相關分析討論

首先，根據本書結果分析，發現整體校長科技領導與學生學習成效之間呈現顯著的中度正相關（r＝.560，p<.01），即整體校長科技領導得分愈高的國民小學教師，其在整體學生學習成效也會愈高。

再探討校長科技領導與學生學習成效各分層面相關係數，均達顯著水準，且均為中度正相關；而在校長科技領導各分層面與學生學習成效整體及分層面的關係係數，亦均達顯著正相關，其中分層面間以「營造數位科技情境」與「學生學習態度」的相關係數最高（.507）；而校長科技領導分層面「營造數位科技情境」與學生學

習成效整體的相關係數最高（.557）。

　　根據上述研究結果加以討論，可以得知整體校長科技領導及各層面得分程度愈高之國民小學教師，其整體學生學習成效及各層面效能亦愈高。推究其原因，因為學校領導者，被用來評估對達成學校重要成果、學校校務的改進以及學生學習成效是否有顯著影響的重要依據（潘慧玲等人，2014；Li, 2010）。而且研究發現校長的領導風格影響教師的工作思維與模式，彼此之間交互作用，久而久之形成學校授課結構中獨特的教學模式，校長與老師共同規劃組織數位科技課程，也幫助學生提高學業成績（Hamzah et al, 2021）。因此，校長科技領導會影響學生學習成效，且影響程度至中度程度，研究結果，彰顯本書校長科技領導與學生學習成效之研究的重要性。

參、教師數位教學能力與學生學習成效的相關分析與討論

一、教師數位教學能力與學生學習成效的相關分析

　　為進一步釐清教師數位教學能力及各層面，對學生學習成效整體及各層面的彼此相關程度，茲將教師數位教學能力與學生學習成效之相關分析整理如表 4-32。

表 4-32　教師數位教學能力與學生學習成效之相關分析摘要表

層面	學生學業評量成就	學生學習態度	學生學習動機	學生學習成效
應用數位科技教學能力	.533**	.533**	.484**	.579**
使用數位科技工具與媒體	.638**	.585**	.602**	.675**

表 4-32　教師數位教學能力與學生學習成效之相關分析摘要表（續）

層面	學生學業評量成就	學生學習態度	學生學習動機	學生學習成效
數位課程教材資源	.614**	.652**	.607**	.700**
教師數位教學能力	.671**	.668**	.639**	.736**

** p <.01

　　由表 4-32 顯示，「應用數位科技教學能力」與學生學習成效總分相關為.579，達顯著水準；「應用數位科技教學能力」與學生學習成效各分層面相關係數依序為：學生學業評量成就.533，學生學習態度.533，學生學習動機.484，均達顯著水準，且皆為中度相關。亦即國民小學教師數位教學能力的分層面「應用數位科技教學能力」會中度正向影響其在學生學習成效整體及其分層面（學生學業評量成就、學生學習態度、學生學習動機）的表現。也就是「應用數位科技教學能力」對學生學習成效整體及學生學業評量成就、學生學習態度、學生學習動機三個分層面，有中度程度且正向的相關。

　　「使用數位科技工具與媒體」與學生學習成效總分相關為.675，達顯著水準；「使用數位科技工具與媒體」與學生學習成效各分層面相關係數依序為：學生學業評量成就.638，學生學習態度.585，學生學習動機.602，均達顯著水準，且皆為中度相關。亦即國民小學教師數位教學能力的分層面「使用數位科技工具與媒體」會中度正向影響學生學習成效整體及其分層面（學生學業評量成就、學生學習態度、學生學習動機）的表現。也就是「使用數位科技工具與媒體」對學生學習成效整體及學生學業評量成就、學生學習態度、學生學習動機三個分層面，有中度程度且正向的相關。

　　「數位課程教材資源」與學生學習成效總分相關為.700，達顯著水準；「數位課程教材資源」與學生學習成效各分層面相關係數

依序為：學生學業評量成就.614，學生學習態度.652，學生學習動機.607，均達顯著水準，且皆為中度相關。亦即國民小學教師數位教學能力的分層面「數位課程教材資源」會中度正向影響學生學習成效整體及其分層面（學生學業評量成就、學生學習態度、學生學習動機）的表現。也就是「數位課程教材資源」對學生學習成效整體及學生學業評量成就、學生學習態度、學生學習動機三個分層面，有中度程度且正向的相關。

教師數位教學能力與學生學習成效總分相關為.736，達顯著水準；教師數位教學能力與學生學習成效各分層面相關係數依序為：學生學業評量成就.671，學生學習態度.668，學生學習動機.639，均達顯著水準，且皆為中度相關。亦即國民小學教師數位教學能力整體變項會中度正向影響其在學生學習成效整體及其分層面（學生學業評量成就、學生學習態度、學生學習動機）的表現。也就是教師數位教學能力對學生學習成效整體及學生學業評量成就、學生學習態度、學生學習動機三個分層面，有中度程度且正向的相關。

二、教師數位教學能力與學生學習成效的相關分析討論

首先，根據本書結果分析，發現整體教師數位教學能力與學生學習成效之間呈現顯著的中度正相關（r = .736，p<.01），即整體教師數位教學能力得分愈高的國民小學教師，其在整體學生學習成效也會愈高。

再探討教師數位教學能力與學生學習成效各分層面相關係數，均達顯著水準，且均為中度正相關；而在教師數位教學能力各分層面與學生學習成效整體及分層面的關係係數，亦均達顯著正相關，其中分層面間以「數位課程教材資源」與「學生學習態度」的相關係數最高（.652）；而教師數位教學能力分層面「數位課程教材資源」與學生學習成效整體的相關係數最高（.700）。

根據上述研究結果加以討論，可以得知教師數位教學能力及各

層面得分程度愈高之國民小學教師，其整體學生學習成效及各層面效能亦愈高。推究其原因，疫情後教師以傳統教學與數位科技學習之混成模式，成為教室裡的新風貌，這種方式改變了教學結構與教學本質（李佳穎、鄭淵全，2013；徐東玲、蔡雅薰、林振興，2008；徐敏珠、楊建民，2006；賴虹霖 2021）。加上疫情過後，對數位科技的投資可能會提高學生學習成績的預期，於是各國政府為了成功在學校實施數位教學，對學校數位科技進行了大量投資與建置（Sailer et al., 2021），這些教育數位資源改變了學校定義「教科書」的方式，使「教」與「學」變得更加動態、互動和靈活（Xie et al., 2018）。因此，教師在數位環境中感知到更強大的科技願景以及數位教學承諾，教師的數位教學實踐和信念一起轉變，有利於學生之學習與教學目標之達成。於是研究顯示，教師數位教學能力會影響學生學習成效，且影響程度至中度程度，彰顯本書教師數位教學能力與學生學習成效之研究的重要性。

第四節　國民小學校長科技領導、教師數位教學能力與學生學習成效之結構方程模式效果分析

本章節以 AMOS 軟體進行結構方程模式的配適度與因果關係檢測，驗證國民小學「校長科技領導」、「教師數位教學能力」與「學生學習成效」間的模式關係。

壹、整體結構模型建立

本書旨在探討國民小學校長科技領導、教師數位教學能力與學生學習成效之關係，在學校實務經驗上，校長科技領導會影響到教師數位教學能力，也會影響到學生學習成效，校長科技領導會透過教師數位教學能力影響學生學習成效，因此建立本書國民小學校長

科技領導、教師數位教學能力與學生學習成效概念性結構模式，以AMOS軟體進行結構方程模式的配適度與因果關係檢測，並將整體結構模型建立。

本書量表經過一階及二階驗證性因素分析後，校長科技領導、教師數位教學能力與學生學習成效三個變項及其分層面，都具有良好的信度、收斂效度與區別效度，接下來進行整體結構模型分析，進而驗證概念性架構的配適度與因果關係，並分析各變項的直接效果與間接效果。由於各變項的信度、收斂效度及區別效度均已達可接受水準以上，故可以單一指標取代多重衡量指標，亦即以各分層面的題項得分之平均值，作為各分層面的得分，再由各分層面作為主變項的多重衡量指標，如校長科技領導為潛在變項時，其觀察層面包含「校長科技領導技巧與素養（AA）」之平均分數、「提升教師教學成效（AB）」之平均分數與「營造數位科技情境（AC）」之平均分數等三個分層面，而以教師數位教學能力為潛在變項時，其觀察層面為「應用數位科技教學能力（BA）」之平均分數、「使用數位科技工具與媒體（BB）」之平均分數與「數位課程教材資源（BC）」之平均分數等三個分層面，而學生學習成效變項則由「學生學業評量成就（CA）」、「學生學習態度（CB）」、「學生學習動機（CC）」等三個分層面的平均得分，用以測量校長科技領導、教師數位教學能力與學生學習成效三者之間關係。國民小學校長科技領導、教師數位教學能力與學生學習成效整體結構模型圖如圖 4-1。

其中在校長科技領導觀察指標中，「校長科技領導技巧與素養」、「提升教師教學成效」與「營造數位科技情境」等三個層面分別代表各分層面各題之平均分數；教師數位教學能力觀察指標中，「應用數位科技教學能力」、「使用數位科技工具與媒體」與「數位課程教材資源」等三個層面分別代表各分層面各題之平均分數；而學生學習成效觀察指標中，「學生學業評量成就」、「學生

學習態度」、「學生學習動機」等三個層面分別代表各分層面各題
之平均分數。

貳、整體結構模型修正

　　經 AMOS 軟體進行計算後，校長科技領導、教師數位教學能
力與學生學習成效三個變項的各分層面的平均數，匯入校長科技領
導、教師數位教學能力與學生學習成效三個變項之整體結構模型
圖，進行估計後產出圖 4-1 修正前整體結構模型圖，發現基本配適
度指標誤差變異沒有負值，達顯著水準，因素負荷量介於.5~.95 之
間，各項指標符合標準，無違犯估計。

　　校長科技領導、教師數位教學能力與學生學習成效三個變項之
模式內在結構配適度指標，校長科技領導變項之模式內在結構配適
度指標，個別項目信度介於.810~1.022 之間，符合標準值 ≧ .5；組
合信度（CR）為.960 符合建議值 ≧ .7；平均變異數萃取量（AVE）
為.889 符合建議值 ≧ .5，達收斂效度的標準；教師數位教學能力之
個別項目信度（SMC）介於.740~.924 之間，大部分都達 ≧ .5 的標
準；組合信度（CR）為 .949 符合建議值 ≧ .7；平均變異數萃取量
（AVE）為.727 符合建議值 ≧ .5，達收斂效度的標準；學生學習
成效個別項目信度（SMC）介於.805~.880 之間，其值均達 ≧ .5 的
標準；組合信度（CR）為.943 符合建議值 ≧ .7；平均變異數萃取量
（AVE）為.871 符合建議值 ≧ .5，達收斂效度的標準。因此，本書
國民小學教師知覺校長科技領導、教師數位教學能力與學生學習成
效三個變項之模式內在結構配適度，均符合配適程度，代表模式內
在結構配適度良好。

　　但是校長科技領導、教師數位教學能力與學生學習成效三個變
項之整體結構模型的配適度情況不理想，配適度指標 GFI＝.914、
調整之配適度指標 AGFI＝.916、比較性配適度指標 CFI＝.972，以

上指標之標準值大於.90，符合標準值，但是 RMSEA＝.088，
RMSEA 必須小於.08，且 χ2/DF=9.199，超出 1~5 的標準值，為了
減少樣本數的影響，卡方自由度比越小越好，模型配適度才會越
佳，因此，必須進行整體結構模型修正。

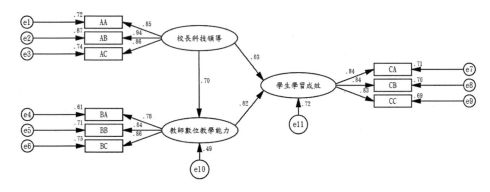

chi-square=220.783 df=24
chi-square /df=9.199
GFI=.955 AGFI=.916
CFI=.972 RMSEA=.088

圖 4-1　修正前整體結構模型圖

　　由於結構方程式（SEM）為大樣本分析模式，樣本數建議至少
200 位以上，因樣本數較大會造成模型卡方值（$\chi^2＝（n-1）$
Fmin）過大，n 為樣本數，Fmin 為樣本共變異數矩陣與模型期望
共變異數矩陣差異的最小值。因此當樣本數大的時候，卡方值自然
就大，造成樣本共變異數矩陣與模型期望共變異數矩陣是沒有差異
的。為了解決此問題，Boolen 與 Stine（1992）年提出利用
bootstrap 的方式加以修正（張偉豪，2013）。本書樣本數有 1,062
位，造成模型 Chi-square（$\chi^2＝（n-1）$Fmin）過大，故需利用
Boolen 與 Stine 所提出 bootstrap 的方式加以修正。

　　經過 Boolen-Stine p correction 分析後的卡方值（Bollen-Stine
Chi-square）為 39.645，而原來修正前整體結構模型圖（圖 4-1）的

卡方值為 220.783，由於計算後的卡方值變小，導致所有的配適度指標需重新計算，經計算後的結果如表 4-33 Boolen-Stine p correction 整體結構模型配適度指標，發現所有的指標均符合一般結構方程式（SEM）分析的準則，表示本書國民小學校長科技領導、教師數位教學能力與學生學習成效關係研究之整體結構模型如圖 4-2，研究發現修正整體結構模型圖的配適度達良好的標準。

表 4-33　Boolen-Stine p correction 整體結構模型配適度指標

Bollen-Stine 卡方檢定	39.645	預設模型的 DF	24
卡方檢定—獨立性檢定	7075.546	參數的個數（NPAR）	22
模型中觀測變數（N）	12	獨立模型的 DF	36
配適度指標（GFI）	.994	樣本數	1062
調整之配適度指標度（AGFI）	.993	卡方／自由度比（χ^2/DF）	1.625
標準配適度指標（NFI）	.994		
非規範配適度指標（NNFI）Tucker-Lewis Index（TLI）	.997	Akaike 訊息量準則（AIC）	83.645
成長配適指標（IFI）	.998	Bayes 訊息量準則（BIC）	192.939
相對配適指標（RFI）	.992	預期交叉驗證指標（ECVI）	.079
比較性配適指標（CFI）	.998	Gamma hat	.998
近似均方根誤差（RMSEA）	.025	McDonald's 標準化卡方指數（NCI）	.993
Hoelter's 臨界 N（CN）	647.181		

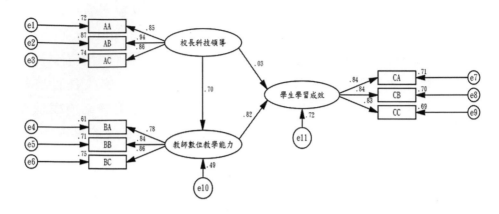

圖 4-2　修正整體結構模型圖

　　針對修正後的整體結構模型，發現絕對配適指標、增量配適指
標與精簡配適指標檢核表，其各項指標都屬於可接受的範圍，顯示
整體模型配適度檢核表之判斷皆達良好標準，整體模型配適度指標
檢核表如表 4-34。

表 4-34　整體模型配適度指標檢核表

配適指標	標準值	檢定結果	模型配適判斷
χ^2	越小越好（$p \geq \alpha$ 值）	39.645（$p=.000$）	是
χ^2/df	1~5 之間	1.625	是
GFI	大於 0.9	.994	是
AGFI	大於 0.9	.993	是
RMSEA	小於 0.08	.025	是
NFI	大於 0.9	.994	是
NNFI	大於 0.9	.997	是
CFI	大於 0.9	.998	是

表 4-34　整體模型配適度指標檢核表（續）

配適指標	標準值	檢定結果	模型配適判斷
RFI	大於 0.9	.992	是
IFI	大於 0.9	.998	是
CN	大於 200	647.81	是

參、整體模型參數估計檢驗參

　　整體模型參數估計乃在檢驗國民小學校長科技領導、教師數位教學能力與學生學習成效（觀察變項）與「校長科技領導技巧與素養」、「提升教師教學成效」與「營造數位科技情境」各潛在層面之間的關係，如圖 4-2，茲分述說明如下：

一、校長科技領導變項

　　校長科技領導變項包含：「校長科技領導技巧與素養」、「提升教師教學成效」與「營造數位科技情境」等三個層面，「校長科技領導技巧與素養」、「提升教師教學成效」之因素負荷估計值分別為.85 與.94，沒有負值，介於.5~.95 之間，且達到顯著水準，其 R^2 值分別為.72、.87，R^2 值大於.5 表示高解釋力（吳明隆、涂金堂，2016）。而「營造數位科技情境」之因素負荷值為.86，達到顯著水準，「營造數位科技情境」在 R^2 值方面為.74 大於.5 表示具高解釋力。此外，由各層面之因素負荷加以比較得知，校長科技領導的認知中，以「提升教師教學成效」（.94）為最重要因素，其次為「營造數位科技情境」（.86）、「校長科技領導技巧與素養」（.85）相對比較低，因此，校長科技領導之重要因素排序為「提升教師教學成效」、「營造數位科技情境」、「校長科技領導技巧與素養」，影響校長科技領導最重要的因素為「提升教師教學成效」。

二、教師數位教學能力變項

教師數位教學能力變項包含：「應用數位科技教學能力」、「使用數位科技工具與媒體」與「數位課程教材資源」等三個層面，「應用數位科技教學能力」、「使用數位科技工具與媒體」與「數位課程教材資源」之因素負荷估計值分別為.78、.84與.86，沒有負值，介於.5~.95 之間，且達到顯著水準，其 R^2 值分別為.61、.71 與.75，R^2 值大於.5 表示具高解釋力。此外，由各層面之因素負荷加以比較得知，教師數位教學能力變項的認知中，以「數位課程教材資源」.86 為最重要因素，其次為「使用數位科技工具與媒體」.84、「應用數位科技教學能力」.78，因此，教師數位教學變項之重要因素排序為「數位課程教材資源」、「使用數位科技工具與媒體」、「應用數位科技教學能力」，因此，影響教師數位教學能力變項最重要的因素為「數位課程教材資源」。

三、學生學習成效變項

學生學習成效變項包含：「學生學業評量成就」、「學生學習態度」、「學生學習動機」等三個層面，其中「學生學業評量成就」、「學生學習態度」、「學生學習動機」等三個層面之因素負荷估計值分別為.84、.84、.83，沒有負值，介於.5~.95 之間，且達到顯著水準，R^2 值分別為.71、.70、.69，R^2 值大於.5 表示具高解釋力。此外，學生學習成效變項之各層面的因素負荷加以比較得知，學生學習成效的認知中，以「學生學業評量成就」與「學生學習態度」.84 為最重要因素，其次為「學生學習動機」教學計畫.83 相對比較低，因此，學生學習成效之重要因素排序為「學生學業評量成就」與「學生學習態度」、「學生學習動機」，影響學生學習成效最重要的因素為「學生學業評量成就」與「學生學習態度」，因此，要提升學生學習成效，必須以提升「學生學業評量成就」與「學生學習態度」為最主要的關鍵因素，再細看 R^2 值，發現影響

學生學習成效變項因素時，其中以「學生學業評量成就」為最主要的關鍵因素。

肆、中介變數效果分析

本書國民小學校長科技領導、教師數位教學能力與學生學習成效關係由圖 4-2 整體結構模型圖，校長科技領導對教師數位教學能力之標準化路徑係數有達到顯著性標準，校長科技領導對教師數位教學能力標準化路徑係數值為.70，達顯著水準，解釋變異量為.49，有正向顯著之影響力，具有高影響力，且達顯著水準；教師數位教學能力對學生學習成效之標準化路徑係數值為.82，顯示教師數位教學能力對學生學習成效有正向顯著之影響力，具有高影響效果，且達顯著水準；但校長科技領導對學生學習成效之標準化路徑係數值為.03，影響力較低，且未達顯著性標準。

再看校長科技領導與教師數位教學能力，兩者對學生學習成效解釋變異量為.72（見圖 4-2），具有整體影響效果，發現其影響效果，間接效果.70x.82=.57，整體效果.60，且達顯著水準（如表 4-35），顯示「校長科技領導對學生學習成效」透過教師數位教學能力具有間接效果，亦即校長科技領導經由教師數位教學能力對學生學習成效產生影響力，其整體影響力高達.60；由於校長科技領導對學生學習成效路徑係數值較低，所以必須進一步探討其中介變數。

表 4-35　研究變項之影響效果表

潛在自變項→潛在依變項	直接效果	間接效果	整體效果
校長科技領導→教師數位教學能力	.70*	---	.70*
教師數位教學能力→學生學習成效	.82*	---	.82*

表 4-35　研究變項之影響效果表（續）

潛在自變項→潛在依變項	直接效果	間接效果	整體效果
校長科技領導→學生學習成效	.03		
校長科技領導→教師數位教學能力 →學生學習成效	---	.70 x.82=.57*	.60*

* *p*<.05

　　本書運用 Bootstrapping（拔靴法）進行考驗中介效果，從總效果、間接效果和直接效果的 Bootstrap 信賴區間（Upper 和 Lower）判斷中介效果狀況（如表 4-36）。判斷標準：信賴區間（confidence interval, CI），指出該區間包含母體參數的可靠度，設定為 95%，區間內不包含 0，且 p<.05；點估計值做為母體參數的估計值，判斷其影響效果；Z 值必須>1.96。

　　研究結果發現，「校長科技領導→學生學習成效」其總效果之點估計值.510，代表「校長科技領導→學生學習成效」之總效果具有影響效果；「校長科技領導→教師數位教學能力→學生學習成效」其間接效果之點估計值.482，代表「校長科技領導→教師數位教學能力→學生學習成效」之間接效果具有影響效果；「校長科技領導→學生學習成效」其直接效果之點估計值.028，代表校長科技領導對學生學習成效影響效果較低。其次，「校長科技領導→學生學習成效」總效果之 Z 值 10.85，「校長科技領導→教師數位教學能力→學生學習成效」間接效果之 Z 值 10.71，兩者均>1.96；「校長科技領導→學生學習成效」直接效果之 Z 值.595，<1.96，未達標準。

　　進一步來看，「校長科技領導→學生學習成效」之路徑，其總效果之信賴區間（CI）（.417，.608；.418，.608），不包含 0，且 *p*<.05，表示總效果存在，代表「校長科技領導→學生學習成效」

具有總效果。其次,「校長科技領導→學生學習成效」直接效果之信賴區間(CI)(-.047,.012;-.075,.119),包含 0,表示直接效果不存在,代表「校長科技領導→學生學習成效」不具有直接效果。最後,「校長科技領導→教師數位教學能力→學生學習成效」間接效果之信賴區間(CI)(.393,.570;.401,.572),不包含 0,且 $p<.05$,表示間接效果存在,代表校長科技領導經由教師數位教學能力對學生學習成效具有間接效果,其結果彙整如表 4-35。

綜合上述,由表 4-36 中介變項分析顯示標準檢視本書「教師數位教學能力」在校長科技領導與學生學習成效之間的中介效果狀況,總效果存在,間接效果亦存在,代表「教師數位教學能力」變項具中介效果。另「校長科技領導對學生學習成效」直接效果未達顯著(Z<1.96)且信賴區間數值包含 0,即「校長科技領導對學生學習成效」不具直接效果,但具有間接效果與總效果;表示「教師數位教學能力」在「校長科技領導」與「學生學習成效」之間具有完全中介效果,亦即校長科技領導經由教師數位教學能力對學生學習成效產生顯著的影響力。

表 4-36 中介變項報告表

變項	點估計值	係數相乘積 Product of Coefficents		Bootstrapping			
				Bias-Corrected 95% CI		Percentile 95% CI	
		SE	Z	Lower	Upper	Lower	Upper
總效果							
校長科技領導→學生學習成效	.510	.047	10.85	.417	.608	.418	.608

表 4-36　中介變項報告表（續）

變項	點估計值	係數相乘積 Product of Coefficents		Bootstrapping			
				Bias-Corrected 95% CI		Percentile 95% CI	
		SE	Z	Lower	Upper	Lower	Upper
間接效果							
校長科技領導→教師數位教學能力→學生學習成效	.482	.045	10.71	.393	.570	.401	.572
直接效果							
校長科技領導→學生學習成效	.028	.047	.595	-.047	.012	-.075	.119

1000 Bootstrap

伍、綜合討論

　　本章節以 AMOS 結構方程模式進行模式的因果關係及配適度檢測，驗證國民小學校長科技領導、教師數位教學能力與學生學習成效之間的模式關係，經檢驗結果國民小學校長科技領導、教師數位教學能力與學生學習成效建構的整體模式適配度良好。校長科技領導透過教師數位教學能力對學生學習成效具有顯著因果關係，本模型證明影響學生學習成效的重要因素為教師數位教學能力，其次為校長科技領導，而且校長科技領導透過教師數位教學能力影響學生學習成效。

　　研究結果顯示：當國民小學校長擁有不同層面的科技領導時，就會對教師展現不同的教師數位教學能力而影響學生學習成效的成效；且校長科技領導對教師數位教學能力有直接的高影響力，所

以，國民小學校長具有好的科技領導素養，就能影響教師數位教學能力，同時教師數位教學能力也深受校長科技領導影響；而國民小學教師數位教學能力對學生學習成效有直接影響效果，研究結果也發現國民小學教師數位教學能力對學生學習成效的影響效果優於校長科技領導對學生學習成效的影響效果；其次，研究也發現校長科技領導對於學生學習成效不具直接影響效果，校長科技領導透過教師數位教學能力對於學生學習成效有好的間接影響效果和整體影響效果。

本書結果證實，校長科技領導和教師數位教學能力兩者有相關和影響力，國民小學校長科技領導透過教師數位教學能力對學生學習成效具有間接效果，也就是說國民小學教師知覺校長科技領導經由教師數位教學能力對學生學習成效會產生影響力。因此，本書國民小學校長科技領導、教師數位教學能力對學生學習成效具有總效果和間接影響效果，也具有良好的適配度，但校長科技領導與學生學習成效不具直接效果，可見，在校長科技領導與學生學習成效之間，教師數位教學能力具有完全中介效果。

綜觀上述，本書結果與吳秋蓉（2017）、Ghavifekr 與 Wong（2022）、Keengwe 與 Kyei-Blankson（2009）、Morehead 等人（2015）相同，領導者要能夠引領科技願景的執行，科技領導是知識策略和領導技巧的結合，校長善盡其職責並成為榜樣，特別是科技拓展與實踐的應用。

同時與 Akcil 等人（2017）、Apsorn 等人（2019）、Beytekin（2014）、Hamidi 等人（2011）等人研究相同，數位化時代，領導者應該成為擁有數位公民和科技領導素質的領導者，支持與促進數位科技氛圍的創建，將數位科技融入教學，鼓勵教師使用數位科技進行教學，增進教師科技意識與教學技巧等效果。可見，在校長科技領導方面明顯的提升，是增進教師數位教學能力的重要因素。

其次，與邱純玉（2020）、高震峰（2018）、蔡緒浩

（2015）、Antara 與 Dewantara（2022）、Kundu 與 Bej（2021）等人研究結果相同，數位教學涵蓋了教學場域、數位環境、學習個體、教師教學信念與態度，是透過數位科技感知數位科技願景以及數位教學承諾，增加學生的學習興趣和動力，讓學生學習更自主、更有效率，成就學生學習與教學目標之達成。可見，在教師數位教學能力方面有明顯的提升，是增進學生學習成效的最重要因素。

最後與蕭文智（2019）、謝傳崇等人（2016）、Ghavifekr 與 Wong（2022）、Levin 與 Schrum（2013）、Raman 等人（2019）之研究結果相同，校長的科技領導能提供校內科技設備與資源，增進教師數位教學能力，同時整合多元解決方案，增進學生樂學態度，提升學生學習成效。可見，當校長科技領導方面有明顯的提升，也會成為增進學生學習成效的因素之一。

因此，就整體國民小學校長科技領導、教師數位教學能力與學生學習成效之研究來看，校長具有好的科技領導素養與能力，就能影響教師數位教學能力，提升教師數位教學能力，同時教師具備良好的數位教學能力，就能影響學生學習成效，提升學生學習成效，此外，校長科技領導對學生學習成效，不具直接效果，但校長科技領導透過教師數位教學能力，對學生學習成效就會產生間接效果和整體效果，可見，教師數位教學能力在校長科技領導對學生學習成效之間具有完全中介效果，也就是校長科技領導經由教師數位教學能力對學生學習成效產生影響效果。

第五章　結論與建議

　　本書在探討國民小學校長科技領導、教師數位教學能力與學生學習成效之關係，研究對象以國民小學教師為主，根據蒐集的文獻加以探討分析，以了解國民小學校長科技領導、教師數位教學能力與學生學習成效三個變項相關的內涵，將相關之內涵基礎作為依據進行研究，進而提出國民小學校長科技領導、教師數位教學能力與學生學習成效的研究架構。並依據三個變項相關的內涵，進行問卷的編製、預測、修正、項目分析、信效度考驗後，形成正式問卷，作為本書的研究工具，之後進行實證性的研究。經由 SEM 驗證性因素分析，進一步篩選因素負荷值高的題目，作為模型建構和路徑分析之依據，以了解國民小學校長科技領導、教師數位教學能力與學生學習成效之關係影響。

　　本章節分為兩節，第一節結論；第二節建議。主要是將問卷統計分析的結果進行論述，並依實證研究所獲得的結果，提出結論與建議。

第一節　結論

　　依據國民小學校長科技領導、教師數位教學能力與學生學習成效實證調查之結果，歸納出以下結論：

壹、國民小學校長科技領導、教師數位教學能力與學生學習成效實證分析結論

　　本書將正式問卷回收後，藉由 SEM 模式一階及二階驗證性因

素分析，刪除因素負荷值較低之題項，然後再進行差異分析與徑路分析結果，所獲得的結論分述如下：

一、校長科技領導變項屬於高程度，其中以「營造數位科技情境」感受程度最高

（一）國民小學教師知覺校長科技領導整體變項與各層面平均分數均高於 4 分，就各層面來看，以「營造數位科技情境」之得分最高，依次為「提升教師教學成效」、「校長科技領導技巧與素養」。就題目來看以「校長能鼓勵教師學習、運用科技，以科技創新的方式將融入於課程與教學中。」感受最好，以「校長能夠運用科技作出前瞻性的判斷，並能使用科技工具解決問題的能力。」以及「校長能定期舉辦各項科技教學活動，激發學生學習科技的潛能，並給予正向的回饋。」感受最低。

（二）國民小學校長科技領導在各題項平均得分高於 4 分以上，由此推論國民小學校長科技領導屬於高程度。

二、教師數位教學能力變項屬於高程度，其中以「使用數位科技工具與媒體」感受程度最高

（一）國民小學教師數位教學能力在整體變項與各層面平均得分在「使用數位科技工具與媒體」之得分最高，依次為「應用數位科技教學之能力」、「數位課程教材資源」。就題目來看，以「教師會下載 APP 及使用套裝軟體，輔助教學以及管理學生資料。」感受最高，以「教師能夠運用多元的數位科技評估教材、診斷教學適切性，以及做出批判性教學反思。」感受最低。

（二）國民小學教師數位教學能力在各題項平均得分高於 4 分以上，由此推論國民小學教師數位教學能力屬於高程度。

三、學生學習成效變項屬於高程度，其中以「學生學習動機」感受程度最高

（一）國民小學學生學習成效整體變項與各層面以「學生學習動機」之得分最高，依次為「學生學業評量成就」、「學生學習態度」。就題目來看，以「學生對於與數位科技連結的課程內容，展現高度的學習動機。」感受最高，以「學生能夠理解課程與教學重點，表現出創造力，並具有批判思考的能力。」感受最低。

（二）國民小學學生學習成效在各題項平均得分高於 4 分以上，由此推論國民小學學生學習成效在高程度。

貳、不同背景變項之國民小學校長科技領導、教師數位教學能力與學生學習成效分析結論

一、不同性別之教師知覺國民小學校長科技領導、教師數位教學能力與學生學習成效上沒有顯著差異

（一）不同性別之國民小學教師在整體校長科技領導以及「校長科技領導技巧與素養」、「提升教師教學成效」與「營造數位科技情境」各層面上沒有顯著差異，代表男性、女性教師在校長科技領導的三個層面表現上是一致的，沒有顯著差異。

（二）不同性別之國民小學教師在整體教師數位教學能力以及「應用數位科技教學之能力」、「使用數位科技工具與媒體」與「數位課程教材資源」各層面上沒有顯著差異，代表男性、女性教師在教師數位教學能力的三個層面表現上是一致的，沒有顯著差異。

（三）不同性別之國民小學教師在整體學生學習成效以及「學生學業評量成就」、「學生學習態度」與「學生學習動機」各層面上的知覺感受沒有顯著差異，代表男性、女性教師在學生學習成效的三個層面表現上是一致的，未達顯著水準。

二、不同年齡之教師知覺國民小學校長科技領導、教師數位教學能力與學生學習成效達顯著差異

（一）不同年齡之國民小學教師知覺校長科技領導整體變項以及「校長科技領導技巧與素養」、「提升教師教學成效」與「營造數位科技情境」各層面上達顯著差異，代表國民小學教師在校長科技領導的三個層面表現上是一致的，均達顯著水準；在整體校長科技領導變項上達顯著差異，「20-30 歲」組之教師知覺感受優於「31-40 歲」組與「41-50 歲」組，「51 歲以上」組之教師感受優於「41-50 歲」組。

（二）不同年齡之國民小學教師在整體教師數位教學能力以及「應用數位科技教學之能力」、「使用數位科技工具與媒體」與「數位課程教材資源」各層面上沒有顯著差異，代表國民小學教師在教師數位教學能力的三個層面表現上是一致的，均達顯著水準；在整體教師數位教學能力變項上達顯著差異，「20-30 歲」組之教師知覺感受優於「41-50 歲」組與「51 歲以上」組，「31-40 歲」組之教師感受優於「41-50 歲」組。

（三）不同年齡之國民小學教師在整體學生學習成效以及「學生學業評量成就」、「學生學習態度」與「學生學習動機」各層面上達顯著差異，代表國民小學教師在學生學習成效的三個層面表現上是一致的，均達顯著水準；在整體學生學習成效變項上達顯著差異，「20-30 歲」組與「31-40 歲」組之教師知覺感受優於「41-50 歲」組與「51 歲以上」組之教師。

三、不同學歷之教師知覺國民小學校長科技領導、教師數位教學能力與學生學習成效達顯著差異

（一）不同學歷之國民小學教師在整體校長科技領導以及「校長科技領導技巧與素養」、「提升教師教學成效」與「營造數位科技情境」各層面上達顯著差異，代表國民小學教師知覺校長科技領

導的三個層面表現上是一致的，均達顯著水準；在整體校長科技領
導變項上達顯著差異，「師專、師範或教育大學」組與「一般大
學」組之教師感受優於「碩士以上」組之教師。

（二）不同學歷之國民小學教師在整體教師數位教學能力以及
「應用數位科技教學之能力」、「使用數位科技工具與媒體」與
「數位課程教材資源」各層面上沒有顯著差異，代表國民小學教師
在教師數位教學能力的三個層面表現上是一致的，均達顯著水準；
在整體教師數位教學能力變項上達顯著差異，「師專、師範或教育
大學」組與「一般大學」組之教師感受優於「碩士以上」組之教
師。

（三）不同學歷之國民小學教師在整體學生學習成效以及「學
生學業評量成就」、「學生學習態度」與「學生學習動機」各層面
上達顯著差異，代表國民小學教師在學生學習成效的三個層面表現
上是一致的，均達顯著水準；在整體學生學習成效變項上達顯著差
異，「師專、師範或教育大學」組之教師得分優於「一般大學」組
之教師，「一般大學」組之教師感受優於「碩士以上」組之教師。

四、不同服務教職年資之教師知覺國民小學校長科技領導、教師數位教學能力與學生學習成效達顯著差異

（一）不同服務教職年資之國民小學教師在整體校長科技領導
以及「校長科技領導技巧與素養」、「提升教師教學成效」與「營
造數位科技情境」各層面上達顯著差異，代表國民小學教師在校長
科技領導的三個層面表現上是一致的，均達顯著水準；在整體校長
科技領導變項上達顯著差異，「31 年以上」組之教師感受優於
「21-30 年」組之教師。

（二）不同服務教職年資之國民小學教師在整體教師數位教學
能力以及「應用數位科技教學之能力」、「使用數位科技工具與媒
體」與「數位課程教材資源」各層面上沒有顯著差異，代表國民小

學教師在教師數位教學能力的三個層面表現上是一致的，均達顯著水準；在整體教師數位教學能力變項上達顯著差異，「未滿 10年」組與「31 年以上」組之教師感受優於「21-30 年」組之教師。

（三）不同服務教職年資之國民小學教師在整體學生學習成效以及「學生學業評量成就」、「學生學習態度」與「學生學習動機」各層面上達顯著差異，代表國民小學教師在學生學習成效的三個層面表現上是一致的，均達顯著水準；在整體學生學習成效變項上達顯著差異，「未滿10年」組、「11-20年」組與「31年以上」組之教師感受優於「21-30 年」組之教師。

五、不同職務之教師知覺國民小學校長科技領導、教師數位教學能力與學生學習成效達顯著差異

（一）不同職務之國民小學教師在整體校長科技領導以及「校長科技領導技巧與素養」、「提升教師教學成效」與「營造數位科技情境」各層面上達顯著差異，代表國民小學教師在校長科技領導的三個層面表現上是一致的，均達顯著水準；在整體校長科技領導變項上達顯著差異，「級任導師」組之教師感受優於「教師兼行政工作」之教師。

（二）不同職務之國民小學教師在整體教師數位教學能力以及「應用數位科技教學之能力」、「使用數位科技工具與媒體」與「數位課程教材資源」各層面上沒有顯著差異，代表國民小學教師在教師數位教學能力的三個層面表現上是一致的，均達顯著水準；在整體教師數位教學能力變項上達顯著差異，「級任導師」組之教師感受優於「科任教師」組與「教師兼行政工作」組之教師。

（三）不同職務之國民小學教師在整體學生學習成效以及「學生學習態度」與「學生學習動機」各層面上達顯著差異；在「學生學業評量成就」層面上，未達顯著差異，代表國民小學教師在學生學習成效的三個層面表現上並不一致的；在整體學生學習成效變項

上達顯著差異，「級任導師」組之教師感受優於「科任教師」組之
教師。

六、不同學校位置之教師知覺國民小學校長科技領導、教師數位教學能力與學生學習成效達顯著差異

（一）不同學校位置之國民小學教師在整體校長科技領導以及
「校長科技領導技巧與素養」、「提升教師教學成效」與「營造數
位科技情境」各層面上達顯著差異，代表國民小學教師在校長科技
領導的三個層面表現上是一致的，均達顯著水準；在整體校長科技
領導變項上達顯著差異，「偏遠」組之教師感受優於「一般鄉鎮」
組之教師。

（二）不同學校位置之國民小學教師在整體教師數位教學能力
以及「應用數位科技教學之能力」、「使用數位科技工具與媒體」
與「數位課程教材資源」各層面上有顯著差異，代表國民小學教師
在教師數位教學能力的三個層面表現上是一致的，均達顯著水準；
在整體教師數位教學能力變項上達顯著差異，「偏遠」組之教師感
受優於「都市區」組與「一般鄉鎮」組之教師。

（三）不同學校位置之國民小學教師在整體學生學習成效以及
「學生學業評量成就」、「學生學習態度」與「學生學習動機」三
個層面的得分表現上，均達顯著差異；代表國民小學教師在學生學
習成效的三個層面表現上是一致的；在整體學生學習成效變項上達
顯著差異，「偏遠」組之教師感受優於「都市區」與「一般鄉鎮」
組之教師。

七、不同學校規模之教師知覺國民小學校長科技領導、教師數位教學能力與學生學習成效達顯著差異

（一）不同學校規模之國民小學教師在整體校長科技領導以及
「校長科技領導技巧與素養」、「提升教師教學成效」與「營造數
位科技情境」各層面上達顯著差異，代表國民小學教師在校長科技

領導的三個層面表現上是一致的，均達顯著水準；在整體校長科技領導變項上達顯著差異，不同學校規模的教師「12 班以下」組與「49班以上」組之教師感受優於「13-48 班」組之教師。

（二）不同學校規模之國民小學教師在整體教師數位教學能力以及「應用數位科技教學之能力」、「使用數位科技工具與媒體」與「數位課程教材資源」各層面上有顯著差異，代表國民小學教師在教師數位教學能力的三個層面表現上是一致的，均達顯著水準；在整體教師數位教學能力變項上達顯著差異，「12 班以下」組與「49 班以上」組之教師感受優於「13-48 班」組之教師。

（三）不同學校規模之國民小學教師在整體學生學習成效以及「學生學習態度」層面上達顯著差異；在「學生學業評量成就」與「學生學習動機」層面上，未達顯著差異，代表國民小學教師在學生學習成效的三個層面表現上並不一致；在整體學生學習成效變項上達顯著差異，「49 班以上」組之教師感受優於「13-48 班」組之教師。

八、不同學校區域之教師知覺國民小學教師數位教學能力與學生學習成效變項達顯著差異，校長科技領導變項未達顯著差異

（一）不同學校區域之國民小學教師在整體校長科技領導以及「校長科技領導技巧與素養」與「提升教師教學成效」層面未達顯著差異，「營造數位科技情境」層面達顯著差異，代表國民小學教師在校長科技領導的三個層面表現上沒有一致；僅在「營造數位科技情境」層面達顯著水準，且不同學校區域的教師「東部」組之教師感受優於「中部」組之教師。

（二）不同學校區域之國民小學教師在整體教師數位教學能力以及「應用數位科技教學之能力」、「使用數位科技工具與媒體」與「數位課程教材資源」各層面上有顯著差異，代表國民小學教師

在教師數位教學能力的三個層面表現上是一致的，均達顯著水準；在整體教師數位教學能力變項上達顯著差異，不同學校區域的教師「北部」組、「南部」組、「東部」組之教師感受優於「中部」組之教師。

（三）不同學校區域之國民小學教師在整體學生學習成效以及「學生學習態度」層面上達顯著差異；在「學生學業評量成就」與「學生學習動機」層面上，達顯著差異，代表國民小學教師在學生學習成效的三個層面表現上是一致的；在整體學生學習成效變項上達顯著差異，不同學校區域的教師「北部」組、「南部」組、「東部」組之教師感受優於「中部」組之教師。

參、國民小學校長科技領導、教師數位教學能力與學生學習成效相關分析結論

一、國民小學校長科技領導與教師數位教學能力有顯著正相關，即校長科技領導會中度正向影響教師數位教學能力，強化校長科技領導有利於提升教師數位教學能力。

國民小學校長科技領導與教師數位教學能力之相關中，以「提升教師教學成效」和「應用數位科技教學能力」溝通技能的相關較高，以「校長科技領導技巧與素養」與「數位課程教材資源」接收訊息相關較低。

二、國民小學校長科技領導與學生學習成效間有顯著正相關，即校長科技領導會中度正向影響學生學習成效，強化校長科技領導有利於提升學生學習成效。

國民小學校長科技領導與學生學習成效之相關中，以「營造數位科技情境」和「學生學習態度」的相關較高，以「校長科技領導技巧與素養」和「學生學業評量成就」相關較低。

三、教師數位教學能力與學生學習成效之間有顯著正相關，即

教師數位教學能力有較高度正向影響學生學習成效,強化教師數位教學能力有利於提升學生學習成效。

教師數位教學能力與學生學習成效之相關中,以「數位課程教材資源」和「學生學習態度」的相關較高,以「應用數位科技教學能力」和「學生學習動機」相關較低。

肆、國民小學校長科技領導、教師數位教學能力與學生學習成效之影響效果分析

一、校長科技領導對學生學習成效未達顯著影響效果,校長科技領導素養無法直接影響學生學習成效

校長科技領導對學生學習成效之路徑係數估計值未達到顯著性標準;但在校長科技領導個層面中,影響校長科技領導最重要的關鍵因素為「提升教師教學成效」。

二、校長科技領導對教師數位教學能力有顯著直接正向的影響效果,校長科技領導素養越高,則教師所感受的教師數位教學能力越高

校長科技領導對教師數位教學能力之路徑係數估計值為顯著;教師數位教學能力各層面中,影響教師數位教學能力最重要的關鍵因素為「數位課程教材資源」。

三、教師數位教學能力對學生學習成效有顯著直接正向的影響效果,教師數位教學能力越高,則教師所感受的學生學習成效越高

教師數位教學能力對學生學習成效之路徑係數估計值為顯著;學生學習成效各層面中,影響學生學習成效最重要的關鍵因素為「學生學業評量成就」與「學生學習態度」。

四、校長科技領導透過教師數位教學能力對學生學習成效有總效果與間接效果的影響，教師數位教學能力具完全中介效果

校長科技領導對學生學習成效有整體效果的影響，代表「校長科技領導→學生學習成效」具有總效果之影響。「校長科技領導→學生學習成效」之點估計值影響效果較低，代表直接效果不存在。「校長科技領導→教師數位教學能力→學生學習成效」間接效果之點估計值顯示具有影響效果，代表「校長科技領導→教師數位教學能力→學生學習成效」間接效果存在。由此可知，校長科技領導透過教師數位教學能力對學生學習成效有總效果與間接效果的影響，代表校長科技領導對學生學習成效透過教師數位教學能力具有完全中介效果。

第二節　建議

本章節根據上述研究成果分析與討論後所得之結果，提出以下幾項建議，作為教育行政機關、學校、校長、教師及未來相關研究與決策之參酌，同時給予教育相關單位與國民小學校長、教師，未來在探討「校長科技領導」、「教師數位教學能力」與「學生學習成效」的相關議題上，能有更多省思空間或衍生出其它值得探究的相關議題。茲分別敘述如下：

壹、對於國民小學教師之建議

一、教師規劃數位課程時，如期舉行備課、觀課以及議課，再依據教學原則或理論，做出批判性教學反思

研究發現教師數位教學能力變項包含應用數位科技教學能力、使用數位科技工具與媒體與數位課程教材資源，雖然每個變項、層

面得分都達高程度，但在教師能夠運用多元的數位科技評估教材、診斷教學適切性，以及做出批判性教學反思的題項中得分相對比較低。

　　建議教師在規劃數位課程時，應將傳統教學資源，利用數位科技工具或網際網路搜尋引擎，檢索教學所需要的資訊平臺或資料，再透過教學原則或理論，使用數位科技工具轉化，融入教學歷程，除了提高學生學習興趣與動機外，更能診斷教學之適切性，並由課程與教學的對應關係，激發學生開放的思維，藉此增進教師數位課程設計的能力，以及批判性的教學反思。

二、進行數位教學時，教師要能積極引導學生互相討論與溝通，激發學生的專注狀況、疏理情緒狀況和人際關係

　　研究發現學生學習成效之變項各層面得分雖達高程度，但是「學生學習態度」層面之題項得分明顯低於其他兩個層面。可見，數位時代對教師來說，是教學方式的變革、學習方向的轉彎，透過數位科技連結的課程內容，可以展現高度的學習動機，同時老師創造的價值以及 AI 的智慧學習，使學生習得素養導向課程，適應現代生活及未來挑戰。但卻經常輕忽孩子內心的自我期望和信心，造成過分依賴數位智慧技術，忽略學生的情緒管理與良好的人際互動，因此教師實施數位教學時，要能夠連結學生先備經驗，運用數位科技有系統地整合，優化智慧學習的態度與行為，強化與同儕互動交流，適切表達自我，並且包容不同的想法。引起學生的專注力，並接納關懷孩子的情緒疏導，以優質的親師生人際關係的互動，實踐教育目標的真諦。

三、科技時代及後疫情時代，教師要能多運用數位科技工具進行親師溝通，排除溝通障礙

　　在使用數位科技工具與媒體層面各題中，以「教師能運用數位科技工具進行親師溝通，並與學生在上課時間或課後進行師生互

動。」得分較低，代表教師在運用數位科技工具進行親師溝通仍有進步空間。2020 年來勢洶洶的新冠肺炎大流行，意外地加速學校、家長、社會數位教育轉型的進程，也讓我們重新省思科技與人、科技與社會溝通的意義。因應後疫情時代，講求快速行動的新世界，學校教師必須建立多元與包容社會價值的溝通渠道，運用多樣化的數位科技工具，建立開放式的對話風氣，進行親師溝通，避免溝通障礙，並能與學生、家長在上課時間或課後進行師生互動，達成全方位的數位溝通模式。

四、數位時代，教師應戮力提供同儕間的協作學習，進而培養學生積極正向的社會相互依存關係

在學生學習成效的「學生學習動機」層面中，發現「學生有高度願意與同學互助合作，共同完成課堂任務或學校活動目標。」得分雖達高程度，但相對其他題項是得分較低的素養，所以仍有進步的空間。積極學習有助於整體學生學習，而且藉由與他人彼此相互合作，實現共同的課堂任務與目標，在學習情境中自主探索、組織與合作，培養積極的相互依賴關係。當學生清楚地意識到積極正向的社會相互依存關係時，學生個人就會意識到團隊要成功，必須依靠他們的合作努力，因為合作學習可以為主動學習和學生參與，提供了相互幫助的學習基礎。因此，教師應設計能共同完成的課堂任務或學習目標，以學生小組合作為基礎，通過積極相互依賴的社會關係，不僅要為自己的學習負責，同時也要為團隊夥伴的學習負責，培養主動學習和積極正向的學生。

貳、對於國民小學校長之建議

一、校長善用科技工具，將資訊結構化、有效化，作出前瞻判斷、解決問題

依據本書發現，校長科技領導在「校長科技領導技巧與素養」

層面雖達高程度，但在「校長能夠運用科技作出前瞻性的判斷，並能使用科技工具解決問題的能力。」之題項得分相對較低。建議國民小學校長要對應用科技工具的能力自我進修，同時利用科技工具蒐集資料，進一步將蒐集的資料結果用結構化、視覺化、直觀化的方式呈現，拆解資料文本語義，找出邏輯結構，對應科技輔助表達，實現資料文本轉化的過程，一方面幫助學校理解資料，另一方面找到資料背後的趨勢與真相，審時度勢預見未來進而解決問題，是一種藉著由下而上的資料蒐集，再採由上至下的思維方式，作出前瞻判斷分析問題，有效改進方案並加以驗證，進而解決校務相關的問題。

二、校長鼓勵同仁多舉辦科技類的教學活動，提升教學與學習成效

校長科技領導在「校長能定期舉辦各項科技教學活動，激發學生學習科技的潛能，並給予正向的回饋。」得分整體來說得分偏低，尚有進步的空間。校長除了能鼓勵教師學習、運用科技，凝聚科技共識與願景，將科技創新的方式融入課程與教學之外，應將教師科技融入教學之能力具體化，幫助老師發展、使用科技工具，並評估和修正教學模式，更重要的是要能定期舉辦各項科技教學活動，藉由學校活動與教師互動，教師彼此產生社會依賴感，一方面提升教師教學成效，另一面激勵學生學習科技的潛能，並適時的給予同仁正向的關懷與鼓勵。

三、校長提供進修與培訓的機會，打造教師成為數位教育的專家

本書發現，校長科技領導透過教師數位教學能力對學生學習成效有總效果與間接效果的影響，教師數位教學能力具完全中介效果。因此，教師的數位培訓與進修，是成就教師數位教學專業發展與數位認證的途徑，也是打造數位教學知識與理論的實踐專家，校

長應擬定相關研習計畫，提供數位增能的機會，積極培訓教師並鼓勵持續的進修與學習，讓老師能夠豐富數位教學系統以及反思數位教學實踐，擁有參與每個教學階段的研究能力，打造教師成為數位教育的專家，進而增進學生的學習成效。

參、對於國民小學學校之建議

一、提供良好的科技機會與設施，改善校園科技的設備與情境

　　研究發現在整體校長科技領導的得分上，不因學校區域不同而有所差異，且未達顯著水準，但在「營造數位科技情境」層面上，得分表現有所差異，且達顯著水準。顯示政府相關單位不斷推出與數位科技有關之計畫，並推動國家數位發展策略，普及資訊科技領域的關鍵基礎設施，在數位科技環境的基礎建置，應落差不大。但在營造數位科技情境的層面上，有明顯的政策執行落差，建議各級學校應落實科技相關之計畫，積極打造學校科技環境，尤其在「東部」地區的學校，整體校園科技環境較西部區域的學校不利，學校更應妥善運用政府科技經費的編制與執行，提供良好的校園科技設備與情境。

二、學校應建立親師合作的橋樑，共同關懷與陪伴學生學習成長

　　不同學校區域的教師在學生學習成效整體的得分情形，其結果達顯著差異，亦即在整體學生學習成效的感受上，會因不同學校區域而有所差異。因為學習是一種線性改善的歷程，是為了讓學生學習態度和行為得到積極的塑造，即使在不同區域以及文化的背景下，更應做好親師溝通搭起合作的橋梁，雖然北、中、南、東各個區域的背景不同，不管文教薈萃、新興城市、工業城市、偏遠郊區，孩子學習的焦點與素養是一致的，各級學校對於各類家庭的學

生，要能夠從尊重及欣賞的角度出發，搭起親師溝通合作的橋樑，共同關懷與陪伴學生學習成長。

三、學校鼓勵教師有效使用數位科技進行教學與學習，正向影響學生學習態度

在校長科技領導與學生學習成效之相關分析中發現，「營造數位科技情境」與「學生學習態度」，教師的感受均具有正向影響且達顯著水準。可見，學校校長科技領導改進，對於學生學習成效有間接與整體的效果影響，加上教師數位教學能力有著完全中介因素，因此，教師有效使用數位科技於教學上有助於學生正向的學習，其中關注的點在於能否貼近學生的學習過程。除此之外，以生態系統理論的思考觀點，學生學習受到所處的課堂環境和外在的社會系統的相互作用，以及學校整體數位科技軟、硬體的建置，能否引起學生的學習態度與動機，進而促進學生在不同學習風格與學習軌跡的學習行為，就顯得相當重要。因此，學校要能積極營造數位科技情境之外，更要讓師生能夠有效使用數位科技進行教學與學習，引起學生學習興趣，才能正向影響學生學習態度。

肆、對於教育行政機關之建議

一、辦理校長科技領導研習與專業成長社群，強化校長科技領導之素養

校長科技領導對教師數位教學能力標準化路徑係數值為.70，代表有正向顯著之直接效果，且校長科技領導經由教師數位教學能力對學生學習成效產生影響力。基此教育行政機關應重視國民小學校長科技領導培訓課程的規劃，此外，有關國民小學校長科技領導能力之形塑，以及科技領導相關知識與技巧的建立，教育行政機關亦應提供支持性資源，規劃校長科技領導之相關研習、諮詢、座談、分享、工作坊及觀摩等，同時配合國家教育研究院提供校長回

流教育，適時充電增廣校長科技領導專業知能，進而提升教師數位教學效能與學生學習成效。

二、辦理教師數位教學增能研習，促進學生學習成效

　　根據研究結果得知，國民小學教師數位教學能力對於學生學習成效有正向且顯著效果的影響，在教師數位教學能力三個層面之中，「應用數位科技教學能力」、「使用數位科技工具與媒體」與「數位課程教材資源」正向影響學生學習成效整體效果及其各分層面。因此，國民小學教師是否具備教師數位教學能力相關的先備認知、情意或技能，對於學生學習成效的表現優劣，具有舉足輕重的影響。建議教育行政機關應重視教師數位教學能力培訓課程的規劃，配合 108 新課綱中「科技資訊與媒體素養」核心素養及支持性教師數位專業發展，辦理教師數位教學相關的實務研習，以及舉辦卓越多元教師數位教學之分享與觀摩，讓教師們能夠進行深度匯談與數位專業對話，進行數位思考深入交流，發揮數位思維潛力，持續教師數位教學能力的養成，使教師具備數位教學的相關知能，並實際運用於班級教學中，促進學生學習有優異的展現。

三、職前教師師資培育課程，應規劃教師數位課程設計與編纂的精進方案

　　根據研究結果得知，教師數位教學能力對學生學習成效有實質的影響，且教師數位教學能力變項重要因素的層面排序：「數位課程教材資源」、「使用數位科技工具與媒體」、「應用數位科技教學能力」，其中影響教師數位教學能力變項最重要的因素為「數位課程教材資源」。因此，在我國教育人員的培育過程之中，應該多安排有助於專業成長與職涯發展的課程，尤其在教師數位教學能力的培養，以及對於數位課程之教材資源的設計、搜尋、編纂與運用的課程，在師資培育的過程中應加強其授課比重，否則會造成大多數老師在進入教育實務現場後，才逐漸觸及與自我增能。因此，建

議教育行政機關可多規劃教師數位課程設計與編纂的精進方案，於職前教師培育課程或新進教師訓練之中，讓教師在正式進入教學現場時，就能具備教師數位教學能力，精熟數位課程教材之設計與數位資源之蒐集運用，才能將所學在教育現場中，從容發揮增進教學效能，提升學生學習成效。

伍、對於未來研究之建議

一、研究對象方面

本書針對公立國民小學教師對於校長科技領導、教師數位教學能力與學生學習成效之關係進行探討，對於其他學習階段、私立學校、實驗學校及離島學校等教育組織之教師，並未納為研究對象，使得本書之研究結果，在進行推論與建議時有所限制，建議未來後續的研究，可將研究對象之範圍擴大，也可考慮不同族群學生較多的學校，更深入了解學校在校長科技領導、教師數位教學能力與學生學習成效的關係，進而比較不同學制與教師看法之間的異同，以便於未來建立更完整的實證研究資料，讓研究之推論更具有說服力和參考價值。

二、研究方法方面

本書採用量化研究，資料蒐集以問卷調查為主，資料蒐集採用 Google 網路問卷填答，蒐集後作為統計分析的依據，雖然較能廣泛搜集學校資料，但就方法論取向上仍有所不足。就實務上，國民小學校長科技領導、教師數位教學能力與學生學習成效之現況或關係，若能佐以長期駐點觀察或進行訪談，才能交叉辯證深入了解教育現場之狀況。

除此之外，本書問卷調查採用先分層後立意的抽樣方式，因抽樣時樣本可能會偏離母群體，尤其在不同學校規模來說，13 班和 48 班的學校型態，差異頗大，涵蓋都會區及非山非市的學校型

態，在教師知覺感受的掌握會出現差異，本書只能以抽樣樣本估計值推論母群體，精確度不可能百分之百，有可能會造成抽樣誤差。建議後續研究者可增加深度訪談、個案研究及焦點訪談等方法來進行資料蒐集，以進一步探討校長科技領導、教師數位教學能力與學生學習成效彼此之間的關係，使研究結果具有更高的價值。

其次，本書發現校長科技領導對學生學習成效不具直接影響效果，必須藉由中介變項「教師數位教學能力」來對學生學習成效產生影響，建議未來研究者可以考量其他調節變項或者干擾變項，進行後續的研究。

三、研究主題方面

近年來的研究都只針對校長科技領導進行探討，尤其著重與科技環境設備的整建，對於教師數位教學能力的研究與影響層面甚少論及。本書實證調查發現，教師數位教學能力的三個層面「應用數位科技教學之能力」4.34、「使用數位科技工具與媒體」4.47、「數位課程教材資源」4.31。在教師「使用數位科技工具與媒體」得分較高，代表在疫情流行後，教師使用科技工具作為數位教學時管理、學習、實踐和交流的成為常態。反觀在「數位課程教材資源」層面得分較低，顯示出教師在精熟數位課程教材之規劃與設計，以及數位資源之蒐集運用，有進步的空間。

因此，未來對國民小學教師數位教學能力的研究或學術研討會，可以多加擴及到「數位課程教材資源」諸如此類議題，偏向實務的方向，尤其是在數位教學的評估、數位教學的適切性與診斷，以及數位教學的批判性教學反思，甚至教師數位教學信念與態度的問題，如此不僅能符應時勢的現況，更能突顯研究對象為教師的知覺感受，提高研究的學術價值，對教師數位教學能力的增進有極大的助益。

四、研究設計方面

　　本書結果顯示校長科技領導對教師數位教學能力有顯著正向影響效果，教師數位教學能力對學生學習成效有顯著正向影響效果，校長科技領導透過教師數位教學能力對學生學習成效有總效果與間接效果的影響，教師數位教學能力具完全中介效果。而且學習是一個線性歷程，就校長科技領導、教師數位教學能力與學生學習成效的發展，是屬於連續不斷的學習歷程，如果單純以橫斷式的研究，大概只能反映出短時間所調查的教育現況。因此，以博士班修業年限思考，至少可以跨越國小、國中到高中階段，建議在未來的研究若能針對同一族群樣本，設計出縱貫性（線性）的研究，如：九年一貫或十二年國民教育的教育調查，那麼對於校長科技領導、教師數位教學能力與學生學習成效狀況的演變會有莫大的助益。

參考文獻

一、中文部分

王文霖（2013）。**國民中學校長科技領導、資訊融入教學與學校教育品質關係之研究**〔未出版之博士論文〕。國立屏東教育大學。

王秀鶯（2014）。**概念構圖融入專題式學習對不同學習風格學生學習成效之影響**〔未出版之博士論文〕。國立臺南大學。

王俊斌（2021）。新數位原生世代的素養導向學習及其能力發展。**課程研究，16**（2），11-35。

王鶴巘、陳怡真（2019）。數位科技在外語教學的應用——以西班牙語課程為例。**國立虎尾科技大學學報，34**（4），61-76。

江俊賢（2014）。**國中校長科技領導與學校永續經營關係之研究——以組織學習為中介變項**〔未出版之博士論文〕。國立嘉義大學。

吳明隆、涂金堂（2016）。**SPSS 與統計應用分析**。五南圖書出版有限公司。

吳春助（2009）。**國民小學校長知識領導、科技領導與創新經營關係之研究**〔未出版之博士論文〕。國立臺北教育大學。

吳秋蓉（2017）。**南部四縣市國民小學校長科技領導與學校效能關係之研究——以教師知識管理、組織文化為中介變項**〔未出版之博士論文〕。國立高雄師範大學。

吳美美（2004）。數位學習現況與未來發展。**圖書館學與資訊科學，30**（2），93-106。

吳堂鐘（2016）。**國民中學學習領導、學習環境與學習成效關係之研究**〔未出版之博士論文〕。國立臺北教育大學。

吳清山（2020）。適性學習。**教育研究月刊，313**，170-171。doi:10.3966/168063602020050313012

吳清山、林天祐（2010）。**教育 E 辭典（2 版）**。高等教育。

李可風（2020）。**人工智慧技術應用於車輛偵測與數位學習預測及分析技術**〔未出版之博士論文〕。國立臺北科技大學。

李佳穎、鄭淵全（2013）。臺灣小學數位教學對教師教育之啟示。**教育文化論壇，5**（4），68-72。

李昆憲（2022）。**國民小學校長數位科技領導與學校效能關係之研究——以學校競爭優勢與教師組織承諾為中介變項**〔未出版之博士論文〕。國立高雄師範大學。

沈秋宏、沈芷嫣（2022）。國民小學實施課程標準時期教育領導研究趨勢之探究——應用文字探勘技術分析。**教育理論與實踐學刊，45**，1-33。

林宏泰（2019）。**國民中學校長正向領導、教師教學效能、與學生學習成效關係之研究**〔未出版之博士論文〕。國立暨南國際大學。

邱秀香（2022）。大學生對臺灣女性歷史的認知與思維能力研究：以〔臺灣女性歷史圖像〕課程為例。**通識學刊：理念與實務，10**（1），57-97。

邱純玉（2020）。自由開放的年代——數位學習的未來。**臺灣教育評論月刊，9**（9），105-111。

邱靜娥（2023）。差異化教學對大學統計學課程學生學習態度與學習成效之影響。**商業與管理季刊，24**（1），111-131。

施令慈（2020）。**海外數位華語教學平臺之系統建構——以紐西蘭鳳興書院數位學習中心為例**〔未出版之博士論文〕。國立暨南國際大學。

范熾文（2007）。教育績效責任：市場模式及其啟示。**中等教育，58**（3），26-41。

徐東玲、蔡雅薰、林振興（2008）。以《**歐洲共同語文參考架構**》為本之對外華語文數位教材設計規劃——以 **B1** 級為範例略〔論文發表〕。第六屆全球華文網路教育研討會（ICICE2009）。臺北，臺灣。

秦夢群（1992）。高中教師管理心態、學生內外控，與學生學習習慣與態度之關係研究。**教育心理與研究，15**，129-172。

秦夢群（2019）。**教育領導理論與應用**。五南圖書出版公司。

高曼婷、傅後淞、袁宇熙（2017）。不同教學法對科大學生理論課程學習影響之研究。**健康管理學刊，15**（1），45-60。

高震峰（2018）。跨越數位藩籬：視覺藝術教師之數位教學素養與信念初探。**國教新知，65**（3），31-41。

國家教育研究院（2015）。**十二年國民基本教育領域課程綱要——核心素養發展手冊**。

國家教育研究院（2017）。**105** 年度「**十二年國民基本教育實施計畫提升國民素養實施方案**」成果報告。

張伯瑲（2021）。**國民小學學校學習領導，學校進步力與學生學習成效關係之研究**〔未出版之博士論文〕。國立政治大學。

張坤宏（2016）。**國民小學校長科技領導、學校公共關係、組織創新經營與學校效研究**〔未出版之博士論文〕。國立屏東教育大學。

張芳全（2019）。班級脈絡、文化資本、學習動機，課後補習與英語學習成就之多層次分析。**臺北市立大學學報，50**，1-24。

張芳全（2021）。國中生的家庭背景、家庭學習資源、學習動機、教育期望、自然學習成就對數學學習成就影響之研究。**臺北市立大學學報，52**，1-30。

張芳全（2022）。離島地區國中生的家庭社經地位與英語學習成就相關之研究：以父親與自我教育期望為中介變項。**臺北市立大學學報，53**，43-70。

張芳全（編著）（2008）。**問卷就是要這樣編**（5 版）。心理出版社。

張奕財（2018）。**智慧學校校長科技領導、教師專業發展與創新經營效能關係之研究**〔未出版之博士論文〕。國立政治大學。

張奕華、吳怡佳（2011）。國民小學校長科技領導、知識管理與學校效能結構關係之驗證。**教育行政與評鑑學刊，11**，1-28。

張奕華、胡瓊之（2019）。校長科技領導對學校創新經營之影響：教師專業學習社群的中介效果分析。**教育行政與評鑑學刊，26**，49-78。

張奕華、許正妹（2009）校長科技領導對教師資訊科技素養影響路徑之研究：以都會型國民小學為例。**初等教育學刊，33**，1-32。

張奕華、許丞芳（2009）。國民中小學校長科技領導指標建構之研究。**教育行政與評鑑學刊，7**，23-48。

張奕華、蔡瑞倫（2009）。國民中學校長科技領導與學校效能關係之研究。**學校行政，65**，33-53。

張春興（2007）。**教育心理學：三化取向的理論與實踐**。東華書局。

張凌凌（2022）。**國民小學校長正念領導、教師專業素養與學生學習成效關係之研究**〔未出版之博士論文〕。國立臺北教育大學。

張偉豪（2013）。**SEM 論文寫作不求人**。三星統計服務有限公司。

張維修（2018）。校長科技領導運用於學校系統改善之研究。**清華教育學報，35**（1），29-69。

張簡明育（2014）。**數位教學對學生中餐烹飪課程學習成效之研究 —— 以亞洲餐旅學校為例**〔未出版之碩士論文〕。國立高雄餐旅大學。

張瓊穗、翁婉慈（2008）。國小教師資訊融入教學專業知能建構之研究。**課程與教學季刊，11**（1），73-94。

曹欽瑋、歐奕淳（2021）。探討中小學師資老化對教育現場的衝擊 —— 以非山非市型學校為例。**臺灣教育評論月刊，10**（7），20-22。

章淑芬（2020）。有關校長科技領導研究的探討與省思。**臺灣教育評論月刊，9**（7），54-57。

符碧真（2017）。大學學習成果總檢驗：合頂石 —— 總結性課程。**教育研究集刊，63**（1），31-67。

許美觀（2019）。**實體與數位學習對學生閱讀素養之影響**〔未出版之博士論文〕。國立暨南國際大學。

許瑞芳（2018）。**國民小學教師多元文化素養，跨文化溝通與教學效能關係之研究**〔未出版之博士論文〕。國立暨南國際大學。

許籐繼、倪靜宜（2019）。國小教師領導與教學效能現況及其結構關係模式之分析。**臺北市立大學學報，50**（2），59-84。

郭祐誠（2022）。**我們與學生的距離：建立與學生切身相關的經濟學教學以及評估對學生之影響**。教育部教學實踐研究計畫成果報告。

郭實渝（2000）。現代科技在教學上之應用與生態教育理念之推動產生的兩難。**歐美研究，30**（2），111-144。

郭福祥（2019）。**高級中學經營效率之四篇實證研究：評估方法及數位學習之附加角色**〔未出版之博士論文〕。朝陽科技大學。

陳志洪、李佳穎、齊珮芸（2020）。擴增實境輔助拼圖學習系統對學習成效，學習動機與學習興趣之影響。**教育傳播與科技研究，123**，21-38。

陳忠明（2022）。**新北市國民中學校長教學領導、教師教學效能與學生學習成效關係之研究**〔未出版之博士論文〕。國立臺北教育大學。

陳建志（2019）。**國民小學校長學習領導與學生學習成效關係之研究 —— 以個性化學習為中介變項**〔未出版之博士論文〕。臺北市立大學。

陳舜德、李燕秋、李正吉（2014）。建構於移動環境下之互動式數位教學平臺。**國家圖書館館刊，103：1**，19-34。

陳進冬（2021）。**數位學習課程運用網路教學策略對於學習行為、群組互動與學習滿意度關係之研究**〔未出版之博士論文〕。國立雲林科技大學。

曾俊傑（2019）。**私立大學「經濟弱勢學生」學習成效與相關影響因素縱貫性研究 —— 輔導與課程滿意度的多層次影響**〔未出版之博士論文〕。國立臺南大學教育學系。

游淑靜、范熾文（2020）。偏鄉地區學校實施未來教育之內涵與展望。**學校行政，126**，156-177。

項潔、翁稷安（2012）。**多重脈絡 —— 數位檔案之問題與挑戰**。在數位人文要義：尋要類型與軌跡。臺大出版中心。

黃永舜（2020）。**因材網應用於國小數學教學之研究 —— 以嘉義縣義竹國小為例**〔未出版之博士論文〕。國立高雄師範大學。

黃建翔、蔡明學（2016）。影響高中職學生學習成就關鍵因素之研究。**教育行政與評鑑學刊，19**，73-98。

黃淑玲（2013）。從知識到可觀察的能力：評估學習成效的策略與建議。**評鑑雙月刊**，（**44**），16-23。

黃淑玲、池俊吉（2010）。如何評估學生學習成效：以加州州立大學長灘分校系所訪視與測量中心之經驗為例。**評鑑雙月刊**，**28**。http://epaper.heeact.edu.tw/archive/2010/11/01/3683.aspx

黃敦晴（2022 年 06 月 06 日）。**2022 世界經濟論壇提「教育4.0」！給疫後教育的 3 建議**。翻轉教育。https://flipedu.parenting.com.tw/article/007390

黃貴連（2023）。**國中校長空間領導與學生學習成效關係之研究——以教師幸福感為中介變項**〔未出版之博士論文〕。國立暨南國際大學。

黃靖文、方翌（2014）。科技領導與創新經營關係之研究——組織學習之中介效果。**教育學誌**，**31**，39-79。

黃曙東（2006）。**我國技專校院學生學習成效評估機制之研究**〔未出版之博士論文〕。國立彰化師範大學。

楊洲松（2011）。Martin Heidegger 論科技及其教育意義。**教育學誌**，**25**，1-27。

楊玲惠、翁頂升、楊德清（2015）。發展數位教材輔助學生學習之研究——以科大學生之統計教學課程為例。**臺灣數學教育期刊**，**2**（**1**），1-22。

溫嘉榮、徐銘鴻（2016）。偏鄉學校推動數位化創新教學探討與省思。**教育學誌**，（**36**），139-187。

葉炳煜（2013）。學習動機定義與相關理論之研究。**屏東教大體育**，**16**，285-293。

葉連祺（2017）。應用社會網絡分析探討學習領導與科技領導及其他變項之關係。**學校行政雙月刊**，**107**，50-82。

詹秀雯、張芳全（2014）。影響國中生學習成就因素之研究。**臺中教育大學學報：教育類，28**（1），49-76。

潘玉龍（2021）。**體育教育人員實施行動學習教學之研究——以科技接受模式角度切入**〔未出版之博士論文〕。國立臺中教育大學。

潘慧玲、陳文彥（2018）。校長促進教師專業學習的槓桿：校長學習領導對教師課堂教學研究影響之中介模式分析。**教育研究集刊，64**（3），79-121。

潘慧玲、陳佩英、張素貞、鄭淑惠、陳文彥（2014）。從學習領導論析學習共同體的概念與實踐。**市北教育學刊，45**，1-28。

蔡明貴（2022）。**新北市國民小學校長科技領導、學習型組織與學校效能關係之研究**〔未出版之博士論文〕。國立臺北教育大學。

蔡金田（2006）。**國民中小學校長能力指標建構與實證分析之研究**〔未出版之博士論文〕。國立中正大學。

蔡金田（2014）。國民小學校長效能與教師效能對學生學習成就之影響。**南台人文社會學報，**（11），69-107。

蔡金田（2021）。**未來教育‧教育未來**。元華文創。

蔡政道（2009）。**國民小學校長科技領導、組織文化與學校創新經營效能關係之研究**〔未出版之博士論文〕。國立臺北教育大學。

蔡智孝（2016）。專案導向學習模式對科技大學學生學習投入與學習成效之影響。**德明學報，40**（1），25-38。

蔡瑞君（2020）。消失或加劇的社會距離？新型冠狀病毒疫情下課程與教學數位化面臨的挑戰與契機。**課程研究，15**（1），35-51。

蔡緒浩（2015）。全球數位學習研究趨勢之分析：以 1988 到 2013 年 SSCI 國際期刊資料庫為例。**管理資訊計算，4（1），**252-262。

駐洛杉磯辦事處教育組（2016）。電腦遊戲已成為學習主流。**國家教育研究院國際教育訊息電子報，104。** https://epaper.naer.edu.tw/index.php

駐瑞典代表處教育組（2016）。瑞典學校數位教學材料短缺。**國家教育研究院國際教育訊息電子報，106。** https://epaper.naer.edu.tw/index.php

駐德國代表處教育組（2017）。德國教研部積極展開數位化教育攻勢。**國家教育研究院國際教育訊息電子報，115。** https://epaper.naer.edu.tw/index.php

駐歐盟兼駐比利時代表處教育組（2018）。歐盟推「歐洲教育區」，培育歐洲認同。**國家教育研究院國際教育訊息電子報，139**。https://epaper.naer.edu.tw/index.php

駐舊金山辦事處教育組（2014）。美國虛擬學校與線上學程競爭激烈。**國家教育研究院國際教育訊息電子報，46。** https://epaper.naer.edu.tw/index.php

盧明慧（2018）。**建構我國高級中等學校數位學習課程認證機制之研究**〔未出版之博士論文〕。國立臺北科技大學。

蕭文智（2019）。**國民小學校長科技領導對學生樂學態度影響之研究——以學校 ICT 運用與教師教學創新為中介變項**〔未出版之博士論文〕。國立清華大學。

賴協志、顏慶祥（2020）。高級中等學校教師正向領導、專業學習社群與學生學習成效關係之研究：參與教師專業發展實踐方案者之觀點。**教育行政與評鑑學刊，28，**1-30。

賴宛靖（2015）。**數位遊戲學習對學生學習成效影響之後設分析**〔未出版之博士論文〕。國立臺灣師範大學。

賴阿福（2014）。資訊科技融入創新教學之教學策略與模式。**國教新知**，**61**（4），28-45。

賴虹霖（2021）。數位教學影音與深刻學習對學生學習成效之影響——以金融審計課程為例。**商管科技季刊**，**22**（3），405-424。

賴慶三、王錦銘（2010）。科學玩具遊戲教學對國小五年級學生學習成效之研究。**科學教育研究與發展季刊**，**56**，29-52。

謝文斌（2012）。**高級中學校長科技領導模式之研究**〔未出版之博士論文〕。國立臺灣師範大學。

謝玉英（2022）。**可信賴數位學習系統之研究**〔未出版之博士論文〕。亞洲大學。

謝芳華（2018）。**桃竹苗地區國民中學教師正向領導與學生學習成就關係之研究**〔未出版之碩士論文〕。國立清華大學。

謝傳崇、王瓊滿（2011）。國民小學校長分佈式領導、教師組織公民行為對學生學習表現影響之研究。**新竹教育大學教育學報**，**28**（1），35-66。

謝傳崇、蕭文智、官柳延（2016）。國民小學校長科技領導、教師教學創新與學生樂學態度關係之研究。**教育研究與發展期刊**，**12**（1），71-104。

鍾佩君（2017 年 7 月）。初探新版柯氏學習評估模式。**評鑑雙月刊**，**68**。
http://epaper.heeact.edu.tw/archive/2017/07/01/6789.aspx

藍玉昇（2013）。從雲端科技淺談教師數位學習資源製作。**臺灣教育評論月刊**，**2**（5），49-57。

顏春煌（2008）。數位教材的製作與實例。**空大學訊**，**394**，73-79。

羅聰欽（2015）。**高級職業學校校長科技領導與學校效能之研究**〔未出版之博士論文〕。國立彰化師範大學。

蘇俊豪（2023）。**以科技接收模式探討繪本產業人員技能培訓的遠距教學之研究——以陳璐茜 Lucy 想像力開發教室為案例**〔未出版之博士論文〕。國立雲林科技大學。

蘇奕娟、林新發（2020）。國民小學校長正向領導、教師專業素養與學生學習成效關係之研究。**教育行政與評鑑學刊，28**，31-68。

二、英文部分

Abduraxmanova, S. A. (2022). Individualization of professional education process on the basis of digital technologies. *World Bulletin of Social Sciences, 8*, 65-67.

Adam, S. (2004, July, 1-2). *Using learning outcomes: A consideration of the nature, role, application and implications for European education of employing 'learning outcomes' at the local, national and international levels,* United Kingdom Bologna Seminar, Heriot-Watt University (Edinburgh Conference Centre) , Edinburgh.

Adam, S. (2006). *An introduction to learning outcomes.* Department of Social and Political Studies at the University of Westminster.

Adawiyah, R., Irawan, F., Zubaidah, S., & Arsih, F. (2023, January). The relationship between creative thinking skills and learning motivation in improving student learning outcomes. In *AIP Conference Proceedings* (Vol. 2569, No. 1, p. 020019). AIP Publishing LLC.

Afshari, M., Bakar, K. A., Fooi, F. S., Luan, W. S., & Samah, B. A. (2008). *School leadership and information communication technology.* (ERIC Document Reproduction Service No. ED503474)

Aidarbekova, K. A., Abildina, S. K., Odintsova, S. A., Mukhametzhanova, A. O., & Toibazarova, N. A. (2021). Preparing future teachers to use digital educational resources in primary school. *World Journal on Educational Technology: Current Issues, 13*(2), 188-200.

Akcil, U., Aksal, F. A., Mukhametzyanova, F. S., & Gazi, Z. A. (2017). An examination of open and technology leadership in managerial practices of education system. *EURASIA Journal of Mathematics, Science and Technology Education, 13*(1), 119-131.

Aldowah, H., Rehman, S. U., Ghazal, S., Umar, I. N. (2017). Internet of things in higher education: A study on future learning. *Journal of Physics, 892*(1), 012017. https://doi.org/10.1088/1742-6596/892/1/012017

Alenezi, M. (2023). Digital learning and digital institution in higher education. *Education Sciences, 13*(1), 88.

Ally, M. (2019). Competency profile of the digital and online teacher in future education. *International Review of Research in Open and Distributed Learning, 20*(2).

Anderson, R. E., & Dexter, S. L. (2000). *School technology leadership: Incidence and impact.* UC Irvine.

Antara, I. G. W. S., & Dewantara, K. A. K. (2022). E-Scrapbook: The Needs of HOTS Oriented Digital Learning Media in Elementary Schools. *Journal for Lesson and Learning Studies, 5*(1), 71-76.

Anthonysamy, L., Koo, A. C., & Hew, S. H. (2020). Self-regulated learning strategies in higher education: Fostering digital literacy for sustainable lifelong learning. *Education and Information Technologies, 25*, 2393-2414.

Antonietti, C., Cattaneo, A., & Amenduni, F. (2022). Can teachers' digital competence influence technology acceptance in vocational education?. *Computers in Human Behavior, 132*, 107266.

Apsorn, A., Sisan, B., & Tungkunanan, P. (2019). Information and Communication Technology Leadership of School Administrators in Thailand. *International Journal of Instruction, 12*(2), 639-650.

Association for Educational Communications and Technology (1977). The definition of educational technology: A summary. In *The definition of educational technology*, 1-16. D.C.: AECT.

Banoğlu, K., Vanderlinde, R., Çetin, M., & Aesaert, K. (2023). Role of School Principals' Technology Leadership Practices in Building a Learning Organization Culture in Public K-12 Schools. *Journal of School Leadership, 33*(1), 66-91.

Bessarab, A., Turubarova, A., Gorshkova, G., Antonenko, I., & Rukolyanska, N. (2022). Creating a digital institution of higher education: Theory and practice. *Revista Eduweb, 16*(3), 106-120.

Beytekin, O. F. (2014). High school administrators' perception of their technology leadership preparedness. *Educational Research and Review. 9*(14), 441-446.

Bjørgen, A. M., Fritze, Y., & Haugsbakk, G. (2021). Dealing with increased complexity. Teachers' reflections on the use of tablets in school. *Pedagogies: An International Journal,* 1-16. https://doi.org/10.1080/1554480x.2021.1897010.

Bluestein, S. B., & Goldschmidt, P. (2021). Principal effects on academic progress over time and the potential effects of school context and principal leadership practices. *Journal of School Administration Research and Development, 6*(1), 12-23.

Bohari, N. M., Jamal, A. H., & Mohamad, N. (2021). *Life Long Learning: The Important and Future Change in Education.* Universiti Teknologi Malaysia.

Bowden, J. L. H., Tickle, L., & Naumann, K. (2021). The four pillars of tertiary student engagement and success: a holistic measurement approach. *Studies in Higher Education, 46*(6), 1207-1224.

Byers, T., Mahat, M., Liu, K., Knock, A., & Imms, W. (2018). *Systematic Review of the Effects of Learning Environments on Student Learning Outcomes.* University of Melbourne, LEaRN. http://www.iletc.com.au/publications/reports

Castañeda, L., Esteve-Mon, F. M., Adell, J., & Prestridge, S. (2021). International insights about a holistic model of teaching competence for a digital era: the digital teacher framework reviewed. *European Journal of Teacher Education,* 1-20.

Chang, I. H. (2012). The effect of principals' technological leadership on teachers' technological literacy and teaching effectiveness in Taiwanese elementary schools. *Educational Technology & Society, 15*(2), 328-340.

Chen, J. A., Metcalf, S. J., & Tutwiler, M. S. (2014). Motivation and beliefs about the nature of scientific knowledge within an immersive virtual ecosystems environment. *Contemporary Educational Psychology, 39*(2), 112-123. https://doi.org/10.1016/j.cedpsych.2014.02.004

Chi, M. T. & Wylie, R.(2014). The icap framework: Linking cognitive engagement to active learning outcomes. *Educational psychologist, 49*(4):219-243, 2014.

Clark-Wilson, A., Robutti, O., & Thomas, M. (2020). *Teaching with digital technology. Zdm, 52*(7), 1223-1242.

Claro, M., Salinas, Á., Cabello-Hutt, T., San Martín, E., Preiss, D. D., Valenzuela, S., & Jara, I. (2018). Teaching in a Digital Environment (TIDE): Defining and measuring teachers' capacity to develop students' digital information and communication skills. *Computers & Education, 121,* 162-174.

Cloete, A. L. (2017). Technology and education: Challenges and opportunities. *HTS: Theological Studies, 73*(3), 1-7.

Colás-Bravo, P. C. B., Conde-Jiménez, J. C. J., Reyes-de, S. R. D. C., Colás-Bravo-Bravo, P., Conde-Jiménez, J., & Reyes-de-Cózar, S. (2019). The development of the digital teaching competence from a sociocultural approach. *Comunicar. Media Education Research Journal, 27*(2).

Cosi, A., Voltas, N., Lázaro-Cantabrana, J. L., Morales, P., Calvo, M., Molina, S., & Quiroga, M. Á. (2020). Formative assessment at university through digital technology tools. *Profesorado, revista de currículum y formación del profesorado, 24*(1), 164-183.

Darling-Hammond, L. (2000). Teacher quality and student achievement: A review of state policy evidence. *Education Policy Analysis Archives, 8*(1). Retrieved August 22, 2008, from http://epaa.asu.edu/epaa/v8n1/

Decuypere, M., Grimaldi, E., & Landri, P. (2021). Introduction: Critical studies of digital education platforms. *Critical Studies in Education, 62*(1), 1-16.

Demsey, J., Reiser, R., Branch, R. M., & Gustafson, K. L. (2008). *Instructional design review.* http://idetel.blogspot.com/2008/02/trends-and-issues-chapter-1.html

Dhawan, S. (2020). Online learning: A panacea in the time of COVID-19crisis. *Journal of Educational Technology Systems, 49*(1), 5-22. https://doi.org/10.1177/0047239520934018

Djamarah, S. B. (2004). *Strategi Belajar Mengajar*. Rineka Cpita.

Dörner, K., & Edelman, D. (2015). What 'digital' really means. *McKinsey & company*.

Educational Testing Services (2013). *About the SIR II: Student Instructional Report*. http://www.ets.org/sir_ii/about.

Edwards, A. (2005). Let's get beyond community and practice: the many meanings of learning by participating. *Curriculum journal, 16*(1), 49-65.

Eli Yuliansih, Y., & Wahidy, A. (2021). The influence of learning media and learning interests on student learning outcomes. *Journal IICET , 6*(2), 411-417.

Elmurzaevich, M. A. (2022, February). Use of cloud technologies in education. In *Conference Zone* (pp. 191-192).

Engeström, Y., & Sannino, A. (2010). Studies of expansive learning: Foundations, findings and future challenges. *Educational research review, 5*(1), 1-24.

Eom, S. B., & Ashill, N. (2016). The determinants of students' perceived learning outcomes and satisfaction in university online education: An update. *Decision Sciences Journal of Innovative Education, 14*(2), 185-215.

Erstad, O., Kjällander, S., & Järvelä, S. (2021). Facing the challenges of 'digital competence' a Nordic agenda for curriculum development for the 21st century. *Nordic Journal of Digital Literacy, 16*(2), 77-87.

Ertmer, P., & Ottenbreit-Leftwich, A. T. (2010). Teacher technology change: How knowledge, confidence, beliefs, and culture intersect. *Journal of Research on Technology in Education, 42*(3), 255-284.

Esplin, N. L. (2017). *Utah elementary school principals' preparation as technology leaders.* [Unpublished doctoral dissertation]. Utah State University. https://digitalcommons.usu.edu/etd/5774

Esteve-Mon, F. M., Llopis-Nebot, M. Á., & Adell-Segura, J. (2020). Digital teaching competence of university teachers: A systematic review of the literature. *IEEE Revista Iberoamericana de Tecnologias del Aprendizaje, 15*(4), 399-406.

European Union (2015). *ECTS users' guide 2015.* EU Bookshop. https://op.europa.eu/en/publication-detail/-/publication/da7467e6-8450-11e5-b8b7-01aa75ed71a1

Evans-Amalu, K., & Claravall, E. B. (2021). Inclusive online teaching and digital learning: Lessons learned in the time of pandemic and beyond. *Journal of Curriculum Studies Research, 3*(1), i-iii.

Fatchurahman, M., Adella, H., & Setiawan, M. A. (2022). Development of Animation Learning Media Based on Local Wisdom to Improve Student Learning Outcomes in Elementary Schools. *International Journal of Instruction, 15*(1), 55-72.

Fewster-Thuente, L., & Batteson, T. J. (2018). Kolb's experiential learning theory as a theoretical underpinning for interprofessional education. *Journal of allied health, 47*(1), 3-8.

Flanagan, L., & Jacobsen, M. (2003). Technology leadership for the twenty-first century principal. *Journal of educational administration, 41*(2),125-142.

Forde, S. L., Gutsche Jr, R. E., & Pinto, J. (2023). Exploring "ideological correction" in digital news updates of Portland protests & police violence. *Journalism, 24*(1), 157-176.

Fraillon, J., Ainley, J., Schulz, W., Duckworth, D., & Friedman, T. (2019). *IEA international computer and information literacy study 2018 assessment framework* (p. 74). Springer Nature.

Fredricks, J. A., Blumenfeld, P. C., & Paris, A. H. (2004). School engagement: Potential of the concept, state of the evidence. *Review of Educational Research, 74*(1), 59-109.

Fu, F.-L., Su, R.-C., & Yu, S.-C. (2009). EGameFlow: A scale to measure learners' enjoyment of e-learning games. *Computers & Education, 52* (1), 101-112.

Gao, R., He, T., Liao, Y., Liu, X., Fan, Y., Su, Y., ... & Mo, L. (2022). An investigation on the academic burden of Chinese students ranging from primary schools to universities based on a word association test in Guangdong Province. *International Journal of Environmental Research and Public Health, 19*(4), 2481.

Gao, Y., Wong, S. L., & Noordin, N. (2022). A bibliometric analysis of online faculty professional development in higher education. *Research and Practice in Technology Enhanced Learning, 17*(1), 1-19.

Garrison, D. R. (2011). *E-Learning in the 21st Century: A Framework for Research and Practice*. Routledge.

Geir, O. (2013). School leadership for ICT and Teachers' Use of Digital Tools. *Nordic Journal of Digital Literacy, 8*, 107-125.

Ghavifekr, S., & Wong, S. Y. (2022). Technology leadership in Malaysian schools: The way forward to education 4.0-ICT utilization and digital transformation. *International Journal of*

Asian Business and Information Management (IJABIM), 13(2), 1-18.

Giannini, S., Jenkins, R., & Saavedra, J. (2020). *Reopening schools: When, where and how? In UNESCO Blogs.* Retrieved May 20, 2020, from https://en.unesco.org/news/reopening-schools-when-where-andhow.

Godhe, A.-L. (2019). Digital Literacies or Digital Competence: Conceptualizations in Nordic Curricula. *Media and Communication, 7*(2), 25-35. https://doi.org/10.17645/mac.v7i2.1888

Goe, L., Bell, C., & Little, O. (2008). Approaches to evaluating teacher effectiveness: A research synthesis. *National Comprehensive Center for Teacher Quality.*

Gouseti, A., Lakkala, M., Raffaghelli, J., Ranieri, M., Roffi, A., & Ilomäki, L. (2023). Exploring teachers' perceptions of critical digital literacies and how these are manifested in their teaching practices. *Educational Review,* 1-35.

Government of Alberta (2023.02.09), *"Information and communication technology, K-12 : rationale and philosophy",* Alberta Learning, Alberta, Canada. https://open.alberta.ca/publications/2458112

Gromova, T. V. (2021). Information technologies significance in higher education in context of its digitalization. *Current Achievements, Challenges and Digital Chances of Knowledge Based Economy,* 19-26.

Hacıfazlıoğlu, Ö., Karadeniz, Ş. & Dalgıç, G. (2010). Views of teachers, administrators and supervisors regarding the technological leadership standards for administrators. *Educational Administration Theory and Practice, 16*, 4, 537-577.

Haleem, A., Javaid, M., Qadri, M. A., & Suman, R. (2022). *Understanding the role of digital technologies in education: A review.* Sustainable Operations and Computers.

Hamidi, F., Meshkat, M., Rezaee, M., & Jafari, M. (2011). Information technology in education. *Procedia Computer Science, 3*, 369-373.

Hamzah, M. I. M., Juraime, F., Hamid, A. H. A., Nordin, N., Attan, N. (2014). Technology leadership and its relationship with school-Malaysia Standard of Education Quality (School-MSEQ). *International Education Studies, 7*(13), 278–285.

Hamzah, N. H., Nasir, M. K. M., & Wahab, J. A. (2021). The Effects of Principals' Digital Leadership on Teachers' Digital Teaching during the COVID-19Pandemic in Malaysia. *Journal of Education and E-Learning Research, 8*(2), 216-221.

Hapsari, A. S., & Hanif, M. (2019). Motion graphic animation videos to improve the learning outcomes of elementary school students. *European Journal of Educational Research, 8*(4), 1245-1255.

Hartikainen, S., Rintala, H., Pylväs, L., & Nokelainen, P. (2019). The concept of active learning and the measurement of learning outcomes: A review of research in engineering higher education. *Education Sciences, 9*(4), 276.

Hermawati, E., Acesta, A., & Noprianti, G. (2023). APPLICATION OF DIGITAL-BASED MEDIA QUIZZZ TO STUDENT LEARNING OUTCOMES IN PANDEMI TIME. *Journal Of Educational Experts (JEE), 6*(1), 20-27.

Hernez-Broome, G., & Hughes, R. J. (2004). Leadership development: Past, present, and future. *Human resource planning, 27*(1).

Hobbs, R. and Coiro, J., (2016). Everyone learns from everyone. *Journal of Adolescent and Adult Literacy, 59*(6), pp.623-629.

House, J. D. (2006). Mathematics beliefs and achievement of elementary school students in Japan and the United States: Results from the Third International Mathematics and Science Study. *The Journal of genetic psychology, 167*(1), 31-45.

Hsieh, C. C., Yen, H. C., & Kuan, L. Y. (2014). *The Relationship among Principals' Technology Leadership, Teaching Innovation, and Students' Academic Optimism in Elementary Schools.* International Association for the Development of the Information Society.

Huamán-Romaní, Y. L., Carrasco-Choque, F., Maquera-Flores, E. A., Lázaro-Guillermo, J. C., & Kuaquira-Huallpa, F. (2022). Level of Digital Teaching Competence on the Verge of the Post Pandemic. *International Journal of Emerging Technologies in Learning, 17*(14). https://doi.org/10.3991/ijet.v17i14.31039

Isroani, F., Jaafar, N., & Muflihaini, M. (2022). Effectiveness of E-Learning Learning to Improve Student Learning Outcomes at Madrasah Aliyah. *International Journal of Science Education and Cultural Studies, 1*(1), 42-51.

ISTE (2023, May 8). *ISTE STANDARDS: EDUCATORS.* International Society for Technology in Education (ISTE). https://www.iste.org/standards/iste-standards-for-teachers

Jannah, M., Prasojo, L. D., & Jerusalem, M. A. (2020). Elementary school teachers' perceptions of digital technology based learning in the 21st century: promoting digital technology as the proponent learning tools. *Jurnal Pendidikan Guru MI, 7*(1), 1-18.

Januszewski, A., & Molenda, M. (Eds.). (2013). *Educational technology: A definition with commentary.* Routledge.

Junjunan, M. I., Nawangsari, A. T., & Hanun, N. R. (2021). New Normal: Learning from Home, the Availability of Information

Technology and e-Learning Implementation as a Determinant of Accounting Students' Understanding. *Jurnal Ilmiah Akuntansi, 6*(1),66. https://doi.org/10.23887/jia.v6i1.30897

Keengwe, J., Kidd, T., & Kyei-Blankson, L. (2009). Faculty and technology: Implications for faculty training and technology leadership. *Journal of Science Education and Technology, 18*(1), 23-28.

Kline. (2011). *Principals and practice of structural equation modeling* (3rd ed.). The Guilfor Press.

Koehler, M. J., Mishra, P., & Cain, W. (2013). What is technological pedagogical content knowledge (TPACK)?. *Journal of education, 193*(3), 13-19.

KORKMAZ, Ö., KUTLU, A. Ö., & YAVUZ, Ş. (2022). Trends in' Technology Leadership' Research in Education: Scoping Review. *Journal of Teacher Education and Lifelong Learning, 4*(1), 12-33.

Krumsvik, R.J. (2014). Teacher educators' digital competence. *Scandinavian Journal of Educational Research, 58*(3), 269-280. http://dx.doi.org/10.1080/00313831.2012.726273.

Kundu, A., & Bej, T. (2021). COVID-19 response: An analysis of teachers' perception on pedagogical successes and challenges of digital teaching practice during new normal. *Education and information technologies,* 1-24.

Leithwood, K., Seashore, K., Anderson, S., & Wahlstrom, K. (2004). Review of research: How leadership influences student learning.

Levin, B. B., & Schrum, L. (2013). Using systems thinking to leverage technology for school improvement: Lessons learned from award-winning secondary Schools/Districts. *Journal of Research on Technology in Education, 46*(1),29-51.

Li, C. (2010). *Open Leadership: How social technology can transform the way you lead.* (1st ed). A Wiley Imprint.

Li, J., & Xue, E. (2023). Dynamic Interaction between Student Learning Behaviour and Learning Environment: Meta-Analysis of Student Engagement and Its Influencing Factors. *Behavioral Sciences, 13*(1), 59.

Lin, M. H., & Chen, H. G. (2017). A study of the effects of digital learning on learning motivation and learning outcome. *Eurasia Journal of Mathematics, Science and Technology Education, 13*(7), 3553-3564.

Lohr, A., Stadler, M., Schultz-Pernice, F., Chernikova, O., Sailer, M., Fischer, F., & Sailer, M. (2021). On powerpointers, clickerers, and digital pros: Investigating the initiation of digital learning activities by teachers in higher education. *Computers in Human Behavior, 119*, 106715.

Macià, M., & Garcia, I. (2017). Properties of teacher networks in Twitter: Are they related to community-based peer production?. *International review of research in open and distributed learning, 18*(1), 110-140.

Maher, A. (2004). Learning outcomes in higher education: Implications for curriculum design and student learning. *Journal of Hospitality, Leisure, Sport and Tourism Education, 3*(2), 46-54.

Manan, M., Fazman, F., & Kamarudin, K. (2023). The Effect of Role Playing Method on Student Learning Outcomes in Social Studies Lessons in Grade IV Elementary School. Riwayat: *Educational Journal of History and Humanities, 6*(1).

Marín, V. I., & Castaneda, L. (2023). Developing Digital Literacy for Teaching and Learning. Handbook of Open, Distance and Digital Education, 1089.

Mark, S. (2022, June 15). *Leadership of the Future.* https://leadership501.com/leadership-of-the-future/19/

Maru, M. G., Tamowangkay, F. P., Pelenkahu, N., & Wuntu, C. (2022). Teachers' perception toward the impact of platform used in online learning communication in the eastern Indonesia. *International Journal of communication and Society, 4*(1), 59-71.

McCormick, R. (2004). Issues of learning and knowledge in technology education. *International Journal of Technology and Design Education, 14*(1), 21-44.

Means, A. J. (2019). Platform urbanism, creativity, and the new educational futurism. *Educational Theory, 69*(2), 205-223.

Meinokat, P., & Wagner, I. (2021). Causes, prevention, and interventions regarding classroom disruptions in digital teaching: A systematic review. *Education and Information Technologies,* 1-28.

Meirovitz, T., Russak, S., & Zur, A. (2022). English as a foreign language teachers' perceptions regarding their pedagogical-technological knowledge and its implementation in distance learning during COVID-19. *Heliyon, 8*(4), e09175.

Mezirow, J. (2018). Transformative learning theory. In *Contemporary theories of learning* (pp. 114-128). Routledge.

Mohd, I. M. H., Faridah J. & Azlin N. M. (2016). Malaysian principals' technology leadership practices and curriculum management. *Creative Education, 7*, 922-930.

Molnár, G., & Hermann, Z. (2023). Short-and long-term effects of COVID-19 related kindergarten and school closures on first-to eighth-grade students' school readiness skills and mathematics, reading and science learning. *Learning and Instruction, 83*, 101706.

Moorhouse, B. L., & Wong, K. M. (2022). Blending asynchronous and synchronous digital technologies and instructional approaches to facilitate remote learning. *Journal of Computers in Education, 9*(1), 51-70.

Morehead, W. R., Schuler, J. R., & Yokley, J. L. (2015). *A problem based learning project investigating Missouri secondary administrator preparedness for technology leadership and management* (Doctoral dissertation, Saint Louis University).

Namoun, A., & Alshanqiti, A. (2020). Predicting student performance using data mining and learning analytics techniques: A systematic literature review. *Applied Sciences, 11*(1), 237.

Ntoumanis, N. (2005). A prospective study of participation in optional school physical education using a Self-determination theory framework. *Journal of Educational Psychology, 97*, 444-453.

OECD(2018). *Handbook-PISA-2018-Global-Competence.* OECD. https://www.oecd.org/pisa/Handbook-PISA-2018-Global-Competence.pdf

Olimov, S. S., & Mamurova, D. I. (2022). Information Technology in Education. *Pioneer: Journal of Advanced Research and Scientific Progress, 1*(1), 17-22.

Oliveira, K. K. D. S., & de SOUZA, R. A. (2022). Digital transformation towards education 4.0. *Informatics in Education, 21*(2), 283.

Organisation for Economic Co-operation and Development. (2020). *What students learn matters: Towards a 21st century curriculum.* Author. https://doi.org/10.1787/d86d4d9a-en

Paolini, A. (2015). Enhancing Teaching Effectiveness and Student Learning Outcomes. *Journal of effective teaching, 15*(1), 20-33.

Papa, R. (2011). *Technology leadership for school improvement*. Sage.

Pratiwi, A., & Sumarna, A. (2023, January). The Influence of Emotional Intelligence, Availability of Information Technology, Application of E-Learning, Class Size, and Machiavellism on Accounting Student's Online Learning Outcomes. In *Proceedings of the 4th International Conference on Applied Economics and Social Science, ICAESS 2022, 5 October 2022, Batam, Riau Islands, Indonesia*.

Prensky, M. (2005). Listen to the natives. *Educational Leadership, 63*(4), 8-13.

Prinsloo, P., Slade, S., & Khalil, M. (2022). The answer is (not only) technological: Considering student data privacy in learning analytics. *British Journal of Educational Technology, 53*(4), 876-893.

Qiao, S., Yeung, S. S. S., Zainuddin, Z., Ng, D. T. K., & Chu, S. K. W. (2023). Examining the effects of mixed and non-digital gamification on students' learning performance, cognitive engagement and course satisfaction. *British Journal of Educational Technology, 54*(1), 394-413.

Qiu, C. A., He, H. X., Chen, G. L., & Xiong, M. X. (2022). Pre-service teachers' perceptions of technological pedagogical content knowledge in mainland China: A survey of teachers of Chinese as a second language. *Education and Information Technologies, 27*(5), 6367-6391.

Rachmadtullah, R., Setiawan, B., Wasesa, A. J. A., & Wicaksono, J. W. (2023). Elementary school teachers' perceptions of the potential of metaverse technology as a transformation of interactive learning media in Indonesia. *International Journal of Innovative Research and Scientific Studies, 6*(1), 128-136.

Raman, A., & Thannimalai, R. (2019). Importance of technology leadership for technology integration: Gender and professional development perspective. *SAGE Open, 9*(4), 2158244019893707.

Raman, A., Thannimalai, R., & Ismail, S. N. (2019). Principals' Technology Leadership and Its Effect on Teachers' Technology Integration in 21st Century Classrooms. *International Journal of Instruction, 12*(4), 423-442.

Ramírez-Montoya, M.-S., Mena, J., & Rodríguez-Arroyo, A. (2017). In-service teachers' self-perceptions of digital competence and OER use as determined by a xMOOC training course. *Computers in Human Behavior, 77,* 356-364. https://doi.org/10.1016/j.chb.2017.09.010

Rao, N., Moely, B. E., & Sachs, J. (2000). Motivational beliefs, study strategies, and mathematics attainment in high- and low-achieving Chinese secondary school students. *Contemporary Educational Psychology, 25*, 287-316.

Rasa, T., & Laherto, A. (2022). Young people's technological images of the future: implications for science and technology education. *European Journal of Futures Research, 10*(1), 1-15.

Reed, D. S. (2003). Systemic technology infusion: Effects on teachers and students (Doctoral dissertation, University of Virginia, 2003). *Dissertation Abstracts International, 64*(1), 119.

Reyes, L. H., & Stanic, G. M. A. (1988). Race, sex, socioeconomic status, and mathematics. *Journal for Research in Mathematics Education, 19*, 26-43.

Robertson, S. L. (2021). Provincializing the OECD-PISA global competences project. *Globalisation, Societies and Education, 19*(2), 167-182.

Robinson, K., & Aronica, L. (2016). *Creative schools: The grassroots revolution that's transforming education.* Penguin books.

Roblyer, M. & Doering (2014). *Integrating educational technology into teaching.* Harlow:Pearson.

Rogers, F. H., & Sabarwal, S. (2020). *The COVID-19Pandemic: Shocks to Education and Policy Responses* (No. 148198, pp. 1-56). The World Bank. Available online: http://documents1.worldbank.org/curated/en/3658015886014669 66/pdf/The-COVID-19-Pandemic-Shocks-to-Education-and-Policy-Responses.pdf

Saihu, S. (2020). The Effect of Using Talking Stick Learning Model on Student Learning Outcomes in Islamic Primary School of Jamiatul Khair, Ciledug Tangerang. *Tarbawi: Jurnal Keilmuan Manajemen Pendidikan, 6*(01), 61-68.

Sailer, M., Murböck, J., & Fischer, F. (2021). Digital learning in schools: What does it take beyond digital technology?. *Teaching and Teacher Education, 103*, 103346.

Sánchez-Prieto, J., Trujillo-Torres, J.M., Gómez-García, M., Gómez-García, G. (2021) Incident factors in the sustainable development of digital teaching competence in dual vocational education and training teachers. *European Journal of Investigation in Health, Psychology and Education, 11* (3), 758-769. https://doi.org/10.3390/ejihpe11030054

Sanders, M., & George, A. (2017). Viewing the changing world of educational technology from a different perspective: Present realities, past lessons, and future possibilities. *Education and Information Technologies, 22*(6), 2915-2933.

Sari, Y., Sari, R. P., Sumantri, M. S., & Marini, A. (2021, March). Development of digital comic for science learning in elementary school. *In IOP Conference Series: Materials Science and Engineering* (Vol. 1098, No. 3, p. 032060). IOP Publishing.

Scherer, R., Howard, S. K., Tondeur, J., & Siddiq, F. (2021). Profiling teachers' readiness for online teaching and learning in higher education: Who's ready?. *Computers in human behavior, 118*, 106675.

Shen, J., Ma, X., Mansberger, N., Wu, H., Palmer, L. A. B., Poppink, S., & Reeves, P. L. (2021). The relationship between growth in principal leadership and growth in school performance: The teacher perspective. *Studies in Educational Evaluation, 70*. https://doi.org/10.1016/j.stueduc.2021.101023

Sholekah, S., Suad, S., Madjdi, A. H., & Pratama, H. (2023). Influences of gadgets on students' learning achievement for elementary school. *Advances in Mobile Learning Educational Research, 3*(1), 541-547.

Shomirzayev, M. K. (2022, April). Developing Educational Technologies In School Technology Education. *In Next Scientists Conferences* (pp. 14-23).

Skantz-Åberg, E., Lantz-Andersson, A., Lundin, M., & Williams, P. (2022). Teachers' professional digital competence: an overview of conceptualisations in the literature. *Cogent Education, 9*(1), 2063224.

Speedy & Brown (2014). *Technology Leadership in Education.* http://imet.csus.edu/imet1/mica/AR_Project_Final.pdf

Sri, U. (2021). Problem Based Technology and Science Development to Improve Science Learning Outcomes in Elementary Schools. *ANP Journal of Social Science and Humanities, 2*(2), 151-156.

Starkey, L. (2020). A review of research exploring teacher preparation for the digital age. *Cambridge Journal of Education, 50*(1), 37-56.

Suroso, A., Hendriarto, P., MR, G. N. K., Pattiasina, P. J., & Aslan, A. (2021).Challenges and opportunities towards Islamic cultured generation: sociocultural analysis. *Linguistics and Culture Review, 5*(1), 180-194.

Susanto, R., Rachmadtullah, R., & Rachbini, W. (2020). Technological and pedagogical models: Analysis of factors and measurement of learning outcomes in education. *Journal of Ethnic and Cultural Studies, 7*(2), 1-14. https://doi.org/10.29333/ejecs/311

Susilawati, E., Lubis, H., Kesuma, S., & Pratama, I. (2022). Antecedents of Student Character in Higher Education: The role of the Automated Short Essay Scoring (ASES) digital technology-based assessment model. *Eurasian Journal of Educational Research, 98*(98), 203-220.

Suwarto, D. H., Setiawan, B., & Machmiyah, S. (2022). Developing digital literacy practices in Yogyakarta elementary schools. *Electronic Journal of e-Learning, 20*(2), pp101-111.

Suzana, S., Munajim, A., Casta, C., Pratama, G., Sulaeman, E., Sukarnoto, T., ... & Karim, A. (2020). Gadget and the internet for early childhood distance learning. *PalArch's Journal of Archaeology of Egypt/Egyptology, 17*(7), 8019-8028.

Thomson, S., & Hillman, K. (2019). The Teaching and Learning International Survey 2018. Australian Report Volume 1: Teachers and School Leaders as Lifelong Learners.

Trinidad, J. E. (2019). Stable, unstable, and later self-expectations' influence on educational outcomes. *Educational Research and Evaluation, 25*, 163-178. doi:10.1080/13803611.2019.1676789

Turchi, L. B., Bondar, N. A., & Aguilar, L. L. (2020, November). What really changed? Environments, instruction, and 21st century tools in emergency online English language arts teaching in United States schools during the first pandemic response. *Frontiers in Education* (Vol. 5, p. 583963). Frontiers Media SA.

Urakova, F. K., Ishmuradova, I. I., Kondakchian, N. A., Akhmadieva, R. S., Torkunova, J. V., Meshkova, I. N., & Mashkin, N. A. (2023). Investigating digital skills among Russian higher education students. *Contemporary Educational Technology, 15*(1), ep398.

Vallerand, R. J. (2001). A hierarchical model of intrinsic and extrinsic motivation in sport and exercise. In G. C. Roberts (Ed.), *Advances in motivation in sport and exercise* (pp.263-320). Human Kineties.

Viberg, O., Mavroudi, A., Khalil, M., & Bälter, O. (2020). Validating an instrument to measure teachers' preparedness to use digital technology in their teaching. *Nordic Journal of Digital Literacy, 15*(1), 38-54.

Vongkulluksn, V. W., Xie, K., & Bowman, M. A. (2018). The role of value on teachers' internalization of external barriers and externalization of personal beliefs for classroom technology integration. *Computers & Education, 118*, 70-81. https://doi.org/10.1016/j.compedu.2017.11.009

Vygotsky, L. S. (1978). *Mind in society: The development of higher psychological processes*. Harvard University Press.

Wahono, B., Lin, P. L., & Chang, C. Y. (2020). Evidence of STEM enactment effectiveness in Asian student learning outcomes. *International Journal of STEM Education, 7*, 1-18.

Wertsch, J. V. (1993). *Voices of the mind: Sociocultural approach to mediated action*. Harvard University Press.

Wright, R. J., & Lesisko, L. J. (2007). *The Preparation and Role of Technology Leadership for the Schools.* Online Submission.

Xie, K., Di Tosto, G., Chen, S. B., & Vongkulluksn, V. W. (2018). A systematic review of design and technology components of educational digital resources. *Computers & Education, 127*, 90-106. https://doi.org/10.1016/j.compedu.2018.08.011

Xie, K., Nelson, M. J., Cheng, S. L., & Jiang, Z. (2021). Examining changes in teachers' perceptions of external and internal barriers in their integration of educational digital resources in K-12 classrooms. *Journal of Research on Technology in Education,* 1-26.

Yahşi, Ö., & Hopcan, S. (2021). Reviewing The Structural Relationship Among the Technology Leadership, Technostress and Technology Acceptance of School Administrators. *Anemon Muş Alparslan Üniversitesi Sosyal Bilimler Dergisi, 9*(6), 1781-1797.

Yeung, K. L., Carpenter, S. K., & Corral, D. (2021). A comprehensive review of educational technology on objective learning outcomes in academic contexts. *Educational psychology review, 33*(4), 1583-1630. https://doi.org/10.1007/s10648-020-09592-4

York-Barr, J., & Duke, K. (2004) .What do we know about teacher leadership? Findings from two decades of scholarship. *Review of Educational Research, 74*(3), 255-316. https://doi:10.3102/00346543074003255

Yorulmaz, A., & Can, S. (2016). The technology leadership competencies of elementary and secondary school directors. *Educational Policy Analysis and Strategic Research, 11*(1), 47-61.

Youssef, A. Ben, Dahmani, M., & Ragni, L. (2022). ICT use, digital skills and students' academic performance: Exploring the digital

divide. *Information (Switzerland), 13*(3), 1-19.
https://doi.org/10.3390/info13030129

Zhang, K., & Aslan, A. B. (2021). *AI technologies for education: Recent research & future directions.* Computers and Education: Artificial Intelligence, 2, 100025.

Zhang, Y., Lee, K. C. S., & Adams, D. (2021). Visualizing Research in Educational Technology Leadership using CiteSpace. *International Online Journal of Educational Leadership, 5*(1), 61-77.

Zhang, Z., & Fan, L. (2014, January). Research on negative influence and strategies of multimedia education in universities. In *2014 International Conference on Education Reform and Modern Management (ERMM-14)* (pp. 165-168). Atlantis Press. https://doi.org/10.2991/ermm-14.2014.46

三、網路部分

吳凱琳（2011 年 4 月 28 日）。**如何有效的進行績效評估**。天下雜誌。https://www.cw.com.tw/article/5005474

李定宇（2023 年 3 月 3 日）。**新世代校長跨域領航——新北市宣示啟動教育數位轉型**。聯合新聞網。
https://udn.com/news/story/7323/7006434

教育部（2014 年 11 月）。**十二年國民基本教育課程綱要——總綱**。教育部。
https://www.naer.edu.tw/upload/1/16/doc/288/%E5%8D%81%E4
%BA%8C%E5%B9%B4%E5%9C%8B%E6%95%99%E8%AA%B
2%E7%A8%8B%E7%B6%B1%E8%A6%81%E7%B8%BD%E7%B
6%B1.pdf

教育部（2017 年 5 月 14 日）。**即時新聞——教育部針對前瞻基礎建設計畫之數位建設「推動資訊教育及數位學習創新應用」說明**。教育部。

https://www.edu.tw/News_Content.aspx?n=9E7AC85F1954DDA8&s=B04E098EB44564C6

教育部（2019 年 6 月 28 日）。**國民小學及國民中學學生成績評量準則**。教育部主管法規查詢系統。
https://edu.law.moe.gov.tw/LawContent.aspx?id=FL008949

教育部（2020 年 5 月）。**中小學國際教育白皮書 2.0**。教育部。
https://ws.moe.edu.tw/001/Upload/3/relfile/6315/77269/363645da-b0a9-403d-b9bb-7487a3da8e33.pdf

教育部（2022 年 3 月 25 日）。**「數位素養」知多少？家長們為孩子們把關網路「不當內容」必讀！**。教育部。
https://isafe.moe.edu.tw/article/2548?user_type=4&topic=9

教育部（2022 年 4 月 6 日）。**教育部鼓勵教師參與數位增能工作坊，提升數位教學能力**。教育部。
https://www.edu.tw/News_Content.aspx?n=9E7AC85F1954DDA8&s=927E582BF66913FA

教育部（2022 年 11 月 10 日）。**縮減數位落差計畫**。教育部。
https://itaiwan.moe.gov.tw/file-download.php?type=plan&id=29

教育部（2022 年 11 月 11 日）。**教育部建立校園數位科技教學計畫**。教育部。
https://ws.moe.edu.tw/001/Upload/9/relfile/0/5917/375e0825-f455-4d00-8871-5496b2f77e00.pdf

教育部（2022 年 11 月 9 日）。**110 至 111 年數位學習推動計畫**。教育部。
https://www.edu.tw/News_Content.aspx?n=0217161130F0B192&s=F679D15389E71BD6

教育部（2022 年 6 月 10 日）。**12 年國教／課程綱要**。教育部。
https://12basic.edu.tw/12about-3.php

教育部（2023 年 6 月 10 日）。**教育統計處**。教育部。
　　https://depart.moe.edu.tw/ED4500/News21.aspx?n=B31EC9E6E5
　　7BFA50&sms=0D85280A66963793

資優生品格培育系統（2023 年 3 月 19 日）。**如何改變孩子的學習
　　態度？4 步驟引導孩子熱愛學習**。資優生品格培育系統。
　　https://www.geniuskidgroup.com/knowledge/youth-potential-
　　development/4-steps-to-improve-children-learning-attitude

附　錄

附錄一　國民小學校長科技領導、教師數位教學能力與學生學習成效關係之研究調查問卷（專家效度）

國民小學校長科技領導、教師數位教學能力與學生學習成效關係之研究調查問卷（專家效度）

敬愛的老師您好：

　　感謝您在百忙中撥空填寫這份問卷。本問卷的目的在了解國民小學校長科技領導、教師數位教學能力與學生學習成效的情形，問卷中的題目並無標準答案，請依照您個人的想法及狀況填答。問卷所得資料僅供學術研究之用，絕對保密，請您放心填答。

　　請您先填寫「基本資料」後，再逐題填答。您的意見非常寶貴，若是沒有您的協助，本書將難以完成，衷心感謝您。

　　敬祝

教　安

　　　　國立暨南國際大學
　　　　　教育政策與行政學系（所）

指導教授：蔡金田　博士
博士候選人：沈秋宏　敬上

中　華　民　國　111 年　12 月

壹、基本資料

基本資料為教師個人及學校背景資料，主要在了解填答者屬性及其工作環境狀況。

一、性別：□（1）男　□（2）女
　　□適用 7　□修正　□刪除
　　修正意見：

二、年齡：□21-30 歲　□31-40 歲　□41-50 歲　□50 歲以上
　　□適用 2　□修正 5　□刪除
　　修正意見：50 歲以上，修正為 51 歲以上。

三、最高學歷：
　　□師專、師範或教育大學　□一般大學　□碩士以上（含 40 學分班）
　　□適用 4　□修正 3　□刪除
　　修正意見：師範修正為師院。

四、教學年資：□未滿 10 年　□11-20 年　□21-30 年　□31 年以上
　　□適用 7　□修正　□刪除
　　修正意見：

五、在校擔任職務：□科任教師　□級任導師　□教師兼行政工作
　　□適用 7　□修正　□刪除
　　修正意見：

六、學校位置：
　　□都市區（含院、省、縣轄市）　□一般鄉鎮區　□偏遠（含山區）
　　□適用 7　□修正　□刪除
　　修正意見：

七、學校規模：□12 班以下　□13-48 班　□49 班以上
　　□適用 7　□修正　□刪除
　　修正意見：

八、學校區域：□北臺灣□中臺灣□南臺灣□東臺灣

□適用 4　□修正 3　□刪除

修正意見：<u>學校區域要標示所涵蓋的縣市；標上縣市；要有縣市。</u>

貳、填答說明

一、本問卷共分三大部分：

（一）科技領導問卷量表、（二）教師數位教學能力問卷量表、（三）學生學習成效問卷量表

二、本問卷共 62 個題目，請就您的知覺與感受，在適當的選項□內打 V，計分方式是根據受試者對每一題的同意程度，由「非常不同意」、「不同意」、「普通」、「同意」、「非常同意」，五個等級填答反應，分別給予一分、二分、三分、四分、五分。

參、問卷內容

一、校長科技領導問卷量表

校長科技領導問卷量表分成「校長科技領導技巧與素養」、「提升學校教學成效」以及「營造數位科技情境」等三個構面。

校長必須綜觀教育趨勢與變革，扮演科技領導的角色，具備科技領導之技巧與素養，凝聚成員科技願景，並鼓勵組織成員學習科技、善用科技，將科技與課程教學相結合，完善教學任務與課程設計，同時整合科技相關資源，強化科技接受度和科技實踐的領導行為，營造有利的數位科技情境。

（一）校長科技領導技巧與素養

1. 校長能具備科技領導的理念，因應科技趨勢，掌控科技資訊持續改革學校。

　　□適用 7　□修正　□刪除

　　修正意見：

2. 校長能落實科技領導技巧，帶領導學校成員凝聚科技共識與承諾。

□適用5　□修正2　□刪除

修正意見：<u>帶領導學校成員，刪除導字。</u>

3. 校長具備資訊科技素養，運用領導策略達成組織願景。

□適用5　□修正2　□刪除

修正意見：<u>校長能具備資訊科技素養，運用領導策略達成組織願景。</u>

4. 校長能親自示範使用科技工具，使教師認同科技是有價值的教學輔助工具。

□適用7　□修正　□刪除

修正意見：

5. 校長能利用科學數據在領導上作決定，善用網路或資訊科技工具蒐集相關資料，作為決策之參考。

□適用7　□修正　□刪除

修正意見：

6. 校長能夠運用科技作出前瞻性的判斷，並能使用科技工具解決問題的能力。

□適用6　□修正1　□刪除

修正意見：<u>校長能夠運用科技作出前瞻性的判斷，並能具備使用科技工具解決問題的能力。</u>

（二）提升教師教學成效

1. 校長能鼓勵教師學習、運用科技，以科技創新的方式將融入於課程與教學中。

□適用4　□修正3　□刪除

修正意見：<u>校長能鼓勵教師學習、運用科技，以科技創新的方式融入課程與教學中。</u>

2. 校長能如期舉行備課、觀課以及議課，提升教師科技融入教學之能力。

□適用7　□修正　□刪除

修正意見：

3. 校長能幫助老師使用科技，發展學校校訂課程與教學的能力，並評估和修正教學模式。

□適用 7　　□修正　　□刪除

修正意見：

4. 校長定期舉辦各項科技教學活動，激發學生學習科技的潛能，並給予正向的回饋。

　　□適用 6　　□修正 1　　□刪除

　　修正意見：<u>校長能定期舉辦各項科技教學活動，激發學生學習科技的潛能，並給予正向的回饋。</u>

5. 校長能運用科技性的知識管理，<u>塑造學校成為科技型的學習型組織。</u>

　　□適用 7　　□修正　　□刪除

　　修正意見：

6. 校長能因應科技變革趨勢，掌控科技技術持續改革學校，致力於組織目標的達成。

　　□適用 7　　□修正　　□刪除

　　修正意見：

7. 校長能夠帶領同仁凝聚科技共識，一起形塑學校科技願景與計畫。

　　□適用 7　　□修正　　□刪除

　　修正意見：

（三）營造數位科技情境

1. 校長能整合校內科技人力與物力資源，支援學校教育發展。

　　□適用 7　　□修正　　□刪除

　　修正意見：

2. 校長能引進數位教學、雲端教學平臺或其他資訊科技教育發展之運用。

　　□適用 7　　□修正　　□刪除

　　修正意見：

3. 校長能夠結合學校外部科技資源，與社區、家庭進行科技合作，並建立良好的公共關係。

　　□適用 7　　□修正　　□刪除

修正意見：

4. 校長能積極充實學校資訊科技軟硬體設施，有效統整及維護資訊科技軟硬體
　 設備。
　 □適用 7　　□修正　　□刪除
　 修正意見：

5. 校長能夠打造無障礙科技環境，營造科技氛圍，發展學校創新教育亮點。
　 □適用 7　　□修正　　□刪除
　 修正意見：

6. 校長能夠引進科技專家學者，鼓勵同仁參與資訊科技專業進修與成長。
　 □適用 7　　□修正　　□刪除
　 修正意見：

7. 校長能將學校組織打造成科技化團隊，應用於學校行政及校務方面，提升學
　 校組織效能。
　 □適用 7　　□修正　　□刪除
　 修正意見：

二、教師數位教學能力問卷量表

　　教師數位教學能力問卷量表分成「應用數位科技教學之能力」、「使用數位科技工具與媒體」以及「數位課程教材資源」等三個構面。

　　教師在執行教學任務時，能夠知道、使用數位科技，擁有數位科技管理以及數位科技駕馭的能力，同時能運用數位教學平臺與網際網路多媒體學習資源，編寫課程教材、開發、設計與運用的能力，最終應用於整體課程教學計畫、教學潛力與教學策略，提升教師教學績效與學生學習成效。

（一）應用數位科技教學之能力

1. 教師能夠主動將數位科技技巧融入教學，為了提高學生學習興趣、激發學習
　 動機。

□適用 5　　□修正 2　　□刪除

修正意見：<u>教師能夠主動將數位科技技巧融入教學，藉以提高學生學習興趣、激發學習動機；教師能夠主動將數位科技技巧融入教學，以提高學生學習興趣、激發學習動機。</u>

2. 教師在備課過程中，會利用適合的數位科技技能與策略，蒐集、規劃、輔助、解決教學上的問題。

□適用 6　　□修正 1　　□刪除

修正意見：<u>教師在備課過程中，會利用適合的數位科技技能與策略，蒐集、規劃、輔助以及解決教學上的問題。</u>

3. 教師能將傳統教學資源，使用數位科技工具轉化、整理成創新數位教學檔案，並進行數位教學。

□適用 7　　□修正　　□刪除

修正意見：

4. 教師能應用數位科技儲存教學檔案、設計班級網頁、並管理網路日誌。

□適用 6　　□修正 1　　□刪除

修正意見：<u>教師能應用數位科技儲存教學檔案、設計班級網頁，並管理網路日誌。</u>

5. 教師能夠運用多元的數位科技評估教材、診斷教學適切性，以及做出批判性教學反思。

□適用 7　　□修正　　□刪除

修正意見：

6. 教師使用數位科技教學時，能夠遵守網路倫理、安全守則，並尊重保護個資與智慧財產。

□適用 6　　□修正 1　　□刪除

修正意見：<u>教師使用數位科技教學時，能夠遵守網路倫理、安全守則，並尊重保護個資與智慧財產權。</u>

（二）使用數位科技工具與媒體

1. 教學前，教師能評估數位科技工具設備，選擇符合學生學習所需的數位科技工具。

   ☐適用 7　☐修正　☐刪除

   修正意見：

2. 教師能夠使用科技工具或媒體，引起學生學習動機，並有效呈現教學內容。

   ☐適用 7　☐修正　☐刪除

   修正意見：

3. 教師能夠運用數位網路、行動載具，發揮「生生用平板」的政策於教學。

   ☐適用 7　☐修正　☐刪除

   修正意見：

4. 能建置班級資訊環境設備，規劃班級數位科技環境與資源於教學之上。

   ☐適用 5　☐修正 2　☐刪除

   修正意見：<u>教師能建置班級資訊環境設備，規劃班級數位科技環境與資源於教學之上。</u>

5. 教師會利用數位科技工具或網際網路搜尋引擎，檢索教學所需要的資訊平臺或資料。

   ☐適用 7　☐修正　☐刪除

   修正意見：

6. 教師能運用數位科技工具進行親師溝通，或者與學生在上課時間或課後進行師生互動。

   ☐適用 5　☐修正 2　☐刪除

   修正意見：<u>教師能運用數位科技工具進行親師溝通，並與學生在上課時間或課後進行師生互動；教師能運用數位科技工具進行親師溝通，與學生在上課時間或課後進行師生互動。</u>

7. 教師會下載、使用套裝應用軟體，輔助教學以及管理學生資料。

   ☐適用 4　☐修正 3　☐刪除

   修正意見：<u>教師會下載 APP 程式及使用套裝軟體，輔助教學以及管理學生資</u>

料；教師會下載 APP、使用套裝應用軟體，輔助教學以及管理學生資料。

（三）數位課程教材資源

1. 教師能根據教學活動的需求，運用數位科技工具，適當蒐集、取得數位教材或資源。

　　□適用 7　□修正　□刪除

　　修正意見：

2. 教師能依據教學原則或理論，轉化、設計或發展數位教材或學習資源。

　　□適用 5　□修正 2　□刪除

　　修正意見：教師能依據教學原則或理論，轉化、設計數位教材，發展教學資源；教師能依據教學原則或理論，轉化、設計或發展數位教材及學習資源。

3. 教師能夠選擇、運用數位科技資源，設計或發展學生多元評量方式。

　　□適用 7　□修正　□刪除

　　修正意見：

4. 教師能合法、正當取得教學活動所需的數位教材或資源。

　　□適用 7　□修正　□刪除

　　修正意見：

5. 教師能將不同的數位科技工具，融入課程與教學間的對應關係。

　　□適用 7　□修正　□刪除

　　修正意見：

6. 教師能使用數位科技工具，鏈結科技資源、教師教學檔案以及學生學習歷程檔案。

　　□適用 7　□修正　□刪除

　　修正意見：

7. 教師能設計數位媒體資源，讓學生對課程與教材做出高階的批判性思考。

　　□適用 7　□修正　□刪除

　　修正意見：

三、學生學習成效問卷量表

學生學習成效問卷量表分成「學生學業評量成就」、「學生學習態度」以及「學生學習動機」等三個構面。

學生參與相關學習活動後,能夠適應良好、高度參與學校活動以及團隊合作,對學習活動感受愉悅,激勵心理想法和內在驅動力,學習時主動積極、樂於參與,在教學多元評量之下,學業成績、作業表現、品格常規表現、人際關係以及體適能與健康習慣、藝術知能與展演表現等各方面顯著提升。

(一)學生學業評量成就

1. 透過數位科技載具,學生能了解教師授課內容,提升學生課業學習表現。
   □適用 7　□修正　□刪除
   修正意見:

2. 進行數位教學時,學生能專心聆聽教師教學,並且積極投入課堂教學活動。
   □適用 7　□修正　□刪除
   修正意見:

3. 學生能依據教師指導,認真完成課堂數位學習單與回家數位作業。
   □適用 7　□修正　□刪除
   修正意見:

4. 學生能夠遵守校規與班規,具備明辨是非的能力,品格表現有明顯進步。
   □適用 7　□修正　□刪除
   修正意見:

5. 學生學習後符合教師期望,並能運用課堂所學,獲得解決問題的經驗與能力。
   □適用 7　□修正　□刪除
   修正意見:

6. 學生能夠做中學、學中做,直接動手操作學習,獲得數位科技的相關技能。
   □適用 7　□修正　□刪除

修正意見：

7. 學生能夠藉由數位科技探索知識，透過數位教學激發多元想法與視角。

　　□適用 7　　□修正　　□刪除

　　修正意見：

（二）學生學習態度

1. 對於數位科技的學習，在教師引導下，學生願意自動自發完成課堂的學習。

　　□適用 7　　□修正　　□刪除

　　修正意見：

2. 學生能夠與同儕互動交流，適切表達自己的想法，並且包容不同的想法。

　　□適用 7　　□修正　　□刪除

　　修正意見：

3. 學生能運用數位科技學習，樂於參加各種學習活動，達成數位學習價值。

　　□適用 6　　□修正 1　　□刪除

　　修正意見：學生能運用數位科技學習，樂於參加各種學習活動，達成數位學習成效。

4. 學生對於整體的數位學習表現，有很高的自我期望和信心。

　　□適用 7　　□修正　　□刪除

　　修正意見：

5. 學生在學習的過程中，能夠積極和其他同學互相討論與溝通，學會解決問題的能力。

　　□適用 7　　□修正　　□刪除

　　修正意見：

6. 學生能夠理解課程與教學重點，表現出創造力，並具有批判思考的能力。

　　□適用 7　　□修正　　□刪除

　　修正意見：

7. 學生能夠做好情緒管理，並建立良好的人際互動關係。

　　□適用 6　　□修正　　□刪除 1

修正意見：<u>建議刪除。</u>

8. 學生能夠連結先備經驗，運用數位科技有系統地整合，優化智慧學習的態度與行為。

　　□適用 7　　□修正　　□刪除

　　修正意見：

（三）學生學習動機

1. 學生對於與數位科技連結的課程內容，展現高度的學習動機。

　　□適用 7　　□修正　　□刪除

　　修正意見：

2. 學生對於學習成果有高度期許，能夠積極參與各項學習活動，追求進步與自我成長。

　　□適用 7　　□修正　　□刪除

　　修正意見：

3. 學生有高度願意與同學互助合作，共同完成課堂任務或學校活動目標。

　　□適用 7　　□修正　　□刪除

　　修正意見：

4. 學生遇到問題時，能積極面對問題，設法解決問題。

　　□適用 7　　□修正　　□刪除

　　修正意見：

5. 學生能理解並達到老師的期望，在學習上總是全力以赴，以達成學習目標。

　　□適用 7　　□修正　　□刪除

　　修正意見：

6. 學生能培養學習興趣，能在學習情境中，了解教材的內涵，自主探索、組織與整合。

　　□適用 7　　□修正　　□刪除

　　修正意見：

7. 學生對於數位學習，具有強烈企圖心與求知慾望提升學習動力。

□適用6　□修正1　□刪除

修正意見：<u>學生對於數位學習，具有強烈企圖心、求知慾望及高度的學習動</u>
<u>力。</u>

~~問卷到此結束，謝謝您的協助~~

附錄二　國民小學校長科技領導、教師數位教學能力與學生學習成效關係之研究調查問卷（預試問卷）

　　國民小學校長科技領導、教師數位教學能力與學生學習成效關係之研究調查問卷（預試問卷）

敬愛的老師您好：

　　感謝您在百忙中撥空填寫這份問卷。本問卷的目的在了解國民小學校長科技領導、教師數位教學能力與學生學習成效的情形，問卷中的題目並無標準答案，請依照您個人的想法及狀況填答。問卷所得資料僅供學術研究之用，絕對保密，請您放心填答。

　　請您先填寫「基本資料」後，再逐題填答。您的意見非常寶貴，若是沒有您的協助，本書將難以完成，衷心感謝您。

　　敬祝

教　安

　　　　　　國立暨南國際大學

　　　　　　　教育政策與行政學系（所）

　　　　　　　　　　　　　　指導教授：蔡金田　博士

　　　　　　　　　　　　　　博士候選人：沈秋宏　敬上

中　華　民　國　112 年　7 月

壹、基本資料※請您依實際情況，在適當的□打 V

一、性別：□男　□女

二、年齡：□20-30 歲　□31-40 歲　□41-50 歲　□51 歲以上

三、最高學歷：□師專、師院或教育大學　□一般大學　□碩士以上（含 40 學

分班）

四、服務教職年資：□未滿 10 年　□11-20 年　□21-30 年　□31 年以上

五、現任職務：□科任教師　□級任導師　□教師兼行政工作

六、學校位置：□都市區（含院、省、縣轄市）　□一般鄉鎮　□偏遠（含山區）

七、學校規模：□12 班以下　□13-48 班　□49 班以上

八、學校區域：

　　□北臺灣（臺北市、新北市、基隆市、桃園市、新竹縣、新竹市）

　　□中臺灣（苗栗縣、臺中市、南投縣、彰化縣、雲林縣）

　　□南臺灣（嘉義縣、嘉義市、臺南市、高雄市、屏東縣）

　　□東臺灣（宜蘭縣、花蓮縣、臺東縣）

貳、填答說明

　　一、本問卷共分三大部分：

　　（一）科技領導問卷量表、（二）教師數位教學能力問卷量表、（三）學生學習成效問卷量表

　　二、本問卷共 62 個題目，請就您的知覺與感受，在適當的選項□內打 V，計分方式是根據受試者對每一題的同意程度，由「非常不同意」、「不同意」、「普通」、「同意」、「非常同意」，五個等級填答反應，分別給予一分、二分、三分、四分、五分。

參、問卷內容

一、校長科技領導問卷量表

　　校長科技領導問卷量表分成「校長科技領導技巧與素養」、「提升學校教學成效」以及「營造數位科技情境」等三個構面。

　　校長必須綜觀教育趨勢與變革，扮演科技領導的角色，具備科技領導之技巧與素養，凝聚成員科技願景，並鼓勵組織成員學習科

技、善用科技，將科技與課程教學相結合，完善教學任務與課程設
計，同時整合科技相關資源，強化科技接受度和科技實踐的領導行
為，營造有利的數位科技情境。

	非常不同意	不同意	普通	同意	非常同意
（一）校長科技領導技巧與素養					
1.校長能具備科技領導的理念，因應科技趨勢，掌控科技資訊持續改革學校。	☐	☐	☐	☐	☐
2.校長能落實科技領導技巧，帶領學校成員凝聚科技共識與承諾。	☐	☐	☐	☐	☐
3.校長能具備資訊科技素養，運用領導策略達成組織願景。	☐	☐	☐	☐	☐
4.校長能親自示範使用科技工具，使教師認同科技是有價值的教學輔助工具。	☐	☐	☐	☐	☐
5.校長能利用科學數據在領導上作決定，善用網路或資訊科技工具蒐集相關資料，作為決策之參考。	☐	☐	☐	☐	☐
6.校長能夠運用科技作出前瞻性的判斷，並能具備使用科技工具解決問題的能力。	☐	☐	☐	☐	☐
（二）提升教師教學成效					
7.校長能鼓勵教師學習、運用科技，以科技創新的方式融入於課程與教學中。	☐	☐	☐	☐	☐

	非常不同意	不同意	普通	同意	非常同意
8.校長能如期舉行備課、觀課以及議課,提升教師科技融入教學之能力。	☐	☐	☐	☐	☐
9.校長能幫助老師使用科技,發展學校校訂課程與教學的能力,並評估和修正教學模式。	☐	☐	☐	☐	☐
10.校長能定期舉辦各項科技教學活動,激發學生學習科技的潛能,並給予正向的回饋。	☐	☐	☐	☐	☐
11.校長能運用科技性的知識管理,塑造學校成為科技型的學習型組織。	☐	☐	☐	☐	☐
12.校長能因應科技變革趨勢,掌控科技技術持續改革學校,致力於組織目標的達成。	☐	☐	☐	☐	☐
13.校長能夠帶領同仁凝聚科技共識,一起形塑學校科技願景與計畫。	☐	☐	☐	☐	☐
（三）營造數位科技情境					
14.校長能整合校內科技人力與物力資源,支援學校教育發展。	☐	☐	☐	☐	☐
15.校長能引進數位教學、雲端教學平臺或其他資訊科技教育發展之運用。	☐	☐	☐	☐	☐
16.校長能夠結合學校外部科技資源,與社區、家庭進行科技合作,並建立良好的公共關係。	☐	☐	☐	☐	☐
17.校長能積極充實學校資訊科技軟硬體設施,有效	☐	☐	☐	☐	☐

	非常不同意	不同意	普通	同意	非常同意
統整及維護資訊科技軟硬體設備。					
18.校長能夠打造無障礙科技環境，營造科技氛圍，發展學校創新教育亮點。	☐	☐	☐	☐	☐
19.校長能夠引進科技專家學者，鼓勵同仁參與資訊科技專業進修與成長。	☐	☐	☐	☐	☐
20.校長能將學校組織打造成科技化團隊，應用於學校行政及校務方面，提升學校組織效能。	☐	☐	☐	☐	☐

二、教師數位教學能力問卷量表

　　教師數位教學能力問卷量表分成「應用數位科技教學之能力」、「使用數位科技工具與媒體」以及「數位課程教材資源」等三個構面。

　　教師在執行教學任務時，能夠知道、使用數位科技，擁有數位科技管理以及數位科技駕馭的能力，同時能運用數位教學平臺與網際網路多媒體學習資源，編寫課程教材、開發、設計與運用的能力，最終應用於整體課程教學計畫、教學潛力與教學策略，提升教師教學績效與學生學習成效。

	非常不同意	不同意	普通	同意	非常同意
（一）應用數位科技教學之能力					
1.教師能夠主動將數位科技技巧融入教學，藉以提高學生學習興趣、激發學習動機。	☐	☐	☐	☐	☐
2.教師在備課過程中，會利用適合的數位科技技能與策略，蒐集、規劃、輔助以及解決教學上的問題。	☐	☐	☐	☐	☐
3.教師能將傳統教學資源，使用數位科技工具轉化、整理成創新數位教學檔案，並進行數位教學。	☐	☐	☐	☐	☐
4.教師能應用數位科技儲存教學檔案、設計班級網頁，並管理網路日誌。	☐	☐	☐	☐	☐
5.教師能夠運用多元的數位科技評估教材、診斷教學適切性，以及做出批判性教學反思。	☐	☐	☐	☐	☐
6.教師使用數位科技教學時，能夠遵守網路倫理、安全守則，並尊重保護個資與智慧財產。	☐	☐	☐	☐	☐
（二）使用數位科技工具與媒體					
7.教學前，教師能評估數位科技工具設備，選擇符合學生學習所需的數位科技工具。	☐	☐	☐	☐	☐
8.教師能夠使用科技工具或媒體，引起學生學習動機，並有效呈現教學內容。	☐	☐	☐	☐	☐
9.教師能夠運用數位網路、行動載具，發揮「生生用平板」的政策於教學。	☐	☐	☐	☐	☐

	非常不同意	不同意	普通	同意	非常同意
10.能建置班級資訊環境設備,規劃班級數位科技環境與資源於教學之上。	☐	☐	☐	☐	☐
11.教師會利用數位科技工具或網際網路搜尋引擎,檢索教學所需要的資訊平臺或資料。	☐	☐	☐	☐	☐
12.教師能運用數位科技工具進行親師溝通,並與學生在上課時間或課後進行師生互動。	☐	☐	☐	☐	☐
13.教師會下載 APP 及使用套裝軟體,輔助教學以及管理學生資料。	☐	☐	☐	☐	☐
(三)數位課程教材資源					
14.教師能根據教學活動的需求,運用數位科技工具,適當蒐集、取得數位教材或資源。	☐	☐	☐	☐	☐
15.教師能依據教學原則或理論,轉化、設計數位教材,藉此發展教學與學習資源。	☐	☐	☐	☐	☐
16.教師能夠選擇、運用數位科技資源,設計或發展學生多元評量方式。	☐	☐	☐	☐	☐
17.教師能合法、正當取得教學活動所需的數位教材或資源。	☐	☐	☐	☐	☐
18.教師能將不同的數位科技工具,融入課程與教學間的對應關係。	☐	☐	☐	☐	☐
19.教師能使用數位科技工具,鏈結科技資源、教師	☐	☐	☐	☐	☐

	非常不同意	不同意	普通	同意	非常同意
教學檔案以及學生學習歷程檔案。					
20.教師能設計數位媒體資源，讓學生對課程與教材做出高階的批判性思考。	☐	☐	☐	☐	☐

三、學生學習成效問卷量表

　　學生學習成效問卷量表分成「學生學業評量成就」、「學生學習態度」以及「學生學習動機」等三個構面。

　　學生參與相關學習活動後，能夠適應良好、高度參與學校活動以及團隊合作，對學習活動感受愉悅，激勵心理想法和內在驅動力，學習時主動積極、樂於參與，在教學多元評量之下，學業成績、作業表現、品格常規表現、人際關係以及體適能與健康習慣、藝術知能與展演表現等各方面顯著提升。

	非常不同意	不同意	普通	同意	非常同意
（一）學生學業評量成就					
1.透過數位科技載具，學生能了解教師授課內容，提升學生課業學習表現。	☐	☐	☐	☐	☐

	非常不同意	不同意	普通	同意	非常同意
2.進行數位教學時，學生能專心聆聽教師教學，並且積極投入課堂教學活動。	☐	☐	☐	☐	☐
3.學生能依據教師指導，認真完成課堂數位學習單與回家數位作業。	☐	☐	☐	☐	☐
4.學生能夠遵守校規與班規，具備明辨是非的能力，品格表現有明顯進步。	☐	☐	☐	☐	☐
5.學生學習後符合教師期望，並能運用課堂所學，獲得解決問題的經驗與能力。	☐	☐	☐	☐	☐
6.學生能夠做中學、學中做，直接動手操作學習，獲得數位科技的相關技能。	☐	☐	☐	☐	☐
7.學生能夠藉由數位科技探索知識，透過數位教學激發多元想法與視角。	☐	☐	☐	☐	☐
（二）學生學習態度					
8.對於數位科技的學習，在教師引導下，學生願意自動自發完成課堂的學習。	☐	☐	☐	☐	☐
9.學生能夠與同儕互動交流，適切表達自己的想法，並且包容不同的想法。	☐	☐	☐	☐	☐
10.學生能運用數位科技學習，樂於參加各種學習活動，達成數位學習成效。	☐	☐	☐	☐	☐
11.學生對於整體的學習表現，有很高的自我期望和	☐	☐	☐	☐	☐

	非常不同意	不同意	普通	同意	非常同意
信心。					
12.學生在學習的過程中，能夠積極和其他同學互相討論與溝通，學會解決問題的能力。	☐	☐	☐	☐	☐
13.學生能夠理解課程與教學重點，表現出創造力，並具有批判思考的能力。	☐	☐	☐	☐	☐
14.學生能夠做好情緒管理，並建立良好的人際互動關係。	☐	☐	☐	☐	☐
15.學生能夠連結先備經驗，運用數位科技有系統地整合，優化智慧學習的態度與行為。	☐	☐	☐	☐	☐
（三）學生學習動機					
16.學生對於與數位科技連結的課程內容，展現高度的學習動機。	☐	☐	☐	☐	☐
17.學生對於學習成果有高度期許，能夠積極參與各項學習活動，追求進步與自我成長。	☐	☐	☐	☐	☐
18.學生有高度願意與同學互助合作，共同完成課堂任務或學校活動目標。	☐	☐	☐	☐	☐
19.學生遇到問題時，能積極面對問題，設法解決問題。	☐	☐	☐	☐	☐
20.學生能理解並達到老師的期望，在學習上總是全力以赴，以達成學習目標。	☐	☐	☐	☐	☐

	非常不同意	不同意	普通	同意	非常同意
21.學生能培養學習興趣,能在學習情境中,了解教材的內涵,自主探索、組織與整合。	☐	☐	☐	☐	☐
22.學生對於數位學習,具有強烈企圖心、求知慾望及高度的學習動力。	☐	☐	☐	☐	☐

本問卷到此結束,非常感謝您的填答,謝謝您!

附錄三　國民小學校長科技領導、教師數位教學能力與學生學習成效關係之研究調查問卷（正式問卷）

國民小學校長科技領導、教師數位教學能力與學生學習成效關係之研究調查問卷（正式問卷）

敬愛的老師您好：

　　感謝您在百忙中撥空填寫這份問卷。本問卷的目的在了解國民小學校長科技領導、教師數位教學能力與學生學習成效的情形，問卷中的題目並無標準答案，請依照您個人的想法及狀況填答。問卷所得資料僅供學術研究之用，絕對保密，請您放心填答。

　　請您先填寫「基本資料」後，再逐題填答。您的意見非常寶貴，若是沒有您的協助，本書將難以完成，衷心感謝您。

　　敬祝

教　安

　　　　　　　國立暨南國際大學
　　　　　　　　教育政策與行政學系（所）

　　　　　　　　　　　　　　　指導教授：蔡金田　博士
　　　　　　　　　　　　　　　博士候選人：沈秋宏　敬上

中　華　民　國　112 年　7 月

壹、基本資料※請您依實際情況，在適當的□打 V

一、性別：□男　　□女
二、年齡：□20-30 歲　　□31-40 歲　　□41-50 歲　　□51 歲以上

三、最高學歷：

　　□師專、師院或教育大學　□一般大學　□碩士以上（含 40 學分班）

四、服務教職年資：□未滿 10 年　□11-20 年　□21-30 年　□31 年以上

五、現任職務：□科任教師　□級任導師　□教師兼行政工作

六、學校位置：□都市區（含院、省、縣轄市）　□一般鄉鎮　□偏遠（含山區）

七、學校規模：□12 班以下　□13-48 班　□49 班以上

八、學校區域：

　　□北臺灣（臺北市、新北市、基隆市、桃園市、新竹縣、新竹市）

　　□中臺灣（苗栗縣、臺中市、南投縣、彰化縣、雲林縣）

　　□南臺灣（嘉義縣、嘉義市、臺南市、高雄市、屏東縣）

　　□東臺灣（宜蘭縣、花蓮縣、臺東縣）

貳、填答說明

　　一、本問卷共分三大部分：

　　（一）科技領導量表、（二）教師數位教學能力量表、（三）學生學習成效量表

　　二、本問卷共 43 個題目，請就您的知覺與感受，在適當的選項□內打 V，計分方式是根據受試者對每一題的同意程度，由「非常不同意」、「不同意」、「普通」、「同意」、「非常同意」，五個等級填答反應，分別給予一分、二分、三分、四分、五分。

參、問卷內容

一、校長科技領導量表

　　校長科技領導量表分成「校長科技領導技巧與素養」、「提升學校教學成效」以及「營造數位科技情境」等三個構面。

　　校長必須綜觀教育趨勢與變革，扮演科技領導的角色，具備科

技領導之技巧與素養，凝聚成員科技願景，並鼓勵組織成員學習科技、善用科技，將科技與課程教學相結合，完善教學任務與課程設計，同時整合科技相關資源，強化科技接受度和科技實踐的領導行為，營造有利的數位科技情境。

	非常不同意	不同意	普通	同意	非常同意
（一）校長科技領導技巧與素養					
1.校長具備資訊科技素養，運用領導策略達成組織願景。	☐	☐	☐	☐	☐
2.校長能親自示範使用科技工具，使教師認同科技是有價值的教學輔助工具。	☐	☐	☐	☐	☐
3.校長能利用科學數據在領導上作決定，善用網路或資訊科技工具蒐集相關資料，作為決策之參考。	☐	☐	☐	☐	☐
4.校長能夠運用科技作出前瞻性的判斷，並能使用科技工具解決問題的能力。	☐	☐	☐	☐	☐
（二）提升教師教學成效					
5.校長能鼓勵教師學習、運用科技，以科技創新的方式將融入於課程與教學中。	☐	☐	☐	☐	☐
6.校長能如期舉行備課、觀課以及議課，提升教師科技融入教學之能力。	☐	☐	☐	☐	☐
7.校長能幫助老師使用科技，發展學校校訂課程與教學的能力，並評估和修正教學模式。	☐	☐	☐	☐	☐

	非常不同意	不同意	普通	同意	非常同意
8.校長能定期舉辦各項科技教學活動，激發學生學習科技的潛能，並給予正向的回饋。	☐	☐	☐	☐	☐
9.校長能夠帶領同仁凝聚科技共識，一起形塑學校科技願景與計畫。	☐	☐	☐	☐	☐
（三）營造數位科技情境					
10.校長能整合校內科技人力與物力資源，支援學校教育發展。	☐	☐	☐	☐	☐
11.校長能引進數位教學、雲端教學平臺或其他資訊科技教育發展之運用。	☐	☐	☐	☐	☐
12.校長能夠結合學校外部科技資源，與社區、家庭進行科技合作，並建立良好的公共關係。	☐	☐	☐	☐	☐
13.校長能積極充實學校資訊科技軟硬體設施，有效統整及維護資訊科技軟硬體設備。	☐	☐	☐	☐	☐
14.校長能夠打造無障礙科技環境，營造科技氛圍，發展學校創新教育亮點。	☐	☐	☐	☐	☐
15.校長能夠引進科技專家學者，鼓勵同仁參與資訊科技專業進修與成長。	☐	☐	☐	☐	☐

二、教師數位教學能力量表

教師數位教學能力量表分成「應用數位科技教學之能力」、

「使用數位科技工具與媒體」以及「數位課程教材資源」等三個構面。

　　教師在執行教學任務時，能夠知道、使用數位科技，擁有數位科技管理以及數位科技駕馭的能力，同時能運用數位教學平臺與網際網路多媒體學習資源，編寫課程教材、開發、設計與運用的能力，最終應用於整體課程教學計畫、教學潛力與教學策略，提升教師教學績效與學生學習成效。

	非常不同意	不同意	普通	同意	非常同意
（一）應用數位科技教學之能力					
1.教師能夠主動將數位科技技巧融入教學，為了提高學生學習興趣、激發學習動機。	☐	☐	☐	☐	☐
2.教師能將傳統教學資源，使用數位科技工具轉化、整理成創新數位教學檔案，並進行數位教學。	☐	☐	☐	☐	☐
3.教師能應用數位科技儲存教學檔案、設計班級網頁、並管理網路日誌。	☐	☐	☐	☐	☐
4.教師能夠運用多元的數位科技評估教材、診斷教學適切性，以及做出批判性教學反思。	☐	☐	☐	☐	☐
5.教師使用數位科技教學時，能夠遵守網路倫理、安全守則，並尊重保護個資與智慧財產。	☐	☐	☐	☐	☐
（二）使用數位科技工具與媒體					
6.教師能夠使用科技工具或媒體，引起學生學習動	☐	☐	☐	☐	☐

機，並有效呈現教學內容。	☐	☐	☐	☐	☐
7.教師會利用數位科技工具或網際網路搜尋引擎，檢索教學所需要的資訊平臺或資料。	☐	☐	☐	☐	☐
8.教師能運用數位科技工具進行親師溝通，並與學生在上課時間或課後進行師生互動。	☐	☐	☐	☐	☐
9.教師會下載 APP 及使用套裝軟體，輔助教學以及管理學生資料。	☐	☐	☐	☐	☐
（三）數位課程教材資源					
10.教師能依據教學原則或理論，轉化、設計數位教材，藉此發展教學與學習資源。	☐	☐	☐	☐	☐
11.教師能夠選擇、運用數位科技資源，設計或發展學生多元評量方式。	☐	☐	☐	☐	☐
12.教師能將不同的數位科技工具，融入課程與教學間的對應關係。	☐	☐	☐	☐	☐
13.教師能使用數位科技工具，鏈結科技資源、教師教學檔案以及學生學習歷程檔案。	☐	☐	☐	☐	☐
14.教師能設計數位媒體資源，讓學生對課程與教材做出高階的批判性思考。	☐	☐	☐	☐	☐

三、學生學習成效量表

　　學生學習成效量表分成「學生學業評量成就」、「學生學習態度」以及「學生學習動機」等三個構面。

　　學生參與相關學習活動後，能夠適應良好、高度參與學校活動以及團隊合作，對學習活動感受愉悅，激勵心理想法和內在驅動力，學習時主動積極、樂於參與，在教學多元評量之下，學業成

績、作業表現、品格常規表現、人際關係以及體適能與健康習慣、
藝術知能與展演表現等各方面顯著提升。

	非常不同意	不同意	普通	同意	非常同意
（一）學生學業評量成就					
1.透過數位科技載具，學生能了解教師授課內容，提升學生課業學習表現。	☐	☐	☐	☐	☐
2.進行數位教學時，學生能專心聆聽教師教學，並且積極投入課堂教學活動。	☐	☐	☐	☐	☐
3.學生能依據教師指導，認真完成課堂數位學習單與回家數位作業。	☐	☐	☐	☐	☐
4.學生能夠做中學、學中做，直接動手操作學習，獲得數位科技的相關技能。	☐	☐	☐	☐	☐
5.學生能夠藉由數位科技探索知識，透過數位教學激發多元想法與視角。	☐	☐	☐	☐	☐
（二）學生學習態度					
6.學生對於整體的學習表現，有很高的自我期望和信心。	☐	☐	☐	☐	☐
7.學生能夠理解課程與教學重點，表現出創造力，並具有批判思考的能力。	☐	☐	☐	☐	☐
8.學生能夠做好情緒管理，並建立良好的人際互動關	☐	☐	☐	☐	☐

	非常不同意	不同意	普通	同意	非常同意
係。	☐	☐	☐	☐	☐
9.學生能夠連結先備經驗，運用數位科技有系統地整合，優化智慧學習的態度與行為。	☐	☐	☐	☐	☐
（三）學生學習動機					
10.學生對於與數位科技連結的課程內容，展現高度的學習動機。	☐	☐	☐	☐	☐
11.學生對於學習成果有高度期許，能夠積極參與各項學習活動，追求進步與自我成長。	☐	☐	☐	☐	☐
12.學生有高度願意與同學互助合作，共同完成課堂任務或學校活動目標。	☐	☐	☐	☐	☐
13.學生遇到問題時，能積極面對問題，設法解決問題。	☐	☐	☐	☐	☐
14.學生對於數位學習，具有強烈企圖心、求知慾望及高度的學習動力。	☐	☐	☐	☐	☐

本問卷到此結束，非常感謝您的填答，謝謝您！

國家圖書館出版品預行編目(CIP)資料

科技領導、數位教學與學習成效之理念與分析 /
蔡金田, 沈秋宏著. -- 初版. -- 臺北市：元華
文創股份有限公司, 2024.07
面； 公分

ISBN 978-957-711-388-7 (平裝)

1.CST: 校長 2.CST: 領導 3.CST: 數位科技
4.CST: 學校管理

526.42 113010296

科技領導、數位教學與學習成效之理念與分析

蔡金田 沈秋宏 著

發 行 人：賴洋助
出 版 者：元華文創股份有限公司
聯絡地址：100 臺北市中正區重慶南路二段 51 號 5 樓
公司地址：新竹縣竹北市台元一街 8 號 5 樓之 7
電　　話：(02) 2351-1607　傳　　真：(02) 2351-1549
網　　址：www.eculture.com.tw
E - m a i l：service@eculture.com.tw
主　　編：李欣芳
責任編輯：陳亭瑜
行銷業務：林宜葶
出版年月：2024 年 07 月 初版
定　　價：新臺幣 600 元

ISBN：978-957-711-388-7 (平裝)

總經銷：聯合發行股份有限公司
地　址：231 新北市新店區寶橋路 235 巷 6 弄 6 號 4F
電　話：(02)2917-8022　　　　　傳　真：(02)2915-6275